Paul-Josef Moritz

Auf dem Jakobsweg von Hoffeld nach Santiago de Compostela

Der Weg Geht Dich

Impressum

Bibliografische Information der Deutschen Nationalbibliothek:
Die Deutsche Nationalbibliothek verzeichnet diese
Publikation in der Deutschen Nationalbibliografie;
detaillierte bibliografische Daten sind im Internet über
dnb.dnb.de abrufbar.

Text – Bilder – Gestaltung
© 2020 Paul-Josef Moritz
E-Mail; pjmoritz@yahoo.com
Alle Rechte vorbehalten
Herstellung und Verlag:
BoD - Books on Demand, Norderstedt
ISBN 978-3-7504-6541-1

Wanderführer:

Jakobsweg Trier – Le Puy   Ingrid Retterath

Le Puy – Pyrenäen Rother Wanderführer Bettina Forst

Pyrenäen – Santiago de Compostela Rother Wanderführer Cordula Rabe

Ich liebe einen Traum!

Ich lebe meinen Traum!

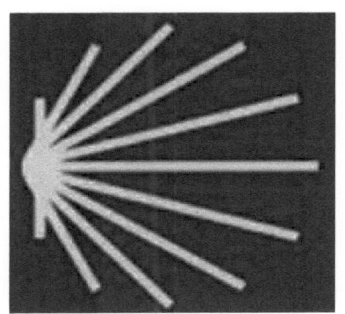

Die große Freiheit

Mein Leben – 93 Tage – aus dem Rucksack

Der Camino
Hoffeld – Santiago de Compostela

2560km = 2 560 000 Meter

Oder 3,5 Millionen Schritte

Oder 4-mal einfache Fahrt Passau

… oder, oder, oder!

Ich liebe einen Traum

Wir schreiben Juni 2014. Es ist Sonntagabend, ich liege im Bett und kann nicht schlafen. Mich packen erneut Zweifel, Gedanken, die ich schon Ewigkeiten wegschiebe, jedoch sie lassen sich nicht mehr verdrängen.
Was zum Teufel mache ich eigentlich?
Soll ich diesen Gedanken bis zum Ende meines Lebens nachgehen? Für immer diesen Traum lieben?
Wie soll es weitergehen? Was wird von mir erwartet?
Ich wälze mich im Bett hin und her und zerbreche mir den Kopf. Meine Gedanken drehen sich im Kreise. Mir ist schlecht, ich kann nicht atmen und einschlafen erst recht nicht. Dabei habe ich doch eigentlich gar keinen Grund unzufrieden zu sein. Ich bin gesund, meiner Familie und mir geht es gut. Mein Berufsleben, jetzt 45 Jahre ohne Unterbrechung, ohne Abitur jedoch mit Fachschulreife, einfach eingestiegen, jedoch perfekt aufgebaut. Ich kann heute sagen, es ist toll gelaufen und ich würde es im nächsten Leben wieder genauso machen.
Aber irgendetwas fehlt!
Ich muss raus, raus aus meiner Arbeit, raus aus diesem Leben. In drei Jahren gehe ich in Rente. Ich will mehr, ich will DIE GROSSE FREIHEIT, wenigstens für 90 Tage.
Ja, ich fühle mich gefangen in einem GOLDENEN KÄFIG.
Ich will am Ende meines Lebens nicht sagen „Ach hätte ich doch …" oder „Wäre ich nur damals …" - Ich möchte später nichts bereuen, vor allem keine verpassten Chancen.

Plötzlich klingelt der Wecker und reißt mich aus meinen Träumen. Anscheinend bin ich doch eingeschlafen.

Es ist Montagmorgen, ich fühle mich gerädert, ausgebrannt, unmotiviert. Der Alltagstrott beginnt von neuem. Ich dusche, frühstücke und fahre zur Arbeit. So oder ähnlich verliefen viele, viele Jahre, Tage und Nächte.

Ich habe keinen Bock mehr auf dieses HAMSTERRAD.

Eine Veränderung muss her. Ich muss von meinem Traum erzählen, zunächst in der Familie. Ich bin aufgeregt. Ein wenig Angst habe ich auch. Es ist ein mulmiges Gefühl in meinem Bauch. Ich habe einen dicken Kloß im Hals und weiß nicht, wie ich anfangen soll. Doch plötzlich ist es raus. Ich fühle mich wie neu geboren, total erleichtert, frisch, frei, als lebe ich in einer neuen Welt, in meiner TRAUMWELT.

Ich beginne meinen Traum zu leben.

Wir schreiben Juni 2015

Nach einer ersten Euphorie versuchen meine Frau und ich uns zu unterhalten. Es bleibt jedoch bei Unterhaltungsversuchen, eine Unterhaltung ist kaum möglich. Sie möchte meinem Traum in der Ausführung nicht zustimmen. Es war für mich schnell klar, dass sie kein Verständnis dafür hat und es somit wahrscheinlich nie akzeptieren wird. So verliefen immer wieder Gespräche ins Leere und endeten erfolglos und äußerst schwierig.

Ich musste mir eingestehen: „DIESER WEG WIRD KEIN LEICHTER SEIN, DIESER WEG WIRD STEINIG UND SCHWER"

Aber wer mich kennt, weiß auch, ich gebe so schnell nicht auf. Ich bin kein Kämpfer, nein das bin ich weiß Gott nicht. Aber ich arbeite, ich arbeite an schwierigen fast aussichtslosen Problemen bzw. Aufgaben, bis eine zufriedenstellende Lösung gefunden ist. In wenigen Fällen körperlich, meistens mit dem Kopf. Denken und reden ist hier, wie schon viele mitbekommen haben, meine Stärke.

Mittlerweile wissen auch Nancy und Dennis von meinem Wunsch den Camino zu gehen. Dennis nimmt es eher gelassen, fast regungslos auf, wobei Nancy diesen, meinen Traum realisieren und einstufen kann, sowie erkennt, was ich da vorhabe. Sie kann fragen und sich hineindenken.

Ein weiterer Schritt war gegangen. So mussten meine Frau und ich auch einen Weg mit weiteren Gesprächen suchen und finden. Auch hier hätte ich nichts hingeworfen, das ist im gesamten Leben nie meine Art gewesen. Für etwas kämpfen und eine zufriedenstellende Lösung finden, ist mein Wesen.

Doch plötzlich habe ich das Gefühl: „DER TRAUM LEBT WIEDER."

Über Monate blieben alle Gespräche ohne das gewünschte Resultat. Reden, planen und immer wieder unlösbare Probleme, sowie der ständige Wunsch, vom Jakobsweg geprägt zu sein, ließen mich nicht mehr los.

Es war ein halbes Jahr vergangen und ich stellte fest, dass nach vielen schlaflosen Nächten, unschönen, ja sogar schwierigen Tagen, nichts erreicht worden war. Nicht schlafen können, hin und her drehen, Herzklopfen und immer wieder Gedanken daran, einen Termin festzulegen, den Rucksack zu packen, die Route zu planen usw. ließen mich ebenfalls nicht mehr los.

Doch der Wunsch „Ich beginne meinen Traum zu leben" war in die Ferne, sogar weite Ferne verdrängt worden.

Furchtbare Nächte und Gedanken ans Zurückkrempeln... War das eine Alternative? Längst stand fest, ich gehe diesen Weg. Nur eine Krankheit konnte mich bremsen und alles zerstören, sonst nichts und niemand auf dieser Welt.

Es kam Weihnachten. Wir schreiben den 22. Dezember 2015 und sind in Passau eingeladen. Michi ist wie immer kurz vor Weihnachten auf der betrieblichen Weihnachtsfeier. Nancy, Uschi und ich verbringen einen gemütlichen Abend mit den Enkelkindern zu Hause. Plötzlich waren wir drei in einem Gespräch über den

Jakobsweg, sowie die aufgetauchten Probleme verstrickt. Die vielen Diskussionen bis dahin wurden nochmals abgehandelt. Es war genau so schwierig wie immer, nur mit einem Unterschied: Wir hatten eine Gesprächs-Leitung und das war Nancy. Es wurde ein längerer Abend. Das Thema war ungeplant, der Ausgang war eigentlich wie immer: Uschi wollte mich nicht gehen lassen. Nicht für einen Tag, nicht für eine Woche und schon gar nicht für drei Monate. Die Einwände hatten mittlerweile eine Vielfalt sowie eine Aggressivität erreicht und waren sehr schwierig zu diskutieren.

Aber es war doch etwas anders. Nancy sagte: „Mama, du musst Papa gehen lassen und zwar wie gewünscht alleine gehen lassen".

Das war für mich wie ein Lottogewinn. Ich konnte das Glück endlich wieder fassen und mein Camino-Traum war wieder in Sichtweite, jedoch noch weit entfernt.

Ein paar Tage später, wir kamen am 2. Weihnachtstag wieder zu Hause an und waren gleich abends, bei Dennis und Barbara zum Essen eingeladen. Nachdem Theo und Juliane sich verabschiedet hatten, erfolgte ungeplant ein ähnliches Gespräch. Alle Probleme wurden durchgehend, ohne positiven Abschluss, jedoch mit dem gleichen Schlusssatz von Dennis -Mama du musst Papa gehen lassen-, abgehandelt. Ich erlebte nochmals ein Glücksgefühl, wie ich es mir schöner nicht vorstellen konnte.

Sicher 4 Wochen später, habe ich dann Dennis gefragt, ob Nancy und er sich abgesprochen hatten. Er sagte nein. Es waren aber auch beide Gespräche abends nicht geplant gewesen.

In der Folgezeit fiel Uschi der Gedanke sehr schwer, mich für drei Monate gehen zu lassen. Immer wieder äußerte sie die unterschiedlichsten Argumente. Aber ich war einen kleinen Schritt weitergekommen. Nancy und Dennis waren nicht gegen den Camino, sondern eindeutig für meinen Traum und hatten volles Verständnis.

Ende Februar 2016 – Karneval wie jedes Jahr mit Büchels im Allgäu. Hier gab es dann nochmals zwei dicke Nächte mit reichlich Gesprächsstoff, der wie immer sehr aufheizte und am Ende kein vernünftiges Resultat brachte. Wobei auch Julitta sagte: „Uschi, du musst ihn gehen lassen, denn du wirst ihn nicht davon abbringen können!"

So war es auch. Ich glaube, die Zeit war längst vorbei mich noch irgendwie umzustimmen. Nach einer schlaflosen Nacht haben wir uns dann morgens im Bett nochmals unterhalten. Uschi war dann soweit, dass sie sagen konnte, „Ja ich lasse dich gehen, aber ich weiß, die drei Monate werden schwer für mich." Ich stellte fest, dass sie innerlich noch längst nicht damit einverstanden war. Ich konnte ihre Einwände verstehen, jedoch hatten sie auf meinen Traum den Camino zu gehen, nur wenig Einfluss. Hätte sie diesen Traum gehabt, mir wäre die Zustimmung wesentlich leichter gefallen.

Nun gut, von hier an konnten wir verschiedene Dinge zum Jakobsweg gemeinsam planen. Wir konnten diesbezüglich problemlos über alles reden, selbst Bücher und Internetberichte konnten wir lesen. Von März 2016 an war es endlich soweit.

Ich kann meinen Traum leben

Verschiedene Seiten im Internet ansehen, lesen, mich informieren und planen, füllten jetzt meine freie Zeit. Der Jakobsweg stand jetzt fast täglich auf meinem Programm und die vielfältigen Bereiche des Camino ließen mich nicht mehr los. Bücher und Infos über den Jakobsweg konnte ich mit Leichtigkeit abarbeiten und ich spürte eine wachsende Begeisterung in mir. Endlich konnten meine Frau und ich uns locker über alles unterhalten. Ja, ich habe sogar ein Buch über den Camino zum Namenstag von ihr bekommen.

Weiterhin hatte ich viele schlaflose Nächte, wobei meine Gedanken stundenlang mit der Planung des Termins, Wegs oder der Packliste beschäftigt waren. Ich bin hinterher fix und fertig und stelle morgens gerädert fest, dass ich doch irgendwann eingeschlafen sein muss. Meistens ist die Nacht dann mit Gedanken extrem gefüllt, wenn ich vorher viel über den Camino gelesen bzw. Infos aufgenommen habe.

Aber es ist toll, ich lebe in einer Glücksphase, wie sie schöner und interessanter nicht sein kann. Ein ständiges Kribbeln im Bauch und den Camino nicht mehr loslassen müssen, es ist einfach traumhaft schön.

Es beginnt für mich die Planungsphase. Vorgenommen habe ich mir bis zum Sommer 2016 den groben Weg, der ungefähre Zeitpunkt muss festgelegt werden und die Packliste soll bis zu diesem Zeitpunkt ein vorläufiges Konzept zeigen.

Bis zum Jahresende sollte dann die Feinplanung komplett feststehen.

Der Jahresbeginn sowie das Frühjahr 2017 wird ausgefüllt mit einkaufen, Besorgung der einzelnen Produkte sowie Testwanderungen mit Rucksack und entsprechendem Gewicht. Arztbesuche beim Zahn- und Augenarzt sowie beim Arzt für Allgemeinmedizin dürfen ebenfalls nicht fehlen. Wer mich kennt, weiß dass ich vor meiner Tour alles hundertprozentig plane und nichts dem Zufall überlasse.

Jetzt bin ich auch in einem Zeitraum angekommen, in dem ich mich ausgiebig oder weniger ausgiebig mit dem nahen Umfeld über diesen Traum, den Jakobsweg zu gehen, unterhalte. Hier treffe ich natürlich auf alle möglichen Reaktionen zum Thema. Es geht los mit „Das würde ich nie machen." – „Stell dir das nicht so einfach vor." – „Weiß du was auf dich zukommt?" – „Das hätte ich auch gerne gemacht, aber heute geht es nicht mehr." – bis zu denjenigen, die mir einfach das große Glück, den Pilgerweg zu gehen, gönnen und die Freude mit mir teilen. Es gibt reichlich Gesprächsstoff und ich weiß, diesen „MEIN TRAUM" lebe ich jetzt schon.

Der Kalender zeigt den 30.Juni 2016. Die Termine für den Start in Hoffeld und die Ankunft in Santiago de Compostela sowie die Reiseroute stehen grob fest. Auch die Packliste ist halbwegs in trockenen Tüchern.

Im 2. Halbjahr, wenn diese drei Punkte hundertprozentig ausgearbeitet sind, werde ich ausführlich davon berichten.

Ein erster praktischer Test

Es ist Sonntag und wir schreiben den 12. Juni 2016. Gestern Abend ist es durch den Kegelabend mit anschließender EM-Zusammenfassung am Fernseher doch recht spät geworden. Ich war hundemüde und konnte direkt und sehr intensiv schlafen. Als ich wach wurde, war es schon hell. Mein Wecker zeigte 6.07 Uhr an. Ich wälzte mich hin und her, konnte aber nicht mehr einschlafen. So plante ich einen frühmorgendlichen Testlauf.

Uschi war ein Wochenende in Passau, passte auf unsere beiden Enkelkinder auf, so dass ich frei planen konnte. Es war 6.20 Uhr als ich aufstand, aufs Klo ging, mit wenig Wasser mein Gesicht aus dem Schlaf holte und dann mit T-Shirt, kurzer Hose, Wanderschuhen und Wanderstöcken auch schon das Haus verließ. Es war warm, die Luft sehr feucht und der Himmel einheitlich grau. Sollte es wie gemeldet Regen geben oder war es nur neblig feucht? Meine Rundumblicke konnten es nicht erkennen. Ich ging also, wie immer in solchen Fällen, mit sommerlicher Kleidung und ohne Regenjacke los. Teerwege, Wiesenwege und Schotterwege in unregelmäßiger Reihenfolge wurden begleitet von angenehmen Vogelgezwitscher, nassem, meterhohem Gras und dreckigen Feldwegen. Es war der große Burgweg, ein ca. 10km langer Rundweg, den wir gefühlte 518-mal schon gegangen sind. Vor dem Losgehen habe ich ½ l Wasser ziemlich ex getrunken, bin allerdings ohne Frühstück losgezogen. Es stellte sich schnell heraus, dass ich auch später auf dem Camino ohne Frühstück losgehen und im Nachbarort ohne Probleme frühstücken kann. Frühes Aufstehen und Losgehen macht mir eh keine Probleme. An diesem frühen, sehr ruhigen Morgen bei angenehmem Wetter war es für mich ein Geschenk Gottes diesen Weg zu laufen. Sehr lockere, angenehme und zeitnahe Gedanken, die sich in meinem Kopf immer wieder bemerkbar machten, zogen die Aufmerksamkeit plötzlich auf den Jakobsweg. Ja, ich hatte nun in der Planungsphase ein Glücksgefühl von einer Intensität, die kaum zu übertreffen war. Es fiel mir nicht schwer, mir vorzustellen, wie es in gut einem Jahr sein wird.

Im Dorf wieder angekommen, traf ich Marlies beim Schnecken sammeln. Es war Sonntagmorgen 8.00 Uhr. Wir grüßten uns freundlich und sie erzählte von der Schneckenplage in diesem Jahr. Die Tiere sind überall an den Hauswänden sowie rund ums Haus, schimpfte sie. Es ist einfach nur ekelig. Mich konnte das Problem in meiner momentanen Gefühlslage nicht berühren.

Ein paar Minuten nach acht Uhr war ich dann zu Hause. Ich war 1 ½ Stunden forsch unterwegs gewesen. Duschen, anziehen, frühstücken und der Tagesablauf hatte mich wieder voll im Griff. Aber ich habe das HAMSTERRAD kurze Zeit verlassen können. Mein Gott, es war unbeschreiblich schön, einfach perfekt zu meinen Träumen passend. In mir hat sich Vieles verändert. Ja, ich stelle es mir genauso vor.

Na ja, „Der Start wird mein nächstes Ziel sein!"

Motive, Beweggründe zum Camino

Früher waren sicher religiöse Gründe im Vordergrund - Heute geschichtliche, kulturelle Interessen bzw. spirituelle Motive oder auch sportliche Herausforderungen. Hinzu kommen sicherlich viele, viele Minigründe, die ganz persönlichen.

Wenn ich gefragt werde, warum ich den Camino gehe, also was meine Beweggründe sind, dann gibt es mehrere Antworten.

Ja so sieht es bei mir aus!

Am Anfang des Gedankens vor vielen Jahren war sicherlich die Idee einfach mal so da. Jedoch hatte ich innerlich das Problem, vom Beruf und meiner täglichen Arbeit irgendwann mal loszulassen. Ich war geprägt von der langen intensiven Berufsphase und ein Ruhestand war nicht vorstellbar. Das sahen auch einige andere im nahen Umfeld so und sagten zu mir: „Du gehst doch bis 80 arbeiten. Du kannst doch gar nicht anders." Dies war dann, obwohl der Grundgedanke schon vorhanden war, ein erster ernsthafter Grund für mich, den Jakobsweg zu gehen. Den Übergang zur Rente zu finden, ja so war es. Manchmal kommt es dann doch anders als man denkt. Das berufliche Loslassen ist mir vor einigen Jahren schon geglückt und ich kann sagen, es wurde mir mit den Tagesabläufen, die plötzlich verändert wurden, leicht gemacht. Es ist mir dann auch leichtgefallen. Vor allem im Hinblick auf die Camino Zeit. Ich musste Andersdenkende sogar eines Besseren belehren. Also ist der Ruhestand als Grund komplett abgehakt.

Mein Motiv den Camino zu gehen, hängt heute, wie eingangs erwähnt, mit dem „GOLDENEN KÄFIG" zusammen.

Ich war knappe 50 Jahre durchgehend im Beruf, halte mich beständig in Räumlichkeiten auf und hatte über die gesamte Zeit Wochenarbeitszeiten von 55-60 Stunden. Es war eine schöne Zeit und ich möchte sie bis auf wenige Ausnahmen nicht missen.

Diese lange Zeit hat körperlich und seelisch mein Leben begleitet, mich wohl mehr vereinnahmt, als ich lange Zeit bemerkt habe. Vielleicht weil ich mich dabei ja auch nicht unwohl gefühlt habe. So war halt eben unbewusst die Idee, den Camino zu gehen, einfach mal so da. Nicht mehr wegzudenken, sondern nur noch zu intensivieren und zu gehen. Hinzu kommt, dass man sich wohl über viele Jahre erlauben konnte, was man wollte. Ja, das Leben fand schon auf einem guten Niveau statt. So war „jammern auf hohem Niveau" nie in meinem Wortschatz enthalten. Dies gibt mir nun die Möglichkeit, die „GOLDENE FASSADE" auch mal abzulegen. Mitnehmen werde ich nur das Allernötigste. Leben werde ich so einfach wie möglich. Das Leben findet 90 Tage aus dem Rucksack statt.

Ich freue mich auf ein tägliches freies, einfaches Leben. Meine Gedanken werden sich wahrscheinlich nur noch um die täglichen Etappen, die Nahrung und die Übernachtungs-Möglichkeit drehen. Weder Fernsehen, Radio. Zeitung, Auto, noch Luxus werde ich leben. Das ist meine Vorgabe. 90Tage, die ich mir wünsche, einfach und frei zu leben.

Raus aus dem Goldenen Käfig.

Von meinen Minimotiven spielt sicherlich das religiöse Motiv, obwohl ich nicht so der Kirchgänger bin, auch eine Rolle. Die Geschichte und das Kulturelle jedoch auch. Drei Monate Geschäft ohne meine Anwesenheit wird sicherlich Dennis und auch mir guttun, sowie nützlich sein. Ein Rückblick auf mein Leben wird in ruhigen Stunden ganz sicher erfolgen, aber auch ein Vorausblick. Gedanken für das Buch, was ich für Nancy schreibe, werde ich festhalten.

Weitere kleinere Motive werden sich unterwegs noch finden. Wie stark das eine oder andere Motiv den Weg beeinflussen wird, mich verändern bzw. prägen wird, na ja, ich lasse mich selbst mal überraschen. Ganz sicher nehme ich den Jakobsweg, diese Strapaze des Camino, nicht auf die leichte Schulter. Ich weiß genau, was es heißt diesen Weg – 3 500 000 Schritte – zu gehen. Wetter, Wege, Blasen an den Füßen usw. werden auch mich in den 90 Tagen immer wieder treffen. Ich werde gerüstet sein und bin immer noch voller Spannung und Glück diesen Weg zu meistern. Ja ich schaffe das!

Reisetermin

Wir schreiben den 16.08.2016. Der Zeitpunkt für meine Pilgerreise steht. Mittwoch, der 12.7.2017 geht es los. Nach 91 Pilgertagen mit durchschnittlich 27km würde ich Santiago de Compostela etwa am 10. Oktober erreichen. Das ist der Plan. Die Wirklichkeit – Ja, davon berichte ich später. Ich lasse mich überraschen. Den Winter habe ich für die Pilgerzeit ausgeschlossen – zu kalt, zu nass, zu wenig Unterkünfte offen. Für Spanien ist der Sommer nicht möglich – im Juli und August sind Ferien in Spanien, die Pilgerwege sind einfach überlastet. Es bleibt das Frühjahr – April, Mai, Juni. Sicherlich wäre es von der Natur her superschön, jedoch vielleicht zu kühl oder auch zu nass, je nach Jahr. Aber das Frühjahr wird schon von vielen Jakobspilgern gewählt. Es hat was. Ich habe mich spontan für den Herbst entschieden. Der Sommer kann zwar in Frankreich und Spanien sehr heiß sein, aber ich kann ja auch täglich früh starten und muss nicht in der Nachmittagshitze laufen. Wetter-   mäßig trifft man hier sicherlich auf die angenehmere Jahreszeit – ich hoffe es jedenfalls. Außerdem hatte ich 3 Termine zu berücksichtigen: Uschis 60. Geburtstag, Sommerurlaub für Dennis und Barbara, sowie unseren 40. Hochzeitstag.

Ja, so ist mein Reisetermin entstanden und alle Zeichen für den Reiseantritt stehen gut.

Reiseweg

Der Reiseweg steht nun schon etwas länger fest. Im Anhang sind Wege bzw. Pilgerwege für Deutschland, Frankreich sowie Spanien überschaubar mit km-Angabe nachvollziehbar dargestellt. Streckenabschnitte bzw. Übernachtungsziele werde ich von Tag zu Tag spontan den unterschiedlichsten Gegebenheiten anpassen. Hier gibt es keine Vorausplanung. Start ist die Haustür in Hoffeld – Ziel ist der hl. Jakobus in Santiago de Compostela.

Packliste

Auch die Packliste ist auf Papier gebracht. Generell sei gesagt: „Je weniger - desto besser". Entsprechend diesem Motto habe ich mir jeden Punkt nochmals vorgenommen und auch noch einige Punkte gestrichen, was nicht heißt, dass Streichen ab jetzt tabu ist. Mein Ziel ist 7 bis 8 kg Gepäck incl. der am Körper getragenen Teile.

Na ja, mal abwarten, wie ich dann wirklich auf dem Camino laufe. Noch ist hier nichts endgültig. Die Packliste kannst du dem Anhang entnehmen. Hier noch eine genauere Angabe zu verschiedenen Punkten:

1. Der richtige Rucksack spielt eine große Rolle und muss im Tragekomfort mit den Schultergurten perfekt sitzen. Er muss leicht sein und ca. 40 bis 45 Liter Fassungsvermögen haben. Passend wäre einer von Deuter, den ich mir auf jeden Fall ansehen werde.

2. Festgelegt habe ich auch den großen Regenumhang, der auch den Rucksack bedecken soll, jedoch schwierig bei Wind ist.

3. Der Schlafsack sollte leicht und atmungsaktiv sein, ansonsten stelle ich hier keine besonderen Ansprüche.

4. Bei Handy sowie Uhr entscheide ich mich für ein Billigprodukt, ganz einfach wegen der geringeren Diebstahlgefahr.

5. Toilettenartikel sowie Schreibmaterial sollten klein und leicht sein. Nur das Nötigste kommt mit, so lautet die Devise.

6. Bekleidung sollte Funktionsbekleidung sein, die auch schnell trocknet. Wanderschuhe und Wandersandalen sind neben dem Rucksack die Artikel, die perfekt sein müssen. Ich werde mich für einen Halbschuh ½ bis 1 Nummer größer entscheiden. Es könnte ein Lowa werden, der sehr gut ist. Einen Knöchelhohen Schuh brauche ich nicht, da ich nicht so die Probleme mit dem Umknicken habe und mich wie ein alter Mann mit 2 Stöcken bewegen werde. So sind jedenfalls meine Gedankengänge. Ein Lederschuh scheidet aus, weil die Trockenzeit zu lange wäre und er sehr pflegebedürftig ist.

Alles in allem werde ich bei jedem Punkt auf das Gewicht achten. Die Qualität ist jedoch einzubeziehen. Nach einer Beratungsphase werde ich die Entscheidung für mich ganz persönlich treffen. Ich bin sicher, ich werde einen gesunden Kompromiss für alle Packstücke sowie das Rucksackgewicht finden.

So und nun habe ich meine persönliche Vorgabe bis 31.12.2016 - bereits erreicht. Es geht locker von der Hand und es macht Spaß, Spaß sogar bei den Vorbereitungsaufgaben. Somit habe ich nun noch viel Zeit für Lektüre. Na ja, es sind noch viele Tage bis zum Beginn des Jakobsweges, aber runterzählen werde ich die Tage auf keinen Fall. Im ersten Halbjahr ist dann die Vorbereitungsphase, die intensivere, bevor es dann am Mittwoch, den 12.07.2017 endlich losgeht.

Oh, eine sehr große Angelegenheit, mit sehr viel Zeitaufwand, liegt mir noch am Herzen. Das ist die Firmenübergabe an Dennis. Zum 31.12.16, mit Verband, mit Steuerberater, mit Banker und unserer Familie im Einklang, das ist sicher noch eine große und arbeitsreiche Beschäftigung bis zum Jahresende. Aber die Zeit ist da und ich werde es mit sehr viel Energie und Verstand angehen. Ich bin zuversichtlich, dass es am 31.12.16 den Notarvertrag geben kann.   – Die Zeit ist reif und ich bin frei für den Jakobsweg -

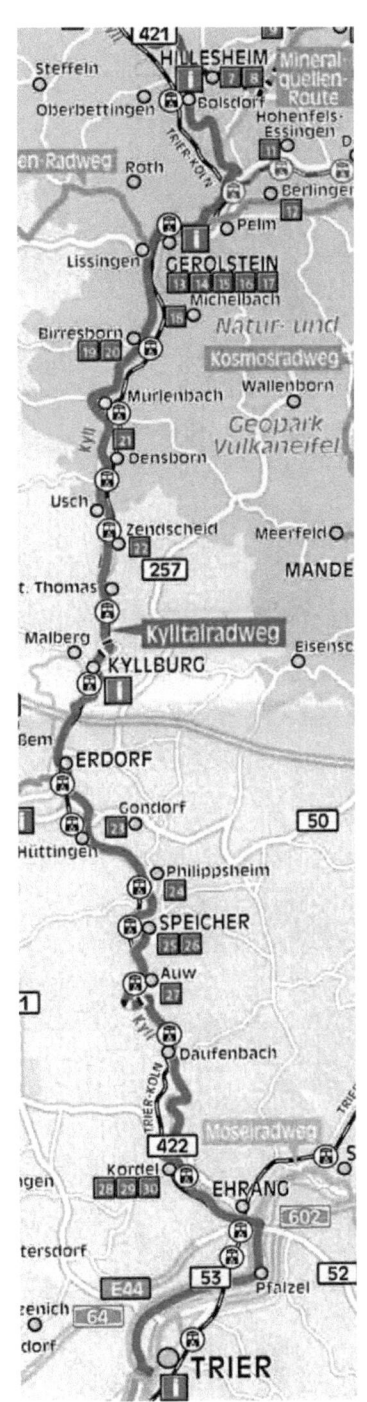

Mein Pilgerweg von Hoffeld bis Santiago de Compostela

Start in Hoffeld

Bis Pelm – Wald und Wiesenweg

Von Pelm bis Trier - Kylltal-Radweg   ca. 100km

Von Trier bis Roncesvalles über Le Puy

Frankreich-Pilgerweg   ca. 1580km

Von Roncesvalles bis Santiago de Compostela

Spanien-Pilgerweg   ca. 780km

Insgesamt
ca. 2460km

Der gewählte Weg von Hoffeld bis Trier ist der kürzeste Weg, jedoch kein Pilgerweg.

Von der Bischofsstadt Trier, eine der bedeutendsten Zwischenziele für westdeutsche Pilger, sind zurzeit zwei Zubringerwege bis Roncesvalles in Frankreich markiert und beschrieben.

Der ca. 150km kürzere Weg über Vezelay ist sicher der ruhigere und von der Naturbelassenheit absolut interessantere Weg, jedoch in Bezug auf Übernachtungs- und Verpflegungsmöglichkeit, der schwierigere Weg.

Meine Entscheidung fällt somit eindeutig für den Weg Trier – Le Puy – Roncesvalles.

Außerdem ist für deutsche Pilger von allen vorhandenen Jakobswegen in Frankreich der Weg über Le Puy der Bedeutendste.

Für Spanien ist der von mir gewählte Weg auch der Hauptpilgerweg.

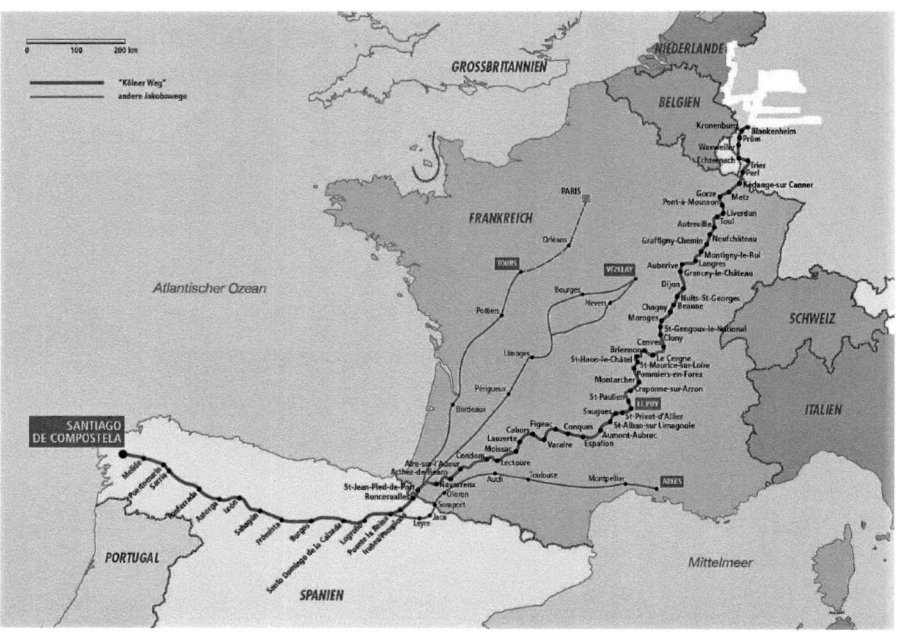

Vorläufige Packliste für den Jakobsweg
(incl. die am Körper tragend)

Allgemeines

Rucksack
Großer Regenumhang
Gamaschen
Schlafsack
Leinenbeutel als Einkaufstasche
Beutel zum Sortieren
Stein
Handy mit Telefonliste
Ladegerät
Fotoapparat
Wanderstöcke
Hut
Jakobsmuschel
Billiguhr mit Wecker
Umhänge Portemonnaie

Toilettenartikel

Zahnbürste/Zahnpasta
Shampoo/Duschgel
Nagelfeile, Schere, Kamm
Nähnadel, Zwirn
Pflaster, Blasenpflaster, Mullbinde
Durchfalltabletten/ Magnesium
Sonnenschutzmittel
Mineraltabletten/Blutdrucktabletten
Brille, Sonnenbrille, Putztuch
Waschmittel
Toilettenpapier
Papiertaschentücher
Ohrenstöpsel
Hirschtalg
5m Schnur, 4 Wäscheklammer
4 Sicherheitsnadel
S-Haken

Rund ums Schreiben und Lesen

Kopflampe
Wanderführer (Übernachtungsmöglichkeit)
Wanderkarte
Kreditkartensperre
Pilgerpass
Europäische Krankenversicherungskarte
Liste mit wichtigen Wörtern/D-F-SP-Sprachführer

Kleidung

1 leichte Hose
1 kurze Hose
1 abknöpfbare Hose
1 leichte Turnhose für nachts-
auch als Badehose geeignet
1 Handtuch
2 Unterhosen
1 Hemd
1 T-Shirt
2 Paar Wandersocken
1 Paar Wanderschuhe
1 Paar Wandersandalen
1 Paar Badeschlappen
1 Halstuch
1 Gürtel

Essen und Trinken

Tasse
Teelöffel, Messer, Gabel, Löffel
Taschenmesser
(Flaschenöffner, Korkenzieher)
1 l Plastikflasche
Plastikdose für kleine Vorräte
(auch als Teller nutzbar)
Abtrockentuch

Personalausweis, Kreditkarte,
Bargeld, EC Karte
Rufnummer von
Kugelschreiber
Notizbuch

Auslandskrankenversicherung

MEIN PILGERJAHR – 2017 - hat begonnen

Pilgerweg und Start-Termin haben sich nicht mehr geändert. So kann ich mich auf die Packliste incl. Einkauf und meine ärztlichen Termine voll konzentrieren.

Ach ja, zum Jahreswechsel war die Firmenübergabe an Dennis. Der Weg mit dem Einkaufsverband, Steuerberater, Banker und Notar war etwas holprig, doch letzten Endes ist alles gut, vielleicht kann man sogar sagen perfekt gelaufen. Von einer riesigen Last habe ich mich befreien können, es ist mir leichtgefallen und mein Leben fühlt sich manchmal „WIE NEU GEBOREN" an. Es sind noch viele kleine Dinge aufzuarbeiten, aber das sollte das kleinere Übel sein und dann bin ich Angestellter unter dem neuen Chef „Dennis". Mit diesem Gedanken kann ich gut leben. Die Geschäftsübergabe war sowohl zeit- wie auch arbeitsmäßig sehr aufwendig, so dass ich mich vier Monate von den Jakobsweg-Gedanken komplett befreien konnte. Es war eine Zeitbrücke in einer sehr langen Vorbereitungsphase und ich habe auch diese genießen können. Umso mehr freue ich mich jetzt wieder frei zu sein für meinen Traum, den Pilgertraum.

Meine Arztbesuche stellen sich wesentlich schwieriger dar. Der Zahnarztbesuch nach 7 Jahren ohne Befund, eigentlich wie immer und somit erledigt. Der Augenarzt, neue Ärztin stellte keine Veränderung fest. Wiedersehen in zwei Jahren teilte sie mir mit. Dann der Hausarzt, neu für mich, macht zunächst die große Laboruntersuchung. Hier werde ich auffällig, hinzu kommen noch meine Bein-, Hüft- und Knieschmerzen. Röntgen im Krankenhaus, Besuch beim Facharzt und immer wieder Hausarzt. Wir lernen uns durch die häufigen Besuche sehr schnell und auch gut kennen, ich nehme alles sehr gelassen auf und kann damit auch gut umgehen. Zwanzig Tage vor meinem Start gefällt meinem Hausarzt der Blutdruck nicht, ich dagegen laufe schon Jahre damit und habe mit etwas erhöhtem Blutdruck kein Problem. Im Gegenteil, ich fühle mich so fitter und besser und mag es nicht, wenn andere mit niedrigem Blutdruck nicht aus den Pötten kommen. Der Arzt fragt nach meinem Pilgertermin. Wir haben noch 20 Tage Zeit, antworte ich. Das reicht sagt er und stellt die Dosis sofort und nach 10 Tagen nochmals um. Dann telefonieren wir nochmal und ich kann am 12. Juli losgehen! Aber mit dem Gefühl, in allen hausärztlichen Behandlungen keine positiven Ergebnisse erreicht zu haben. In mir kommt jedoch keinerlei Unruhe auf und ich kann alles sehr gelassen hinnehmen. Bis auf einen Gedanken, ich werde mit 200 Blutdrucktabletten (100Tage x 2) losgehen! Wer geht schon den Jakobsweg mit 200 Tabletten im Rucksack? Na ja, auch das ist kein wirkliches Problem für mich und an die große Glocke hängen muss ich diese Tatsache ja nicht.

Meine Packliste nimmt vom Einkauf bis zum Packen ein halbes Jahr in Anspruch. Hier gibt es viele Veränderungen in meinen Gedanken und auch Ausführungen. Vorgabe ist Farbe bei der Bekleidung! Das Laufen im Straßenverkehr sollte relativ sicher sein und die Farbe sollte auch bei schlechtem Wetter etwas aufmuntern. Schlammfarben und dann noch Ton in Ton, das geht gar nicht. Die Qualität sollte unbedingt auf meine Bedürfnisse abgestimmt sein und auch das Gewicht spielt in Bezug auf die Qualität eine wichtige Rolle.

Die erste Einkaufstour in Trier besteht aus Rucksack und Schuhe. Der Schuh ist der „Lowa" und der Gleiche wie ich ihn schon Jahre gelaufen bin und das ohne Probleme. Beim Rucksack bin ich dann doch zum Osprey gewechselt.

Er ist leichter als der Deuter, sitzt perfekt auf der Hüfte, so dass die Schultergurte nicht auf der Schulter aufliegen. Die Farbe schwarz mit einem kräftigen hellen Grün abgesetzt, genau wie die Schuhe. So habe ich jetzt eine Farbvorgabe für die Bekleidung von grün und grau. Der Regenumhang ist kräftig, auffallend rot, so dass ich auf der Straße gut zu erkennen bin. Meine Frau und ich haben so mehrere Einkaufserlebnisse in Trier, bis letztendlich alle Artikel der Packliste gekauft sind. Im Anhang ist die Packliste mit Gewichtsangabe der einzelnen Artikel, die mich auf der Pilgerreise begleiten. Zum Schluss tausche ich nochmal meine Schlaf-Turnhose gegen eine Schlafhose, die ich auch beim Schwimmen anziehen kann. Außerdem erlaube ich mir den Luxus eines Reisetauchsieders für einen Kaffee oder Tee am frühen Morgen.

Ich habe ein Gesamtgewicht (Rucksack und am Körper tragend) von 9475g, wobei der Rucksack bei gutem Wetter 6849g und bei schlechtem Wetter 5885g wiegt. Hinzu kommt die tägliche Nahrung und Trinkvorräte. Rucksackpacken nach den unterschiedlichsten Kriterien ist eher einfach und wird sicherlich auf meiner Pilgertour ein wechselndes Bild finden.

Was es sonst noch vom ersten Halbjahr zu berichten gibt! Mein Muschelanhänger, den einige Menschen entdecken, führt öfter zum Thema Jakobsweg. So bringt nach einer Unterhaltung eine Kundin ein Buch über Spaniens Jakobsweg vorbei. Da ich das gleiche Buch von Nancy zu Weihnachten bekommen habe, muss ich es wieder zurückgeben, was mir sehr leidtut. Mein Rasierer geht kaputt und ich bringe ihn zu Sünnen nach Gerolstein in Reparatur. Die Verkäuferin und ich führen ein Gespräch über den Jakobsweg, den auch sie gehen möchte und noch eine passende Begleitung sucht. Alleine möchte sie nicht gehen. Einen Tag später lerne ich im Geschäft eine Kundin kennen die ebenfalls den Weg gehen möchte, jedoch mit Esel, wie der Engländer! Sie hat, wie ich auch, das Buch von dem Engländer gelesen und ist fasziniert vom Jakobsweg. Ich lerne Helga unsere Nachbarin sowie Arzthelferin bei meinem Hausarzt kennen. Sie kann nicht so gut gehen, möchte aber trotzdem mal mit einem Esel oder Pferd den Weg zurücklegen. Das Pferd hat sie schon! Zur Messezeit Prüm sehe ich Familie Mertes aus Belgien, langjährige Aussteller auf der

GLS. Wir kennen uns sehr gut und Frau Mertes ist begeistert. Die Unterhaltung nimmt etwas mehr Zeit in Anspruch. Ja, dass macht doch immer wieder Spaß.

Tina und Max und auch Juppes unser Weinhändler von der Mosel, bieten mir an, mich abholen zu kommen, wenn es mal nicht mehr laufen sollte. Das gibt mir Sicherheit und innere Ruhe. Ich weiß dieses Angebot sehr zu schätzen, bedanke mich, aber Gedanken an einen Ausfall auf der Tour, die sind bisher in meinen Träumen nicht aktiv. – Trotzdem tolle Geste -

Es gibt ein Treffen mit Elke. Wir kennen uns nun schon viele Jahre, aber lernen uns trotzdem jetzt erst kennen. Elke geht einen Monat früher los, mit ihrem Bekannten und somit auch von Dänemark. Sie wird entsprechend mehr Kilometer laufen und auch mehr Zeit brauchen als ich. Ein Treffen auf dem Pilgerweg wird nicht ausgeschlossen. Über Handy sind wir jedenfalls verbunden. Es ist ein interessanter, unvergesslicher und mit viel Gesprächsstoff gefüllter Abend.

Nun kommt die körperliche Vorbereitung. Ich gehe 3 1/2 Monate morgens und abends eine kleine Runde von je 2km. Das hört sich wenig an, aber ich gehe beständig, bei jedem Wetter. Der April ist dieses Jahr sehr nass und frostig, hätte sich somit als Pilgermonat nicht geeignet. Es kommen über 200 Runden mit über 400 km zusammen. Meine Füße kennen jeden Stein bzw. jeden Grashalm. Hinzu kommen noch 2 Touren von Hillesheim nach Hoffeld.

Ich sehe eine Wildsau mit Frischlingen, einige Rehe mit Kitz sowie einen eingerollten Fuchs am Baum schlafend und nur einen Meter von mir entfernt. Eine Natur, die ich in dieser Vielfalt sonst nicht wahrgenommen habe. An einem der letzten Tage treffe ich auf dem Rundweg Frau Middelhof und die Unterhaltung dauert länger. Sie möchte den Pilgerweg auch einmal gehen, hat jedoch von meinem Plan noch nichts gehört. Mein Gefühl ist jedoch, jeder im Dorf weiß es und alle reden darüber.

Meine Arbeit, die mein Leben 48 Jahre ausgefüllt hat, ist plötzlich nur noch da. Ich quäle mich förmlich mit immer schwierigeren Gegebenheiten, die sich nun fast täglich einspielen. Die Zeit bis zum Losgehen kommt mir unendlich vor, so meine Gefühle. Alle Vorbereitungen sind getroffen, alles ist 5mal überdacht und auch verändert worden. Ich kann vielleicht die Zahnbürste noch kürzen und somit noch 3g Gewicht einsparen. Es gibt noch eine Karte für die Enkelkinder, damit sie die Tagesabschnitte stecken können. Dann buche ich die ersten vier Übernachtungen bis Trier. Es ist aufwendig und schwierig, obwohl ich der Sprache mächtig bin.

Dann folgen die letzten 14 Tage die mit Abschied nehmen gefüllt sind. Doch damit habe ich so nicht gerechnet. Es ist für mich wie eine Auszeit wegen Urlaub und somit absolut überraschend. Abschied von einigen Außendienstlern, die nochmal persönlich vorbeischauen. Erich und Julitta kommen vorbei, Daria und Werner kommen extra von Oer-Erkenschwick. Gabi und Wilfrid verabschieden sich, der Kegelverein sagt Tschüss. Oma und Opa übernehme ich persönlich. Mark, Helga, Klaus und Stefan verabschieden sich. Elke aus Hoffeld schreibt eine Karte, ist ja schon auf dem Camino, Elke aus Kassel ruft an. Barbara, Dennis, Nancy und Michi gehören beim Abschied sagen genauso dazu. Von Uschi verabschiede ich mich am letzten Tag. Es gibt die Vielen, die einfach beim Telefonieren oder bei einer zufälligen Begegnung noch alles Gute wünschen oder einfach Tschüss sagen und sicherlich auch die, die ich jetzt vergessen habe, denen kann ich sagen das es nicht böse gemeint ist, sondern durch die Vielzahl der Dinge einfach nur untergegangen ist.

Ja, nun ist die Zeit, der Moment gekommen, loszugehen.

Ja, ich gehe den Jakobsweg!!!

Anhang zum Bericht

ALLGEMEINES

Rucksack	1160g
Regenumhang	380g
Schirm	174g
Schlafsack	153g
Einkaufstasche	24g
Beutel zum sortieren	109g
Stein	87g
Handy inkl.	236g
Wanderstöcke	573g
Hut	62g
Jakobsmuschel	51g
Uhr	21g
Umhang-Portemonnaie	40g
Brille Sonnenbrille	59g
Putztuch für Brille	3g
Kopflampe	18g

ESSEN/TRINKEN

Becher	144g
Löffel	10g
Messer und Öffner	66g
Trinkflasche	108g
Plastikdose	80g
Trockentuch	16g
Tauchsieder	172g
Tee Kaffee	69g

Rund ums schreiben

3x Wanderführer	610g
Notizbuch, Kugelschr.	52g
Sprachf. Terminliste	2g
Perso. Kredit-ECKarte	25g
Bargeld,Kreditkartensp.	12g

KLEIDUNG

Wanderschuhe	1079g
Sandalen	634g
Badeschlappen	184g
Halstuch	38g
Handtuch	141g
2x Socken	103g
2x Unterhose	159g
T-Shirt	133g
T-Shirt	112g
T-Shirt	223g
kurze Hose	265g
kurze Hose	361g
lange Hose	414g
Jacke	414g
Hose zum Baden / Schlafen	121g
T-Shirt Schlafen	112g

TOILETTENARTIKEL

Zahnbürste und -Paste	57g
Seife	140g
Nagelfeile Schere	20g
Nadel Zwirn Pflaster Mullbinde	29g
Traubenzucker	48g
Sonnenschutzcreme	64g
Blutdrucktabletten	112g
WC Papier Tempotücher	55g
Ohrenstöpsel	5g
Wäscheleine Klammern	36g
Haken	11g
Sicherheitsnadel	0g
Nivea Milch	87g
Kopfkissen	77g
Pilgerpass	24g
Ausl. Krankenvers.	4g

Der weiteste Weg beginnt mit dem ersten Schritt…

Tag 1, Hoffeld – Gerolstein 28km

Die erste Etappe ist angesagt. Es ist 6.30 Uhr, der Wecker klingelt, jedoch ich bin schon lange wach. Es regnet, ich stehe trotzdem auf, gehe ins Bad, ziehe mich an und gehe zum Frühstücken. Uschi kann und will nicht mit mir frühstücken. Sie sitzt in der Küche und heult sich die Augen aus dem Kopf. Ich packe mein Frühstück zusammen und gehe in den Wintergarten.
Nachdem ich in den letzten Tagen und Wochen seltsam cool war und wenig Aufregung an den Tag gelegt habe, dämmert mir nun langsam, dass ich für die nächsten 100 Tage zum letzten Mal aus meinem eigenen Bett aufgestanden bin und fortan morgens nicht mehr weiß, wo ich als nächstes schlafen werde. Wir waren beide mit unseren Gedanken beschäftigt und redeten nicht viel. In einem kurzen Anflug dachte ich darüber nach, ob ich nicht doch noch einen Tag warte. Ich glaube, das waren auch Uschis Gedanken, denn es regnete immer noch. Bevor ich jedoch diese Gedanken weiterführte, rief ich mich innerlich zur Disziplin auf. Ich war es schließlich selbst, der die Idee hatte, den langen Weg von Hoffeld nach Santiago zu gehen.

Es ist kein schöner Morgen, regnete immer noch und ich zögere meinen Start ca. eine Stunde hinaus. Aber es wurde nicht weniger Regen und ans Aufhören war nicht zu denken. Der Rucksack war längst gepackt, die Wasserflasche noch füllen und etwas zu Essen für unterwegs und es kann losgehen. Meinen Schirm teste ich noch, jedoch ist der Wind einfach zu stark. Also bleibt der Regenumhang. Ein letztes Foto, ein letzter Kuss und noch einmal drücken und schon stand ich im Regen. Die gedrückte Stimmung, die nun schon eine ganze Weile anhielt, war mindestens so mies wie das Wetter. Luxus wollte ich nicht, den hatte ich auch weiß Gott nicht. Nicht am ersten Tag. Um 8.26 Uhr geht`s dann los.

Am Dorfrand gehe ich hoch, sehe wegen meinem Regenumhang nicht, ob mich jemand wahrnimmt. Ich fühle mich etwas verloren. In meinem Kopf toben wirre Gedanken, die sich nicht ordnen lassen. Zweifel waren darunter, ebenso Unsicherheit und die Frage „Warum tue ich das eigentlich"? Auf eine überzeugende Antwort werde ich noch etwas warten müssen… Immerhin geht eine gehörige Portion Entschlossenheit mit.

Ich konzentriere mich sehr auf den Weg. Es regnet immer noch stark, der böige Wind versucht immer wieder meinen Regenumhang hoch zu treiben und den ersten Matsch habe ich bereits erreicht. Schön ist wirklich anders! Am Wasserfall vorbei, Anstieg durch den Wald, eine Gerade am Wald vorbei und ich erreiche nach ca. 8km eine Bank. Der Regen lässt nach, für eine kurze Pause wird es wohl reichen, hoffe ich wenigstens. Ich ziehe den Regenumhang aus, setzte den Rucksack ab, esse und trinke ein wenig. Auf der Bank 5 Minuten ausruhen geht nicht, es ist alles viel zu nass. Obwohl mir das jetzt guttun würde. Schnell wieder alles startklar machen, es regnet wieder. Oh, ich habe doch auch mein Handy dabei. Alle wollen wissen wie der Start ist. Jedoch hatte Uschi diese Mitteilung längst schon gemacht. Sie ist meine Pressesprecherin.

Ich füge in unserer kleinen Jakobsweg-Gruppe folgendes hinzu: „Mein Jakobsweg besteht aus vielen kleinen Schritten und einem großen Schritt und den habe ich heute Morgen gemacht – LOSGEHEN".

Bei Regen und starken Windböen geht es weiter. In Kerpen finde ich den Radweg nicht direkt. Doch nach wenigen falsch gelaufenen Schritten bin ich wieder auf dem Weg. Ab Walsdorf muss ich die Straße laufen. Es regnet jetzt nicht mehr, dafür ist die Straße so nass, dass die Autos und die LKW´s für Wind und Wasser in reichlicher Menge sorgen.

In Rockeskyll scheint sogar die Sonne. Ich mache meine Mittagspause im Bushaltehäuschen und es ist erstmals alles trocken. Ein kleiner Junge besucht mich mit dem Fahrrad. Er stellt Fragen, wie Kinder halt fragen. Wohin gehst du? Was hast du zu essen dabei? Wo schläfst du? Hast du so viel Geld dabei? Bist du zurück, wenn meine Sommerferien zu Ende sind? Er macht sich schon viele Gedanken und begleitet mich anschließend bis zu seinem Elternhaus, wo wir uns verabschieden. Die nächsten 2 km muss ich nochmals Straße laufen und dann erreiche ich endlich den langersehnten Kylltal-Radweg. Er geht ruhig am Wald vorbei, die Sonne scheint und das Glücksgefühl erobert meine Träume wieder. Bis Gerolstein geht alles gut, dann schüttet es wie aus Kübel. Ich stelle mich unter einen Vorbau, denn so schnell bekomme ich den Regenumhang nicht aus meinem Rucksack. Nach 10 Minuten und bei leichtem Regen habe ich den letzten Kilometer bergauf bis zur Jugendherberge vor mir. Meine Fitness lässt es locker zu, so dass ich 16.30 Uhr mein erstes Etappenziel erreiche.

Hier treffe ich am Eingang Dieter Heitmann, den ich sicher schon 30Jahre nicht mehr gesehen habe. Wir kennen uns sofort wieder und reden ein paar Sätze miteinander. Diese Jugendherberge hat er viele Jahre geleitet, ist jedoch jetzt im Ruhestand. Dann checke ich ein, bezahle die Nacht mit Frühstück und erhalte meinen ersten Stempel ins Pilgerbuch, obwohl den ersten Stempel habe ich schon von unserer Pfarrkirche „St. Wendelinus" erhalten. Ich habe ein Zimmer mit Dusche für mich alleine, was sicherlich perfekt für die erste Nacht ist. Keine Schmerzen, keine Blasen, Schuhe und Bekleidung haben mich trocken gehalten, keinerlei Probleme, alles ist perfekt gelaufen. Ja, ich bin schon ein bisschen stolz. Mit dem Regen und den starken Windböen habe ich sicherlich einen Härtetest überstanden. Ein Wunschkonzert sind Träume eh nicht, der erste Tag war es erst recht nicht. Auch die künftigen Tage werden kein Wunschkonzert zulassen. Vielleicht habe ich etwas mehr Glück! Jetzt Duschen, Wäsche waschen und pünktlich um 6 Uhr steht Fritz mit dem Auto vor der Tür und holt mich ab. Ich bin bei Gretts zum Grillen eingeladen. Jupp aus Gerolstein ist dabei, ich lerne ihn schnell kennen und wir haben einen gemütlichen Abend mit reichlich, gutem Essen. Gute Gespräche mit etwas Alkohol lassen den Abend intensiv aber auch schnell zu Ende gehen. Fritz bringt uns um 10 Uhr zurück. Toll dieser Abend! Mehrmals hatte ich die Einladung zum Kaffee trinken abgesagt. Nun muss ich sagen, das hat sich doch gelohnt.

Ich verabschiede mich und falle tot müde ins Bett.

Tag 2, Gerolstein – Erdorf 32 km

Es sind noch wenige Minuten bis 6 Uhr. Ohne Wecker bin ich pünktlich wach geworden. Es war eine ruhige Nacht die ich mit tiefem, festen Schlaf verbringen durfte. Ohne Probleme stehe ich auf und ziehe eine Runde durchs Bad. Von gestern habe ich noch etwas aufzuarbeiten. Ich schreibe als erstes mein Tagebuch und dann berichte ich vom ersten Pilgertag und beantworte alle Fragen über WhatsApp. Mein kleiner Terminkalender erinnert mich an Tinas Geburtstag. So melde ich mich kurz bei ihr und wünsche „alles Gute zum Geburtstag". Meinen Rucksack packe ich so gut es geht, jedoch habe ich Drang zum Frühstück. Ist es das Frühstück oder ist es der zweite Pilgertag der mich zur Bewegung auffordert, so meine Gedanken. Doch dann stehe ich auch schon an meinem reservierten Platz, den ich alleine am Tisch besitzen darf. Ein wenig einsam bin ich schon, denn der Frühstücksraum ist mit Kindern und Jugendlichen voll besetzt. Ein tolles Frühstücksbüffet, was fast schon an ein bisschen Luxus erinnert. Die Jugend, die verhältnismäßig ruhig und diszipliniert ist, lassen mich den Tagesanfang genießen. Wenn ich mir die großen Mädels und Jungs so betrachte, denke ich an die Betten, die eine Größe von 80 x 190cm haben. Hier habe auch ich meine Probleme und man wird in den nächsten Jahren schon etwas verändern müssen. Dann noch einmal aufs Clo, den Rucksack packen und mit einem freundlichen Schüß an der Rezeption vorbei und dann raus. Nein so schnell geht's nicht, es kommen mir sicherlich 50 Kinder durch eine Ein- bzw. Ausgangstür entgegen und ich muss warten. Es ist eine sehr freundlich geführte Herberge. Wenn man bedenkt, dass ich noch nie in einer Herberge war, hat alles hervorragend funktioniert.

Es ist 8.15 Uhr als ich mit Rucksack, Hut und Stöcken durch ein Wohngebiet ca. 1 km abwärts bis zum Kylltal-Radweg gehe. Dichter Nebel und niedrige Temperaturen und dazu T-Shirt und kurze Hose lassen eine ganz besondere Frische zu. Der Radweg hat kaum Höhenmeter, ist fast komplett geteert, so dass ein lästiges Umstöpseln der Stöcke entfällt. Um 10 Uhr sticht die Sonne durch den Nebel und es ist an der Kyll wunderschön, sogar traumhaft schön. Ein Spaziergänger kommt mir entgegen, wir kommen sofort ins Gespräch und er erzählt von seiner Pilgertour,   ca. 500km, die er vor Jahren durch Spanien gemacht hat. In Birresborn finde ich eine kleine Metzgerei die für mein Mittagsmenü, 2 Brötchen und etwas Käse hat. Wasser habe ich in der Herberge aufgefüllt und eine Bank sogar mit Tisch, finde ich für eine halbe Stunde Mittagspause auch. Es klappt alles so, wie es im besten Fall funktionieren kann. Nachmittags kommt ein Radfahrer vorbei und grüßt mit „Buen Camino", hält an und erzählt viel von seiner Pilgertour. Das Gespräch wird etwas länger, aber auch interessant. Später dann kommt mir ein Radfahrer entgegen und hält an. Nachdem er den Helm abgesetzt hat, sehe ich, dass es Jupp Heinen vom gestrigen Grillabend ist. Wir lassen den Abend Revue passieren. Dann muss er noch ein Foto von mir machen, denn er ist in der Begeisterung von dem, was ich da vorhabe, nicht zu bremsen. Die Sonnenstrahlen, die ohne Wolke auf mich zukommen, lassen die Temperatur auf 30 Grad hochfahren.

Um 16.45 Uhr komme ich in Erdorf an, finde mein Hotel sofort und werde auch schon erwartet. Das Hotel ist schon lange nicht mehr renoviert worden und sieht etwas leblos aus. Aber es ist doch nur eine Nacht denke ich, bekomme mein Zimmer gezeigt und bin absolut zufrieden. Duschen, waschen, Tagebuch und über WhatsApp den Tagesbericht schreiben, das sind jetzt meine Aufgaben. Duschen, das mache ich am liebsten von diesen vier Punkten. Es ist einfach schön, sich nach so einer Tour so frisch und wohl zu fühlen. Mein Rucksack, den ich mit so viel Aufwand gepackt habe, ist irgendwie chaotisch und muss neu durchdacht und gepackt werden. Vielleicht muss ich ihn so packen, dass ich für nachmittags, für morgens oder für mittags alles zusammen habe. Mal sehen, aber jetzt geht es raus. Ich schaue mir den Ort an, stelle jedoch schnell fest, dass viele Häuser leer stehen und Restaurants sowie Geschäfte geschlossen sind. Der Ort ist tot. Jedoch finde ich schnell den Bahnhof mit Uschis Restaurant, wo ich auch einkehre. Vorher telefoniere ich noch mit Uschi und berichte vom Tagesablauf. Ich kann draußen sitzen, jedoch geht es nicht ohne Sonnenschirm. Die Sonne ist heute Abend noch extrem heiß und ich genieße das erste Bier, ein Bitburger, die große Brauerei liegt nur wenige Kilometer entfernt. Ich schreibe Elke noch und freue mich auf das Abendessen, eine Rinderwurst, Fritten und Salat sowie ein zweites Bier zum Genießen. Nun habe ich alle meine Aufgaben heute erfüllt, jedoch stelle ich fest, dass diese Nebenarbeiten nach dem Wandern mich total überfordern. Zeitlich und mengenmäßig gibt es Probleme. In den nächsten Tagen möchte ich hier eine Lösung finden. Bei einem dritten und letzten Bier werden alle Gedanken ignoriert, ich genieße das Bier, den Jakobsweg und den wunderschönen Abend.

Es geht zum Hotel, das schräg gegenüberliegt. Eine Gruppe älterer Menschen sitzt vor dem Restaurant und trinkt noch was. Ich grüße freundlich, sage auch gleich Gute Nacht und verschwinde in mein Zimmer auf der ersten Etage. Nur wenige Sekunden bis zum Bett und noch weniger Zeit bis zum Tiefschlaf!

Tag 3, Erdorf – Kordel 32 km

Nach einer erneut langen Nacht mit tiefem, ungestörtem Schlaf, kann der 3. Tag beginnen. Der Badbesuch ist kurz, vielleicht 5 Minuten. Bart und kurze Haare, Bekleidung ohne große Vielfalt, sowie sehr wenig Gepäck einzupacken, lassen den Aufenthalt zwischen Aufstehen und Frühstücken auf nur 15 Minuten reduzieren. Mein Frühstück ist in der Kneipe an einem Tisch für mich vorbereitet. Einfach aber reichlich, ohne Unterhaltungsmöglichkeit, lasse ich es mir gut gehen. Doch plötzlich erscheint der Wirt, begrüßt mich und fragt ob alles ok ist. Ein Einfaches ja von mir und er ist auch schon wieder verschwunden. Als ich bezahlen und auch den Pilgerstempel haben möchte, ist niemand zu finden. Auch mein Rufen interessiert Niemanden. So gehe ich noch aufs Clo und versuche es dann noch einmal. Einige Male muss ich rufen bis der Wirt kommt, abrechnet und mir den Stempel ins Buch setzt. Sehr gesprächig ist er dabei nicht.

8.15 Uhr verlasse ich die Unterkunft. Ich bin Gesund, fühle mich überaus fit und genieße so bei schönstem Sommerwetter einen neuen Wandertag. Der Weg ist etwas hügelig geworden, ansonsten alles wie gestern. Jedoch treffe ich Niemanden unterwegs, auch Dörfer und Häuser sind leer und ohne Leben. So wird es schwierig für heute Mittag etwas Essbares an der Strecke zu finden. Ich entscheide mich für einen kleinen Umweg, 3km, bergauf und wieder bergab. Über Speicher, wo ich eine Frikadelle aufgeschnitten auf 2 Brötchen verteilt bekomme. Die Verkäuferin wollte mir unbedingt 2 Frikadellen verkaufen und war so auch sehr unfreundlich. Aber ich setze mich durch, denn der goldene Käfig gehört längst der Vergangenheit an. Ab Mittag dann wieder sehr heiß, aber Menschenleer und ohne besondere Vorkommnisse.

Nun bin ich zwei Tage auf dem Kylltal-Radweg unterwegs. Eine wunderschöne Natur mit viel Wald, immer wieder der kleine Bach, Vogelgezwitscher, hin und wieder eine Wiese oder ein Feld und leere Dörfer. Wie man unschwer erkennt, geht es hier, rechts und links des Weges komplett ohne Müllablagerung. Ich genieße die Ruhe und es ist traumhaft schön. Ich schwebe mehr, als dass ich wandere, so federleicht fühle ich mich. Ein Gefühl grenzenloser Freiheit durchströmt mich und verleiht mir eine Form von Zufriedenheit, die sich nicht beschreiben, nur empfinden lässt- einfach wunderbar. Mein Gefühl sagt mir, es ist nur ein Traum! Mein Traum?

Ich bin körperlich, sportlich und gesundheitlich absolut gut drauf. Ich strotze vor Kraft und Energie, ohne das Gefühl zu haben, je auftanken zu müssen. Es ist Glück das ich nicht beschreiben, aber genießen kann.

Ca. 17 Uhr komme ich in meiner Unterkunft in Kordel an. Es ist privat, eine ältere Dame zeigt mir das Zimmer, sehr groß mit Küche und großem Bad. Ein Bier hat sie mir in den Kühlschrank gestellt. Ich bitte noch um ein weiteres, was für sie kein Problem ist. Sie fragt ob ich rechts oder links schlafen möchte, das ist doch egal antworte ich. Nein, erwidert sie, viele Menschen können nur auf der Seite schlafen wie sie immer schlafen. Es ist zwar nicht meine Seite, aber für mich können sie alles so lassen, ich habe absolut kein Problem damit. In meinem Kopf ist das Wort - Ansprüche stellen - eh gelöscht. Nach abarbeiten meiner täglichen Arbeiten suche ich mir ein Restaurant im Ort. Ich finde eine kleine Eisdiele mit Pizzeria und viel Sitzmöglichkeit außen. Ein sonnengeschützter Platz und nochmal ein Blick aufs Handy, dann suche ich mir eine Pizza aus. Aber die Bedienung kommt nicht. Es dauert etwas länger, denn sie hat mich vergessen. Eine große, sehr gute Pizza und ein Bier dazu, alles ist perfekt. Auf dem Weg zur Unterkunft denke ich darüber nach, was ich vor meiner Tour für ein Problem hatte, alleine ins Restaurant zu gehen und alleine am Tisch zu sitzen. Das hatte es bis Dato noch nie gegeben. Aber es geht doch, sogar ohne darüber nachzudenken.

Ich mache mir noch ein Bier auf und trinke es im Bett. Nur nicht einschlafen bevor das Bier weg ist, das sind die letzten Gedanken!

Tag 4, Kordel – Trier 18 km

Nach einer sehr langen, intensiven Nacht, erreicht mich das Frühstück pünktlich um 8.30Uhr. Frau Schneider, die Vermieterin, klopft an die Tür und hat alles was nicht in der Küche gelagert ist auf einem Tablett. Fürstlich, was sie da alles draufhat. Oh, was ist das denn, frage ich und zeige auf einen Riegel Kinderschokolade? Ja sagt sie, auch das gehört zum Pilgerweg, wünscht mir guten Appetit und geht wieder zu ihrem Mann der krank ist und ihre Pflege braucht. Ich genieße das liebevoll servierte Frühstück und denke an zu Hause, denn so sieht es sonntags bei uns auch aus. Aber heute ist erst Samstag und ich komme etwa 9.15 Uhr, nachdem ich mich mit einer herzlichen Umarmung bei der Vermieterin nochmals bedanke und verabschiede, in die Puschen. Das musste einfach sein, sie war so herzlich, fast sogar mütterlich zu mir.

Es ist etwas später als sonst, aber heute habe ich auch nur 18 km bis Trier, eine kurze Tagesetappe. Zunächst ist alles wie in den vergangenen Tagen, die Sonne ist da, die Natur traumhaft, eine himmlische Ruhe, gute fast ebene Wege und auch ich bin wieder guter Dinge auf dem Kylltal – Radweg. An einer T-Kreuzung muss ich links gehen. Ein Radfahrer kommt mir entgegen und versucht geradeaus zu fahren. Ich stoppe ihn mit meinem Halt rufen und sage, dein Weg geht sicher rechts weiter. Er kommt ein paar Meter zurück, schaut sich die Hinweise auf den Wegweisern an und sagt, du hast recht, aber woher weißt du das? Mein Gefühl hat es mir gesagt und wir kommen ins Gespräch. Ich beschreibe mein Vorhaben und dann erzählt er. Ist im Saargebiet losgefahren und möchte in einigen Tagen in Amsterdam sein. Die nächste Übernachtung hat er bei der Familie Plein in Hillesheim. Ich erkläre ihm noch meine berufliche Verbindung zu Hillesheim und bitte ihn die Familie Plein von mir zu grüßen. Ein freundliches Schüss und allzeit guten Weg und es geht weiter.

Uschi meldet sich und möchte mich in Trier besuchen. Ich freue mich und bin sehr überrascht. Zeit und Treffpunkt lassen wir noch offen, wollen es etwas später festlegen. In Trier angekommen, stehe ich plötzlich mit beiden Füßen wieder auf dem Boden. Ich stehe mitten im Industriegebiet, nähe Mosel und es ist extrem heiß. Aus Pilgerbücher war mir schon bekannt, dass hin und wieder auch Industriegebiete zu durchlaufen sind. Aber das der Kontrast von jetzt auf gleich so heftig ausfallen kann, das habe ich nicht ahnen können. Es gibt kein Mitleid, vor allem kein Selbstmitleid, da muss ich jetzt durch, denn heute möchte ich die Kathedrale sehen und auch noch ein kleines Stück auf dem richtigen Pilgerweg, der für mich hier in Trier beginnt, gehen. Hinter dem Industriegebiet laufe ich ein gutes Stück an der Mosel vorbei und entdecke mit meinen Augen die ersten Muschelhinweise. Die Sonne ist schattenlos und gnadenlos mit gefühlten 35-40Grad hier an der Mosel entlang.

Kurz nach 14 Uhr erreiche ich dann die Porta Nigra, dass kurzfristig ausgemachte Ziel in Trier. Aber Uschi ist weit und breit noch nicht zusehen. Doch da, eine Nachricht auf

Porta Nigra

Handy. Sie hat den riesigen Parkplatz am Theater nicht gefunden und ist kreuz und quer durch Trier gefahren und endlich in einem Parkhaus gestrandet. Ich verstehe es nicht, da sie mich immer in Trier zum Parkplatz hin dirigieren möchte. Aber es dauert und dauert, aber Uschi kommt nicht an. Dann nochmals eine

Mitteilung, sie ist am Dom und möchte sich da treffen. Ich bin für die Porta Nigra, wie vereinbart, das ist der äußerste Punkt. Sie versucht dann die Porta Nigra zu finden. Verstehen kann ich das alles nicht. Wir sind seit vielen Jahren mindestens 2mal im Jahr zum Einkaufen in Trier und haben immer am Ende der Fußgängerzone die Porta Nigra riesengroß vor unseren Augen. Jetzt glaube ich das es nur bei mir so ist und sie rechts und links der Fußgängerzone nur Augen für Geschäfte mit Lederprodukten hat und die großen Bauten wie die Porta Nigra noch nie wahrgenommen hat. Frauen eben!!! Plötzlich trifft sie ein, wir begrüßen uns und sie erzählt von allen Problemfällen, vor allem vom Einparken im Parkhaus und das sie da wahrscheinlich nie wieder rauskommt. Wahrscheinlich werde ich das dann machen und muss plötzlich daran denken, wo sie vor einiger Zeit in unserer kleinen Garage, mit Wenden in drei Zügen versucht hat das Auto raus zu fahren. Es hat nicht ganz funktioniert. Ich fürchte, es ist heute nicht ihr Tag!

Wir essen und trinken eine Kleinigkeit und trödeln etwas durch die Innenstadt, suchen die Herberge, checke ein, dusche und wasche meine Klamotten. Ein Besuch im Pilgerbüro wo ich mich nach der Messe erkundige und den Pilgerstempel bekomme, gehört dazu. Ach ja, ich frage noch nach einer Übernachtungsmöglichkeit für

Dom in Trier

Sonntagabend, jedoch kann mir hier niemand weiterhelfen. Draußen vor der Liebfrauenkirche setzte ich mich auf eine Steinstufe und mache die kurze Hose zu einer langen Hose und bereite mich so für den Besuch der hl. Messe in der Liebfrauenkirche vor. Es ist die einzige Messe an diesem Samstagabend mit allgemeinem Segen, der für meine Pilgertour reichen sollte. Anschließend suchen wir ein Restaurant und finden eine Pizzeria wo wir bei sommerlichen Temperaturen draußen sitzen können. Ein schöner Abend. Aber auch der hat ein Ende. Das Auto aus der Parklücke fahren hat sich inzwischen erledigt, da rechts und links daneben frei geworden ist. Ein erneuter Abschied, den ich eigentlich nie mag, steht bevor und die Wege trennen sich wieder.

In der Herberge muss ich mein Tagebuch und meine WhatsApp Gruppe noch mit neuesten Informationen füttern. Es ist aber kein Problem, da ich noch alleine im Zimmer bin. Ein 4 Personenzimmer mit Hochbetten, das ist eine ganz neue Erfahrung. Ca. 22.30 Uhr trifft ein Mitbewohner ein, spricht allerdings kein Wort. Kurze Zeit später kommen noch 2 Jungs, etwa um die 25 Jahre, gehören zusammen und sind Engländer. Wir unterhalten uns noch eine Stunde mit Händen und Füßen und etwas Englisch. Sie machen eine Eiltour durch Europa und bereisen noch die Tschechei mit einem gebuchten Konzert, dann Österreich, Schweiz, Italien und Frankreich, alles innerhalb einer Woche! Das ist hart, aber die drei sind ja noch jung, so meine Gedanken.

Die Unterhaltung ist angenehm, jedoch auch anstrengend und so geht es mit einem freundlichen „Good Night" sehr ruhig in die Nacht hinein.

Mein Pilgerweg, von Apostelhaus zu Apostelhaus

Tag 5, Trier – Perl-Sinz 40 km

Die Engländer schlafen noch, als ich nach einer ruhigen Nacht und einem einfachen Frühstück um 7.45 Uhr die Herberge verlasse. Vom Centrum gehe ich in Richtung Matthias-Kirche, die ich gerne besichtigen möchte. Ich kenne Trier, eine

Mathias Kirche

wunderschöne alte Stadt. Es ist die Matthias Kirche, die mir noch fehlt. Es findet keine hl. Messe statt, so kann ich in Ruhe, denn es sind auch keine Menschen weit und breit zu sehen, die Kirche für mich alleine genießen. Hier wurden die ersten Bischöfe bestattet. Bereits im 5. Jahrhundert sammelten sich hier die ersten Mönche, die sich im 10. Jahrhundert dem Benediktinerorden anschlossen. Im Jahre 1127 wurde ein romanischer Neubau errichtet. Bei ihrem Bau fand man die Gebeine des Apostels Matthias, die der Legende nach hierhin überführt worden sind. Die Gebeine des Apostels machten so die Abtei zum Ziel von Pilgern, auch heute noch. Aus meiner Heimat pilgern jedes Jahr mehrere Prozessionen im Mai über 100km in 3 Tagen nach Trier. Ich genieße die Ruhe in der Abtei St. Matthias und mache mich auf den Weg zum nächsten Apostel-Haus „Apostel Jakobus" nach Compostela.

Aus der geistigen Erholung werde ich nach wenigen 100 Meter knallhart rausgerissen. Es ist eine Kneipe, die gut besucht und mit einer Feierlaune aus der Nacht, auch um 8.15 Uhr noch längst nicht enden will. Diese Extreme sind es, die für mich auf dem Pilgerweg unerträglich werden, ich werde wohl feinfühliger.

Der Seitenweg der Mosel bis Konz ist breit und von Joggern und Radfahrern gut besucht. Im Uferbereich lassen es sich die Schwäne gutgehen, nur auf dem Wasser halten sich die Boote noch zurück. Vor Konz treffe ich auf einen Spaziergänger, wir laufen ein gutes Stück gemeinsam bis er wieder abbiegt, aber nicht bevor er mir den weiteren Weg noch erklärt. Ich ziehe weiter, komme jedoch mit der Wegführung nicht so richtig klar. Keine Muschel mehr im Blickfeld, schwieriges Handbuch, aber die Sonne und ein gehöriges Bauchgefühl helfen mir weiter

den Jakobsweg wieder zu finden. Um 14 Uhr erreiche ich Mannebach nach 24 km. Hier mache ich meine Mittagspause, esse einen Apfel, trinke nochmal etwas Wasser und entscheide mich fürs weitergehen. In Sinz reserviere ich für mich eine Unterkunft und frage nach den Restaurant-Zeiten. Kein Problem für den Landgasthof. Um 14.30 Uhr mache ich mich bei extremer Hitze auf den Weg und möchte die 16 km absolvieren. Unterwegs laufe ich durch Wald, über Straßen, durch leergefegte Dörfer und erreiche die Jakobuskirche in Littdorf-Rehlingen, wo ich eine kleine Pause mache.

Im nächsten Dorf muss ich nach dem Weg fragen, der etwas unklar ist und verlaufen kann ich mir heute nicht mehr erlauben. Eine ältere Dame, die in ihrem Vorgarten steht, zeigt mir den Weg und sagt, dass es immer geradeaus geht. Bergauf komme ich auf der Höhe an eine Kreuzung und ich traue dem Wort geradeaus nicht so recht. Die Sicht rundum ist kilometerweit, aber niemand zu sehen, den ich fragen kann. Doch plötzlich, wie gerufen, kommt ein Ehepaar auf Fahrrädern, die ich stoppe und nach

dem Weg frage. Ich muss links abbiegen und sie erklären mir den Weg neu, denn ich bin einen Umweg von ca. 3 km gelaufen. Heute, der erste Tag nach dem Kylltal-Radweg ist die Orientierung schwierig, die Muschel fehlt oder hängt falsch oder ich muss mich erst einleben in das neue Pilgersystem. Jetzt sollte alles gut gehen, die beiden Radfahrer treffe ich nach einigen Kilometer nochmal und ich bin auf dem richtigen Weg. An der geschlossenen Herberge, was mir bekannt ist, komme ich vorbei und laufe über einen an der Schnur gezogenen Strich, eine Kammlinie eines Landrückens. Das Land fällt zu beiden Seiten ab. Die Hitze macht mir etwas zu schaffen und in der Ferne rauchen die Türme von Cattenom, die ich wahrnehme, jedoch versuche ich sie zu ignorieren. Auch hier merke ich das ich feinfühliger geworden bin, jedoch wird das Bild mich noch ein paar Tage verfolgen. Ich mache mich an die letzten wenigen Kilometer meiner Tagesetappe. Ich sehe Sinz in der Ferne im Tal, aber es zieht sich, zieht sich auch nochmal durch den langen Ort, denn der Birkenhof liegt am Ende des Dorfes.

Um 19 Uhr komme ich an, sehe mein Zimmer mit Bad, einfach toll, wie im Urlaub. Dusche, wasche meine Wäsche und sitze auch schon unten im Biergarten. Auch der ist sehr schön und vor allem gemütlich, aber auch für Sonntagabend gut besetzt. Das erste Bier, schön gekühlt kommt zu mir und es ist ein Traum. Dann lässt das Essen nicht lange auf sich warten und mit einem zweiten Bier kann ich zwischendurch mein Tagebuch führen und die WhatsApp Gruppe informieren. Bei einem dritten Bier genieße ich diesen wunderschönen Abend.

Heute habe ich meinen ersten 40 Tausender gemacht. Ich bin   40 000 Meter gelaufen und ich bin stolz auf diese sportliche Leistung. Ist es die Gesundheit oder ist es die Fitness oder der kirchliche Segen oder ist es die windschnittige 9mm Frisur aus Uschi´s Haarstudio, oder alles zusammen? Ich bin jedenfalls gut drauf und fühle mich auch gut seit meinem Start. Ach ja, es gibt doch ein paar kleine Wehwehchen seit ein, zwei Tagen. Drei Blasen besitze ich, eine am Mittelfinger vom Stock, eine am kleinen Zeh rechts und eine am Dicken Zeh links, jedoch ohne Schmerzen und ohne Pflaster nur aufstechen und alles läuft wieder. Außerdem sind beide Knöchel innen ca. 10 x 10cm feuerrot, es sieht schlimm aus. Jedoch ebenfalls ohne Schmerzen und ohne Verband oder Salbe. Meine Vermutung, es kommt von den neuen Wandersocken „Lowa" die vor meiner Tour nicht gewaschen wurden. Schmerzen habe ich keine. Kann die Pilgertour, wie auch immer, einen Menschen schmerzlos machen?

Ein Telefongespräch führe ich noch mit Uschi wie jeden Abend, wünsche ihr eine gute Nacht und ich versinke nach wenigen Sekunden wieder in meinen verdienten Tiefschlaf.

Tag 6, Perl-Sinz – Sainte Marguerite 30 km

Wie schön ist es ein Faultier zu sein! Der kleine Zeiger steht bereits waagerecht. Es ist 9 Uhr als ich loskomme. Ich habe tief und fest geratzt, das Frühstück im Restaurant ganz alleine genießen können und nachdem die Hauswirtin mir den Weg gezeigt hat, bin ich in meine Schuhe rein und los gegangen. Der gestrige Tag war schon etwas anstrengend, hat jedoch keine Spuren hinterlassen.

Bei schönstem Pilgerwetter gehe ich hinter dem Ort steil bergan und erreiche auf der Höhe eine riesige Baustelle. Ich schätze mal ein Quadratkilometer groß und mit ca. 50 LKWs, Bagger usw. bestückt. Alles ist irgendwie in Bewegung, fahren hin und her und es staubt fürchterlich. Der Boden ist staubtrocken, es hat seit meinem ersten Pilgertag

mein Schattenbild

nicht mehr geregnet und ich kann die Fahrzeuge vor lauter Staubwolken kaum noch erkennen. Meine Gedanken drehen sich im Kreise. Welche Richtung gehe ich, nur nicht durch die Baustelle, oder was sagt mein Buch, denn eine Muschel sehe ich auf der Baustelle, eben und zu gestaubt sicherlich nicht. Ich weiche aus, Richtung Straße und finde eine Bank. Mein Buch sagt mir ich muss dadurch, die Sonne ebenfalls, aber mein Kopf und mein Bauchgefühl möchten abwarten und sind nicht bereit. Feststeht, ich muss zu dem Wald, einen Umweg sehe ich nicht, also muss ich definitiv durch die Baustelle. Auf Regen kann ich warten, auf Feierabend kann ich warten, beides hilft mir jetzt nicht wirklich weiter. Verfluchte Hacke, denke ich, da muss ich jetzt durch und stehe auch schon in der Baustelle. Nur weiter, nicht mehr zurück und am besten ohne Sauerstoff einatmen, schnell weiter. Denn den gibt es hier nicht, nicht mehr. Es werden sehr breite Wege gebaut und in regelmäßigen Abständen große Betonplatten erstellt. Es entsteht ein riesiger Windrad-Park und ich bin mittendrin. Am Waldrand angekommen gehe ich einen Pfad durch den Wald und kann nach einem halben Liter Wasser, den ich trinke auch wieder atmen. Heute Abend lohnt sich die Dusche, denke ich.

Vor mir habe ich eine wunderschöne Landschaft, eine tolle Natur und kann bei Sonnenschein fürchterliches vergessen und wunderschöne Dinge genießen. Ich finde meinen Rhythmus wieder und habe eine ewig lange Gerade vor mir, die wahrscheinlich als Ziel, die Himmelstür hat. Jedoch trägt mich meine Schwerelosigkeit, meine Leichtigkeit letzten Endes durch ein schönes Weingebiet hinab nach Perl. Dabei komme ich oberhalb eines Weinbergs an einer Bank mit fantastischer Aussicht vorbei, die drängt sich für eine Pause geradezu auf. Meine Wäsche die am Rucksack hängt kann ich in der Sonne trocknen und nochmal etwas trinken und es geht weiter nach Perl. Hier kaufe ich ein paar Äpfel, eine Joghurtmilch, die mein Magnesiumpulver einspart und ziehe am Automaten nochmal Geld, alles noch in Deutschland. Dann bewege ich mich über die Brücke, besuche Schengen in Luxemburg. Schengen, in der Mittagshitze, das berühmteste Dorf der Welt! Wo könnte man den Wegfall der EU-Binnengrenzen besser beschließen als im Dreiländereck von Deutschland, Frankreich und Luxemburg? Dort in dem kleinen Grenzort wurde 1985 das Schengener Abkommen beschlossen.

Über die Brücke zurück, an der Mosel entlang, wandere ich in Richtung Frankreich und erkenne die Grenze an einem kleinen Eifelturm. Ab jetzt habe ich französischen Boden unter den Füßen und muss mir für die nächsten knapp 60 Tage einige französische Wörter aneignen. Aber Angst, Angst kenne ich nicht. Den Uferweg der Mosel gehe ich entlang bis Apach wo ich auf einer Bahnhof-Steinstufe meine Mittagspause im Schatten verbringe. Weiter geht es mit dem Uferweg und es ist wieder sehr heiß. Über Pfade und Stufen gehe ich eine Bergtour und auch wieder steil Bergab nach Montenach.

Es ist 16 Uhr und ich suche mir hier ein Quartier für die nächste Nacht. Vergeblich, außer ein Hotel -Standardzimmer 145,- Euro- ist alles geschlossen wegen Urlaub oder nicht mehr vorhanden. In einem Vorgarten treffe ich 5 Franzosen, männlich wie weiblich und befrage sie nochmals nach einer möglichen Unterkunft für die Nacht. Doch sie machen sich lustig und nehmen meine Lage überhaupt nicht ernst, so mein Gefühl. Sie erklären mir den Weg nach Sainte-Marguerite und füllen meine Wasserflasche und ich ziehe nach 1,5 Stunden weiter. Neun Kilometer, Teer und Schotterboden bergauf durch Wald und auch wieder bergab und ich weiß nicht ob es eine Unterkunft gibt. So lerne ich Frankreich kennen, ohne ein Wort Französisch. Kurz nach 19 Uhr komme ich im Zielort an, wenigstens die Wegbeschreibung hat gestimmt.

der Weg nach Perl

Eine ältere Dame, sehr freundlich, bringt mich ein paar Häuser weiter und vermittelt mich. Jedoch die Vermieterin möchte nicht so recht und sagt, es kommen noch 2 Pilger, bisschen warten. Um 19.30 Uhr kommt tatsächlich ein Paar an. Wie ich feststelle hat sie 7 Betten aber nur eine Toilette und ein Bad und außer uns Dreien ist niemand da. Aber das ist für uns nun wirklich kein Problem, ein Bad teilen! Die beiden teilen sich das Doppelzimmer und ich habe 5 Einzelbetten großräumig im Zimmer für mich alleine. Duschen und Wäsche waschen und das Essen ist auch schon fertig. Bier, Wein und das Essen auf drei Pilger verlängert, alles ist reichlich vorhanden. Das Bier, 1 Liter Flasche aus Frankreich, verschiedene Köstlichkeiten zu essen und die Strapaze vom Tag ist vergessen. Wir erzählen viel von uns, trinken und sind glücklich, dass wir uns getroffen haben. Roland und Brigitte sind aus dem Osten Deutschlands und haben sich vor einem Jahr kennengelernt. Sie Fotografin, er Autoschlosser, wobei sie den Weg gehen wollte, er aber dem alleine Gehen nicht zustimmen konnte und so mitgekommen ist. Mit dem Bus sind sie nach Trier gekommen und für 10Tage unterwegs, dann zurück und im nächsten Jahr geht es weiter, so der Plan. Für mich sind es die allerersten richtigen Pilger die ich treffe, so ist die Unterhaltung ununterbrochen intensiv, ich fühle mich sprachlich so ausgetrocknet und es sind 23 Uhr als wir beschließen ins Bett zugehen. Es ist ein langer, nicht so geplanter Tag gewesen, aber es ist alles gut und der Abend hat einen wunderschönen Ausklang.

Meine beiden Blasen an den Zehen steche ich nochmals auf, drücke sie aus und verfalle auch gleich in meinen Tiefschlaf.

Tag 7, Sainte-Marguerite – Vigy 27km

In der Nacht werde ich nochmals wach, ich hatte doch etwas viel Flüssigkeit zu mir genommen. Dann steche ich meine Blasen nochmal auf und schlafe weiter. In der Früh erledige ich noch das Schreiben von gestern.

Das Frühstück, Baguette, Marmelade und reichlich Kaffee nehmen wir gemeinsam ein und verstehen uns gut. Roland muss meinen perfekt sitzenden Rucksack mal anziehen und ist begeistert von meiner Pilgerausstattung, die ist aber auch einfach perfekt. Mit einer angemessenen Spende, den Pilgerstempel bekommen wir anschließend und einem freundlichen Schüß, verabschieden wir uns und ziehen gemeinsam los. Ach ja, für Roland und Brigitte hat die Herbergsfrau die nächste Übernachtung vorbuchen können, für mich war nichts mehr zu haben. Etwas seltsam, gestern möchte sie mich nicht auf Anhieb aufnehmen und heute findet sie für mich keine weitere Übernachtung! Was sie auch hat, ich habe keine Ahnung.

Wir ziehen zu dritt los, es ist 9 Uhr, jedoch spüre ich noch im Ort, das Brigitte und Roland nicht ansatzweise mein Lauftempo haben. Brigitte ist halt auch viel mit ihrer Kamera beschäftigt. Nach der freundlichen Verabschiedung und einem winken, habe ich beide ganz schnell aus dem Blickfeld verloren. Der Morgen führt mich zunächst auf den Kemplicher Berg, dann bei schönstem Wetter durch das wunderschöne weite Canner-Tal und wieder etwas hügelig nach Vigy. Der Tag war einfach zu laufen, ich hatte Teer, Schotter, aber auch Waldboden. Die Hitze, die von Tag zu Tag stärker wird, hatte im Wald weniger aber in der offenen Landschaft schon eine gewisse Bedeutung. Für die Übernachtung habe ich zwei große Dörfer zur Wahl. Im ersten gibt es nach einigem hin und her, sowie Fragen, keine Möglichkeit mehr. Ich treffe an der Kirche noch ein Pilger-Ehepaar mit Hund aus Frankfurt. Der Hund hat sich den Rücken aufgeschürft von seinem Gepäck und nun müssen die drei nach Hause fliegen. Während wir uns noch etwas unterhalten, kommt auch schon das Taxi, gut so, denn ich muss zum nächsten Ort und eine Übernachtung finden. Aber auch in Mechy ist nichts mehr zu finden. Selbst die Herberge, wo auch Tiere willkommen sind, hat voll. Nach einer kurzen Unterhaltung und meinem Hundeblick, den ich wohl aufgesetzt habe, gibt es ein Erfolgserlebnis. Sie bietet mir an, mich nach Metz in die Herberge zu fahren. Das sind 20 Km oder 5 Stunden, die wäre ich nicht mehr gelaufen. Während der Fahrt bucht sie mir ein Zimmer und ist sehr freundlich. Alles ist wieder gut.

Die Jugendherberge ist top, alles geht über englisch und französisch, ich beziehe mein Bett, dusche und wasche und gehe in die Stadt zum Essen, denn ich bin schon etwas spät dran. Auf dem Marktplatz an der Kathedrale finde ich schnell ein schattiges Plätzchen und junge, freundliche, deutsch sprachige Bedienung. Mein bestelltes Bier und Abendessen kommt kurzfristig.

Tja, der Tag hatte es in sich und dementsprechend habe ich Durst und Hunger, aber alles läuft perfekt. Beim Schreiben der WhatsApp und Tagebuch denke ich, die ersten 2 Tage in Frankreich haben mir gezeigt, dass es die nächste Zeit in Frankreich sicher kein Zuckerschlecken wird. Zunächst war es Cattenom, was mein mittlerweile feinfühliges Leben beeinflusst hat. Eine Französin erzählt wie viele Menschen in der Region an Krebs erkranken, aber die Regierung alles weg redet. Dann verhindern meine Sprachkenntnisse jede Form der Kommunikation mit den Franzosen, die keine Fremdsprache, nicht einmal Englisch können. Die ersten Schritte in Frankreich geben mir das Gefühl, hier ist alles viel dreckiger, zahlreiche Häuser sind heruntergekommen. Die Richtungshinweise sind teils schwierig. Ich brauche die Muschel, die rot-weißen Schilder, mein Buch aber auch die Sonne und höre immer auf mein Kopf- und Bauchgefühl. Auf Anhieb fühle ich mich fremd, nichts ist mehr vertraut. Gleichzeitig nehme ich eine Menge Mut und positive Energie mit. Was passiert denn schon, wenn ich mich verlaufe oder kein Zimmer finde? Nichts! Auch körperlich sehe ich gegenwärtig keine Schwierigkeiten, selbst die Blasen machen keine Probleme und die roten Flecken an den Knöchel sind kleiner geworden. So darf es gerne bleiben…

Anzumerken ist noch, dass fast alle Franzosen, denen ich heute begegnet bin, sehr nett waren. Damit hatte ich nicht unbedingt gerechnet, war eher auf sture Menschen eingestellt. Was sagt mir das? Ich sollte Frankreich und seinen Einwohnern unbedingt vorurteilsfreier begegnen!! Werde morgen damit anfangen…

So und nun nach dem dritten Bier und vielen Gedankengängen, an einem wunderschönen Abend, zurück zur Herberge. Ich habe ein 6 Bett (Etagenbetten) Zimmer mit 4 Personen belegt und alles ist sehr eng. An schlafen bei der Hitze – schätze locker 35 Grad im Zimmer - ist noch nicht zu denken. Aber es herrscht Ruhe und voller Zuversicht und mit Vorfreude auf eintausend sechshundert Kilometer in Frankreich, schlafe ich dann irgendwann doch ein.

Tag 8, Vigy – Metz 19km

Die Nacht ist unendlich heiß, obwohl ich am geöffneten Fenster, mit Schlafhose, auf meinem Schlafsack liege. Eine Nacht, wo es mit dem Sauerstoff zum Atmen sehr eng wird, will nicht zu Ende gehen. Um 7 Uhr ist sie – Gott sei Dank - zu Ende. Das Frühstück, typisch französisch, Baguette, 2 Sorten Marmelade und reichlich Kaffee, das ist absolut ok. Ich buche für die kommende Nacht, so habe ich heute Abend kein Problem und gehe 8.30 Uhr los, endlich wieder Luft zum Leben.

Heute laufe ich die 19 km, die mich gestern die Herbergsfrau gefahren hat. Es war eine meiner Vorgaben, dass ich keinen Meter fahre, sondern die gesamte Strecke laufe! So gehe ich von Metz nach Vigy zurück und fahre mit dem Bus wieder nach

Metz, so mein Plan. Aus der Stadt rauskommen ist ohne Buch und ohne Beschilderung nicht so einfach und nimmt auch einige Zeit in Anspruch. Ich laufe viele Teerstraßen mit wenig Verkehr und fast ausschließlich durch landwirtschaftliche Nutzfläche. Die Landschaft präsentiert sich sehr dünn besiedelt, die wenigen Orte die ich durchquere, sind allesamt recht hübsch und es lässt sich alles in allem gut pilgern. Die Sonne, ist heute besonders erbarmungslos. Abenteuerlich wird es, als ich zurück zur Mosel bzw. nach Metz mit dem Bus fahren möchte. Der Fahrplan in der Bushaltestelle zeigte die Zeiten bis 13 Uhr in der Abfahrt an. Wir haben fast 14 Uhr und ich hatte schnell begriffen, es kommt heute kein Bus mehr. Nicht weit weg war eine Bar geöffnet und ich lasse mir ein Taxi bestellen, denn bei der Hitze jetzt noch 5 Stunden laufen, das ist mit meinem Kopf nicht machbar. Zwei Bier lang habe ich auf das Taxi gewartet, der Fahrer deutschsprachig und somit die Fahrt sehr kurzlebig bis Metz.

Zur Auberge, so nennt man hier die Herbergen, gehe ich noch nicht. Ich suche mir ein schattiges Plätzchen im Park und möchte einige kleine Dinge im Rucksack bearbeiten. Den Rucksack räume und sortiere ich nochmal neu, wegen der Hitze trenne ich das Innenteil meiner Schlafhose raus, meiner Armbanduhr verpasse ich die Weckzeit von 6 Uhr, selbstverständlich nach Anleitung; Kleinigkeiten, die ich lange schon machen wollte, jedoch keine Zeit hatte. Tagebuch sowie eine WhatsApp zur kleinen Familien-Gruppe schreiben und jetzt zur Herberge, Dusche genießen und Wäsche waschen. Ein Unterkunftsproblem gibt es heute -Gott sei Dank- nicht und dann mache ich mich auf in die sehenswerte, wunderschöne Altstadt. Sie ist wirklich schön.

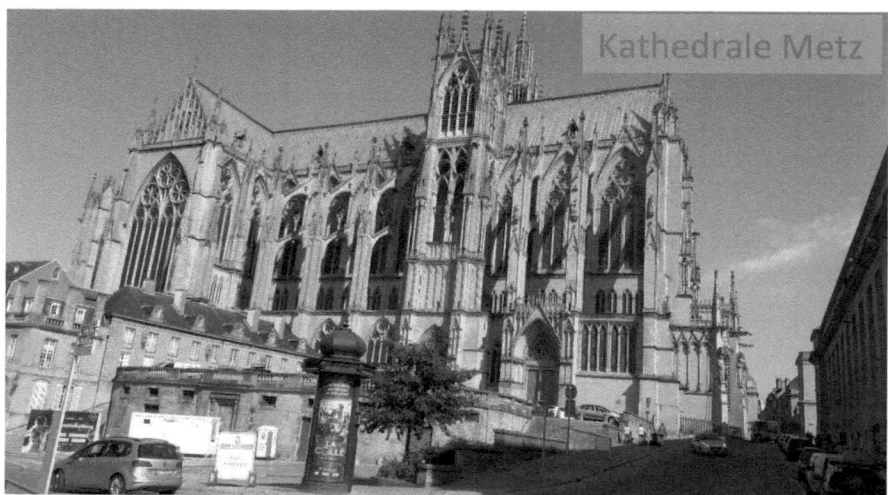

Das französische Flair, oder was auch immer es war, ließ mich vollends entspannen. Viele enge Gassen, ein großer Marktplatz mit unzähligen Bistros und Straßencafés, mittendrin die Mosel, verleihen Metz eine gute Portion Charme. Besonders sehenswert ist die gewaltige Kathedrale, die in den ältesten Teilen aus dem 13. und 14. Jahrhundert stammt mit ihren unglaublichen Fenstermalereien. Im Innern befinden sich Fenster von Marc Chagall. Sie ist eine der größten gotischen Kirchen Frankreichs und heute Bischofskirche des Bistums Metz. Der Hl. Jakobus kann gleich zweimal besucht werden; im Westfenster und im Westportal, mit Schwert und sechs Muscheln auf der Tasche. Fast ganz alleine war ich in dem riesigen Bauwerk und ließ mich gerne von der besonderen Atmosphäre gefangen nehmen. Außerdem war es angenehm kühl. Eine dreiviertel Stunde hielt ich mich in dem Gotteshaus auf und kam vollends zur Ruhe, es ist genau der richtige Ort Besinnung zu finden. Hier bekomme ich meinen Pilgerstempel bzw. „Tampon", wie er auf Französisch heißt und ich habe ein neues Wort dazugelernt.

Ich verlasse die Kathedrale, wunderbar aufgeräumt und suche mir anschließend ein Restaurant am Rande des Marktplatzes, wo ich eine provenzalische Pizza und ein Bier serviert bekomme – köstlich! Danach erfreue ich mich noch eine Weile an den Leuten, die an mir vorbei flanieren. Sehen und gesehen werden, schien das Motto zu sein, unter dem sich junge wie alte Menschen durch die Gassen bewegen. Als ich auf meinem Rückweg entlang der im späten Sonnenlicht romantisch schimmernden Mosel vorbeikomme, gehe ich mit einem guten Gefühl zur Jungendherberge. Ein Bedürfnis, länger in der Stadt zu bleiben, verspüre ich nicht. Das Großstadtleben ist im Moment einfach nichts für mich. Die Reizüberflutung, die von den vielen Geschäften und Kaufhäusern ausgeht, stört mich sogar, alles dreht sich nur um Konsum. Gekaufte „Freude", oberflächlich und meist nur von kurzer Dauer. Nein, so etwas will in mir einfach kein Verlangen (mehr) entfachen! So nehmen an beiden Tagen meine Augen in Metz absolut keine Geschäfte und auch keine Schaufenster wahr.

Die Auberge erreicht, das gleiche Bett und bei offenem Fenster mindestens genauso heiß wie gestern und an schlafen ist nicht zu denken. Ich fühle die Atemnot von gestern, lege mich mit der kurzen Schlafhose auf meinen Schlafsack obendrauf, schmelze einfache so dahin und hoffe es geht alles gut!!

Tag 9, Metz – Noveant-sur-Moselle 16,5 km

Toll, GUTEN MORGEN – ich habe die furchtbar heiße, unerträgliche Nacht überlebt. Einige Male habe ich daran gezweifelt. Trotz großem, offenem Fenster war es sehr heiß und gefühlsmäßig ein sauerstoffgehalt für eine Person vorhanden, wir waren jedoch mit 4 Personen. Dann um Mitternacht ein Gewitter mit Starkregen. Obwohl es reinregnete, musste das Fenster offenbleiben. Kurz dachte ich, umdrehen und die Nacht wird doch noch gut. Aber es war grausam bis zum Aufstehen.

Mit reichlich Kaffee und frischer Luft geht es um 9 Uhr los. Es ist der 20. Juli, mein Geburtstag. Uschi hat sich angemeldet und will mich heute besuchen. Sie hat das Hotel im festgelegten Zielort gebucht und bis dahin sind es für mich nur gute 16 km. Für sie ist es etwas weiter, weit über 200 km haben meine Füße bereits gemacht. Mein Handy ist offline und am heutigen Tag habe ich es griffbereit. So melden sich Nancy und Michi, Dennis und Barbara, Tina und Max, sowie einige andere, um mir zu gratulieren.

In meinen Gedanken habe ich noch den Lehrer aus Minden, der das Bett gegenüber belegt hatte und erzählte, dass er vor der Herberge bestohlen wurde. Man hat ihm eine Fahrradtasche während seiner Anmeldung geklaut. Es waren für ihn die Gegenstände, die er für die eigene Verpflegung benötigt, aus seiner Bundeswehrzeit plötzlich weg. Nun muss er diese Haushaltsartikel ersetzen, doch ersetzen geht nicht mehr. Ich konnte seinen Ärger verstehen und erzählte ihm, dass am Vortag ein Ehepaar mit Fahrräder angekommen ist, wobei er die Fahrräder mit Gepäck bewacht hat, bis sie die Anmeldung erledigt hatte. Er erzählte immer wieder davon und hatte keinen Kopf mehr für andere Gedanken. Ich dachte kurz an meine 3 Sachen, aber Diebstahl konnte ich gedanklich aussortieren.

Diese Gedanken bringen mich in die Altstadt von Metz, das sich zu einer wunderschönen Stadt gemausert hat, nochmals an der wunderschönen Kathedrale vorbei, auf den Jakobsweg. Es heißt Abschied nehmen von einer Stadt, die doch glatt nochmal eine Reise wert ist. Ich schlendere an einem Kanal vorbei raus aus Metz und gelange durch schöne Grünanlagen an der Mosel weiter nach Süden. Zwischenzeitlich bin ich auf dem Fernwanderweg METZ-NANCY, der sich etwas von der Mosel entfernt und die schweißtreibenden Aufstiege der steilen Uferhänge erklimmen lässt. Entlohnt werde ich mit den tollen Panoramablicken auf das Moseltal. Heute habe ich überwiegend flache Moselwege die gut zu laufen sind, aber es ist wieder extrem heiß. Kaum Wegbeschilderung heute, das macht Laufen schwierig und auch zeitaufwendig. Aber ich kämpfe mich durch.

Ankunft 14.30 Uhr. Uschi ist noch nicht da. Ich mache eine kleine Stadtbesichtigung, checke ein, dusche, wasche, schreibe und räume den Rucksack auf. Uschi ist immer noch nicht da. Doch dann stellt sich über eine Handy Nachricht raus, dass sie auf einem Parkplatz gegenüber und nicht im Hof der Unterkunft geparkt hat und dort schon 2 Stunden wartet. Sie ist wie in Trier immer für Überraschungen gut. In einem wunderschönen alten Winzerhaus aus dem 18. Jahrhundert haben wir ein schönes großes Zimmer mit einem tollen Bad. Alles zum Genießen schön.

Abendessen müssen wir im Nachbarort, da es hier kein Restaurant gibt. Wir fahren mit dem Auto, haben noch Zeit den Ort zu durchwandern und suchen uns eine schöne Pizzeria. Die Temperaturen sind immer noch sehr hoch. Aber eine leckere Pizza mit ein paar Bierchen, das lässt sich schon aushalten. Im Hotel fragen wir nach einer guten Flasche Rotwein. Wir bekommen einen guten Tropfen aus dem Anbaujahr 2008, Selbstverständlich aus diesem Anbaugebiet und können so meinen Geburtstag noch etwas feiern. Es ist aber schon der reine Luxus den ich ab heute Nachmittag in einer tollen Unterkunft, bei gutem Essen und einem guten Tropfen Rotwein genieße. Der Plan war ein anderer, aber die beiden letzten Nächte waren so extrem furchtbar, sodass ich mich auf diese Nacht schon freue.

Ein wohltuendes Gefühl von innerer Zufriedenheit erfüllt mich gerade und damit wird es sich gut schlafen lassen. Ein Kuss, ein „GUTE NACHT" und nach nur wenigen Augenblicken bin ich eingeschlafen.

Tag 10, Noveant-sur-Moselle – Liverdun 40 km

Eine wunderbare, traumlose Nacht. Selten habe ich besser geschlafen. Beim Aufstehen spüre ich, meine Akkus sind wieder geladen. Ich genieße nochmals das Bad und dann gehen Uschi und ich zum Frühstücken nach unten. Einfach gemütlich das Frühstücks-Zimmer. Perfekt das Frühstück, sogar mit einem ARMEN RITTER für beide. Wir genießen, reden nicht mehr so viel, denn der Abschied droht. Für die nächsten ca. 80 Tage. Es war alles in allem Luxus pur, das erste Mal, vielleicht bleibt es das einzige mal auf der Pilgertour. Nun heißt es Abschied nehmen. Von der Herbergsmutter, die sehr nett zu uns war. Uschi und ich unterhalten uns noch kurz im Hof. Dann ein Kuss, einmal umarmen und es kullern ein paar Tränen. Uschi fährt mit dem Auto nach Hause und ich gehe meinen Traum in Richtung Santiago weiter.

Nach wenigen 100 Metern bin ich wieder voll der Jakobspilger. Bei tollem Wetter laufe ich flach der Mosel entlang und habe wie gestern den Fernwanderweg Metz-Nancy. Hangparallel zur Mosel mit wunderschönem Panorama, einfach traumhaft. Nach etwa 10km, ab Vandieres ändert sich die Strecke. Ich laufe weiter parallel zur Mosel, jedoch mit wesentlich mehr Abstand zur Mosel. Die restlichen 30km bis Liverdun geht es ständig bergauf und bergab. Manchmal so steil, dass ich mich hinaufquälen muss. Ich habe immer wieder Wald, der die extreme Hitze, die sich mittlerweile durchgesetzt hat, erträglicher macht. An einer Lichtung habe ich einen wunderschönen Blick auf das kleine Städtchen Pont-a-Mousson. Hier werden Kanaldeckel, die durch die Buchstaben PAM auffallen, hergestellt und in ganz Frankreich eingesetzt. So oder ähnlich baue ich meine kulturelle Bildung in kleinen Schritten auf.

Den Pilgerweg verlasse ich ca. 1km in Richtung Stadt und suche vergebens nach einer Einkaufsmöglichkeit. Eine kleine Bar liegt auf dem Weg. Ich kehre ein und bestelle mir ein Käsebaquette und ein Wasser, genieße beides und habe so meinen Mittagshunger gestillt. Zurück auf dem Jakobsweg, geht es in Richtung Dieulourd, wo ich eigentlich übernachten wollte, aber es war nicht möglich. So muss ich weiter nach Liverdun wo für mich ein Bett reserviert ist. Es ist wieder ein 40 Tausender, heute mit viel Berg und Tal, viel Wald, aber auch großer Hitze. Kurz vor Saint-Georges reist der Wald auf, ich sehe Wiesen und Felder und ca. 1 km vor mir taucht ein Pilger auf. Ich bin sicher es ist ein Pilger. Aber ich kann ihn nicht einholen und im Ort habe ich ihn wieder aus den Augen verloren. Schade, es wäre so toll gewesen ihn zu treffen, es ist ja sonst niemand unterwegs. Unterwegs ist es zurzeit schon sehr einsam, aber deshalb ist es noch lange kein Leidensweg, sondern Freiheit pur. Die Ruhe, die ich brauche um zu mir selbst zu finden.

An der Kreuzung frage ich einen Mann, der gerade aus einem Arbeiterbus ausgestiegen ist, nach dem Weg. Geradeaus oder rechts war die Frage, er sagte: comme si comme sa. Diesen Ausdruck hatte ich schon öfter in Krimis gehört aber auch hier in Frankreich, konnte jedoch nichts damit anfangen. Ab heute kenne ich die Bedeutung – so oder so, es geht beides!

In der örtlichen Kneipe kann man erstmals eine Stehtoilette ausprobieren, worauf ich gerne verzichte. Weiter durch den Ort, durch Felder und Wiesen und wieder viel Wald. Sehr schön zu laufen, die letzten ca. 8km. Jedoch stelle ich irgendwann fest, dass der Weg nach Liverdun die 8km überschritten hat, ich aber Liverdun noch nicht erreiche und auch nichts davon sehe. Ich befürchte, ich habe mich verlaufen. Ja, ich habe mich verlaufen! Meine Gedanken drehen sich im Kreise. Zurück gehen, nein zu weit? Weiter gehen, das ist mein Bauchgefühl! Es ist niemand unterwegs und ich laufe weiter, nur noch durch Wald. Ich weiß nicht wo ich bin und nicht wo und wann ich aus dem Wald komme. Ich erhöhe mein Lauftempo, möchte im hellen aus dem Wald rauskommen. Der Wald fühlt sich endlos an, manchmal denke ich, dass er sogar endlos ist. Doch plötzlich, es ist 19.30Uhr, der Wald öffnet sich, ich sehe Wasser, die Mosel und ich weiß nach einer kurzen Orientierung sofort wo ich bin. Viel zu weit gelaufen, auf einem anderen Weg, auf dem falschen Weg. Dann ein paar 100 Meter weiter sehe ich eine Herberge sowie ein großes Restaurant. Sollte ich versuchen hier zu übernachten? Ich versuchte meine Herbergsmutter anzurufen. Unsere Verständigung war gleich Null. So hatte ich wohl das erste Mal in Frankreich ein Problem!

Viele Gedanken irrten durch meinen Kopf, Wasser fehlt mir, aber schon etwas länger und gegessen hatte ich heute Mittag nur das Käsebaquette, ansonsten nichts Essbares dabei. Wie soll es jetzt weiter gehen, geordnete Gedanken in meinem Kopf, das war nicht mehr möglich. Plötzlich kommen zwei Frauen an mir vorbei. Ich spreche sie an und frage ob sie deutsch und französisch sprechen? Wobei die eine etwas Deutsch spricht, wie sich herausstellt. Ja ich bin gerettet, ich wollte einen Luftsprung machen, doch dafür war es noch zu früh. Ich denke jetzt den Ball flach halten, es ist noch nichts erreicht. Die Dame ruft für mich in der Unterkunft an und bittet, mich abzuholen, da ich mich verlaufen habe. Ich möchte auf ein rotes Auto achten, das in ca. 15 Minuten kommt, gibt sie an mich weiter. Na also, geht doch. Ich bedanke mich ausgiebig bei den Damen, die weiterziehen ins Restaurant. Mit diesem Pilgerglück gehe ich nun ins Restaurant und fülle auf der Toilette meine Wasserflasche. Es sind weitaus mehr gut gekleidete Kellner als Gäste im Restaurant. Meine sportliche Bekleidung passt nicht zum Haus, jedoch sagt niemand etwas. Wassertrinkend warte ich draußen auf das rote Auto.

Blick von der Villa auf die Mosel

Pünktlich werde ich abgeholt. Mit einem Hundeauto legen wir 8km zurück und alles ist gut. Hochgelegen erwartet mich eine riesige Villa in der ein älteres Ehepaar und zwei kleine Hunde wohnen. Zunächst zeigt die Dame mir den eigenen Wohnbereich und anschließend meine Unterkunft. Ich fühle mich schnell wohl in einem großen Zimmer mit Bett, Esstisch, Kühlschrank, Bad und eine sehr große Terrasse mit tollem Blick entlang der Mosel. Jetzt schnell duschen und waschen. Das Essen hat sie schon vorbereitet, die Getränke auf Wunsch, natürlich auch. Das Essen reicht für zwei Mahlzeiten incl. Frühstück, sodass ich mein Frühstück abbestelle und nur noch Kaffee wünsche zum Frühstück. Es ist alles viel zu viel, obwohl der Hunger groß ist. Ich genieße das Abendessen mit vielen Vitaminen und einigen Flaschen Bier, schreibe mein Tagebuch, meine WhatsApp und telefoniere mit Uschi, die wieder gut angekommen ist.

Ich fühle mich wie in einem kleinen Paradies. Das Leben kann so einfach sein, und dabei sooo schön! Aber ich bin kein Herdentier! Das ist meine Erkenntnis des Tages, die ich heute mit ins Bett nehme und dabei in Millisekunden einschlafe.

Tag 11, Liverdun – Toul 21 km

Die Blase hat meinen Tiefschlaf in dieser Nacht einmal unterbrochen. In den Bierflaschen war sicher zu viel Harn enthalten. Aber ich bin ausgeruht und habe die 40 km gut überstanden. Meine Blasen sind geheilt, die roten Flecken an den Knöchel weg und auch sonst gibt es keine neuen Beanstandungen an meinem Körper. Schmerzen, ja schmerzen kenne ich nicht mehr seit meinem Start. Jedoch ist noch nicht alle Tage Abend, es sind noch über 2000 km bis Santiago mit meinen Füßen, Knien, sowie meinem ganzen Körper zu laufen und es kann noch viel passieren.

Doch jetzt zum Frühstücken an den Tisch. Reichlich Kaffee und Marmelade wie gewünscht habe ich noch bekommen, alles andere reicht. Den Rest packe ich mir für heute Mittag ein. Rucksack packen und Schuhe anziehen, raus aus dem Haus und alles ist wie eine innere Befreiung, kommt mir täglich wie der Start in ein neues Leben vor. Irgendwie sind das immer jede Menge Glücksgefühle, das Richtige zu tun. Jetzt heißt es Abschied nehmen, doch die Hausdame möchte noch ein Foto von der Villa mit Mosel und mir auf mein Handy bringen. Sie weiß welch eine tolle Wohnlage sie bewohnen und ich durfte eine Nacht daran teilhaben. Naja, meinen LUXUS UND MEINEN GOLDENEN KÄFIG habe ich noch nicht ganz ablegen können. Es gibt einfach zu wenig Unterkünfte und kaum Herbergen.

Um 9.15 Uhr komme ich erst los, habe heute nur 21 km geplant, das ist also ok. Catenom habe ich schon mehrere Tage nicht mehr gesehen, das ist auch gut so, denn ich brauche das auch nicht. Magdalena hat heute Namenstag, ich lasse ihr über Nancy`s Handy, die besten Glückwünsche übermitteln. Dann bei 19 Grad lässt es sich gut bis zu der Stelle laufen, wo ich gestern aus dem Wald gekommen bin. Der Umweg von gestern war auch der Jakobsweg, jedoch nach Liverdun ein riesiger Umweg. Zunächst geht es am Moselufer entlang, dann durch ein schattiges Waldgebiet bis zur idyllischen Moselbucht Pont de Fresnes. Der Pilgerweg ist heute nicht besonders anspruchsvoll. Mal direkt an der Mosel vorbei, mal weiter weg, immer leicht hügelig ohne große Anstrengung durch viel Wald bis nach Toul. Sehr schön und erholsam zu

Gehen. Ohne besondere Vorkommnisse sehe ich die beeindruckende Kathedrale und die Altstadt von Toul am frühen Nachmittag.

Dem Touristenbüro, gleich neben dem Hauptportal der Kathedrale St. Etienne

gelegen, statte ich einen Besuch ab. Ich benötige noch ein Bett für die kommende Nacht. Die Dame ist sehr freundlich und hat ein Zimmer über einer Bar gelegen und gleich in der Innenstadt und das noch sehr preiswert. Den Pilgerstempel, den ich sonst immer im Quartier bekomme, setzt sie ins Buch. Doch dann wäscht sie mir den Kopf, sie nimmt mich förmlich auseinander. In einem harten Ton sagt sie mir, dass es so nicht geht. Sie bringt mir bei, dass es in Frankreich in der Ferienzeit sehr schwierig ist kurzfristig eine Übernachtung zu finden und sagt immer 2 Tage im Voraus buchen. Absagen geht immer noch! Ich bin überwältigt zu was so eine, am Anfang überaus freundliche Person in wenigen Sätzen fähig ist. Plötzlich stehe ich mit beiden Füßen wieder auf dem Boden, fühle das der Kopf wieder arbeiten muss, alles neu für mich. Ich bedanke mich und verlasse sie wieder. Bin eh sprachlos. Auf dem freien Platz laufe ich an 2 Mädels vorbei, habe kurz den Gedanken, es können zwei Pilgerinnen gewesen sein, gehen auch ins Touristenbüro. Jedoch sind meine Gedanken noch ganz bei der Touristen Tante.

Die Bar finde ich schnell, checke ein und habe es wieder perfekt vorgefunden. Duschen, Wäsche waschen und die Gedanken vom Touristenbüro lassen mich nicht mehr los. Sicher hat sie recht, ganz sicher arbeitet mein Gehirn wieder, denn ich mache mich auf den Weg zum Touristenbüro und möchte noch 2 weitere Nächte buchen. Wir können uns jetzt perfekt unterhalten. Sie erklärt mir nochmals alles in Ruhe, bucht mir die folgende Nacht, jedoch für die 2. Nacht kann sie nichts finden. Sie bittet mich morgen dies zu erledigen. Ich erwidere; ich nehme dich einfach mit, du bist perfekt in den Sprachen, sodass ich keine Probleme mehr haben werde. Doch sie sagt mir, dass sie nicht laufen kann, nicht diese Pilgerstrecken. Schade, so verabschieden wir uns. Die Tür mache ich nochmal auf und frage ob die beiden Mädels, die nach mir gekommen sind, Pilgerinnen sind. Ja, sagt sie, aber ich treffe die beiden nicht mehr. Auch ist mittlerweile die Kathedrale geschlossen, schade. Ich mache noch eine Stadtbesichtigung und schaue gleichzeitig, wo ich heute Abend essen kann. Toul ist eine wunderschöne Kleinstadt mit einer imposanten Kathedrale die, wie in Metz, im Mittelpunkt steht. Der Dom ist auch wie in Metz dem heiligen Stephan gewidmet. Der Grundstein wurde im Jahre 1221 gelegt, doch fertiggestellt wurde sie erst im 15. Jahrhundert.

Der kulturelle Teil ist hiermit abgeschlossen und ich habe eine nette Pizzeria gefunden, wo ich überdacht, aber draußen sitzen kann. Es ist immer noch drückend warm, jedoch nicht mehr so heiß wie tagsüber. Gleich nebenan wird eine Hochzeitstorte, mehrstöckig in ein viel zu kleines Auto verladen. Ich erkenne eine Burg mit hohen

Türmen und ein Brautpaar, das vor dem großen Eingangstor steht. Sicher alles aus Marzipan. Viele Kalorien! Doch dann geht die Kofferraumhaube zu und ich weiß nicht ob die Höhe innen gereicht hat. Heute nochmal eine warme Mahlzeit mit einem Lambrusco, ganz italienisch. Ich bringe mein Tagebuch auf den neuesten Stand und schreibe unserer kleinen WhatsApp Gruppe die neuesten Standpunkte. Inzwischen hat sich ein starkes Gewitter entladen und ein zweites scheint zu folgen, doch ich komme fast trocken zu meiner Unterkunft.

Heute habe ich die ersten 300km gepackt! Ist ein Ruhetag jetzt nötig? Nein, Pilgern ist schöner. Ich glaube ich bin schon süchtig!

Ach ja, schlafen gehe ich heute mit meinem Lieblingsspruch (heute gelesen) des Tages: „Der Tourist fordert, der Pilger dankt!" Wie wahr.... GUTE NACHT BIS MORGEN.

Tag 12, Toul – Chalaines 21 km

Die Nacht war erholsam, trotz der Gewitter. Frühstück gibt es ab 7 Uhr, ich bin schnell bereit. Doch plötzlich tritt ein Problem auf. Der Drehknopf an der Tür lässt sich nicht so drehen, dass die Tür auf geht. Ich bin eingesperrt. Gestern war das Problem auch kurz vorhanden, doch beim dritten Versuch ist die Tür aufgegangen. Nun versuche ich es schon 10 Minuten, ohne Erfolg. Ein Anruf in der Bar ist auch erfolglos. Das Fenster habe ich zur Straße, sogar zum Central Platz, aber es ist menschenleer um 7.15 Uhr. Es ist Sonntag. 1. Stock, rausspringen geht auch nicht. So heißt es abwarten und weiter versuchen. Um 7.30 Uhr bewegt sich was auf der Straße, die erste Frau geht mit Ihrem Hund. Vom Fenster aus versuche ich Ihr meine Situation zu schildern und mir wird kurzfristig geholfen. Zum Frühstücken gehe ich in die Bar. 2 Croissant, 2 Butter, 2 Marmelade und einen guten Kaffee aus dem Automaten, das ist typisch französisch. Satt sieht anders aus.

Ich trödel los, gehe nochmals am Dom vorbei, der immer noch geschlossen ist. Dann gehe ich langsam aus einer gemütlichen Stadt raus. Irgendwie komme ich nicht so richtig in Schwung, aber es ist eigentlich klar, da es nur eine kleine Tour heute ist. Bei 30 km Touren habe ich einen ganz anderen Zeitplan für den Tag und so von Anfang an auch einen anderen Laufrythmus. Ich kann die folgende Strecke 12 km abkürzen, aber das kommt für mich nicht in Frage. Die Strecke ist einfach, breite Wege, viel geradeaus, kilometerweit durch Wald und durch riesige Getreidefelder mit großen Maschinen. Es gibt nur noch Großbauern. Zu Mittag esse ich 2 Äpfel, das reicht. Für den Sonntag muss ich mein Mittagsmenü immer schon vorher kaufen, da keine Geschäfte geöffnet haben. Auch so habe ich immer einen Vorrat für ein bis zwei Tage im Rucksack. Im Wald sehe ich auf der langen Gerade die beiden Mädels, die ich gestern in Toul gesehen hatte. Aber sie sind so weit vor mir, dass ich sie nicht einholen kann und so auch aus den Augen verliere. Die Hitze ist gebrochen. Es ist heute erstmals sehr frisch, heiter bis wolkig und stürmisch. Wanderwetter pur! Die Muschelhinweise mit Richtungspfeil sind gut angeordnet. Jedoch mein Handbuch,

Bauchgefühl und auch die Sonne sind beste Begleiter. Ich gehe nochmals steil Bergauf und wieder runter und sehe meinen Zielort.

Am Anfang vom Ort steht ein großer Landwirtschaftlicher Betrieb. Der Bauer kommt auf mich zu und erklärt mir das meine gebuchte Unterkunft im Ort liegt und ruft seine Frau an. Sie steht dann mit der Tochter auf der Haustür und begrüßt mich. Die Tochter kann sehr gut Deutsch, zeigt mir das Zimmer und erklärt mir, dass im Ort kein Restaurant ist, ich aber 2km weiter im Nachbarort mehrere Restaurants finden werde. Das ist kein Problem für mich, da die heutige Tour eine einfache Trödeltour war und ich noch die Kraft dazu habe. Außerdem sind es erst 15 Uhr.

Weg nach Chalaines

Duschen, waschen, schreiben und telefonieren wird kurzfristig erledig. Am Rucksack ist mir gestern eine Schnalle links oben losgegangen, die ich ebenfalls schnell wieder einhängen kann. Der Rucksack ist mittlerweile perfekt gepackt, sodass ich auch alles blind finden kann. Nun habe ich Zeit den Ort und Vaucouleurs anzusehen und mir für den Abend ein Restaurant zu suchen. Ich finde ein Lokal mit ausschließlich einheimischen Gästen, fühle mich wohl und kann gut bürgerlich und reichlich zu essen haben. In der Unterkunft sind noch 3 Holländer angekommen und haben das Nebenzimmer belegt. Touris halt.

Was war's für ein Tag? Ein guter? Ich würde sagen, kein schlechter, ein ganz normaler und damit doch irgendwie ein guter! Ein Tag ohne Pfeffer und Salz, ein Tag mit Höhen und Tiefen, jedoch ausschließlich in der Landschaft! Es war FREIHEIT PUR, FREIHEIT ZUM GENIESSEN. Ich trinke noch ein Bier und kann mit diesen Gedanken gut einschlafen und hervorragend schlafen.

Tag 13, Chalaines – Frebecourt 28 km

Die Nacht ist immer noch der reine Luxus. Einzelzimmer, 140er Bett, kein Schnarchen und Bad im top Zustand. Zähne putzen, etwas Wasser zum Waschen und ich habe wieder die Energie, die ich für den Tag brauche. Obwohl, das Frühstück muss auch sein. Ich gehe wie besprochen 2 Häuser weiter, um die Ecke und kehre Privat ein. Eine riesen große Küche, mit großem Esstisch, massive Eiche und eine Schulbank, alt, aus den 50er Jahren, finde ich vor. Der Tisch eher einfach gedeckt. Marmelade, Baquette, Kaffee, Messer und eine kleine Salatschüssel, ohne Frühstücksteller und ohne

Serviette. Typisch Franzose, die krümeln alles in den Kaffee rein. Meine Krümel fallen auf den Tisch, so ist es halt. Ich esse sicher 10 Scheiben Baguette, könnte immer weiter essen und würde davon nie satt werden. Dazu trinke ich 3 Schüssel Kaffee, ca. 1 Liter, kann mich prima unterhalten, denn am Tisch sitzt das gut deutschsprechende Mädel, ein weiteres Mädel gehört zur Familie und die Hausherrin. So habe ich meine persönliche Übersetzerin und fühle mich im privaten Familienkreise recht wohl. Eine private Unterkunft hat schon was. Für alles bezahle ich 20 Euro, bekomme meinen Pilgerstempel ins Buch und verabschiede mich mit einem herzlichen Dankeschön für alles.

Diese Nacht hat es geregnet. Meine Uhr zeigt 8.30 als ich die Muschel richtig drehe, den Rucksack aufsetzte mit Hut und Stöcke losziehe. Die Muschel, sie ist das begleitende Symbol aller Jakobspilger. Ihr Motiv ziert die Kilometersteine am Pfad und zeigt die Richtung den Jakobspilgern an. Ich trage sie mit einem Band befestigt am Rucksack und an der Kette um den Hals. In den Frühzeiten -12. Jahrhundert- wurde die Muschelschale im meeresnahen Santiago de Compostela als Nachweis der Ankunft ausgegeben und war damit der Vorläufer der Pilgerurkunde. So trugen die Heimkehrenden von Santiago, ihre Muschel. Ich trage meine Muschel mit Stolz und Würde, als Unterscheidungsmerkmal zu den landläufigen Wanderern und von Beginn des Jakobswegs an.

Basilika

Wie nicht anders zu erwarten komme ich gleich gut aus den Puschen, habe ja auch 28 km heute zu laufen. Das ist ein guter Mittelwert und macht an sich keinerlei Probleme. Ohne allzu große Steigungs- oder Gefällstücke führt der Weg heute durchs Maas Tal. In Chalaines trennen sich die beiden Pilgerwege und eine Entscheidung muss getroffen werden. Ich habe mich schon längst entschieden und nehme den Weg nach Le Puy-en-Velay. Der Weg über Vezelay, aus dem Mittelalter, hat noch weniger Unterkünfte bzw. Lebensmittel-Geschäfte und scheidet somit aus. Abwechslungsreich ist die heutige Etappe durch Felder, Wiesen und Wälder, vielfach offen über Teer- und Schotterwege. Besichtigen kann ich unterwegs eine Basilika, treffe jedoch wie jeden Tag nicht auf Pilger. Täglich bin ich von morgens bis abends alleine auf Tour und treffe keinen Fußgänger, keinen Radfahrer, ab und zu einen Traktor oder ein Auto. Ich wollte doch auch alleine gehen. Es ist gut so wie es ist und ich vermisse absolut Garnichts.

Es ist immer noch MEIN TRAUM, MEINE GROSSE FREIHEIT und ich habe noch keine Sekunde daran gezweifelt,   …ein Weg, der nicht los lässt, jeden Tag gehe ich ein Stück, Varianten, neue Landschaften, die Natur, die Zeichen gibt, ich merke, ich bin nicht alleine, ich finde Sinn und Klarheit in vielen Dingen, alles wird einfacher, ich brauche weniger, Oberflächliches zieht mich nicht mehr an, die tiefe Liebe und Mitgefühle zu allen Lebewesen wird prägender.

Plötzlich ergreift mich eine unsagbare Dankbarkeit, für mein Leben, meinen Atem, mein Dasein und den Pilgerweg! Meine Augen werden feucht, es fließen ein paar Tränen – Tränen des Glücks. Der Weg lässt mich nicht mehr los…

ES IST FREIHEIT PUR…

Heute hat es ab und zu ein paar Tropfen geregnet, die Luft ist feucht und der starke Wind macht es sehr frisch. Trotzdem habe ich mit T-Shirt und kurzer Hose (wie jeden Tag), mein Ziel um 16.30 Uhr im 1,5 km abseits gelegenen Ort erreicht. Ich gehe durch den langgezogenen Ort und wieder auf einem Parallelweg zurück, wobei meine Unterkunft Bleu & Sauvage, Inh. Blandine et Pierre Catteau nicht zu übersehen ist. Freundlich werde ich von Blandine empfangen. Sie stellt mich einer Jugendgruppe vor, die mit 20 Kindern, Jugendlichen und Begleiter rund um einen großen Tisch versammelt sind und am Nachmittag süßes -sicher selbstgebackene kleine Köstlichkeiten- vernichten. Ich bin herzlich eingeladen und muss jedenfalls verschiedene Sorten probieren. Es ist eine sehr angenehme und zivilisierte Truppe. Blandine zeigt mir das Zimmer (6 Betten-Etage) Bad und Küche. Es ist eine Herberge, jedoch habe ich den gesamten Bereich für mich alleine und sogar Halbpension für 28 Euro gebucht. Perfekt! Dusche, Wäsche, Tagebuch, WhatsApp und telefonieren, genau in dieser Reihenfolge wird's abgearbeitet. Rausgehen geht nicht, denn es hat sich richtig eingeregnet.

Zum Abendessen finden sich nur Blandine, Pierre und ich ein. Die riesige Küche, U-Form mit großem Mittelblock und viel Sitzgelegenheit ist für 3 Personen viel zu groß. Blandine kocht, Pierre ist für die Getränke zuständig. Wir finden eine gemütliche Ecke und es scheint sehr familiäre zu werden. Riechen tuts sehr gut. Pierre und ich teilen uns als Aperitif ein Bier und versuchen uns zu unterhalten, die Kommunikation ist halt eben schwierig. Dann kommt die erste Vorspeise, es folgen drei weitere, alles sehr schmackhaft, reichlich zum nachnehmen und mit der entsprechenden Erklärung. Es folgt, zeitlich verzögert die Hauptspeise, zwei Mal Nachtisch plus eine Käseauswahl. Alles reichlich, super angerichtet mit viel Erklärung und etwas ausgedehnt in der Zeit. Dazu trinken wir folgend Weißwein und Rotwein. Es sind alles heimische Produkte oder sogar aus dem eigenen Garten, perfekt angerichtet und serviert. Reichlich, sogar für den Folgetag darf ich meine Vorratsdose füllen, ich habe Glück das die leer ist. Das ist Esskultur in Frankreich, das ist zum Genießen, das habe ich so nicht erwartet. Ist das der Anfang einer wunderschönen Zeit in Frankreich?

…das i- Tüpfelchen für den heutigen Tag?

Nach dem Essen gehen wir wieder auseinander. Jeder schien sich der besonderen Stille dieses Ortes hingeben zu wollen. So tat auch ich es und ließ den Tag, der völlig unverhofft zu einem ganz speziellen geworden ist, ausklingen. Schön hier zu sein…

Ich bin sehr glücklich!

Mit viel Bettschwere haue ich mich ins Bett. Auch das Gewitter wird mich nicht mehr lange wachhalten können.

Tag 14, Frebecourt – Contrexeville 42 km

Ein wundervoller Tag, eine angenehme Nacht, ein typisch französisches Frühstück, dann heißt es Abschied nehmen. Eine herzliche Umarmung und Winken bis wir uns nicht mehr sehen, das ist doch selbstverständlich.

Aufgeräumt und gedankenfrei absolviere ich ab 7.45 Uhr die ersten Kilometer. Zunächst muss ich den Stichweg, 1,5 km wieder zurück auf meinen Pilgerweg. Mein heutiger Marsch, 42 km, ich kann vorher keine Übernachtung finden, geht ohne große Anlaufzeit. Ich bin gleich in bester Pilgerverfassung und habe die gut 55 000 Schritte noch vor mir. Das sind 10,5 Stunden reine Laufzeit plus ein bis zwei Stunden Pause. Für heute kann ich mir den 8 Std. Tag abschminken. Eine 5-Tage-Woche kenne ich auch nicht, aber ich bin gesund, sportlich gut drauf und ich liebe es. Pilger, was willst du mehr?

Es sind 14 Grad, wolkig, optimale Pilgervoraussetzung. Zunächst laufe ich durch viel Wald. Einige Käfer, Schmetterlinge und Vögel, sonst ist nichts unterwegs. Plötzlich treffe ich auf eine Gruppe Menschen, alles Franzosen, ich erkenne meine Herbergsmutter, wie schön. Wir unterhalten uns einige Minuten, ich beantworte alle Fragen, dann nochmals eine herzliche Umarmung und es geht weiter. Heute darf ich nicht trödeln. Laut Buch muss ich eine Laufentscheidung treffen und zwar zwischen der von den Lothringer Jakobsfreunden neu markierten Strecke und der alten Strecke. Ich entscheide mich für den 2 Tage längeren Weg, die neue Strecke, laufe somit die Etappe durch vorwiegend schattige Waldstücke und die Auen mehrerer Bäche. Der alte Weg dagegen hat mehr Straßen und Teeranteil. Der Weg ist leicht hügelig, führt zunächst lange Zeit an einem Bach vorbei, aber es gibt auch offene Stellen mit Wiesen, Felder und Dörfer. Fehlende Lauf-Hinweise lassen mich am späten Nachmittag eine Abzweigung verpassen. So habe ich mich schnell mal zwei Kilometer verlaufen. Ohne besondere Vorkommnisse ist es wieder ein sehr ruhiger Tag.

Um 18.15 Uhr komme ich bei den Thermalquellen in Contrexeville an. Schon die Römer wussten um die Heilkraft der kalten Quellen. Bis heute wird es bei Stoffwechselstörungen sowie Gicht, Rheuma, Diabetes, Nieren- und Leberleiden eingesetzt. Die üppig fließende große Quelle wird von Nestle in Flaschen gefüllt und weltweit vermarktet. Auch das

Thermalbad Contrexeville

ebenfalls von Nestle abgefüllte Mineralwasser des Nachbarortes, vermarktet unter dem Namen Contrex, hat den Weg wegen seiner guten Qualität bis in den deutschen Einzelhandel gefunden. Selbst das Schwimmbad wird mit Wasser aus den Thermalquellen gespeist.

Das Touris Büro lässt mir ein Zimmer im nahegelegenen Centrum reservieren. Im Hotel angekommen, verpflichtet mich ein Kellner höheren Alters, Platz zu nehmen und erst ein frisch gezapftes Bier abzunehmen. Natürlich auf Kosten des Hauses, natürlich gerne, antworte ich. Später zeigt er mir das Zimmer in einem großen, alten Hotel mit vielen Fluren, Treppen, rauf und runter. Finde ich hier nochmal raus? Ich erledige meine Aufgaben und schaue mir die Stadt an. Eine Kleinstadt die Farbe zeigt. Frankreich ist sonst eher trist und dunkel. Verpflegung für den nächsten Mittag finde ich, jedoch eher kein passendes Restaurant, also gehe ich zum Hotel zurück.

Springbrunnen

Der große Wintergarten am Hotel entlang ist komplett besetzt, so gehe ich rein und finde einen Platz. Der Kellner von eben bedient mich wieder, ich denke er ist der Boss des Hauses! Essen ist gut, ich trinke 2 Bier und erhalte als Pilger kostenlos einen Schnaps hinterher. Während meines Besuchs kann ich mir die Bedienung sehr genau ansehen, ich sitze perfekt und kann ihn sogar beobachten. Er ist klein, schmal, älter, schwarzer Anzug, weißes Hemd, hat die Figur und die Bewegungsabläufe des Butlers James von Miss Sophie. Die Mimik passt genau und wenn er das Tablett auf der Hand hält, trifft alles 100%ig zu. Es ist das Original von „Dinner for One", aber wo ist Miss Sophie? Lebt denn der BUTLER JAMES immer noch? MISS SOPHIE etwa auch noch? Der Abend ist ein kurzweiliger, interessanter Übergang vom langen Tag zu einer langen Nacht. Der Buttler rechnet ab, macht`s günstiger als es in der Karte steht, ich bin doch Pilger. Das ist ja absolut Pilgerfreundlich und freut das Pilgerherz.

Müde bin ich nun, das Bett ruft. Ich finde mein Zimmer, keine Frage. Ein bisschen viel Nostalgie, viele Blümchen im Zimmer. Wenn ich nicht schlafen kann, werde ich die Blümchen zählen. Doch ich muss auch heute sehen, dass ich im Bett lande, bevor ich einschlafe. Gute Nacht!

Tag 15, Contrexeville – Bourbonne-les-Bains 38 km

Nach einer guten, traumlosen Nacht, beginnt der Tag mit einem überraschend üppigen Frühstück. Es ist ein Buffet aufgebaut mit einem sehr reichhaltigen, vielseitigen Angebot, wie man es in Frankreich nur selten findet. Ich genieße es und genieße auch Butler James, er hat schon wieder Dienst und bewegt sich artgerecht.

Um 8.30 Uhr ziehe ich dann los, muss noch zum Geldautomaten, der über die Kreditkarte mir kein Geld geben möchte. Die Bedienung erfolgt dann über EC Karte. Die Probleme übertrage ich Uschi, sie ist für die Lösung zuständig. Ich schreibe Nancy eine WhatsApp und gratuliere zum Namenstag, heute ist schon der 26. Juli. Es ist bedeckt, bestes Pilgerwetter und ich bekomme den richtigen Appetit zum heutigen Marsch.

Bei der Planung des neuen Jakobsweges haben die Lothringer Jakobsfreunde zwar eine landschaftlich schöne Strecke gewählt, wegen der dünnen Besiedlung der gesamten Region fehlt es jedoch auch hier an Übernachtungsmöglichkeiten für schwache Läufer. Wer sich die 38km zwischen den beiden Kurorten nicht zutraut

benötigt Zelt, Taxi, Bus oder Bahn um zum Etappenziel zu kommen. Für mich sollte das kein Problem darstellen, ich mache mir jedenfalls nicht wirklich Gedanken. Ich finde jedoch im Ort nicht den richtigen Weg und verlaufe mich einen Kilometer, den ich auch wieder zurück gehen muss. Dann finde ich den Weg und es kann losgehen. Zunächst laufe ich Schotterwege, dann 10 km geteerter Flurweg, der immer nur geradeaus geht und dadurch etwas schneller ist. Eine Stundenleistung von 5km schaffe ich hier locker. Es ist die alte Römerstraße, die ohne viel Höhen und Tiefen unendliche Weiten hat und ein einzigartiges Panorama zeigt. Alles ist sehr offen, nur selten sind einzelne Bäume für eine Rast anzutreffen. Ich sehe auf der Weide eine Wasserhebeanlage, so bekommen Kühe und Kälber Wasser auf den Wiesen. Riesige Getreide- und Maisfelder, nur große Bauern und große Maschinen, die Kleinen gibt es nicht mehr. Ich bin heute noch niemandem begegnet. Die Dörfer sind trostlos und leer. Geschäfte, Bäckerei, alles steht leer. Nachmittags, es ist wieder sehr heiß geworden, treffe ich unter anderem auf einen Waldweg, der 5 km immer nur geradeaus läuft und ohne Öffnung zu absolvieren ist. Meine Stöcke leisten heute im holprigen Wald wie auch auf dem langen Teerweg hervorragende Dienste, ohne einfach nicht vorstellbar. Heute zwickte mein Magen schon mal, was sicher am Wasser liegt, das ich im Hotel abgefüllt habe. Es hatte einen modrigen Geruch. Aber alles ist wieder gut.

Wasserhebeanlage

Die irre langen und ruhigen Geraden geben heute Anlass, gewisse Dinge gedanklich aufzuarbeiten. Ich bin nun schon 15 Tage unterwegs, habe etwas abgenommen und muss meine Hose zwischen Rucksack und Hüfte einklemmen, damit sie hält. Die Vroni würde jetzt sicher sagen, Opa du musst eine Wurst essen! Aber es geht mir gut, habe keinerlei Problemchen, bin sehr fit und absolut gut drauf. Ich kann unbekümmert laufen, selbst die Dinge wie Zimmer buchen, Essen bevorraten, Geld rechtzeitig abheben, kümmern mich nicht, laufen automatisch. Es läuft wie vorgegeben ohne Nachrichten, auch keinerlei Sportnachrichten, kein Fernsehen, kein Radio, keine Zeitung und es ist so in mir sehr leer und ich bin absolut frei. Die Frage taucht auf; denkst du an irgendwas oder an irgendjemanden –

Gedanken haben absolut keinen Platz mehr, ich möchte auch keine Gedanken mehr zulassen.

Nein, ich bin leer, mein Kopf ist leer, leer wie Flasche leer (Trapattoni), nur das Lied „VÖLLIG LOSGELÖST" kommt auf. Ja, ich bin völlig losgelöst von der Erde, ich bin

schwerelos und es ist schön. So Tage wie heute mit diesen Weiten und langen Geraden tragen besonders dazu bei. Den Jakobsweg alleine und am Stück zu gehen, halte ich nach wie vor für absolut richtig. „MIT DEN FÜSSEN BETEN", die Hände sind eh nie frei. Gepäck hätte ich sicherlich noch einsparen können!

Der Jakobsweg ist der einzige Ort in dem Raum und Zeit nicht mehr existieren. Wo ich mir keine Sekunde lang Gedanken über gestern oder morgen über vorhin oder später mache, wo ich einfach im berühmten „HIER UND JETZT" bin und einfach einen Fuß vor den anderen setze. Ich habe Zeit für mich, ich lerne in mir einen neuen Menschen kennen, ich lerne mich jetzt erst kennen!

Gedanken, wie vorgegeben über mein Leben, meine Lebensabschnitte, die ich in aller Ruhe durchziehen lassen wollte, muss ich nochmal schieben. Ich bin, oder mein Kopf ist zurzeit nicht bereit für solche Aufgaben, hoffe jedoch die Zeit kommt noch.

Um 18.15 Uhr komme ich im Kurort an. Jetzt heißt es Hotel suchen. Ich gehe steil bergauf, einmal fragen, dann die andere Seite wieder steil bergab. Im Kurviertel angekommen liegt mein Hotel neben dem Casino. Alles ist etwas vornehmer, ich erledige meine täglichen Arbeiten und gehe raus in die Stadt. Zum Abendessen finde ich einen Dönerladen und bekomme einen Döner als Tellermenü, der sehr, sehr gut ist.

Der heutige Tag war wieder sehr schön und ich freue mich auf den Morgigen. Mit diesen Zeilen schlafe ich ein.

TRÄUME LEBEN – jedoch nur tagsüber! Nachts schlafe ich!

Tag 16, Bourbonne-les-Bains – Les-Granges-du-Val 10 km

Mein Frühstück, einfache französische Ausführung, fertig auf einem Tablett zusammengestellt, hole ich mir an der Theke, neben der Rezeption ab. Gleich danebern, drei kleine freie Tische, ich entscheide mich für einen und lasse mich häuslich nieder. Auf der anderen Seite zwischen Eingang und Rezeption, die wesentlich größere Seite, stehen sicherlich 10 kleine Tische. Hier sind die Tische in

Reihen angeordnet, wie in der Schule. Damen, sehr vornehm gekleidet, alle 80 plus, sicher mit einem Kleinbus angereist, sitzen einzeln am Tisch und schauen in meine Richtung. Sicher ist alles Zufall, aber es schaut aus wie in der Schule, auf der einen Seite die Schüler und auf der anderen Seite ich am Lehrerpult. Passt, das wäre meine Berufsalternative gewesen, jedoch mein Schuldrang nach der Hauptschule war gesättigt und daran ist es sicher gescheitert. Mädchenklasse ok, aber über die Altersstufe müsste man nochmals nachdenken und stark verjüngen!

Bevor ich losmarschiere, besuche ich die Touristeninformation und buche eine Unterkunft für die nächsten 2 Nächte. Mit meinem eher kleinen Wortschatz komme ich auf Englisch ganz gut zurecht. Telefonieren mit den Franzosen, das traue ich mir nicht zu, ich lasse immer reservieren, entweder im Office de Tourisme oder der aktuellen Unterkunft. Jedoch sind die Franzosen überaus freundlich und hilfsbereit. Ich habe das Gefühl, auf dem Jakobsweg sind alle Menschen freundlich und hilfsbereit, somit wird nie ein Problem auftauchen. Dem Supermarkt statte ich noch einen Besuch ab, fülle meinen Vorrat an Lebensmittel für mittags auf und verlasse dann die Stadt um 10 Uhr.

Es ist schon spät heute, nach zwei sehr langen Wandertagen, habe ich heute eine kurze Etappe. Trödeln ist wieder angesagt, bei kurzen Etappen komme ich nicht in Schwung, ich habe einfach mehr Tag, Zeit und Raum existieren ja nicht mehr. Bei bestem Wanderwetter laufe ich vorwiegend durch Waldgebiete. Zunächst führt der Weg langsam bergauf und hinter einem Tierpark erstmalig ein richtiger Matschweg wieder bergab. Dann führt ein steiler und immer steiler werdender Weg bergauf. Der Weg ist so steil und gerade hoch, hier hätte man auch eine lange Leiter anstellen können. Nasse Wurzeln, Steine und Matsch erschweren den Aufstieg. Ohne meine Leki`s (Stöcke) hätte ich das nicht geschafft, jedenfalls nicht unfallfrei. Recht holprig über eine Lichtung, geht es steil bergab. So steil und so gerade, hier wäre ich niemals ohne Stöcke runtergekommen. Es geht ein Pfad nochmals genauso steil wieder bergauf und dann die erste lange Steigung wieder genauso steil bergab. Nun führt ein Weg zum Ortsrand von Les-Granges-du-Val. Hier gehe ich nach links Richtung Ferme Adrien, meiner Unterkunft, die ganz einsam zwischen Wald und Straße liegt. Sie ist sehr einsam gelegen und ich treffe um 14 Uhr ein.

Niemand da, um 16.30 Uhr ist Einlass, also mache ich es mir im Garten gemütlich. Mein Tagebuch, eine WhatsApp kann ich ungestört schreiben und ich genieße die Ruhe bei angenehmen Klima. Die Vermieterin ist pünktlich, zeigt mir das Zimmer, Esszimmer wie Frühstücksraum. Es ist ein sehr großes, altes Haus, entsprechend groß auch die Zimmer und alt die Einrichtung. Urgemütlich! Duschen, Wäsche machen und ich habe einen ausgedehnten ruhigen Nachmittag. Ohne Stadtbesuch, zu weit weg, genieße ich einfach den Tag und lasse ihn Revue passieren. Heute war wohl der gefährlichste Lauftag bisher, Matsch, Nässe und extrem steile Pfade bergauf wie bergab. Aber ich war langsam, sehr vorsichtig und habe alles bestens gemeistert. Ängste und Sorgen sind nun endgültig erloschen, ich vertraue dem Weg, denn ich bin überzeugt, der Weg zum Jakobus wird von oben geführt. Manchmal sind wir uns sogar sehr nahe.... – es fließen ein paar Tränen, die Emotionen kochen immer wieder mal hoch!

Heute habe ich Halbpension gebucht und um 19 Uhr gibt es Abendessen. Die Vermieterin kocht und es geht pünktlich los. Sie fragt nach einem Aperitif und wer mich kennt, weiß das ein nein nicht in meinen Wortschatz enthalten ist. Also suchen wir einen aus und stoßen an. Dazu werden einige Häppchen verschiedener Gebäcksorten serviert. Es folgt ein Salatteller mit einer dicken Scheibe Sülze in der Mitte. Ich bin nun ganz alleine, an einem riesig langen und breiten Tisch mit vielen Stühlen angestellt. Aber ein Herdentier bin ich noch nicht geworden, so kann ich gut alleine. Das Hauptgericht, Bohnen in Speck, Kartoffel, Kaninchen und Soße. Haben wir denn heute schon Weihnachten? Es riecht gut und es schmeckt gut. Mit etwas Zeitabstand folgen 4 Käsesorten zum Abschneiden. Fast würde ich denken es reicht, aber es folgt noch der Nachtisch. Der besteht aus einer Früchteschale und einem Stück Apfelkuchen, jedoch ohne Sahne (zu viele Kalorien). Das ganze Menü wird eingerahmt mit Wasser, Brot und Rotwein bis zum abwinken. Da soll mal einer sagen die Franzosen und ich, wir sind keine Genießer. Ich liebe es, lebe sehr gesund, genieße den gelungenen Abend und fühle mich sauwohl. Ich esse morgens relativ wenig, mittags meistens 2 Äpfel und kann so abends reichlich essen, ohne Völlegefühl, 5000 Kalorien kann ich problemlos verdrücken! So erhalte ich die Energie und den Flüssigkeitsaufbau für den nächsten Tag. Ich bin froh, dass ich und mein Körper inzwischen eine wirklich gute Einheit bilden. Wir haben uns im Laufe der Zeit gut kennengelernt und wissen nun, wie wir miteinander umzugehen haben. Klingt vielleicht komisch, aber wir vertrauen uns.

So lasse ich den Tag ausklingen, hänge meine Wäsche noch ab und verschwinde über eine Seitentreppe in mein Zimmer. Es war wieder ein erfolgreicher Tag mit einem sehr, sehr schönen Abschluss!

Nun isses Zeit zum Schlafen!   Gute Nacht…

Tag 17, Les-Granges-du-Val – Langres 40 km

Diese Kontraste, gestern Abend ein Genießer Menü und heute Morgen ein französisches Frühstück, Baguette, Marmelade und Kaffee reichlich. Ich will und darf nicht meckern, denn schließlich wollte ich aus dem golden Käfig austreten, wenigstens für drei Monate. Die Gastgeberin macht mir den Stempel ins Buch, kassiert die Halbpension ein und verabschiedet sich in den Garten. Neben dem Haus hat sie einen großen Garten, traumhaft was da alles wächst. Obwohl noch ein Campingbus und ein PKW gestern Abend angekommen sind und noch im Hof stehen, frühstücke ich alleine am großen Tisch. Es sind sicher Selbstversorger und haben nur einen Stellplatz gemietet. Sehen tue ich jedenfalls niemanden. Mein gut eingespielter morgendlicher (Verdauungs-) Rhythmus lässt mich ein wenig länger ausharren, so trinke ich noch eine 4. Schüssel Kaffee. Da ist sie wieder die Einheit zwischen meinem Körper und mir, wir achten und vertrauen uns. So ist tagsüber absolute Entspannung angesagt, wenigstens was diese Angelegenheit betrifft. Ich nehme die Außentreppe, sehe Frau Pelletier im Garten arbeiten, rufe ihr „Au revoir"und „Merci" zu, sie erwidert mit den gleichen Worten und so komme ich 8 Uhr raus.

Bei angenehmen Wanderwetter laufe ich die ersten 10 km durch Wald und Wiesen über Teer- Wald- und Schotterwege. Der Weg ist ohne viel Anstrengung zu laufen. Dann kommt die erste extreme Steigung in Richtung Varennes-sur-Amance, eine

Chapelle de Presles

kleine Pause und es geht wieder genauso steil bergab. Der heutige Pilgerweg ist so lang wie die vorletzte Etappe aber deutlich anstrengender. Die Strecke mit vielen Abschnitten die steil bergauf und bergab führen. Auch heute erschweren Matsch, glitschige Steine und Wurzeln das Laufen. Bis zum Mittag, an der Chapelle de Presle, ist der Weg sehr kräftezehrend, meine Schuhe sind voller Matsch und schwer geworden. Die Kapelle, 50 mtr. abseits vom Weg, liegt etwas versteckt, hinter Bäumen. Es ist ein wunderschönes Fleckchen Erde und ich genieße auf einer Bank mein Mittagsmenü. Heute habe ich auf der Speisekarte, Baguette mit Camembert und reichlich Wasser.

Die Kapelle wurde im 12. Jh. gebaut, ist aber verschlossen. Einer Sage nach stieß ein Bauer beim Pflügen gegen ein Hindernis. Er schlug die Erdbrocken davon ab und entdeckte eine Statue der Jungfrau Maria. So sehr er daran zog, er konnte sie nicht aus dem Feld holen, nicht einmal, als er seine Ochsen davor spannte. Also wurde an diesem heiligen Ort eine Kapelle erbaut. Eine andere Legende berichtet von einer heiligen Quelle, zu deren Ehre eine Kapelle errichtet wurde und die lange ein Wallfahrtsort war.

Eine halbe Stunde Pause und es geht durch sehr matschige Wege weiter, die schwierigen, steilen Wanderwege habe ich hinter mir. Die Wege werden immer besser, doch ausgerechnet zur Mittagszeit werden die Wege schattenlos und es ist wieder sehr warm geworden. Doch plötzlich begegnet mir eine Wanderin mit großem Rucksack. Wir unterhalten uns, doch sie ist Touristin und wandert 10 Tage, jedoch in eine andere Richtung. Na schön, endlich nach vielen Tagen nochmal jemand getroffen, Pilger sind jedoch selten oder nie anzutreffen. Weiter geht es auf guten Wegen, etwas hügelig und es ist wieder heiß, in Richtung See „Lac de La Liez". Geradeaus geht es in Richtung See, ich kreuze den Pilgerweg der von Canterbury über Frankreich, Schweiz noch Rom führt. Es ist der Via Francigena und gilt als der älteste christliche Pilgerweg Europas. Ich laufe an dem See vorbei in westliche Richtung und habe immer wieder ein schönes Panorama über den See. Die letzten Kilometer am Liezsee vorbei entschädigen vielleicht für die Anstrengungen des Tages.

Der See ist wunderschön und sehr groß, am westlichsten Zipfel komme ich in Peigney-La Liez an und suche den Campingplatz, wo für mich eine Unterkunft reserviert ist. Der Campingplatz liegt ca. 100 mtr. hoch am Parkplatz vorbei und ich habe eine tolle Aussicht auf den See, der mit Badegästen und Touris aller Art bevölkert ist. Auch der

Campingplatz ist sicher gut belegt, überall Urlauber, die grillen oder etwas trinken. Ich gehe zur Annahme, suche mir an der Rezeption die Frau mit der schwarz-rot-goldenen Plakette aus und frage nach meiner Unterkunft. Nachdem sie den Bildschirm mehrmals rauf und runter fährt spüre ich, dass hier etwas nicht stimmt. Ich zeige ihr den Zettel wo Telefon Nr. und Camping draufsteht, aber sie kann nichts finden. Dann fragt sie nach einem Zelt, das habe ich jedoch nicht und sie sagt es gibt hier keine Betten, nur reiner Camping-Urlaub. Dann frage ich ob es das Hotel sein kann, das einzige im Ort und sie schickt mich dort hin.

Im Hotel angekommen, alles ist vornehm angezogen, frage ich nach meinem reservierten Zimmer. Aber auch er zieht den Bildschirm mehrmals rauf und runter, und sagt es ist nichts reserviert. Dann dreht er den Bildschirm zu mir und zeigt mir das die Zimmer alle belegt sind. Ich frage nach weiteren Möglichkeiten im Ort, doch es gibt keine Übernachtungsmöglichkeit mehr. Im Nachbarort Langres versucht er bei einigen Hotels noch ein freies Bett zu ergattern, aber das ist auch nicht mehr möglich. Was auch immer schiefgelaufen ist, feststeht, hier am See kann ich die kommende Nacht nur noch draußen verbringen. Warm ist es, trocken auch, jedoch kann mich der Gedanke nicht recht überzeugen. Ich gehe außen am Restaurant vorbei zur Staumauer und entscheide mich, nicht am See zu übernachten, sondern weitere 5 km bis Langres zu wandern. Am Startpunkt, es ist bereits 19.30 Uhr, kann ich mein Ziel schon sehen, wenigsten die Stadt ist auf der Höhe sehr langgezogen sichtbar. Zunächst laufe ich bergab ins Marne Tal. Der Weg führt zum Champagne-Boulogne-Kanal, rechts folge ich dem Uferweg, an Picknicktischen vorbei bis zu einer alten Stahlbrücke, wo ich den Kanal überquere.

Der Champagne-Boulogne-Kanal ist 1907 in Betrieb genommen worden und hieß damals noch Marne-Saône-Kanal. Er ist 228 km lang, verbindet die Flüsse Marne und Saône und war eine große Herausforderung, denn mit ihm musste die Europäische Hauptwasserscheide (Mittelmeer/Atlantik) überwunden werden. Dazu wurde ein 4.821 m langer Tunnel gebaut. Im unmittelbaren Zusammenhang mit dem Kanalbau stehen auch die vier Stauseen, die rund um Langres als Speicherseen angelegt wurden.

Ich überquere die Marne und habe so die Stadtgrenze von Langres erreicht. Bergauf geht es, ich durchschreite die Stadtmauer und weiter hinauf zum nächsten Tor. Rechts und links der Straße schaue ich nach einer Unterkunft irgendwo im Garten, vielleicht kann ich noch ein Partyzelt mieten, das würde mir für die Nacht aus der Patsche helfen. Auf die Dusche müsste ich wohl verzichten. Die Gedanken bewegen sich im Kreise, aber eine Unterkunft habe ich bis jetzt nicht wahrgenommen.

Endlich, ich bin im Centrum angekommen, 21 Uhr, eine Unterkunft zu finden, den Gedanken kann ich mir abschminken, also gehe ich eine Pizza essen und trinke 2 Bier dazu, ich kann draußen sitzen und genieße den wunderschönen Abend und die traumhafte Atmosphäre der Innenstadt. Etwa um 22 Uhr schlendere ich noch durch die Stadt, zum Parkbankschlafen ist es mir noch zu früh, es sind einfach noch zu viele Menschen an diesem schönen Sommerabend unterwegs, meine täglichen Aufgaben interessieren mich nicht, aber ich nehme plötzlich ein Hotel neben mir war. Ein versuch ist`s noch wert denke ich, gehe rein und frage nach einem Zimmer für die Nacht und siehe da, es ist für mich noch ein Zimmer frei. Etwas teurer als sonst, ich hatte mich schon voll auf eine Nacht im Freien eingestellt, aber ich sage ja, ich nehme das Zimmer.

Duschen und Wäsche mache ich noch, aber dann falle ich fix und fertig aber glücklich ins Bett. Mein Herz ist ein Pilgerherz geworden, ich vertraue dem Pilgerweg und ich bin gar nicht so alleine wie ich es vorgegeben habe.

Mit einer tiefen Zufriedenheit beende ich einen kontrastreichen Tag. Gute Nacht!

Tag 18, Langres – Auberive 30 km

War das eine unruhige Nacht. Das Hotel liegt im Centrum direkt an der großen Fußgängerzone. Ich hatte das Gefühl es haben gestern viele Menschen kein Zimmer gefunden und die Nacht auf der Straße verbringen müssen. Einige Stunden habe ich jedoch schlafen können und bin so nach dieser gestrigen Hammeretappe wieder gut drauf. Um 6.30 Uhr stehe ich auf, Toilette, Zähne putzen, waschen und wieder alles

Dom Langres

im Rucksack verpacken, so ist der Ablauf. Jedes Teil findet im Rucksack sein Netz bzw. seinen Platz. Es ist alles noch sehr überschaubar, da ich fast immer alleine ein Zimmer mit Bad habe. Tagebuch und WhatsApp schreiben hole ich von gestern nach, mit Uschi hatte ich gestern Abend spät noch telefoniert. Die Nase habe ich mir gestern, trotz Hut leicht verbrannt, etwas eincremen und ich gehe zum Frühstück.

Überrascht werde ich mit einem äußerst opulenten Frühstücksbüffet. Hier ist wirklich alles und reichlich vorhanden. Ich nehme mir Zeit und nutze es, denn die Übernachtung war wohl die teuerste bis jetzt. Dann ruft mein Verdauungs-Rhythmus, ich folge ihm und der Einheit die sich zwischen meinem Körper und mir gefestigt hat, gehe aufs Clo und anschließend mit Hut, Stock und Rucksack zur Rezeption. Ich begleiche meine Rechnung mit Karte, da der Bargeldbestand schon ein paar Tage halten soll und erhalte noch einen Stempel ins Pilgerbuch. So ist zur Zeit der tägliche allmorgendliche Ablauf.

Langres ist eine wunderschöne alte Stadt, sodass die Stadtbesichtigung noch fehlt. Allein die Lage, auf einem hochgelegenen Plateau, mit einer bezaubernden Fernsicht.

Nach Osten der See Lac de la Liez und die Vogesen sind traumhaft. Ich besichtige den Dom, erbaut im 12. Jahrhundert. Im 14. und 15. Jahrhundert entstand eine beeindruckende Festung, der sieben Tore und 12 Türme folgten. Durch einen riesigen Trödelmarkt, auf der gesamten Fußgänger Zone aufgebaut, schlendere ich bis zum Ende und finde die Office de Tourisme, wo mir eine weitere Unterkunft reserviert wird.

Um 9.30 Uhr suche ich mir den Pilgerweg, den ich nicht auf Anhieb finde und ziehe weiter. Für die nächsten Tage kann ich den Fernwanderweg GR7, markiert mit rot/weißen Strichen, nehmen. Jedoch tut sich die Wegfindung immer wieder schwer. Die Wege sind gut, die Landschaft sehr hügelig. Ich laufe an einem Stausee vorbei und blicke immer auf wunderschöne Schmetterlingwiesen. Die Streckenfindung hakt immer wieder, sodass ich nachmittags noch 20 km zu laufen habe. Es ist sehr, sehr heiß geworden, ich laufe nur noch in der Sonne, nur noch Teerwege bzw. Straßen mit wenig Verkehr. Zweimal hält ein Auto an und möchte mir eine Unterkunft anbieten. Bis heute habe ich das so noch nicht erlebt. Für heute habe ich meine Bleibe, gestern hätte ich dieses Angebot gerne angenommen. Wasser und Hitze bleibt auf der Etappe ganz sicher in Erinnerung. Viele Bäche und Quellen gibt es in diesem Gebiet von Haute-Marne. Der Ortsname Auberive hat wie viele andere Orte damit zu tun. Ganz in der Nähe ist die Aube-Quelle, „rive" bedeutet Ufer oder Flussbank. Meine Unterkunft liegt 4 km vom Jakobsweg entfernt, so bin ich froh das 2 km vor meinem Ziel ein Auto anhält und mich mitnehmen möchte. Es ist meine Herbergsmutter, es ist schon spät und sie will mich abholen. Ein absolutes Hundeauto, jedoch bei so einer anstrengenden Tour, dazu die enorme Hitze, nehme ich gerne an.

Am Ortsanfang muss sie anhalten und noch ein Schwätzchen halten, dann fahren wir direkt zum Haus. Von außen sieht alles sehr ungepflegt aus, dann innen das gleiche Bild. Ich habe Halbpension gebucht, na mal sehen wie es wird! Dusche und WC ist im Erdgeschoß,
Schlafen auf dem Speicher. Ich kann mir eine Matratze aussuchen, die auf dem Boden liegt. Zudecke, freie Wahl aus einem großen Plastiksack, keine Ablage außer der Speicherboden, nicht sauber, nicht aufgeräumt, nichts isoliert. Der Muff ist vorhanden, Strom

gibt es nicht! Der Weg dorthin über eine einfache Brettertreppe, ohne Tür. Alles ist gut, ich habe was ich brauche, ein einfaches Leben und ein Dach über dem Kopf. Ach nee, eins fehlt mir noch, ein kühles Bier und ich frage nach einem Bier. Super hat sie, jedoch nicht kühl, steht auf dem Küchenschrank anstatt im Kühlschrank und ich erfahre, dass es das Letzte ist. So stelle ich das 0,33er Bier erst in den Kühlschrank und trinke Wasser. Doch dann, ich traue meine Augen nicht, es kommt ein Lebensmittelauto angefahren und sie geht zum Einkaufen. Ich erlaube mir den Ruf nach ein paar Flaschen Bier, denn in diesem kleinen Ort gibt's wahrscheinlich nichts mehr. Ich warte und sie kommt mit einem 6er Pack Bier und ein paar Lebensmittel zurück. Das Bier bringe ich persönlich in den Kühlschrank, bin ja lernfähig, gehe anschließend Duschen,

Wäsche machen und schreibe draußen in der Wildnis wo Stühle und Tische stehen, die schon länger nicht mehr gebraucht wurden, mein Tagebuch und eine WhatsApp an die Gruppe. Sie will kochen, denn um 20 Uhr ist Abendessen. Es ist 21 Uhr, wir können essen. Sie ist etwas schlampig und alles sieht etwas erbärmlich aus. Wobei es draußen, zwischen Unkraut und Wiesenblumen, sich`s aushalten lässt. Sie hat für uns beide gekocht, eine Vorspeise, dann verschiedene Gemüse mit Reis aus der Pfanne und Käse als Nachtisch. Ein kühles Bier dazu, was will das Pilgerherz mehr. Plötzlich kommt ein Auto angefahren, es ist ein Belgier, setzt sich zu uns, hat seine komplette Verpflegung fürs Abendbrot dabei und genießt in drei Gängen. Er hat ein Zimmer mit Tür von außen, Parterre gebucht. Wir genießen den lauen Sommerabend zu Dritt, trinken ein paar Bier und sitzen noch lange draußen. Der Drang auf mein Luxusquartier hält sich sowieso in Grenzen.

Auf dem Weg zum Speicher denke ich, endlich mal ein billiges Quartier, endlich kann ich meine Taschenlampe testen. Ich stelle fest, meine Ansprüche sind schon sehr bescheiden geworden. Nun wünsche ich mir ohne „Anstalten meiner Blase" durchzuschlafen, denn der Weg zur Toilette ist etwas schwierig bei Dunkelheit.

Lesen kann ich noch - eine kleine Unterhaltung, im Auto, zwischen Nancy und Magdalena: Mama, ich habe ein Schild gesehen mit der Muschel, wo der Opa gerade ist! Der Opa wandert noch bis ich in die Schule komme.
Nancy: Ja, und sogar noch ein bisschen länger.
Magdalena: Ja, bis ich in die 2. Klasse komme!

Diese Worte genieße ich und kann locker, leicht einschlafen.

Tag 19, Auberive – Grancey-le-Chateau 14km

Diese Nacht war sehr ruhig und ich habe gut geschlafen. Meine Blase musste ich jedoch einmal vom Bier befreien, aber die Treppe, die nicht ohne ist, habe ich mit meiner kleinen Taschenlampe unfallfrei gemeistert. Heute Morgen habe ich mit dem Aufstehen die gleichen Probleme wie diese Nacht. Mit 63 Jahren von der 15cm durchgelegenen Matratze hochkommen, ist halt nicht so einfach. Dann stelle ich fest, ich habe doch nicht alleine auf dem Speicher übernachtet. Sie muss spät gekommen sein und hat sich extrem ruhig verhalten. Ich habe nichts gehört und auch diese Nacht nichts wahrgenommen. Sie hat sich eingedreht und schläft noch fest, als ich aufstehe. Um sie nicht zu wecken, mache ich auch ganz leise und nehme gleich den Rucksack, Stöcke und Hut mit nach unten. Es ist eine schwarze Katze, die es sich auf dem Stapel Matratzen neben mir gemütlich gemacht hat.

Zum Frühstücken suche ich mir einen Platz draußen zum Eingang hin. Die Temperatur ist schon hoch und es ist drückend warm. Baguette, Marmelade und Kaffee, französischer Stil, das ist alles gut so. Der Belgier war nicht mehr zu sehen und ich möchte jetzt auch aufbrechen. Dreißig Euro möchte sie haben, 20 für's Übernachten und 10 für die Verpflegung. Nun versuche ich ihr zu erklären, dass 30 ok ist, jedoch 20 für Verpflegung und 10 Euro fürs Übernachten die passende Zuordnung ist. Ich bezahle mit 2 mal 20 Euro Scheine, bekomme meinen Pilgerstempel, jedoch kann sie keine 10 Euro zurückgeben. Sie vermittelt mir, mich runterzufahren nach Auberive und dass sie dort wechseln kann. Aber wir haben Sonntagmorgen, wo will sie um diese Zeit wechseln.

Wir verlassen das Grundstück mit Hund durch ein Törchen und gehen zum Hundeauto. Doch plötzlich ein lautes Gebell. Von oben kommt ein Ehepaar mit Hund, der an der Leine geführt wird. Die Hunde gehen auf einander los, bellen und beißen, es ist ganz furchtbar. Ich denke die zerfleischen sich, da bleibt nur noch der Gang zum Tierarzt, wenn überhaupt etwas überbleibt. Meine Herbergsmutter kann ihren Hund einfach nicht zurückholen. Mensch, ist das brutal denke ich, doch dann setzt sie sich ins Auto, macht vorher die Klappe hinten auf und fährt zu den Hunden, die keine Ruhe geben. Sie ruft ihren Hund, fährt immer etwas vor, als wolle sie wegfahren und dann läst der Hund ab und springt ins Auto. Schnell die Klappe zu und alles ist zunächst vorbei. Das Ehepaar geht am Auto vorbei, die Hunde bellen und das Ehepaar schimpft fürchterlich. Sie entschuldigt sich, beruhigt den Hund etwas, ich steige ein ins Hundeauto und wir fahren los. Als wir an dem Ehepaar mit Hund vorbeifahren, hält sie nochmals an, steigt aus und entschuldigt sich nochmals. Aber ich stelle fest, dass sie sehr sauer über diesen Vorfall reagieren und kein Verständnis zeigen.

Wir fahren nach Auberive und siehe da es gibt ein kleines Geschäft und das hat sogar offen. Sie kauft eine Kleinigkeit ein, wechselt Geld und ich kaufe mir noch 6 Äpfel für mein Mittagsmenü heute und morgen. Nun ist die Zeit da, mich zu verabschieden, doch sie möchte mich noch aus der Stadt rausfahren, zum Jakobsweg. So machen wir das, ich komme um 9.30 los und sie geht mit dem Hund spazieren. Das war dann wohl auch der Hintergedanke, den ich leider erst jetzt verstehe.

Der Weg führt über bewaldete Hügel nach Vivey. Heute ist es drückend heiß und um

Lamargelle-aux-Bois

10 Uhr donnert es gewaltig, jedoch nur 10 Minuten und es ist alles wieder vorbei. Zwischendurch buche ich mir noch eine Übernachtung, es sind Deutsche, so dass ich sprachlich kein Problem habe und auch noch ein Zimmer reservieren kann. Weiter geht es fast ausschließlich durch Wald. Wo er sich lichtet, gibt es schöne Fernblicke. Es geht mal leicht bergauf, mal steil bergauf, mal leicht bergab und mal steil bergab, aber immer ohne Ebene. Über Mittag ist es so drückend Heiß, dass selbst der Wald keine erfrischende Kühle bringen kann. Gewitter tun sich auf, auch Regen gib's, jedoch immer nur ein wenig, sodass der Regenumhang im Rucksack verbleiben kann. Heute fehlt mir der Schwung wieder beim Laufen. Es ist wie Blutdruck 100 zu 60. Vielleicht ist mein Blutdruck ja auch gefallen? Eher denke ich es liegt an der kurzen Strecke, die ich für heute geplant habe. Begegnen werde ich heute wieder, wie in den letzten Tagen, Niemanden. Festzustellen ist es an den vielen Spinnennetzen im Wald. Ich bin immer wieder voller Spinnennetze. Bart, Augen, Nase, Haare, Hände da sind sie am nervigsten und ich bin

in ständiger Bewegung mit den Händen. Finde keine Ruhe mehr. Ich habe das Gefühl, ich bin voll eingenetzt und mit Leben umgeben. Ja, die Netze sind auch noch mit Leben gefüllt. Es ist schon etwas ekelig. Die Stöcke habe ich weggepackt, damit ich mich mit zwei Händen etwas befreien kann. Auf die heutige Dusche freue ich mich jetzt schon.

Die Ost-Champagne (Haute-Marne) liegt nun hinter mir und ich laufe durch die Côte d'Or, also das Burgund.

Um 15.30 Uhr komme ich an meiner Unterkunft an, ein Pferdehof -Ferme de Borgirault- mitten im Wald, ganz ruhig gelegen. Sabine und Christopher führen den Hof, haben 26 Betten und kochen fantastisch, so habe ich gelesen. Ich komme zum Innenhof und stoße auf drei Personen. Zwei Touris und Christopher, der mir dann gleich das Zimmer zeigt. Beim ersten „sie" biete ich ihm gleich das du an. Doch da glaube ich, ich habe das erste Fettnäpfchen schon getroffen. Das hätte ich nicht machen dürfen, doch für mich ist und bleibt es auf dem Pilgerweg beim Du. Dusche und Zimmer sind perfekt, Abendessen um 19.30 Uhr, und ich merke er fühlt sich in seiner Ehre sichtlich gekränkt. Ich erledige meine Aufgaben und habe Zeit mich aufs Bett zu hauen und kann mich bis 19 Uhr dort auch erholen. Julitta rufe ich an und gratuliere sie zum Namenstag.

Dann das Abendessen, es beginnt pünktlich, Vorspeise Salat, Hauptspeise verschiedene Geflügelbeine mit Beilage und zum Nachtisch eine Cremespeise und Käse. Sabine hat gekocht, Christopher hat aufgetragen und abgeräumt. Alles war perfekt, sowohl das Essen wie der Service und das für ca. 20 Personen, aufgeteilt ca. 10 Touris, 1 Pilger und der Rest aus eigener Familie, die Urlaub machen. Rauszuhören ist, dass einige regelmäßig hier sind und auch so behandelt werden. Alle sind deutschsprechend, wir sitzen noch etwa 2 Stunden zusammen und erleben bei Rotwein einen unterhaltsamen Abend. Sabine, aber auch viele andere tragen dazu bei. Müde bin ich nun, das Bett ruft, es ist 22.30Uhr. Ich glaube der Rotwein ist schuld daran.

Heute habe ich festgestellt das ich in der Gruppe noch nichts verlernt habe, denn Pilgerbekanntschaften gibt es schon lange nicht mehr, bin auf dem Weg immer alleine, aber nie einsam. Es fehlt mir an nichts und es ist schön, *BETEN MIT DEN FÜSSEN, DEM RHYTHMUS DER EIGENEN SCHRITTE ZU FOLGEN.*

ICH STELLE FEST, DAS ES DEN WEG GARNICHT GIBT, SONDERN DER WEG MIT JEDEM MEINER SCHRITTE ERST ENTSTEHT. ES IST MEIN WEG, DEN ICH GANZ ALLEINE GEHE......

So lebe ich eine völlig losgelöste Zufriedenheit!   Gute Nacht ...

Tag 20, Grancey-le-Château – Tarsul 30km

Inzwischen stellt sich so etwas wie eine Pilgerroutine ein. Das Frühstück französisch, serviert von Christopher, vor 8 Uhr auf keinen Fall möglich, sagte gestern bereits Sabine. Das ist ja ok. Um diese Zeit ist der Hausherr jedoch noch nicht soweit. Mit einem freundlichen guten Morgen grüße ich ihn und da noch niemand da ist, sage ich: ist das eine himmlische Ruhe. Daraufhin erwidert er: himmlisch, himmlisch, was ist das denn, das geht gar nicht. Dann halte ich mich vornehm zurück und warte bis er sein ok zum Frühstück gibt. Irgendwie herrscht eine sehr verhaltene, ungewohnte Stimmung. Gesprochen wird jedenfalls nur das aller nötigste. Dann kommen zwei Jungs, höchstens 6 Jahre alt, zum Frühstücken und plötzlich kann er reden. Erzählt den Jungs, wenn er mal nicht gut drauf ist, fährt er in den Schwarzwald, nimmt sein

Fahrrad mit und bringt seinen Körper und seinen Kopf wieder in Ordnung. Geht mit der Geschichte ins Detail und erklärt den Ablauf ausführlich. Ob das die Jungs interessiert, na ich weiß es nicht. Heute, denke ich, wird er dann sicherlich noch einige Stunden im Schwarzwald Fahrrad fahren. Ich frühstücke ausführlich, bezahle und bekomme meinen Stempel ins Pilgerbuch. Das alles ohne viel Worte. Verabschieden ist nicht möglich, denn er ist nicht mehr in der Küche. Ich suche meinen Weg, denke noch, Sabine ist super nett, er jedoch genau das Gegenteil und heute Abend habe ich ja wieder *neue* Herbergseltern.

Leichtfüßig mache ich mich um 9 Uhr auf den Weg nach Grancey-le-Château. Ein schöner Feldweg führt ins Tal, das kleine Städtchen liegt wenige Kilometer auf einer Fels Höhe, direkt vor mir. Beeindruckend die mittelalterlichen Stadtmauern, steil ansteigend gehe ich die Straße bis zur Ortsmitte. Die Altstadt döst ihren morgendlichen Dornröschenschlaf. Auch der Zugang zum Schloss und der Kirche, 14. Jahrhundert, sind verschlossen. Den Ort verlasse ich und muss mich hinter Grancey entscheiden, denn es gibt drei Streckenalternative. Ich nehme den Pilger-Klassiker, GR7 bis Sainte-Foy, dann über Messigny-et-Vantoux Richtung Dijon. Ich laufe durch viel, sehr viel Wald und muss auch einige Auf- und Abstiege hinnehmen.

Zur Mittagszeit bin ich in Poiseul-les-Saulx, entdecke auf der rechten Seite das erste Refuge auf dem Jakobsweg. Ein kleines Häuschen mit Backofen, Tisch, Stühle und Bänke, groß genug um darauf zu rasten. Wasser, Strom und andere Annehmlichkeiten sind nicht vorhanden. Das Refuge heißt auch „Le Four a' Pain" und zeigt eine Reststrecke bis Compostela von 1950 km an. Ich trage mich ins Buch ein und lebe meine Mittagspause, meistens nach 13

Uhr, wenn mindestens gut die Hälfte der Tagesvorgabe geschafft ist. Zum Essen habe ich entweder 2-3 Äpfel oder ein Stück Baguette mit französischem, etwas kräftig schmeckendem Camembert. Wasser habe ich immer reichlich. Die Ruhebank und Tisch finde ich immer, unterwegs ist sonst eigentlich nie jemand, also Ruhe pur. Wenn die Wäsche über Nacht nicht trocken wird, dann trocknet sie jetzt, vormittags hängt sie außen am Rucksack. Ich bin Selbstversorger. Einkehren, mittags, das mache ich nie.

Nach einer halben Stunde geht es weiter, ein Blick zurück, auf das schöne Dorf, die Kirche und das Refuge. Es ist heute wieder schwül und sehr heiß. Heute Mittag regnet es 15 Minuten kräftig, so dass ich meinen Regenumhang nochmal testen kann. Er ist absolut Wasserdicht, ich bekomme ihn gut an und wieder aus, ohne starken Wind ist alles gut. Luftdurchlässig, das ist er nicht und ich bin froh, wenn ich ihn zum Trocknen wieder auf den Rucksack schnallen kann. Viele Kilometer geht es heute durch den Wald und ich bin über Stunden in Spinnennetze eingehüllt. Am schlimmsten stören die Netze im Bart sowie Gesicht, jedoch unangenehm ist auch das Leben in den Netzen, so freue ich mich wieder auf die Dusche nach meiner heutigen Tour. Schotterwege, egal ob große oder kleine Steine, ich laufe lieber feste Wege, jedoch heute ist es oft nicht anders möglich. Seit gestern bin ich in Burgund, im Weingebiet, habe aber noch keine Weinfelder bzw. Hänge gesichtet.

In Tarsul komme ich um 15.30 Uhr an. Eine Unterkunft habe ich noch nicht gebucht, ist das grob fahrlässig oder finde ich ein Bett, jedenfalls bin ich zeitlich relativ früh dran. Am Anfang vom Dorf, linke Seite sehe ich eine Gite, die auch im Buch angegeben ist. Ich melde mich, die Hausherrin öffnet und läst mich wissen, das alles belegt ist. Energisch, wie die Dame in Toul, redet sie auf mich ein und sagt das ich immer ein bis zwei Tage vorher buchen muss. Ich kann während unseres Gesprächs in die Küche reinschauen, sehe einen wundervollen Braten, eine Gans die schmort und sehr gut riecht. Das wärs doch gewesen denke ich, aber nun, was nun? Vielleicht sollte ich doch nicht immer so naiv und kopflos laufen, aber ich nehme die Absage locker auf und denke „et hätt noch immer joot jejange". Sie überlegt, ist superfreundlich, bietet mir ein kaltes Bier und einen Sitzplatz im Gartenhaus an. Das ist bei sicherlich 35 Grad doch wie ein Sechser im Lotto und ich nehme dankend an. Dann telefoniert sie, schaut nach ihrem Braten und ich kann aus 10 mtr. Entfernung alles mitverfolgen. Die Gespräche ziehen sich und ich weiß nicht ob sie ihre Freundinnen nochmal alle sprechen muss, für mich eine Bleibe sucht oder ich im Gartenhaus übernachten muss! Ihr Mann kommt inzwischen vom Einkaufen zurück, läd das Auto aus, aber die Telefonate nehmen kein Ende. Das Bier, übrigens eine sehr schöne Geste habe ich inzwischen schon ausgeschwitzt. Es ist vielleicht doch besser im Voraus zu buchen, ich kann den Tagesablauf ruhiger genießen und später eintreffen, muss nicht nochmal 10 km dranhängen, alles Vorteile.

Aber „Der Weg hat mich voll im Griff – nicht aber der Kopf, der läuft einfach so mit".

Nach einer Stunde ist sie schon fertig mit telefonieren. Super, Sie hat eine Unterkunft für mich, geht mit mir eine Straße weiter und führt mich zu dem Haus. Gerne möchte ich das Bier bezahlen, ohne Erfolg. Da bin ich doch wieder an eine superfreundliche, pilgerfreundliche Dame geraten. Ich umarme sie und bedanke mich aufs Herzlichste.

Ich treffe auf eine sehr alte Dame, sehr sehr altes Haus, alles ist sehr einfach aber mein Pilgerherz freut sich. Die Treppe hoch kann ich übernachten, sie hat einige Zimmer mit mehreren Betten. Sicher hat sie vor Jahren eine Gite gehabt, jedoch heute altersmäßig (sicher 20 Jahre älter als ich), nicht mehr so kann. Unten am Eingang stehen einige Kisten Obst aus eigenem Garten, dann folgt die Küche, das Wohnzimmer, Bad und Toilette und ein kleiner Innenhof. Das Beste, ich habe sogar Halbpension. Die alte Dame kocht sicher für uns Beide, einfach toll.

Nun aber Duschen, von den Spinnen und Netzen befreien und die üblichen Arbeiten erledigen. Um 7 Uhr ist Abendessen, alles ist perfekt. Die alte Dame hat für uns beide gekocht! Wir sitzen uns in der Küche gegenüber. Als Vorspeise gibt es einen Salat, die Hauptspeise, ein richtiges Kotelett mit Reis und Gemüse. Sie hat nur ein Kotelett gebraten, ich schneide es durch und möchte ihr die Hälfte abgeben, doch sie möchte das nicht und isst nur Reis mit Gemüse. Dann gibt es verschiedene Käsesorten und für jeden ein Stück Kuchen. Eine Flasche Rotwein und eine Flasche Weißwein stehen auf dem Tisch. Ich runde das Essen mit einem Roten ab. Obwohl es schwierig ist, unterhalten wir uns sehr gut. Sie nutzt den Wälzer französisch-deutsch, ich nehme das Handy als Problemlöser. Es geht ein wunderschöner Abend zuende, viel zu früh denke ich, doch die Erinnerung wird bleiben.

Das sind emotionale Erlebnisse, die mich nicht mehr loslassen! Begegnungen die den Weg, die mich prägen!

Manche Dinge regeln sich scheinbar von selbst. Mehr und mehr setzt sich die Erkenntnis durch, dass ich gar nicht viel tun muss, um zu bekommen, was mir guttut. Ich spüre wachsendes Vertrauen, weiß ich bin nie alleine. Mit diesem ungemein behaglichen Gefühl krieche ich jetzt in mein frisch bezogenes Schlafgemach und verlasse den Tag in Sekundenschnelle.

Tag 21, Tarsul – Messigny-et-Vantoux 22 km

Einen Wunsch hatte ich für diese Nacht, das meine Blase sich vornehm zurückhält. Doch es kommt wie es kommen musste, die Blase weckt mich um 3 Uhr und treibt mich aufs Clo. Um dort hin zu kommen, muss ich nämlich erst die Treppe hinunter, durch den Flur, - wobei die Haustür ganz weit offen steht- durch die Küche, durch das Wohnzimmer, in einen weiteren Flur wo sich dann auf der rechten Seite die Toilette und etwas weiter das Bad befindet. Das ist wie eine kleine Nachtwanderung. Auch das habe ich geschafft. Lichtschalter suchen ist fast unmöglich, ich nehme meine Taschenlampe mit, das geht jedenfalls schneller. Ich stelle mir nochmals die Frage, warum steht in der Nacht die Haustüre offen? Ohne Antwort darauf zu finden, schlafe ich wieder ein.

Zum Frühstück gibt es wieder Baguette und Marmelade mit reichlich Kaffee. Mit den Franzosen frühstücken ist immer wieder schwierig. Sie isst den Kaffee aus der Schüssel mit einem Esslöffel! Ich kann kaum hinschauen. Zum ersten Mal bekomme ich ein Lunchpaket, eine große Scheibe gekochter Schinken auf einem Baguette und zwei Äpfel dazu. Sie ist absolut mütterlich zu mir. Ich bedanke mich herzlich, umarme sie zum Abschied und winke ihr zu, solange ich sie sehen kann. Einfach herzlich diese alte Dame.

Um 8.30 Uhr kommen wir, mein Körper und ich, in die Pötte. Es ist früh für diese kurze Strecke. Für die Statistik, heute schreiben wir bereits den 1. August und ich habe schon 578 km hinter mir. Ich bleibe kurz stehen und frage mich, wie ich eigentlich soweit gekommen bin und dann stelle ich fest, wie weit die Füße mich noch tragen müssen!

Die ersten 5 km laufen heute Morgen relativ eben, sehr offen mit viel Panorama. Weiter nach Saussy geht der Weg stetig bergauf, durch Wald, mit einem Höhenunterschied von 200 Meter. Der Weg führt hinter Saussy genauso leicht und stetig bergab, wie er vorher bergauf führte. Im Wald treffe ich auf ein Warnschild („Tir a Balles"). Ich darf in der Linkskurve auf keinen Fall rechts abgehen und das ist ernst gemeint, denn es folgt der Schießplatz Champ de Tir d'Epagny. Hier wird scharf geschossen. Es folgen Wald und offene Aussichtsstellen mit einigen Picknicktischen, die zu einer Pause verführen wollen. Einer dieser Tische kann auch mich überzeugen und ich halte meine

Mittagspause, habe ja noch mein Lunchpaket. Unterwegs war immer wieder Mundraub mit Haselnüssen und Brombeeren angesagt, natürlich nur die Besten die oben hängen. Die Landschaft, jetzt etwas hügelig mit Wald-, Teer- und Schotterwegen. Waldwege lauf ich am liebsten, sie schonen die Füße, Teerwege gehe ich auch sehr gerne bei Temperaturen bis 25 Grad, darüber werden meine Füße zu heiß und es wird unangenehm. Fester Schotter lässt sich auch gut gehen, was nicht geht ist Wiesenwege und lose Schotterwege, es strengt einfach zu sehr an. Bei Langstrecke erreiche ich auf Teerwegen die meisten Kilometer pro Stunde. Das Wetter ist heute heiter bis stark bewölkt und wieder sehr heiß. Immer wieder fallen Regentropfen, jedoch die Regenbekleidung kann im Rucksack verbleiben, es bleibt bei Tropfen. Heute sind wieder keine Pilger unterwegs, es ist sehr ruhig und ich erreiche mein Ziel um 14.30 Uhr.

Ich komme schon rein, obwohl ab 16 Uhr erst geöffnet ist. Das Zimmer 8 Betten, ich werde es sicher alleine bewohnen, ist gut. Auch das Badezimmer direkt nebenan lässt keine Wünsche offen. So lasse ich mein Pflichtprogramm ablaufen. Heute Nachmittag habe ich nochmal sehr viel Freizeit. Zu besichtigen gibt es im Ort nichts, so teste ich meinen Tauchsieder, brühe mir einen Kaffee auf und lasse mich aufs Bett fallen. Plötzlich ruft jemand. Ich öffne die Tür und werde zum Kaffee eingeladen. Gerne nehme ich an und rieche den wundervollen Geruch von frischen Waffeln und frischem Kaffee. In einem romantischen kleinen Innenhof treffe ich auf Mutter und Sohn. Verwöhnt werde ich in einer wundervollen Atmosphäre mit Kaffee, frisch gebackenen Waffeln, 2 Sorten Marmelade und hinterher bekomme ich noch ein Bier. Wir unterhalten uns ein wenig, es ist Überraschung pur. Frankreich ist ein tolles Land mit wundervollen Menschen. Ich bin mit Körper und Seele richtig angekommen.

Bis zum Abendessen 19Uhr habe ich noch Zeit, die ich zum Regenerieren auf dem Bett nutze. Wann habe ich schon mal so viel Freizeit? Das Abendessen, der Sohn hat wohl gekocht, wir essen jedenfalls gemeinsam und auch pünktlich. Als Vorspeise eine Kartoffelsuppe, Hauptspeise Ravioli und Bohnen, dann verschiedene Käsesorten und als Nachtisch Creme mit Gebäck. Das Ganze wird abgerundet mit reichlich Baguette, Wasser und Rotwein, wie es - sich gehört - in Frankreich üblich ist. Alles perfekt und reichlich.

„Ankommen" – sich hinsetzten und ausruhen. Eine warme Dusche, ein gutes Essen. Zufriedenheit, sich müde jedoch außerordentlich wohlfühlen. Das trifft diese Auberge auf den Punkt.

„ANKOMMEN" eben, ist das Wertvollste was mir unterwegs passieren kann.

Tag 22, Messigny-et-Vantoux – Marsannay-la-Côte 23 km

In der Nacht hat es immer wieder geregnet, einige Gewitter waren dabei. Ausgeschlafen komme ich um 8.30 Uhr los und die Sonne gibt ihr Bestes. Es ist wolkenlos und schon sehr warm. Schnell bin ich mit einer Begleitung aus dem Ort raus und wieder auf dem Pilgerweg. Nach einem ersten flachen Stück führt der weitere Weg bergauf über Waldwege nach Hauteville. Bergab führt der Weg bereits nach Dijon.

Immer wieder sehe ich Schutzhütten im Weinberg. Cardole oder Loge ist die Bezeichnung für die Steinhütten. Vor 200 Jahren nutzten die Winzer sie als Zuflucht vor dem Wetter. An heißen Tagen boten sie kühlen Schatten für die Mittagspause, sie

Schutzhütte

schützten aber auch vor Sturm, Regen und Hagel. Die kleinen niedrigen Türöffnungen fast aller Cadolen zeigen nach Osten, sind also von der Wetterseite abgewandt. Die so simple wie durchdachte runde Bauweise mit flachen Bruchsteinen ließ ein Loch in der Decke, sodass an kühlen Tagen auch ein Feuerchen gemacht werden konnte.

Erst habe ich keine Lust durch hässliche Großstadtvororte zu gehen und plane den Pilgerweg außen um Dijon herum, ohne Besichtigung der Stadt. Doch dann kommt von Nancy der Einwand, besuchst du keine Städte? Bei schönstem Sonnenschein, mittlerweile ist es schon sehr heiß, gehe ich

hinab zum See. Ich habe einen wunderschönen Panoramablick auf den Lac Kir und Dijon, mache eine Trinkpause auf einer der vielen Bänke am See und entscheide mich dann doch für eine Stadtbesichtigung. Ein wunderschöner Weg führt westlich um die Stadt und um den See herum, ich kämpfe mich durch viele Touristen, die hier Urlaub machen und voll auf ihre Kosten kommen.

perfekter Weg nach Dijon

Dieser Stausee war ursprünglich als Trinkwasserreservoir gedacht und heute als Naherholungsgebiet. Er entstand 1964 auf Betreiben des damaligen Bürgermeisters von Dijon, Fêlix Kir. Er ist übrigens auch der Namensgeber für den köstlichen Aperitif aus Weißwein und schwarzem Johannisbeerlikör. Bei uns bekannt als Kir Royal, bei dem der Weißwein durch Champagner ersetzt wird.

Dann geht es ohne Industriegebiete an Wohngebieten vorbei in die Stadt hinein. Industriegebiete laufen wie vor Trier, dass würde mich von der Stadtbesichtigung

Stausee und Dijon

abhalten. Manch Einer fährt dann mit Bus oder Taxi rein in die Stadt und auch raus aus der Stadt, aber das geht für mich gar nicht, ich laufe halt jeden Meter so meine Vorgabe. Aber es ist alles gut und ich bin schnell im Stadtkern angekommen. Besonders eindrucksvoll erscheint die Cathêdrale Saint-Bènigne, ein dreigeschossiger gotischer Bau aus dem 13. Jahrhundert. Hier bekomme ich meinen Pilgerstempel. Sehr schön ist auch die gotische Pfarrkirche Notre Dame mit unzähligen Wasserspeiern in der Fassade, die sich bei näherer Betrachtung als Attrappen herausstellen. Es ist die Stadt des Senfes, der mich nicht herausfordert, wobei ich auch nicht so der Senfesser bin. Ich schlendere noch eine Zeit durch die Innenstadt, sie ist voller Leben, die Straßencafés sind gut besucht. Einige Lebensmittel kaufe ich ein, fülle meinen Geldbestand nochmal auf und dann lädt mich eine

Dönerbude zum Einkehren ein. Ein Döner to go nach meinem Wunsch zusammengestellt und von mir in einem kleinen Park in der Innenstadt auch vernichtet! Super! Da ich sonst bei der Hitze mittags kaum etwas esse, überrascht mich der Heißhunger auf den Döner sehr. Durch ein relativ ruhiges Randgebiet kann ich die Stadt genauso angenehm verlassen, wie ich auch reingekommen bin. Eine interessante Stadt mit Leben gefüllt, sie hat mir gut gefallen, jedoch bin ich auch froh aus dieser Bevölkerungsdichte, aus diesem Trubel wieder raus zu sein.

Der Weg nach Marsannay führt durch viele Weinfelder, ist also der Weg der edlen Weine des Burgunds. Ich gehe durch die volle Sonne ohne jeglichen Schatten. Drei Tage bin ich nach rot/weißen Hinweisschildern gelaufen, heute sehe ich wieder die Muschel und erstmals mit Richtung Anzeige, doch Pilger habe ich auch heute keine gesehen. In einem Vorort von Marsannay angekommen suche ich nach einem Hotel, entscheide mich nach längerem Suchen um 18.45 Uhr und es hat auch noch frei. Es ist gut, jedoch nicht das billigste, aber ich bin schon ein bisschen ausgelaugt und möchte nicht weitersuchen. Zimmer und Bad sind perfekt, sodass ich meine Aufgaben erfüllen kann. Manchmal, wenn die Zeit schon etwas fortgeschritten ist, fällt es mir schwer das Tagebuch und die WhatsApp noch zu schreiben, vor allem wenn eine gewisse Ruhe, die ich dafür brauche, nicht vorhanden ist. Heute geht alles ohne Probleme. Die rechte Socke hat ein Loch, habe ich eben festgestellt. Die wird wohl Santiago de Compostela nicht erreichen. Mal sehen wie es sich mit Loch laufen lässt, sonst werde ich mich für eine kurzfristige Trennung und einen Neukauf entscheiden müssen.

Die fortgeschrittene Zeit, das gute Mittagessen in Dijon und ein faules rumhängen lassen mich auf ein offizielles Abendessen verzichten. Zwei Äpfel und eine Flasche Burgunder Wein, die ich heute Mittag erstanden habe, lassen den Abend ruhig und entspannt ausklingen. Um 22 Uhr kommt noch ein Bus auf den Parkplatz des Hotels gefahren, voll besetzt mit Japanern. Alle gehen noch unter die Dusche und es ist für eine Stunde etwas unruhig im Hotel, aber mit dem Burgunder, ich habe noch etwas in der Flasche, ist das für mich kein Problem.

Wer nicht pilgern will findet Gründe, wer pilgern will findet Wege!

… so finde ich nach dem Genuss des Weines, meinen Weg zum tiefen Schlaf.

Gute Nacht!

Tag 23, Marsannay-la-Côte – Comblanchien 28,5 km

Nach einer ruhigen Nacht und einem Frühstück, das alles zu bieten hat was man sich vorstellen kann, - einfach ein Traum- gehe ich fröhlich um 8.30 Uhr los. Zunächst laufe ich auf einer Geraden nach Marsannay rein und besuche das Tourismus-Büro, um eine Unterkunft für die kommende Nacht zu buchen. Öffnet um 9 Uhr, so steht es im Buch. Ich schaue mir das Weinbauerdenkmal an, gehe etwas rauf und runter und versuche es dann kurz nach 9 Uhr nochmal. Immer noch geschlossen, dann nehme ich ein kleines Hinweisschild wahr und sehe, dass vormittags komplett geschlossen ist. Das Buch ist schon ein paar Jahre alt und einige Angaben stimmen nicht mehr. So kann ich jetzt meine Tagestour beginnen.

Heute gehe ich einige Etappen durch das Burgunder Weinland. Viele Weinfelder, alles ist sehr flach, aber auch einige Weinberge, eher flache Weinberge, präsentieren sich. Ich bin mitten im Weinland, sehe um mich rum nur noch Weinreben, riesige Felder und ein paar Dörfer. Auch der Jakobsweg führt durch ein sonnendurchflutetes Weinland, so muss ich immer wieder runter durch wunderschöne Dörfer und wieder hoch in die Weinberge, manchmal geht es schon über ordentlich ansteigende Wege. Wunderschöne Weitsicht und ein tolles Panorama begleiten mich.

Ab und zu gönne ich mir einen Quast Weintrauben, ich sehe es als Mundraub an, es sind die Ersten und ich genieße sie. Die Weinbauern sehen das sicher nicht gerne, jedoch bin ich alleine unterwegs und die wenigen Trauben, die ich verzehre, fallen nicht auf. Die Weinbauern sind noch am Spritzen, doch meinem Magen macht das nichts aus. Meine Gesundheit und mein Wohlfühlgefühl werden von oben positiv beeinflusst. Mittlerweile habe ich einen guten Draht nach oben entwickelt, den ich auf jeden Fall aufrechterhalten möchte. Vielleicht kann ich ihn noch ausbauen, mal abwarten was noch kommt. Ich bin bereit.

Heute ist der erste Tag wo ich die Weinfelder so richtig erleben kann. Außer Weinreben spritzen, hacken die Bauern den Boden auf, entfernen Unkraut, schneiden Blätter weg, damit die Weintrauben Sonne bekommen und reifen können. So kurz vor der Ernte ist noch relativ viel Arbeit und viel Bewegung auf den Weinfeldern. Auch heute ist es wieder sehr heiß und in den Weinbergen schattenlos, jedoch auch traumhaft schön. Manchmal sieht man sogar Blumenwiesen und es tummeln sich viele wunderschöne Schmetterlinge darin. Auf der Höhe wachsen Kiefern und Buchsbäume. Immer wieder fallen die steinernen Schutzhütten auf. Auch heute besteht nochmal die Möglichkeit, mich zwischen den beiden Jakobswegen zu entscheiden. Nach Santiago kann ich über Vèzelay und über Puy-en-Velay pilgern. Ich bleibe meiner Planung treu und nehme Puy-en-Velay.

Nicht übersehen kann man die bunten Dächer in Burgund. Fröhlich stimmen die leuchtend bunten Dächer, von Kirchen und Burgen, ab Dijon die Dörfer und Städte, selbst an Regentagen. Ab heute kann ich diese häufiger betrachten. Die typischen Dächer aus bunt glasiertem Dachziegel haben ihren Ursprung eigentlich in Österreich-Ungarn. Im 14. Und 15. Jahrhundert verbreiteten sie sich in Burgund und gelten inzwischen als besonders typisch für die Region.

Unterwegs habe ich im Office de Tourisme in Gevrey-Chambertin eine Übernachtung buchen lassen. Ich komme um 16.15 Uhr zum Hotel, geöffnet wird erst um 17 Uhr. Vor dem Hotel sind Tische, Stühle und Sonnenschirme aufgestellt, so dass es mir für die Wartezeit an nichts fehlt. Ich mach es mir bequem und schreibe schon mal mein Tagebuch und meine WhatsApp an den kleinen Familienkreis. Jedoch wird das Hotel

um 17 Uhr nicht geöffnet, auch um 17.30 Uhr erscheint niemand. Bis 18 Uhr warte ich noch, dann muss ich mir was anderes suchen, so denke ich und tatsächlich in der nächsten halben Stunde erscheint niemand. Ich packe alles zusammen und gehe den Ort ab, um nach einer Alternative zu schauen. Ohne Erfolg, entweder ist belegt oder es ist geschlossen. Am Ortsausgang angekommen überlege ich weiter zu gehen, zwischen 6 und 10 km liegen die nächsten Übernachtungsmöglichkeiten weg. Die Sonne steht noch sehr hoch, es ist immer noch heiß, meine Energie zum weiter gehen hält sich in Grenzen, aber habe ich eine Alternative? Ja, ich gehe noch einmal zurück zum gebuchten Hotel und siehe da, es hat geöffnet. Ich gehe rein, melde mich an und lege die Menüzeit fest. Was sehr angenehm in Frankreich ist, ich buche ein Zimmer nur mit meinem Vornamen, bei der Anmeldung im Hotel oder privat, gebe ich nur meinen Vornamen an, sodass ein ausfüllen von lästigen Anmeldeformularen entfällt. Das Vertrauen in Frankreich ist sehr groß, größer als in Deutschland, denn es liegt immer nur der Vorname auf dem Papier fest.

Nach dem Duschen und der Wäsche gehe ich zum Essen. Tagsüber esse ich relativ wenig bei der Hitze, sodass ich abends entsprechend hungrig bin. Es ist eine einfache Kneipe und doch sehr gemütlich. Mein Menü besteht aus der Vorspeise, Toast mit Schinken und Käse überbacken. Das Hauptgericht, aus einem Rindersteak mit Bohnen und Fritten, dann Käse zum Abschneiden und ein Eis zum Nachtisch.

sehr flach und irre Weiten

Abgerundet wird das Menü wieder mit viel Baguette und reichlich Wasser. Obwohl ich tief im Weingebiet von Burgund bin trinke ich keinen Wein, sondern Bier zum Essen. Es war heute sehr heiß, sodass der Durst und auch mein körperlicher Flüssigkeitsspiegel nur durch viel Wasser und ein paar Bier aufgebaut werden kann. Ein Tisch ist mit einem französischen Ehepaar besetzt und ein großer Tisch mit einigen Arbeitern, die sich zunächst dem Alkohol, Schnaps und Wein in Mengen, annehmen. Dann schon sehr angeheitert noch ein Menü verdrücken, auch wieder mit reichlich Alkohol. Obwohl meine Unterhaltungsmöglichkeit sehr begrenzt ist, ist es ein schöner Abend, das Menü war wieder absolut perfekt. Mit einem Merci und Au-revoir verabschiede ich mich von dem Besitzer-Ehepaar und ziehe die Treppe hoch, in mein Zimmer.

Wann ist ein Tag eigentlich ein perfekter Pilger Tag? Ich glaube, jeder Tag ist ein perfekter Pilger Tag, zumindest sehr nahe dran. Vom Naturerlebnis war`s heute jedenfalls wieder berauschend und das Menü war sehr, sehr gut. Es ist als würde der

Camino mich tragen oder ich auf einer Wolke über ihm schweben. Ich genieße meinen Traum in vollen Zügen und es ist heute wieder zum Heulen schön!

- EIN PERFEKTER PILGER TAG EBEN -   … Gute Nacht!

Tag 24, Comblanchien – Meursault 25 km

Die Nacht, das Zimmer direkt zur Hauptstraße, war etwas unruhig. Doch nach einem guten Frühstück passen die Füße wieder in die Schuhe und meine Energie, meine

Tour de France

Fitness bringen mich in Startposition. Um 8.15 gehe ich los und finde, weil ich den Ort schon kenne, schnell zum Ortsende, auf den Jakobsweg. Das Dorf ist noch geprägt von der Tour de France, die vor kurzem hier durchgefahren ist. Alte Fahrräder in den unterschiedlichsten Farben sind am Straßenrand dekoriert auf Strohballen und viele Blumen. Eine bunte Deko ziert den Ort, alles ist aufgeräumt und sehr sauber.

Hinter den letzten Häusern weicht der Teerweg wieder einem Schotterweg und es geht in die Weinberge. Ohne Wegbeschreibung geht es weiter. Grund für die fehlenden Markierungen sind Unstimmigkeiten zwischen den Winzern und den örtlichen Jakobusanhängern über den Verlauf des Pilgerweges. Jedoch kann ich durch die Weinberge, mit etwas Abstand zur Straße, relativ schnell einen Parallele-Weg finden. Ein Rundumblick lässt mich auf ein riesiges Weingebiet schauen, hier wird nichts anderes angebaut. Es ist wieder warm bis sehr warm. Viele Weinbauern arbeiten in ihren Feldern, fast alles kann hier mit Maschinen gemacht werden. Einige ältere Menschen sieht man noch ohne Maschinen wirken, jedoch sieht das in den riesigen Feldern etwas hilflos aus. Wenige Kilometer vor Beaune führt der Weg bergab zur Autobahn und ich gehe immer geradeaus nach Beaune hinein.

Eine lange Gerade führt an einigen Kirchen vorbei, dann sehe ich linke Seite den Aldi, kaufe noch fehlende Lebensmittel ein und erreiche durch das Stadttor, noch an einigen Hotels vorbei, das Zentrum. Beaune ist die

Kathetrale Beaune

Hauptstadt der Burgunderebene, gilt als Hauptstadt der Burgunderweine. Ich besichtige die Basilique Notre Dame und suche das Rathaus, um in dem Office de Tourisme eine Unterkunft für die kommende Nacht zu buchen. Doch das Touristen Büro muss viele Telefonate führen und kann kaum ein freies Zimmer finden. Nach einer Weile konnte ein Bett in einer Gite für mich reserviert werden, 5 km vor meinem geplanten Ziel wegen der Unterkunftsfindung, aber es geht alles gut aus. Heute wimmelt es im Zentrum nur so vor Touristen, die Wein, Senf, die Gastfreundschaft der freundlichen Einwohner und die Sehenswürdigkeiten genießen wollen. Die Landschaft, Essen und Trinken ist schon was Besonderes in Burgund. Auch in Beaune genieße ich viele Blicke zu den bunt glasierten Dächern, bei Sonnenstrahlen leuchten die Dächer und bringen noch mehr Glanz auf meine Augen. Einfach traumhaft diese Kleinstadt, wenn die vielen Menschen nicht wären!

So suche ich meinen Weg aus der Stadt heraus und genieße meine Mittagspause in den Weinbergen. Leider kann ich hier keinen Schatten finden, ich entdecke eine Mauer, die ich als Sitzplatz und gleichzeitig als Tisch nutze. Mein Menü, alles soeben bei Aldi erstanden, besteht aus einem Baguette, das ich mit französischem Käse belege und trinke 0,25 l roter Burgunderwein dazu. Ich genieße und finde keine Worte

Burgunder Weinland

um dieses tolle Erlebnis zu dokumentieren. So lasse ich es einfach stehen. Den restlichen Wein, 0,5l, fülle ich in eine Wasserflasche um, kann mich so von der schweren Glasflasche entledigen und habe noch die nächsten zwei Mittagspausen etwas davon. Manchmal muss ich zu dem vielen fließenden Wasser etwas Geschmack haben. Cola, Apfelsaftschorle oder Ähnliches kann ich nicht trinken, dann lieber einfaches Wasser aus dem Wasserhahn. Die Wege führen weiter durch die Weinberge und durch wunderschöne Weindörfer, alles ist hervorragend gepflegt. Immer wieder kreuzen Autofahrer meine Fußwege, weil sie sich gerade verfahren haben oder ihren Weg nicht finden. Sie stören mich in den Dörfern, so dass ich immer wieder gerne mit etwas bergauf und etwas bergab, doch fast ohne viele Höhenmeter, gut durch die Weinberge laufen kann und möchte. Ohne Schatten, mit viel Sonne und starker Hitze erreiche ich, ja sogar die Jakobsweghinweise sind wieder vorhanden, um 16.30 Meursault. Im Zentrum finde ich das Touristenbüro und hole mir einen Plan um meine Unterkunft zu finden.

Nach Zweihundert Metern erreiche ich über ein Tor den Innenhof, sehr ruhig gelegen, mein Ziel für heute. Links das sieht nach Wohnhaus aus, rechts eine Scheune und die Gite. Es scheint niemand da zu sein, doch dann kommt eine Frau auf mich zu und versucht mir zu erklären, dass die Gite voll ausgebucht ist und zeigt mir die Scheune. Es ist jedoch keine Scheune, sondern eine Werkstadt. Von vorne ein großes altes Holztor mit Tür, innen ein Riegel, den ich zuschieben kann. Zwei Seiten die mit Werkzeug voll hängen, nach hinten eine große Plane, die den Raum vom hinteren Bereich trennt und 2 Autos. Es stinkt nach Öl, nach Autos, nach Werkstatt halt eben. In diesem Raum bietet sie mir die Übernachtungsmöglichkeit auf einer kleinen Fläche an, denn viel Stellplatz für eine Liege bleibt nicht. Ich überlege kurz, doch dann denke ich, heute Mittag schien eine Reservierung sehr schwierig, das dürfte jetzt nicht einfacher sein und weiter gehen möchte ich eigentlich nicht mehr. So stimme ich zu und helfe, ich denke es ist eine Haushaltshilfe, beim Aufbau. Wir haben am Türeingang

Weingut

zwischen Auto und Werkstadtwand etwa drei Quadratmeter zur Verfügung und nehmen vom Stapel eine Campingliege und stellen diese hier auf. Darauf legen wir eine Matratze und eine Wolldecke, bei allem habe ich selbstverständlich freie Wahl und schon ist mein Hotelzimmer für die Nacht bereit. Dann zeigt sie mir Dusche und

WC. Quer durch den Hof, am langen Wohnhaus vorbei, erscheint hinter dem Haus ein großes Außenschwimmbad. Es folgt eine kleine gemauerte Hütte, die eine Dusche mit Toilette beinhaltet. Vorne offen und innen komplett zugestellt, diente sicher mal dem Schwimmbad, heute wird wahrscheinlich nur noch das Schwimmbad genutzt. Sie will aufräumen und saubermachen, dauert etwa eine halbe Stunde und liegt etwa 100 m von meiner Liege entfernt. Ich denke kurz, -EIN EINFACHES LEBEN GENIESSEN-, das war meine Devise und stimme allem zu. Sie fängt an mit Ausräumen und ich schreibe mein Tagebuch und meine WhatsApp. Etwa um die gleiche Zeit sind wir fertig, ich kann duschen gehen. Ungewohnt ohne Tür ist das schon, ich glaube das ich nur den Wasserhahn berühre und stehe erstmals mit Badeschlappen in der Dusche, alles nicht gerade auf Hochglanz gebracht und ich freue mich auf die freie Natur, die ich dann wieder zum Wäsche waschen und aufhängen neben dem Schwimmbad habe. Meine Gedanken sagen mir, es kann noch schlimmer kommen, ganz sicher wird es Tage geben, die noch schwieriger sind.

Absperren kann ich die Tür zur Werkstadt nicht, so verlasse ich den Innenhof wieder und gehe ins Zentrum. Nochmals besuche ich das Touristenbüro und buche die

Meursault

folgende Nacht, was eher einfach ist. Dann schaue ich mich nach einem Restaurant für den Abend um. Schnell stelle ich fest, dass hier alles sehr teuer ist und ich nicht bereit bin, so viel für ein Menü auszugeben. Es ist ein Touristenort und nichts für Pilger! Ich bin etwas knickrig geworden, aber als Pilger finde ich kein auch nur annähernd passendes Restaurant und so vornehm essen gehen passt absolut heute nicht zu mir und nicht zu meiner Übernachtung. Im Ortskern gibt es einen Supermarkt, ich suche mir einen vitaminreichen Salat aus, frage die Verkäuferin, ob Messer und Gabel in der Plastikkiste enthalten sind, kaufe mir eine Dose kaltes Bier aus dem Kühlschrank und genieße alles auf einer Parkbank im Zentrum. Mit Uschi telefoniere ich von der Parkbank und der Abend ist so schön, dass ich mich zu einer weiteren Dose Bier aufrappele. An der Kasse treffe ich auf meinen Vermieter, den ich nachmittags kurz kennengelernt habe und er bietet mir nun, doch ein Frühstück zu der Übernachtung an, 8 Uhr in seiner Wohnung. Gerne nehme ich an und versuche solange wie möglich den Abend außerhalb meiner Übernachtungs - Notunterkunft zu verbringen. Bei einbrechender Dunkelheit ziehe ich in Richtung Unterkunft, einige Jugendliche säumen den Innenhof und fühlen sich sichtbar wohl, können sie auch, denn ganz sicher haben sie die Gite belagert. Wir grüßen uns, doch dann verschwinde ich in meine Gite. Es ist etwas schwierig ohne Ablage - halt eben eine Werkstadt - doch dann finde ich in meinen Schlafsack. Die Wolldecke werde ich wohl (hoffe ich) nicht brauchen!

Weit noch ist mein Weg, fern mein Ziel. Doch am Ende eines langen Tages erwartet mich ein Ort, an dem ich ausruhen, Last ablegen, „ICH" sein kann. Morgen gehe ich weiter, ein kleines Stück auf meinem Weg, ein Stück näher zu meinem Ziel, ein Stück näher zu mir.

So enden meine Gedanken für den Tag und beginnt die Vorbereitung auf Morgen. Dazwischen schlafe ich, doch heute gelingt es nicht sofort, da im Hof noch Unruhe herrscht und ich noch etwas Geduld aufbringen muss.   Gute Nacht!

Tag 25, Meursault – Mercurey 24 km

Die Nacht war unruhig, ich bin spät eingeschlafen und war früh wieder wach. Waschen und Zähne putzen geht heute besonders schnell. Ich gehe die Treppe hoch ins Wohnhaus, finde ein riesiges Esszimmer mit einem sehr langen, schweren Tisch vor und darauf für eine Person, für mich das Frühstück gedeckt. Niemand zu sehen, ich schaue mich um und mir fällt an der Wand ein wunderschönes Bild mit einem köstlichen Weinfrühstück auf. Die Wirklichkeit ist eine etwas andere! Während ich Platz nehme erscheint der Hausherr. Wir begrüßen uns und er bringt mir frisch aufgebrühten Caffè, dann setzt er sich ans Fenster und arbeitet mit seinem Laptop. Das war dann wohl ganz sicher gestern seine Haushälterin, denn eine Frau ist nicht zu sehen und die Haushälterin kommt sicher später. Ich esse meine Baguettes und trinke meinen Kaffee, eine ganze Menge wieder und möchte dann auch bezahlen. Er winkt ab und möchte nichts haben, ich lege 10 Euro hin, bedanke und verabschiede mich. Kurz denke ich noch nach, doch es muss reichen, sechs Euro für Frühstück und vier für den Garagenplatz! Mein Körper und ich sind uns wieder eins, also schnell noch auf den türlosen Clo, etwas Überwindung kostet`s wieder, doch dann bin ich mit Rucksack, Stöcken und Hut durch das große Tor raus, raus in die „FREIHEIT".

Mein Kopf ist auf dem Weg zum Zentrum ausgefüllt mit dem Lied „Freiheit, Freiheit" von Marius Müller-Westernhagen. Der Song passt genau zum Jakobsweg. An der Kirche mit ihrem spitzen Turm gehe ich vorbei und betrete den sonnenbeschienen Rathausplatz. Der Weg führt vorbei an Winzerhäusern, die das Gesicht des Weinortes prägen. Weine der unteren Preisklasse kosten ca. 30 Euro pro Flasche. Der Preis übersteigt bei weitem mein Budget, ich übe Verzicht und gehe getrost aus Meursault raus. Weiter geht es auf dem Weinradweg zwischen den Natursteinmauern der Weinberge hindurch. Ich überquere einen Kanal und laufe am Kanal entlang nach Chagny. Heute ist es einfach zu laufen, ohne viel

Höhenunterschied, feste Wege, jedoch wieder schattenlos und extrem heiß. Die Wegekennzeichnung ist schlecht. Meine Mittagspause mache ich in den Weinfeldern, mit Resten -Baguette, Käse und Wein- von gestern.

Der Weg führt bergauf durch die Weinberge und erreicht einige kleine Waldstücke, etwas Schatten aber auch Schotterwege. Durch die Bäume kann ich immer wieder hindurchschauen und habe tolle, weite Fernblicke. Zu sehen sind wieder viele Buchsbäume, die dicht und hochwachsen, so auch Schatten spenden. An einer Wegekreuzung, rundum nur Wald und eine kleine Wiese, habe ich plötzlich die Orientierung verloren. Ich weiß nicht welchen Weg ich weiter gehen kann um nach Mercurey zu kommen. Nach längerem Überlegen, Nachlesen und Abwägen entscheide ich mich für einen Weg. Gehe noch etwas bergauf und sehe dann auf der Kuppe unten im Tal ein Dorf. Das kann es sein denke ich, kann aber genauso gut auch

 falsch sein. Mein Bauchgefühl sagt weitergehen ins Tal, es sind noch ca. drei Kilometer. Ich sehe Mercurey? Gehe hinab durch die Weinberge geradeaus zur Ortsmitte. Ohne Orteingangsschild, ohne Werbung auf Autos zu sehen, stehe ich im Zentrum und weiß nicht wo ich bin. Rechte Seite sehe ich das Touristenbüro und ein Werbeplakat auf dem der Ortsname Mercurey angegeben ist. Glückwunsch, perfekt, ich bin richtig angekommen.

-WER SEIN ZIEL KENNT, FINDET AUCH DEN WEG-

Die Touridame erklärt mir den Weg zu meiner Unterkunft und reserviert gleich für die folgende Nacht. Die Unterhaltung ist sehr schwierig, so dass meine Bedenken für die kommende Nacht einfach mal aufkochen, aber auch wieder schnell abkühlen. Es sind etwa 16 Uhr, als mir die Vermieterin öffnet und das Zimmer mit Bad zeigt. Alles toll einfach harmonisch abgestimmt. Alle Aufgaben werden erledigt, dann lasse ich mich wenige Minuten aufs Bett fallen. Das brauche ich jetzt einfach, nach der Nacht! Später erklärt sie mir noch den Weg zur Pizzeria, da ist doch wieder alles im Lot, denke ich und gehe los. Die Sonne steht noch hoch, ich kann draußen unter einem Schirm sitzen und die Pizza mit ein paar Bier und viel Wasser genießen. Der Aufenthalt in diesem Gartenlokal ist heute schneller zu Ende, denn die Nacht mit vielen Stunden muss ich heute haben.

Meine Wünsche sind bescheiden, ich hoffe lediglich auf eine heilsame Nacht. Zum Jammern, Fluchen und Heulen ist mir eh nicht zumute, kann ich nicht! Aber ich wünsche mir und freue mich auf eine einfache, ruhige Nacht. Bis Morgen!

Tag 26, Mercurey – Saint-Gengoux-le-National 34 km

Das Wichtigste vorweg: Ich fühle mich gut nach dem Aufstehen und bin erstaunlich gut ausgeschlafen. Eine ruhige Nacht und fast zehn Stunden Schlaf haben dazu beigetragen. Das Frühstück bekomme ich in der großen Küche, es ist Sonntag und das Ehepaar Protheau frühstückt mit mir, jedoch durch eine halbhohe Raumtrennung wieder weg von mir. Sicherlich ist das besser so, denn mit den Franzosen zusammen frühstücken ist auch heute noch eine Zumutung für mich. Verabschieden, bedanken für die sehr schöne Unterkunft und dann bin ich um 8.15 Uhr unterwegs. Heute wird das sicher eine Hammertour!

Ich gehe durch den Ort und muss gleich schon 100 m steil bergauf, wieder bergab und anschließend 200 m steil und stetig bergauf. Wie gut das es durch den Wald geht, in praller Sonne wäre der Anstieg wohl noch anstrengender, als er ohnehin schon ist. Meistens geht der Weg über sehr grobe Schotterwege und ist schwierig zu gehen. Meine Augen sind immer auf den Boden gerichtet, gleichzeitig brauche ich die

Wegweiser an den Bäumen. An diesen Tagen bin ich immer sehr konzentriert und voller Tatendrang. Buchsbäume, Kiefern und andere Gehölze lassen mich in alle Himmelsrichtungen, wunderschöne Aussichten erhaschen. Die Strecke der heutigen Etappe verläuft zu einem großen Teil auf der Höhe, hat aber, wie im richtigen Bergland, stark ansteigend und fallende Höhenunterschiede. Bei 34 km Lauflänge und bei der Hitze, die mich heute wieder begleitet, ist das eine neue große Herausforderung. Die Vielseitigkeit in der Landschaft, Weinanbau, Wald, offenes Gelände und immer wieder

diese Weiten laufen - einfach traumhaft

schöne alte Dörfer, lassen den Tag sehr harmonisch und angenehm ablaufen. Immer wieder bereichern tolle Fernsichten den Tag. Die vielen Brombeerhecken mit sehr dicken Brombeeren ziehen mich immer wieder an. Ein kleines Kilo habe ich heute schon gegessen, nur die Schönsten, nur von oben, ganze Hecken habe ich geleert. Für meine heutige Tagestour der richtige Vitaminschub, dazu heute Mittag noch zwei Äpfel. Viele, viele Mahlzeiten gestalte ich unbewusst „Vegan". Bei meinen Getränken -Wasser, Wein und Bier– bin ich ausschließlich „Veganer".

Die Weinbaugebiete habe ich hinter mir, die Weinberge und Unterkünfte werden merklich rarer. Fahrzeuge umherirrender Weintouristen zum Glück auch. Die Landschaft ist abwechslungsreicher, die Wege führen wieder an Feldern, Wiesen, Obstgärten und Wäldern entlang. Ja, ich habe mir viel für heute vorgenommen, mit Tatendrang und Disziplin habe ich die Etappe um 17.15 Uhr geschafft.

Ich erreiche die Ortsmitte und meine Bedenken von gestern kochen wieder hoch. Auf dem kleinen Zettel, den ich gestern von der Touridame bekommen habe, steht „Eglise", eine Telefonnummer und „fünfzehn Euro". Sie hatte mit mehreren Hotels telefoniert, jedoch waren alle belegt. Zum Schluss hat sie eine Alternative bekommen und auch auf dem Zettel notiert. Wegen unseren Verständigungsschwierigkeiten habe ich den Zettel, ich war der Meinung mit Anschrift, einfach eingesteckt. Jetzt stehe ich an der Kirche und weiß nicht wo meine Unterkunft für die Nacht ist. Fünfzehn Euro ist der Preis für die Übernachtung, es kann nur eine Herberge sein. Eglise ist die Kirche, die Herberge steht vielleicht neben der Kirche und Telefonnummer, das geht hier wohl gar nicht. Viele Fragen, aber keine richtige Antwort, wo soll ich suchen? Es ist immer noch sehr heiß und ich fange einfach mal mit dem Besuch der Kirche an. Neben einigen Touristen oder auch Einheimischen, ist auch der Küster vorne zu sehen. Ein paar Schritte nach vorne und ich zeige ihm den Zettel. Der Küster schaut sich den Zettel an und geht mit mir raus, eine Straße weiter, zeigt mir ein Haus, geht mit mir rein und es ist eine Herberge. Erste Etage Frauen, zweite Etage Männer, wie das sich für die Kirche schön sortiert gehört. Ich habe ein 6 Bett Etagen Zimmer, noch leer und über dem Flur dann Dusche und

Toilette. Alles ist gut, ich möchte ihm noch die 15 Euro geben, doch dafür ist er nicht zuständig und wehrt ab. So einfach können Lösungen sein! Gedanken zu irgendetwas machen, als Pilger, absolut überflüssig! Duschen, Wäsche machen, ach ja, heute ist eine Tür zur Toilette und Dusche vorhanden, ist aber nicht abschließbar und zuhalten tut sie auch nicht. Es gibt nichts was ich davorstellen kann oder sonst noch regeln kann, also bleibt sie auf. Ich werde mich wohl nicht daran gewöhnen müssen? Ist egal, ich bin doch sowieso alleine!

Auf meinem Programm steht noch Schreiben und Stadtbesichtigung. Beides mache ich im Zentrum, Schreiben zunächst auf einer Bank und dann sehe ich mir die Stadt an, es ist eine wundervolle Kleinstadt mit schönen Häusern, großen, schattenspendenden Bäumen, Kirche und vieles mehr. Restaurants, die mit Ihrer Bestuhlung draußen das Geschäft machen, sehen sehr einladend aus, öffnen jedoch erst um 19.30 Uhr. Geduld ist alles, doch dann ist es endlich soweit. Die Vitamine des Tages sind verarbeitet und auch der Veganer in mir ist  verlorengegangen. Ganz schlicht bekomme ich einen großen Hamburger mit Fritten und Salat, ohne Vor- und Nachspeise, aber mit ein paar Bier und viel Wasser.

Jeden Tag aufs Neue muss mein Wasserhaushalt in Ordnung gebracht werden. Tagsüber trinke ich drei bis vier Liter Wasser aus dem Wasserhahn, abgefüllt in Flaschen, das zum größten Teil der Körper einfach ausdunstet. Abends bin ich dann trotzdem leer und ausgebrannt. Während dem Essen und danach, trinke ich nochmals zwei Liter Wasser und ein Liter Wein oder Bier. Trinken kann ich die Menge und die Zusammenstellung gut, bringe so meinen Flüssigkeitshaushalt für den nächsten Tag in Ordnung. Es ist mein Rezept und ich fühle mich so nachts und am nächsten Tag sehr gut und bin auch sportlich wie gesundheitlich gut drauf. Null Problemo!

Frankreich steht auf der Sympathie Skala bei mir schon sehr weit oben, doch täglich kommen neue Pluspunkte hinzu. Nach oben hat Frankreich wohl keine Grenze zugelassen, die würde ich auch sprengen. Immer wieder treffe ich auf Franzosen, die Ihre Bewunderung für den Jakobsweg mit mir teilen. Ihre Bewunderung gilt der Strecke die ich schon gelaufen bin, so auch heute der Küster. Jedoch Pilger sind wohl keine im Sommer und Herbst unterwegs, wenigstens nicht auf dem Hauptpilgerweg nach Le Puy!

…es ist ein besonderer Weg, jeder Schritt ist spürbar im Herzen, im ganzen Körper, eine Sucht entwickelt sich Schritt für Schritt und ich will das Gefühl nicht mehr verlieren, dass ich bisher nie auf einem anderen Weg verspürt habe.

Gute Nacht.

Tag 27, St.-Gengoux-le-National – Cluny 24 km

Die Nacht bin ich auf der Etage alleine geblieben, so ist die offenstehende Tür zum Bad nicht weiter tragisch. Ich packe meine 3 Sachen, Frühstück gibt es in der Herberge nicht, einen Kasten, wo ich die 15 Euro einwerfen kann auch nicht, also verlasse ich so die Herberge. Die Kirche besuche ich nochmals, jedoch habe ich auch hier keinen Erfolg. In der ganzen Stadt gibt es keine Möglichkeit zu frühstücken und ein Lebensmittelgeschäft gibt's auch nicht. Lediglich eine kleine Bäckerei entdecke ich, kaufe mir ein Baguette und genieße mein Frühstück, mit Wasser und Brot, auf der Bank. Einen Kaffee hatte ich mit meinem Tauchsieder bereits gemacht, doch schmeckt der mehr nach Kakao als nach Kaffee. Aus dem Schlaf reißt der auch Niemanden, aber etwas Warmes braucht der Mensch und das war gut so. Dann packe ich mir noch ein Baguette in den Rucksack für mittags, gehe nochmals in die Herberge und in die Kirche, doch für die 15 Euro ist niemand zuständig. Einfach hinlegen möchte ich auch nicht, da alle Türen offenstehen. Somit verlasse ich die Stadt wieder, ohne meine Schuld zu begleichen, doch ich fühle mich auch nicht unbedingt mit Schuld beladen!

Um 8.30 Uhr bin ich auf meinem Pilgerweg, gestern ist schon lange vorbei, morgen liegt weit vor mir, so bin ich wieder beim JETZT! Doch dann erhalte ich von Nancy eine Handy Nachricht; Vermisst du irgendwas oder irgendwen auf der Tour, oder ist es gut von allem frei zu sein? Das ist für mich eine sehr tiefgreifende Frage. Ich kann sie einfach mit „NEIN" beantworten, aber das ist keine Lösung, das geht gar nicht. Ich merke, ich brauche Zeit für eine Antwort, ich brauche Zeit um meinen Kopf zum Denken anzukurbeln. Wann bin ich das letzte Mal so gefordert worden? Ich merke, ich lebe in einer anderen Welt, mein Leben hat sich verändert, es ist ein Anderes geworden. Für die Antwort nehme ich mir Zeit und ich stelle fest, ich versuche gerade mit beiden Füßen wieder auf den Boden zu kommen. Mein Handy stecke ich wieder weg, die Antwort stelle ich zurück und gehe meine Etappe, meinen Weg, versuche wieder in meine Traumwelt abzutauchen. So bin ich wieder mit mir eins und völlig losgelöst von der Erde.

Nach Cluny habe ich heute mal eine leichte, kurze, einfache Tagesetappe. Es gibt wenig Wald, dafür immer wieder schöne Aussichten, die ich genießen kann. Ich komme an einem Hof vorbei und nehme auch einen Hund wahr, jedoch macht das mir keine Angst, da ich ja immer meine 2 Stöcke schützend in den Händen halte. Zum Nachdenken komme ich erst, als ich in meinem Buch darüber lese. Man muss also zwischen den Hofgebäuden hindurch gehen und der Hofhund nimmt seinen Job wohl sehr ernst. Für den Fall das es gar nicht geht, ist ein Umweg im Buch beschrieben. Ich bin durch und es ist alles gut, vielleicht ist es gut, wenn man bestimmte Abschnitte erst im Nachhinein liest! Auch heute wird es wieder sehr heiß und ich passiere in Saint-Hippolyte die Ruine eines Filialklosters von Cluny. St. Hippolyte war eine im 12. Jh. festungsgleich gebaute dreischiffige Kirche, von der heute noch der rechteckige Turm und einige Säulen erhalten sind. Sie wurde von der Abtei Cluny als Ersatz für das Kloster Saint Gengoux gebaut, das 1180 an den französischen König fiel. Richtung Cortevaix führt der Weg über eine idyllische Brücke, dann teils über ganz groben Schotter, der schwer zu gehen ist und über einen Anstieg von ca. 100 Meter nach Collonges. Heute Mittag genieße ich das Baguette mit Wasser, mehr habe ich nicht dabei. Aber ich werde satt und alles ist gut. Eine Stunde laufe ich noch, der Weg zieht sich bis Cluny und ich komme um 15.30 Uhr an.

Mein erster Weg führt ins Touribüro, denn ich habe noch keine Bleibe für diese Nacht. Etwas Unruhe überrascht mich, jedoch kann ich 3 kleine ältere Frauen mit der Muschel am Rucksack entdecken. Endlich Pilger denke ich und bin, bevor ich diese drei grüßen kann, auch schon an der Reihe. Bedient werde ich von einem sehr gut deutschsprechenden Mann, der mir eine Auberge im Stadtplan einzeichnet und mich dorthin schickt. Die drei Frauen sind inzwischen raus und aus meinen Augen verschwunden. Naja ich treffe sie sicher in der Auberge! Etwa 800 m

und ich treffe auf ein riesiges Gebäude und finde im innen Bereich den Eingang. Meine Anmeldung funktioniert auf English gut, bis ich plötzlich ein Wort nicht verstehen kann. Sie wiederholt es mehrmals, doch ich kann es nicht verstehen. Ein Mann auf der Treppe stehend bekommt das mit und mischt sich ein. „Ein Handtuch meint sie, ob du ein Handtuch dabeihast, fragt sie. Ich sage ja und alle Unklarheiten sind beseitigt. Mein Zimmer ist auf der ersten Etage, sein Zimmer auch und wir unterhalten uns die Treppe hinauf. Schnell erkennen wir das unsere beiden Zimmer nebeneinander liegen und durch einen separaten Flur vom Hauptflur abgetrennt sind. Er ist Franzose, wohnt an der Grenze zu Spanien und ist mit dem Fahrrad auf dem Weg nach Amsterdam. Beruflich hat er die deutsche Sprache immer wieder gebraucht. Nachdem ich ihm meine Perspektive erklärt habe, trennen sich unsere Wege wieder. Duschen und Wäsche machen und schnell wieder hinaus.

Das Wetter ist wunderschön und die Stadt ist voller Leben. Ich besichtige das Kloster

in Cluny, einer der bedeutendsten Stätten der Christenheit im Mittelalter und die sehenswerte Stadt. Den Bankautomaten finde ich schnell, dann ein Lebensmittelgeschäft, etwas zu essen für morgen brauche ich noch und nochmals zum Office de Tourisme, hier lasse ich mir noch ein Zimmer für morgen reservieren. Dann suche ich mir ein stilles Plätzchen für mein Tagebuch aufzufüllen und eine WhatsApp an die kleine Truppe zu senden. Mit nur wenig verfügbarer Zeit, kann ich mir ein Restaurant suchen und zum Abendessen übergehen. In einer kleinen Seitenstraße finde ich eine Pizzeria mit Außenbestuhlung. Es ist noch sehr ruhig als ich mir die Pizza bestelle, doch dann füllt es sich schon. Mein Nebentisch besetzt ein belgisches Ehepaar mit zwei Kindern, die machen Urlaub. Wir unterhalten uns und genießen den Abend. Nach einem laschen Tagesablauf, was Essen angeht, freue ich mich abends auf ein ausführliches Abendessen. An Gewicht bin ich etwas leichter geworden, ich habe etwas abgenommen, doch ich lebe meinen Traum und fühle mich pudelwohl. Die drei Pilgerfrauen habe ich nicht mehr getroffen.

Es folgt auf dem Weg zur Auberge noch ein Telefonat mit Uschi und dann wird es Zeit für die Nachtruhe. Obwohl ich mich auf dieses Einzelzimmer freue, bin ich heiß auf die Zeit der großen Schlafsäle, ich bin bereit!

Es war ein leichter Weg heute, aber kein uninteressanter Tag. Die Stadt war es wert ein paar Stunden Pause zu machen, doch mein Herz ist ein Pilgerherz und möchte gehen. Ich bin heiß darauf, morgen wieder meine Schuhe zu schnüren. Der Weg ruft und neue Erkenntnisse warten auf mich. Mit diesen Gedanken schlafe ich ein

....gute Nacht!

Tag 28, Cluny – Tramayes 22 km

In dieser Nacht war ein heftiges Gewitter und es hat viel geregnet. Es ist 7.30 Uhr, ich gehe zum Frühstücksraum. Der Blick aus dem Fenster, nicht sehr vielversprechend, es regnet immer noch. So hatte ich mir das für heute nicht gewünscht. Es ist der 28. Tag, soll das nun heute der zweite Regentag werden? Wenn ich aus dem Fenster schaue, sieht es 100% ig danach aus. Im Frühstücksraum treffe ich den Radfahrer, er heißt Albert und ist meine große Unterstützung von gestern. Wir setzten uns an einen Tisch und zwischen uns findet eine sehr angenehme Unterhaltung statt. Beide haben wir viel zu erzählen. Wir verpassen bei dem Wetter nichts und haben so den Drang das Frühstück in die Länge zu ziehen. Albert hat sich schon entschieden, will bei dem Wetter nicht mit dem Fahrrad weiterfahren, sondern heute ein Stück mit dem Zug machen und morgen weiterfahren. Bei mir ist noch keine Entscheidung gefallen. Soll ich einen Tag aussetzten, es würde mir vielleicht guttun! Oder wird der Tag zu langweilig und ich komme aus dem Rhythmus. Naja die Tour heute ist kurz, die Übernachtung schon reserviert, so habe ich keinen Zeitdruck und noch etwas Zeit bis zum losgehen. Albert bietet mir seine Handy Nummer noch an, für den Fall, dass ich nochmal irgendwo ans Stocken komme. Mensch das ist ja eine tolle Geste! Jedoch möchte ich weiterhin meine Ruhe bewahren und sage so freundlich und dankend ab. Er beherrscht Französisch, Spanisch, Englisch und etwas Deutsch. Wir verabschieden uns, ich gehe aufs Zimmer und lasse mich nochmals aufs Bett fallen. Draußen ist es dunkler geworden und der Regen

Cluny Kathedrale

heftiger. Bis 9 Uhr bleibe ich liegen, gehe noch aufs Clo und beschließe dann doch loszugehen.

Starker Regen und viele große Pfützen begleiten mich auf dem Weg in die Stadt. Es ist sehr glitschig. Ein Foto von der Kirche und ein Baguette fehlt mir noch. Beides konnte ich gestern nicht erledigen. Für das Foto hatte ich zu viel Gegenlicht durch die Sonne und das Baguette ist frisch am besten. Nun ist mein Problem der Regen, doch plötzlich am Dom hört es kurz auf mit regnen. Das Handy bleibt zum fotographieren trocken. Ein Baguette einkaufen ist etwas umfangreicher. Regenumhang und Rucksack ausziehen und nach Möglichkeit trocken lagern. Es ist schwirig ein einigermaßen trockenes Plätzchen zu finden. Dann einkaufen, verstauen, Rucksack aufsetzten und Regenumhang anziehen. Das ist eine Prozedur und das alles nur für ein Baguette! Aber es ist geschafft und ich ziehe, mittlerweile regnet es wieder, endlich los.

Zunächst ist alles sehr eben, eine eher entspannte Strecke, wenn die matschigen Passagen und der Regen nicht wäre. Die Wege sind schon sehr matschig, ich muss mich sehr konzentrieren und darf auf keinen Fall ein Spagat proben, denn dann bin ich gezeichnet für den ganzen Tag. Essen und Trinken muss ich bei Regen aussetzten, Kaffeewasser wegbringen ist eine Prozedur für sich und will geübt sein. Kurz denke ich an die drei Pilgerfrauen von gestern, die ich nicht mehr gesehen habe. Die sind 1,50 bis 1,55 m groß und würden in diesen matschigen Wegen eintauchen und dadurch noch kleiner wirken. Das erste Etappenziel ist erreicht. In der Folgeetappe geht es hinauf ins Zentralmassiv. Steigungen und Höhenwege, Wälder und etwas bessere Wege bestimmen diese Etappe zwischen den Tälern von Grosne und Valauzin. Die Wegbeschilderung ist sehr gut, sodass ich bei dem Regen mein Buch in der trockenen Tasche lassen kann. Auf der Höhe angekommen, es regnet immer noch und es ist bei Wind 15 Grad kalt. Das sind mindestens 20 Grad weniger als gestern. Doch das sieht man mir nicht an, denn unter dem Regenumhang trage ich kurze Hose und T-Shirt. Bergab laufen plötzlich 10 – 15 Schafe vor mir. Sie haben fürchterliche Angst, wahrscheinlich haben sie schon länger keinen Menschen mehr gesehen und rennen um ihr Leben. Rechts oder links können sie nicht weg, wollen mich aber auch nicht vorbeilassen, also nehme ich sie mit ins Tal. Doch irgendwann sind sie aus

8.August
Tramayes

meinem Blickfeld verschwunden, sie sind untergetaucht. In Tramayes angekommen, das Wetter ist besser geworden, trocken und die Sonne kommt wieder. Ich erlaube mir einen halben Liter Milch, stärke mich und lasse mir im Touristenbüro noch für die Folgenacht ein Bett reservieren. Meine Füße, meine Klamotten, alles ist trocken geblieben, die Regenbekleidung ist perfekt. Den Hut lasse ich unter der Kapuze, stütze so die Kapuze auf allen Seiten nach außen und kann mit trockenem Gesicht, gut nach oben und seitlich sehen. Vier Kilometer hinter Tramayes liegt meine Unterkunft, mittlerweile habe ich wieder eine gute Fernsicht und kann das locker bewältigen. Die Brombeeren sind noch besser geworden, der Staub ist abgeregnet und die Beere ist saftiger als vorher. Eigentlich war das heute eine leichte Tour mit 450 m Höhenunterschied. Doch ich lege noch einen drauf. Ich erkenne meine Unterkunft nicht, laufe vorbei, steige einen Berg rauf und gelange über eine Ehrenrunde mit Hürden an einen Bauernhof, wo ich nochmals frage, wieder in das 6 Häuser Dorf zurück gehe und an meinem Ziel ankomme. Es hätte so einfach sein können.

In der Gite Belperret angekommen, nehmen mich Joseph und Marie Carpentier sehr nett auf. Wir besprechen die Essenszeiten und sie zeigt mir in der freiliegenden Kellerwohnung mein Zimmer mit Bad. Alles ist super gut. Ich erledige meine Aufgaben und kann mich dann, zu besichtigen gibt es im kleinen Ort nichts, auf dem Bett noch langstrecken. Das Abendessen bei Marie und Joseph im Esszimmer genießen wir drei über eine längere Zeitspanne, mit allen Gängen und Getränken. Wie es halt in Frankreich üblich ist. Die Müdigkeit war etwas verflogen. Beide können etwas Deutsch, so dass der Abend sehr unterhaltsam ausläuft. Das Geld, drei Euro für Bettwäsche, kann ich sparen und teste so die Schlafklamotten und zum ersten Mal den Schlafsack.

Müde bin ich nun, das Bett ruft! Nach einem intensiven Tag sehe ich mit vorsichtigem Optimismus und Respekt dem weiteren Weg entgegen. Planen tue ich außer der nächsten Unterkunft nichts mehr, es wird sich alles geben. Pilgerbekanntschaften habe ich immer noch keine gemacht. Doch es fehlt mir an nichts und es ist schön dem Rhythmus den eigenen Schritten zu folgen!   Gute Nacht!

Tag 29, Tramayes – Propières 30 km

Die Nacht und das Frühstück sind ohne jegliche Mängel. Joseph erklärt mir den Weg durch den Wald, um wieder auf den Pilgerweg zu kommen. Ein freundliches „Tschüss" und ich komme um 8.15 Uhr schon los. Nach dem vielen Regen gestern ist die Hitze gebrochen und es ist kühl, aber gutes Wanderwetter.

Ich gehe gleich steil bergauf, mit einem Höhenunterschied von 300 Meter und sehe nur Wald. Ab und zu taucht eine schmale Schneise auf, die einen Blick in die Ferne zulässt. Nach kurzen Höhenwegen geht es genauso wieder bergab, nach Saint-Jacques-des-Arrets. Wie es zu dem Namen kam, können Historiker nicht eindeutig ermitteln. Beim ersten Namensteil geht man davon aus, dass er sich von den Jakobspilgern ableitet, die hier schon im Mittelalter durchzogen, beim zweiten Teil ist man noch auf der Suche. Es sind die nordöstlichen Ausläufer des Zentralmassivs, sehr anstrengend, doch auch schön zugleich. Auf Sträßchen und Wirtschaftswegen erreiche ich die Region Haut-Beaujolais. Der Name weist auf den höher gelegenen Teil der weltbekannten Weinbauregion hin. Bis Auroux begleitet mich der Fluss Grosne. Bergauf gehe ich an der Kirche vorbei und sehe auf der anderen Seite der Querstraße einen kleinen Laden. Das Geschäft ist sehr klein und versprüht kein Leben mehr, doch es ist tatsächlich geöffnet und hat verschiedene Lebensmittel in kleinen Mengen vorrätig. Ich kann mir meinen Wunsch auf ein Baguette für heute Mittag erfüllen, Käse habe ich noch im Rucksack. Der Jakobsweg führt mich

Eisenkreuz

über Gros-Bois nach Col de Crie. Hinter dem Ort treffe ich an einer Kreuzung auf ein beliebtes Ausflugsziel mit Café und Picknicktischen.

Die schöne Aussicht, aber auch der anschließende Aufstieg zum Gebirgspass laden mich zur Mittagspause ein. Als ich näherkomme, erkenne ich die drei Frauen, die ich im Touristenbüro Cluny kurz getroffen hatte. Wir grüßen und unterhalten uns, doch dazusetzten, nee, das geht nicht. Die Drei, Sofie, Klara und Lucie haben beide Bänke und den großen Tisch so vereinnahmt, dass es einfach nicht möglich ist. Ich nehme den Nebentisch, sodass eine weitere Unterhaltung noch möglich ist und packe aber nur mein Baguette, Wasser und die Vorratsdose mit Messer und Käse aus. Ich glaube, die haben jeweils den kompletten Rucksack auf dem Tisch in Einzelteile zerlegt. Es sind Franzosen, die schon etwas länger sitzen und so auch nach kurzer Zeit wieder alles sortieren und einpacken. Es ist schon beachtlich, das Alter und dann mit so kurzen Beinen diese Wege bis Le Puy zu laufen. Da habe ich schon einen großen Vorteil. Ein weiteres Plus ist mein Rücken, mein Rucksack. Die komplette Last incl. Rucksack trage ich auf den Hüften, habe so einen Zentimeter Luft zwischen Schulter und Gurt. Meine Schulter trägt also null Gewicht. Bei jeder der drei Frauen sitzt der Rucksack auf dem Arsch -Entschuldigung, aber es ist so- und wird von den Schultern getragen, was sicher sehr schmerzhaft und schwer ist. Da frage ich mich, haben sie die falschen Rucksäcke gekauft oder gibt es für so kleine Menschen mit kurzem Rücken nicht den entsprechenden Rucksack? Sofie, Klara und Lucie ziehen weiter, auf jeden Fall sind sie vor mir und sehen schmerzfrei aus, was ich nur bewundern kann. Mein Baguette schneide ich auf, aber gleichzeitig auch meinen Finger. Es blutet und ich habe sogar zwei Pflaster dabei, doch die sind so weit weg, sodass die große Suche beginnt. Wer braucht auch schon ein Pflaster auf dem Jakobsweg? Doch es wird alles gut und ich kann mein Mittagsmenü genießen und Kraft für den Nachmittag tanken.

Ich tanke nochmals frisches Trinkwasser auf dem Picknickplatz, packe zusammen und finde zunächst einen leichten Waldweg vor. Dann aber geht es steil bergauf mit 400 Meter Höhenunterschied bis fast zum Gipfel des Mont Saint-Rigaud. Übles Geröll erschwert das Fortkommen und ist ebenso gefährlich, auch auf den breiteren Waldwegen. Schritt für Schritt schleppe ich mich steil bergauf und bin überaus vorsichtig. Bergab, ebenfalls Geröll, aber auch Wald und Teerwege, mit 400 Meter Höhenunterschied gelange ich über La Gardette zu meinem Zielort Propières. Der heutige Tag war geprägt von verschiedenen Wegen, Wald, Schotter und Teerwege. Sehr viel Wald, aber auch offene Landschaften mit großen Höhenunterschieden. Eine kleine Herausforderung waren ganz sicher die Geröllwege mit den Auf- und Abstiegen, aber auch die Etappenlänge von 30 Kilometer.

Dann, 17.30 Uhr, alles ist ok, ich komme im Hotel Roche an. Das Hotel ist preiswert, jedoch in Ordnung. In der kurzen Phase bis zum Abendessen kann ich alle meine Aufgaben erledigen. Ich genieße ein deftiges Abendessen als Menü und schleppe mich dann schon etwas müde und erschlagen in mein Zimmer.

Nancy hat geschrieben und fragt an, ob ich das Lied „Dieser Weg wird kein leichter sein, dieser Weg ist steinig und schwer" kenne. Ja, zu genüge, antworte ich, das Lied ist aufgekommen, als du nach Passau gezogen bist und nach knapp vier Wochen die Arbeit verloren hast, seit dem kriege ich es nicht mehr aus dem Kopf und muss immer an deinen Neuanfang in Passau und an deine Arbeit bei Hiendl denken. Oh je, schreibt sie, das war ja auch ein komplizierter Weg! Aber das ist ja zum Schluss richtig gut ausgegangen. Ja, das ist es und davon gehe ich auch beim Pilgerweg aus, denn die Verbindung nach oben habe ich ausbauen können, ich fühle mich absolut sicher und gut beschützt. Nancy wundert sich weiter, dass ich den Schlafsack noch nicht gebraucht habe. Aber ich habe halt viele Hotels gehabt oder es war so heiß und ich habe mich einfach obendrauf gelegt. Sie fragt an, ob ich bei dem wenigen Gepäck sonst alles benutze oder noch andere Teile unbenutzt sind? Ja, antworte ich, ich habe noch eine komplette Garnitur zu viel dabei, die ich für abends, zum Essen gehen, mitgenommen habe. Dann meldet sich auch Dennis zu Wort und fragt: wie bei dem wenigem Gepäck hast du noch zu viel dabei? Ja, antworte ich, man kann vieles brauchen, aber mit wenigem kommt man aus. Nancy schreibt, es ist wie bei euch im Skiurlaub, Jeans und Pullover bringt ihr doch auch immer ungenutzt wieder mit nach Hause. Dennis, ja es ist das Gleiche wie im Skiurlaub, Bier trinken macht Juppi doch auch! Eine nette, ausführliche Unterhaltung über WhatsApp begleitet den Abend.

So ein Tag kann nicht zu Ende gehen, ohne ihn Revue passieren zu lassen. Schon unglaublich wie schnell sich alles drehen und wenden kann. Vor allem aber auch wie stark einen die eigenen Gedanken und Emotionen beeinflussen. Wie weit ich schon gelaufen bin, dabei stehe ich noch im ersten Drittel meiner Reise. Ich glaube, nein ich weiß, da kommt in den nächsten Wochen und Monaten noch viel mehr auf mich zu. Die Augen werden müde und immer kleiner...   Gute Nacht!

Tag 30, Propières – Le Cergne 20 km

Eine Nacht mit vielen Autogeräuschen. Ich habe etwas Rücken, gestern war es wohl zu frisch für T-Shirt und kurze Hose? Also ziehe ich heute noch ein Hemdchen unters T-Shirt, zum ersten Mal heute. Das Frühstück ist ok, Schuhe an und Rucksack auf und ich verlasse das Hotel bereits um 8 Uhr. Seltsam, sobald ich Schuhe und Rucksack

an meinem Körper trage ist jeder kleinste Schmerz verschwunden, so auch heute. Der Rücken ist wieder schmerzfrei und ich kann bei sehr kühlen Temperaturen losgehen. Eigenartig, doch es ist der Weg, der Weg lässt weder einen seelischen noch einen körperlichen Schmerz zu und ist er auch noch so klein. Es ist mein Weg, ich vertraue meinem Weg auf Schritt und Tritt und es ist ein gutes, ein sicheres Gefühl.

Napoleon

VOR MEINER TOUR HÄTTE ICH IHM SOWAS NICHT ZUGETRAUT, „DEM WEG"!
DER WEG SPIEGELT DIE IDEALE TRAUMWELT WIEDER, MEINE TRAUMWELT!

In der Boulangerie besorge ich mir noch ein Baguette, somit ist das Mittagessen gesichert und ich ziehe raus aus einem nichtssagenden Ort, Propières. Ich bin weiterhin unterwegs auf den Höhen der Rhône Alpen. Ich habe den Verdacht, in die „echten" Alpen geraten zu sein. Immerhin liegen heute ganze vier Pässe auf dem Weg zum Zielort. Am ersten Pass ziert Napoleon, sehr groß, den Straßen Kreisel oder den Pass und ich habe eine lohnende Aussicht. Ein ebener, gut zu gehender Waldweg führt mich zu einem Haus und zur Jungfrau Maria. Ich möchte sie bedauern, die hier als Statue steht und wegen der hohen Bäume gar keinen Blick mehr ins Tal oder in die Ferne hat, wie sie ihn wahrscheinlich in der Anfangszeit genießen konnte. Schotter und Geröllwege, mit viel Wald umgeben, führen zum Pass Col des Ailles und später zum Pass Col des Ecorbans. Wenn man denkt, das war jetzt der schlimmste Geröllweg den es gibt, dann folgt noch einer mit noch mehr Geröll. Mein Gefühl sagt mir, die „Geröllwege" sind hier die Richtungsweiser für den Jakobsweg. Weiter viel Wald mit Schneisen zwischendurch, die gute Fernsichten zulassen und ich erreiche den Pass Col de la Bûche. Es ist sehr kühl und klar die Luft, habe ich die Pyrenäen gesichtet???

Jungfrau Maria

Heute stelle ich fest, dass die Franzosen sehr eigenartig mit ihrem Müll umgehen. Am Straßen- und Wegesrand, in Städten, an der Autobahn oder in der Landschaft finde ich nichts, auch nicht das kleinste Abfallteilchen. Einen McDonald`s habe ich bis heute in Frankreich nicht gesehen, auch nicht in Dijon. Ab und zu sehe ich ein Schuttloch wo Müll entsorgt wird, wo es auch qualmt und stinkt. Autos werden einfach im Wald abgestellt, wachsen mit den Jahren halbwegs zu. Einen Unfallwagen habe ich in der Kurve einer Straße wahrgenommen, aufgebrochen, Scheiben eingeschlagen und einfach warten bis er zugewachsen ist, das ist die Devise. Diese Art von Müllentsorgung passt nicht zu Frankreich, so wie ich es kennen und lieben gelernt habe. Meine Gefühlslage wird jedes Mal sehr getroffen.

Es ist eine relativ kleine Tour mit nicht so vielen Höhenmeter, jedoch eine Tour die mir viel Aufmerksamkeit der Wege abverlangt, jedoch komme ich bereits um 14 Uhr am Zielort an. Ich finde sofort ein Hotel, heute nochmal ohne Reservierung. Eine Buchung für den geplanten Zielort war nicht möglich, so musste ich nochmal auf „Gut Glück" losziehen und den Zielort nach der Unterkunft festlegen. Das Hotel ist gut, vielleicht etwas zu vornehm. Nach Dusche und Wäsche lasse ich mich für eine Stunde aufs Bett fallen. Anschließend besuche ich den Ort, der keine Besonderheiten zu bieten hat. Bis zum Abendessen bleibt mir noch eine Stunde, ich kann meine Eindrücke vom Tag festhalten und noch eine WhatsApp schreiben. Das Restaurant und die Küche sind auch etwas vornehmer. Meine schwarze lange Hose, die ich extra für solche Abende mitgenommen habe, hätte heute gepasst, doch ich fühle mich auch so wohl und ich genieße mein Pilgermenü. Der Tisch vor mir, auf den ich unweigerlich schauen muss, ist besetzt von einem Pärchen, ca. 35-40 Jahre. Über ihre Schuhe und das etwas geknitterte T-Shirt erkenne und deute ich sie als Pilger. Vor wenigen

Unfallauto entsorgt

Monaten erst kennengelernt und die totalen Gegensätze, so sehe ich sie. Sie redet sehr vornehm und gestaltet den frühen Abend, er kaum Gesprächsbereit, fügt sich alles in allem. Dann bestellt sie die Vorspeise in feinstem französisch, ich bin beeindruckt. Beeindruckt, nicht nur von der Sprache, sondern auch von dem Menü was sie wählt und nach und nach beim Kellner für sich und ihren

Lebensabschnittsgefährten, -sage ich einfach mal- in feinstem französisch bestellt. Die Getränke sind passend zum jeweiligen Menü. Es ist der letzte Abend für die beiden, so kann ich raushören und sie will diesen Abend mit einem tollen Menü, mit Delikatessen bereichern. Der Preis pro Person liegt locker über einhundert Euro. Naja die Differenzen zwischen beiden Tischen sind so enorm groß, dass ich mich nicht traue, mich vorzustellen und ein Gespräch anzufangen. Obwohl, wenn ich mir ihn so betrachte, denke ich, er hätte genauso wie ich, auch mein Menü genießen können. Ach ist das schön alleine diesen Weg zu gehen, ihn alleine genießen und frei zu sein. DIE GROSSE FREIHEIT, MEIN TRAUM – MEIN PILGERTRAUM!

Mit diesen Gedanken finde ich in mein Zimmer, in mein Bett, doch dann fällt mir noch ein Spruch ein, den ich heute gelesen habe;

DER PILGER SIEHT DINGE, DIE IHM UNTERWEGS BEGEGNEN,
DER TOURIST SIEHT WAS ER SICH VORGENOMMEN HAT ZU SEHEN!

Gute Nacht….

Tag 31, Le-Cergne – Pouilly-sous-Charlieu 25 km

Nach einer ruhigen Nacht schaue ich vom Bett aus dem Fenster und sehe nur Nebel. Regen macht die Nebelsuppe nicht angenehmer. Es ist grausam, das Wetter heute Morgen, bei 9 Grad, schlimmer geht`s wohl nicht mehr. Laut Buch geht mein Weg zunächst mal 300 Meter steil bergab. Das ist gefährlich und die Frage ist, was macht man mit so einem Tag. Doch frühstücken geht immer, so sitze ich um 7.30 Uhr im Restaurant und besuche das Büffet. Ganz alleine bin ich in diesem großen Raum und habe das Büffet auch für mich alleine. Wer hat auch schon den Mumm bei dem Wetter einen Fuß aus dem Bett zu nehmen. Doch dann nehme ich Stimmen aus Richtung Empfang wahr. Es kann das Paar von gestern Abend sein, die einen Tisch vor mir gesessen haben. Mein Frühstück genieße ich in aller Ruhe, doch das Wetter wird eher schlechter, die Sicht ist durch die Nebelsuppe komplett verschwunden. Ein Risiko möchte ich auf keinen Fall eingehen.

Als ich das Restaurant verlasse treffe ich am Empfang das Paar, sie warten immer noch auf den Chef und wollen ihr Geld loswerden. Wir unterhalten uns kurz, beide haben den letzten Tag und sind ein Teilstück vom Jakobsweg gelaufen. Heute machen sie noch einen Abschnitt und fahren dann abends nach Hause. Gefrühstückt haben die beiden nicht, das Abendessen hält wohl noch an! Wir verabschieden uns, ich gehe nochmal ins Zimmer, Eile gib es heute nicht. Dann 8.40 Uhr gehe ich mit Regenumhang los, das erste Teilstück soll steil bergab gehen, daher ist das Risiko bei dem Wetter loszugehen schon groß. Ich habe Achtung vor dem Weg und werde entsprechend vorsichtig beim Abstieg sein.

Doch dann, die Wege sind gut, relativ einfach und es hört auf mit Regnen. Das Glück, der Pilgerweg, ist wieder komplett auf meiner Seite. Doch dann sehe ich von dem Paar nur den Mann, er steht am Wegesrand. Ich spreche kurz mit ihm, traue mich nicht weiter zu fragen und wünsche ihm „Buen Camino". Nach ca. einem Kilometer treffe ich auf seine Partnerin, die auch am Wegesrand steht und ihren Rucksack räumt. Ich frage, ob ich irgendetwas für sie tun kann, doch sie sagt nein, nein, es ist alles gut. Sie erklärt mir, dass sie immer getrennt den Weg gegangen sind und sich nachmittags wieder getroffen haben. Es macht sonst keinen Sinn! Da habe ich volles Verständnis und erkläre ihr meine Vorgabe zum Jakobsweg. Wir wünschen uns Buen Camino und ich gehe weiter.

„Buen Camino", ist ein Pilgergruß und bedeutet, ich wünsche dir einen glücklichen, guten Weg!

Wegweiser

Der Regen ist durch, es wird wärmer, die Wege sind einfach und es scheint ein angenehmer Tag zu werden. Von der Bergwelt kann ich mich nun bald verabschieden. Die heutige Etappe geht weiter bergab ins Tal der Loire. Lediglich die unvergesslichen Ausblicke fehlen mir heute. Der Nebel lässt die Fernblicke nicht zu, alles erscheint eintönig und grau.

Die Kapelle am Kalvarienberg besuche ich, sie steht am Pilgerweg. Der Kalvarienberg, die Hinrichtungsstätte Jesu Christi vor den Toren Jerusalems, ist Patin für den Namen dieses Berges. Als Kalvarienberg wird allgemein eine große Nachbildung der Kreuzigungsgruppe bezeichnet, die meist auf einem Hügel am Ende des Kreuzwegs errichtet wird. Weltweit finden von Palmsonntag bis Karfreitag Kreuzwegprozessionen zu den vielen Kalvarienbergen statt. Die Kapelle ist verschlossen, so kann ich aber auf einer der vielen Bänke vor der Kapelle eine Pause machen und gehe dann den Weg weiter steil bergab ins Tal der Loire.

Heute treffe ich die drei kleinen Pilgerfrauen, Sofie, Clara und Lucie gleich viermal auf dem Weg. Eine Unterhaltung ist allerdings mit Franzosen sehr schwierig. Trotzdem ist es schön mal Pilger zu sehen und anzutreffen. Etwas hügelig geht die heutige Etappe um 15 Uhr zu Ende. Ohne Touristenbüro, denn das hat noch geschlossen, finde ich auf Anhieb eine Unterkunft. Es ist immer noch sehr neblig, sodass die Sicht der wunderschönen Natur im „Loire Tal" nicht so zur Geltung kommt. Das Zimmer habe ich wieder alleine zum Übernachten, ich genieße es, solange es noch geht. Ich erledige meine Aufgaben und ich muss mein Abendessen im Supermarkt besorgen. Es gibt kein Restaurant im Ort und meine Herberge hat nur Übernachtung mit Frühstück angeboten. An der langgezogenen Dorfstrasse finde ich gleich zwei Tante Emma Läden und bin wunschlos glücklich.

Kirche in Pouilly-sous Charlieu

Mit Baguette, Käse und Wein verbringe ich einen ruhigen Abend im Zimmer und nehme mich Nancys Frage nochmals an. Die Ruhe und die Zeit möchte ich heute nutzen und Gedanken leben lassen, um sie morgen eventuell abschließend auf Papier festzuhalten. Es fällt mir nicht leicht, aber ich gebe mir Mühe!

Ein wohltuendes Gefühl von innerer Zufriedenheit erfüllt mich, begleitet mit den unterschiedlichsten Gedanken, die mich irgendwann in den Schlaf zwingen.

Gute Nacht.

Tag 32, Pouilly-sous-Charlieu – Renaison 29 km

Eine sehr ruhige Nacht bei Monique und Robert Lachaud im La Castelière. Ich fühle mich fit und ausgeruht. So komme ich nach dem Frühstück schon um 8 Uhr auf den Pilgerweg. Die Sonne scheint, es ist wieder wärmer und ich brauche keine Anlaufzeit, habe direkt meine Betriebstemperatur erreicht.

Zunächst überquere ich auf zwei Brücken die Loire und den Saône-Kanal. Nach Tagen in den Bergen ist das Laufen im eher flachen Gebiet nördlich von Roanne eine Wohltat. Ich überquere in La Bènisson-Dieu den La Teyssonne und gehe zu einer

wunderschönen Abtei. Die Abteikirche ist im typischen farbenfrohen Stil der Region eingedeckt. Eine erste einfache Kirche entstand hier im 12. Jahrhundert, der große Ausbau mit dem 51 Meter hohen Kirchturm erfolgte im 15. Jahrhundert. Weiter geht es, vielfach am Cacherat entlang und durch viele Schattenspendende Wälder. In Saint-Romain-la-Motte mache ich Mittag und esse die Reste vom Vorabend. Der Pilgerweg macht einen Bogen um Roanne herum, eine größere Stadt in der Pilger die Dinge besorgen können, die es in kleineren Orten nicht gibt. Bus und Zugverbindungen vereinfachen diesen Abstecher. Mir fehlt absolut nichts und ich bleibe auf dem Pilgerweg. Heute ist es sehr viel flacher, kaum Steigung und auf guten Wegen, das Laufen weniger anstrengend. Unterschiedliche Gewässer, schattige Wälder, sehenswerte Burgen und Kirchen mit bunten Dächern und Türmen machen den Tag zum Erlebnis. Die „Weite" geht im Tal verloren. Jede Sekunde genieße ich die Einsamkeit und die Ruhe. Südliches Flair kommt langsam auf und ich erreiche am frühen Nachmittag die Kleinstadt Renaison.

Eine Unterkunft habe ich nicht reserviert. Jedoch habe ich eine Vorauswahl nach meinem Buch getroffen. Da aber kein Stadtplan und kein Office de Tourisme zu finden ist, komme ich nicht weiter. Mehrmals frage ich nach dem Touri-Büro. Es ist wohl mal umgezogen und niemand kann mir sagen wo es heute zu finden ist. So laufe ich eine Stunde in der Stadt von einer Straße in die Andere, ohne Erfolg. Im Centrum sehe ich

das Hotel Central mit einem großen Außenbereich, der bis auf den letzten Platz gefüllt ist. Viele nutzen die Sonnenstrahlen und die Wärme um Kaffee zu trinken oder ein Eis zu essen. Mein Bedürfnis ist lediglich eine Bleibe für die Nacht zu finden. Ich gehe hinein und frage an der Theke nach Office de Tourisme, doch auch die Bedienung kann mir nicht weiterhelfen. Vielleicht

gibt es vorübergehend kein Büro in der Stadt? Ich frage nach einem Zimmer und nach dem Preis und ich habe ganz schnell mein Bett gefunden. Jedoch es gibt kein Abendessen, was ich wieder nicht verstehen kann, weil heute Nachmittag hier richtig was abgeht. Doch für mich ist das kein Problem. Das Zimmer mit Dusche ist gut, ich erledige meine Aufgaben und besichtige bei dem schönen Wetter die Stadt. Mein Abendessen finde ich in einer kleinen Pizzeria und kehre um 20 Uhr zurück in mein Zimmer. Es war wieder ein guter Tag und ein leichter, aber auch ein sehr schöner Tag.

Ich finde die Zeit und bin auch bereit Nancy`s Frage zu beantworten; Vermisst du irgendwas oder irgendjemanden auf der Tour, oder ist es gut von allem frei zu sein? Ich habe eigentlich eine 7-Tage Woche mit 10 oder mehr Stunden täglich, sodass ich bis heute mich mit diesen Gedanken nicht beschäftigt habe. Also benötige ich etwas Zeit, einen nicht so steinigen Weg und einen Kopf, der wieder Gedanken aufnimmt, zulässt und zum Arbeiten bereit ist. Ich fange mal mit irgendwas an. Vorgenommen hatte ich mir ohne Zeitung, ohne Fernsehen und auch ohne Radio auszukommen. Ich wollte mich nicht mit Nachrichten aus Politik und Sport belasten. Selbst Fußball, Formel eins, Boxen sowie weitere beliebte Sportarten sollten Tabu sein. Aber auch von weiteren Nachrichten aus dem Dorf, meiner Arbeit und so weiter wollte ich mich distanzieren. Nur eine Handvoll Menschen haben meine Handy Nummer bekommen, der eine war sauer darüber, der andere hat es verstanden. Es war ganz alleine meine Entscheidung. Und es war gut so. So ist mir alles ab dem ersten Tag geglückt und ich höre wie gewünscht nichts und kann völlig abschalten. Mein geringes Gepäck lässt keine Wünsche offen, eher habe ich noch einige Dinge dabei, die ich sicher nie brauche und ich werde mich davon noch trennen. Das heißt, bei irgendwas bin ich absolut glücklich so wie es läuft und ich vermisse gar nichts. Zu irgendjemanden kann ich sagen, mir reicht der Kontakt zu der kleinen Familiengruppe über WhatsApp. Ich kann kurz meinen Tag schildern und meinen Standort bekannt geben. Als Dank dafür erhalte ich immer wieder eine nette Verbindung sowie Nachrichten und Anfragen von den Teilnehmern. Außerdem telefoniere ich jeden Tag (fast jeden Tag) mit Uschi. Diese Kontakte liebe ich, brauche sie auch, aber mehr Infos oder mehr Kontakte möchte ich auch nicht. Ich vermisse zurzeit oder bis heute also Niemanden. Es ist einfach gut von allem frei zu sein, so frei zu leben, frei wie ein Vogel. Ich muss dafür nichts weiter tun. Es ist der Weg, der Tag, mein Leben auf dem Jakobsweg, das ich frei und glücklich genießen kann. Ich glaube von dieser Freiheit träumt man immer nur, ein Leben lang. Für mich ist der Traum in Erfüllung gegangen. Der Traum lebt!

Pilgern bedeutet, beinhaltet das Unterwegs sein und das Raus sein aus dem täglichen Leben. Pilgern bedeutet, jeden Tag aufs Neue den Aufbruch ins Ungewisse wagen, das Gehen und Ausruhen, das Ankommen. Es bringt es mit sich, sich auf das Wesentliche zu reduzieren und auskommen mit dem, was man hat und es wird einem dabei manches geschenkt, wovon man nie zu träumen gewagt hätte.

ALLE MENSCHEN, JA ALLE SIND PILGER, DIE AUF GANZ VERSCHIEDENEN WEGEN EINEM GEMEISAMEN TREFFPUNKT ZUWANDERN!!!

...Gute Nacht!

Tag 33, Renaison – Pommiers-en-Forez 38 km

Ein Blick auf die Uhr, 7.30 Uhr als ich die Treppe runter gehe, wie vereinbart denke ich. Jedoch es besteht eine unheimliche Ruhe. Vielleicht bin ich alleine im Hotel? Die Tür zum Restaurant ist abgeschlossen, die Tür geradeaus nach draußen auch, die dritte Tür entgegengesetzt zur Haustür ist auch abgeschlossen. Irgendwie bin ich in einem kleinen, schmalen Flur eingesperrt. Auf mein Hallo rufen höre ich zunächst nichts, doch dann bewegt sich doch etwas im hinteren Bereich. Nach 10 Minuten kommt die Chefin, sie hat verschlafen, man kann es ihr noch ansehen. Sie sperrt das Restaurant auf, lüftet und nun beginnt die Wartezeit auf mein Frühstück. Ich mache keine Hektik, habe ja nur 24 km für heute geplant. Die ersten zwei Franzosen kommen rein und setzen sich an die Theke. Sie trinken, wie es viele Franzosen morgens machen, in der Bar eine Caffè oder einen Espresso. Da es bei mir noch etwas dauert gehe ich nach nebenan, in eine Boulangerie und kaufe mir schon ein Baguette für die

sehr gepflegtes Dorf

Mittagspause. Danach kann ich in aller Ruhe frühstücken. Ein Besuch im Zimmer, bezahlen, Pilgerstempel setzen und schon geht es auf den Pilgerweg. Denke ich, jedoch folgt die zweite Panne. Ich finde den Pilgerweg nicht. Irre, ich gehe circa eine halbe Stunde unkonzentriert in der Stadt umher. Fragen kann ich noch Niemanden, es ist Sonntagmorgen und noch nichts los in der Stadt. Es ist wieder eine geplante, leichte 24 km Tagestour, die mich unkonzentriert losgehen lässt, denke ich so bei mir und finde das erste Pilgerzeichen. Um 8.45 Uhr bin ich dann gerettet und es kann endlich losgehen.

Die Wege sind gut, ich überquere mehrere Bäche, laufe durch Wald oder auch offenes Gelände in wunderschöner Natur, mal mit 200 mtr. Höhenunterschied und mal eben oder etwas hügelig. Es ist warm und ich gehe die geplanten 24 km locker an. In St.-Andrè-d`Apchon, ein wunderschön mit Blumen geschmückter Ort, extrem sauber, sehe ich eine Statue aus dem ersten Weltkrieg 1914-1918, eine Mutter mit zwei Kinder an der Hand, darunter die vielen Namen der Gefallenen aus dem Ort. Ich bin sehr ergriffen und die Tränen nehmen ihren Lauf. Das Bild werde ich sicher längere Zeit vor Augen haben, vielleicht sogar nicht mehr vergessen können.

Krieger Denkmal

Eine kleine Bäckerei ist auf der anderen Seite, die Menschen stehen einige Meter zur Tür raus. Ich habe Gott sei Dank mein Baguette und gehe weiter. In der Mittagszeit sehe ich nochmals die Loire. Ich stehe auf der Höhe im Ortszentrum von Saint-Maurice-sur-Loire. Die Loire Schlucht und das Umland sind dramatisch in Szene gesetzt und wunderschön anzusehen. Von der Burgruine, die ich nicht mehr besteige, hat man sicher einen noch besseren Blick auf das Dorf und das Loire Tal. Sie stammt aus dem Jahre 1020. Die schlichte, rechteckige Kirche stammt aus dem 12. Jahrhundert. Ein Fresko zeigt den heiligen Jakobus als Pilger und gilt als Beweis dafür, dass das Dorf im Mittelalter an der Pilgerstrecke von Cluny nach Le Puy lag. Die Altstadt ist wunderschön, überall in den Straßencafés und Restaurants Menschen, die das schöne Wetter und ein tolles Essen oder ein Getränk genießen. Auch ich genieße eine Pause, jedoch auf der Bank, aber mit Baguette, Käse und etwas Rotwein. Viel einfacher, doch einfach traumhaft schön. Die Altstadt, der Ort mit starker Hanglage und das passende super Wetter ist ein Erlebnis, das man wahrscheinlich so nicht einmal auf einer Postkarte finden kann. Die Altstadt gehe ich steil bergab und habe immer wieder schöne Blicke auf die Loire und zurück auf das Dorf mit Burg und Kirche. Im Tal angekommen gehe ich den Uferweg nach rechts bis zum Ende und nehme die andere Seite zurück, am Ufer entlang. Die Ruhe einfach traumhaft. Ich gehe wieder bergauf und habe jetzt den Blick auf das Dorf und die Loire von der anderen Seite. Am liebsten möchte ich mich nicht mehr trennen von St.-Maurice-sur-Loire. Einfach traumhaft, dieser Tag, diese Stunde, diese wunderschönen Minuten.

„Der letzte räumt die Erde auf" – hier ist schon aufgeräumt!

In Bully finde ich keine Unterkunft, ich lege nochmals 3,5 km drauf. Die Sonne steht

13.August

noch hoch und es ist kein Problem. Dann in Dancè muss ich nochmals 3km drauflegen. Ich sehe einen Pilger der schlafend auf der Treppe der Kirche liegt, sicher sucht er auch eine Unterkunft und ist dabei müde umgefallen. Aber ich möchte ihn nicht wecken und frage Einheimische. Schließlich gehe ich bis Amions, wo es schon Zeit für eine Unterkunft ist. Hier gelange ich, nach einigen Stationen, an zwei Frauen, die im Wintergarten sitzen. Ich versuche mein Problem zu erklären, sie telefoniert mehrfach und schickt mich dann 7km weiter nach Pommiers-en-Forez. Sie gibt mir eine Telefonnummer mit und sagt, diese soll ich von der Kirche aus anrufen. Meine Flaschen füllt sie noch mit Wasser, weil es immer noch so warm ist, mit Wasser aus dem Kühlschrank. Ich bedanke mich und ziehe los. Es ist 18.30 Uhr, eine Unterkunft habe ich immer noch nicht, aber auch

Altstadt St.-Maurice-sur-Loire

noch einen weiten Weg, zeitlich gesehen, vor mir. Ich laufe gute, ebene Wege und komme an eine Stelle, wo ich mehrfach überlege, was der richtige Weg ist. Schließlich entscheide ich mich für den Feldweg und nicht für die Straße. Es ist falsch und ich muss zurück. Auf dem Rückweg sehe ich, dass Pilger auf dem Sandweg eine Nachricht hinterlassen haben. Das ist der falsche Weg steht geschrieben, die Beschilderung ist schlecht. Also haben sich schon mehr Pilger verlaufen. Ich konnte es auf dem Hinweg nicht lesen, da ich die andere Seite benutzt habe und jetzt hilft es mir nicht mehr. Eine halbe Stunde wirft es mich zurück, doch ich finde jetzt den richtigen Weg. An der Straße laufe ich entlang, dann durch Wald, an der Autobahn entlang bis zur Unterführung und wieder ein Stück zurück, bis ich endlich gegen acht Uhr an der Kirche ankomme. Ich telefoniere die vorgegebene Nummer, sicher das erste Mal im tiefen Frankreich und erfahre, das ich zum Camping Platz gehen soll. Der Camping Platz ist gut ausgeschildert, aber auf der anderen Seite vom Ort.

Als ich ankomme ist die Rezeption schon lange geschlossen. Was nun? Eine Telefonnummer ist an der Tür angegeben, aber ohne Französisch? Soll ich vielleicht auf der Bank mit kleiner Überdachung übernachten frage ich mich? Kinder spielen, laufen, springen und toben um mich herum. Ein Junge ist im Alter von 14 vielleicht 15 Jahren dabei, ich versuche ihm mein Problem zu schildern und siehe da, er telefoniert für mich. Nach fünf Minuten kommt ein Mann mit einem Auto und zeigt 5 Minuten an und ist auch wieder weg. Weitere 5 Minuten und er kommt mit einer Frau angefahren. Sie schließt die Rezeption auf und bietet mir ein Leihzelt für 35 Euro die Nacht an. Etwas teuer denke ich, aber was will ich jetzt machen? Die Alternative ist draußen schlafen! Ich stimme kurzentschlossen zu und die beiden machen mich mit dem Zelt bekannt. Das Vorzelt mit Reißverschluss zu schließen, beinhaltet eine kleine Küche. Der rückwärtige Raum rechts wie links ein Schlafraum mit je einem 140er Bett und wieder mit Reißverschluss zu schließen. Licht ist auch vorhanden. Ich bedanke mich, bezahlt habe ich bereits an der Rezeption, schließe den Reißverschluss und gehe zunächst zum 300 Meter entfernten Camping Restaurant. Es ist nicht mehr so viel los wie noch eine Stunde zuvor. Ich bin ausgehungert und kaputt, trinke 3 Bier und esse mich satt, ohne auf das französische Leben „wie Gott in Frankreich" zu achten. Mit dem Essen hatte es etwas gedauert, ich wurde sicherlich kurz vergessen ohne es wirklich bemerkt zu haben. Dafür wurde mir bei der Abrechnung ein Bier geschenkt. Eine schöne kleine Geste!

Ich gehe, es ist schon spät geworden, zur Toilette und Dusche, doch es ist zum ersten Mal alles sehr, sehr dreckig und ich entscheide mich gegen Dusche und auch gegen die Toilette. Meine Blase entleere ich an einem der vielen Bäume, wie gesagt, es ist schon spät geworden und auf die Dusche verzichte ich heute. Das Zelt schließe ich mit dem Reißverschluss von innen und falle mit meinen durchgeschwitzten Klamotten in meinem Schlafsack, wie ein nasser Sack, aufs Bett.

Alles ok, wenn auch ein bisschen aufregend heute Abend, denke ich noch, doch dann... (Gute Nacht)!

Tag 34, Pommiers-en-Forez – Montverdun 20 km

In der Nacht war ich einmal für längere Zeit wach. Mein ganzes Gepäck steht im Vorzelt. Ich hätte es wohl besser mit in den Schlafraum genommen, soll ich aufstehen und das Gepäck holen? Was ist, wenn der Rucksack samt Inhalt morgen früh weg ist? Muss ich dann den Jakobsweg abbrechen? Die Gedanken drehen sich im Kreise. Es ist wohl das erste Mal, wo ich etwas Unruhe in mir spüre, ein unsicheres Gefühl habe ich in mir. Jedoch ich bleibe liegen, lasse das Gepäck wo es ist, im Vorzelt und schlafe mit diesen Gedanken auch wieder ein.

In der Früh gehe ich kurz duschen, natürlich mit Badeschlappen, auf Toilette, ziehe meine dreckigen Klamotten incl. Socken und Unterhose von gestern wieder an, packe schnell meine sieben Sachen und verlasse um 7 Uhr bereits den Campingplatz. Ich habe meine Freiheit wieder und bin raus aus dem Dreck. Diese Nacht wird mir unangenehm, aber trotzdem in Erinnerung bleiben. Ich kann es und will es auch nicht aus der Tour streichen. Das war eh ein Tag voller Emotionen, Höhen und Tiefen. Erst verschläft die Wirtin, dann finde ich nicht raus aus der Stadt, es folgt das wunderschön blumengeschmückte Dorf mit der Statue, die Loire mit Altstadt, traumhaft schön und dann finde ich keine Unterkunft, die Notlösung ist der Campingplatz.

Den Ort habe ich gestern nicht besichtigen können, so hole ich es heute nach. Es ist eine geschichtsträchtige Stadt mit einer sehenswerten Klosterkirche. Um 834 wurde hier ein Benediktinerkloster gegründet. In späteren Jahrhunderten wurde das Gebäude

mehrfach erweitert und umgebaut, sodass es heute in seinem Aussehen mehr Burg als Kloster ist. Der Rundgang beginnt im mittelalterlichen Teil des Gebäudes, der wie eine Katakombe wirkt. In den später errichteten und weiter oben liegenden Gebäudeteilen wird es prunkvoller. Gestern Abend war in der Klosterkirche eine Musikveranstaltung mit sehr vielen Besucher, alle sehr vornehm, Theatermäßig gekleidet. Das war auch der Grund für die ausgebuchten Unterkünfte, so habe ich es mitbekommen. Ich suche noch nach etwas Essbarem, aber es ist kein Café, kein Geschäft, keine Bar zu finden. Die beiden Restaurants im Ort haben noch geschlossen, also gehe ich ohne Frühstück los. Am Ortsausgang sehe ich eine alte Brücke, die über das Flüsschen Aix führt und nochmals einen schönen Blick auf die Klosterkirche zulässt.

Ich laufe ein kurzes Stück, finde an einem großen Teich mit Steg eine Bank, die zur Pause einlädt. Einen Apfel und Wasser habe ich noch, beides vernichte ich jetzt und muss dringend einkaufen und Wasser auffüllen. Dann schreibe ich noch mein Tagebuch und die WhatsApp von gestern. Um 10.30 Uhr finde ich in einem kleinen Dorf eine Bar, ich genieße meinen ersten Caffè für heute. Doch ein Geschäft oder Einkaufsmöglichkeit sehe ich auf meiner heutigen Etappe nicht. Ich muss von meiner Pilgerstrecke abgehen und laufe über Boên. Es sind drei Kilometer Umweg, aber die kann ich in meiner kleinen Etappe heute gut verkraften. Meine Lebensmittel bekomme ich in dem feinen kleinen Städtchen und verbringe auch meine Mittagspause hier in einem kleinen Park. Leider gibt es kein Office de Tourisme, denn die nächste Übernachtung fehlt mir auch noch.

Frisch, fröhlich, frei geht es weiter. Die Sonne brennt wieder ohne Erbarmen auf mich, die Wege sind gut, vielfach Straße heute. In der Ebene läuft es sich heute sehr einfach. Auch sonst gibt es bis zum Etappenziel, das ich um 14.30 Uhr erreiche, nichts Besonderes. Das Kloster von Montverdun ist schon frühzeitig in voller Pracht auf der Höhe zu sehen. Ich gehe steil bergauf bis

zum Pic de Montverdun. Pic steht für Bergspitze, bezeichnet aber in Montverdun auch das Kloster auf dem Hügel. Es wurde 728 von Abt Porchaire gegründet, nachdem ihm während eines Sarazenen-Massakers die Augen ausgestochen wurden.

Am Eingang, ein großes Tor und eine Telefonnummer, wenn man eine Übernachtung buchen möchte. Schön denke ich, meine 10 Französischen Wörter helfen mir nicht wirklich weiter, ich sollte wenigstens zwei Sätze gelernt haben. Doch ein Pilger, den ich antreffe telefoniert für mich und geht dann noch eine Etappe weiter. Er ist sehr sportlich und läuft täglich mehr Kilometer als ich. Für mich reicht es heute und ich möchte hierbleiben. Kurze Zeit später kommt jemand, es ist noch frei, ich kann

jedoch nur für die Nacht

übernachten, gleich bezahlen und meinen Pilgerstempel bekommen. Ja, es läuft doch wieder. Das Kloster hat 50 Betten, ich kann mir in einem 12 Bett Zimmer ein Bett aussuchen. Das Zimmer ist sehr rustikal, mit offenem Kamin, nebenan über den Hof einige Duschen und Toiletten und weiter die Großraumküche zur Selbstverpflegung. Alles in allem sehr sauber, einfach perfekt. Als erstes dusche ich und mache die Wäsche, einfach wieder zum Wohlfühlen. Tagebuch, WhatsApp schreiben und mit Uschi telefonieren folgt. Der Ort war eher kühl und nichtssagend, also brauche ich nicht mehr runter gehen. Ich schaue mir das Kloster an, sieht eher wie eine Burg mit Klosterkirche aus. Die Anlage für die Pilgerunterkünfte auf zwei Etagen, ein wunderschöner Innenhof und viele Touristen, die heute Nachmittag das Kloster besichtigen. In einem Raum findet ein Ehepaar Platz für Ihre Bilderausstellung. Längere Zeit unterhalte ich mich mit dem Ehepaar, sie hat die Bilder alle gemalt und nun sollen sie hier verkauft werden. Der Preis ist ok für die sehr schön gemalten Bilder in unterschiedlichsten Größen und Motiven.

Gegen Abend wird es ruhig, keine Touris mehr und gegen 19.30 Uhr verabschiedet sich das Bilderehepaar von mir. Wir haben uns mehrmals getroffen und miteinander gesprochen, die beiden waren sehr nett. Plötzlich fühle ich mich alleine in dieser urigen großen Klosteranlage. Es ist nicht nur mein Gefühl, sondern ich bin auch alleine. Kein Pilger ist nachgekommen, doch es ist traumhaft schön hier. Um 20 Uhr kommt der Hausmeister, ich bezeichne ihn mal so, gibt mir einen Schlüssel für das große Eingangstor und sagt, ich möchte morgens bei Abreise bitte wieder abschließen und den Schlüssel in den kleinen Kasten am Ausgang werfen. Und dann ist er weg, ich bin ganz alleine in diesem riesigen Burggelände, rundum mit hohen Mauern und der Eingang mit dem Tor versehen. Angst, nee Angst habe ich keine, hier kann keiner reinkommen.

Die Sonne steht hoch, es ist noch immer sommerlich warm, ich hole mein Baguette, Käse, Äpfel, Rotwein und finde eine Bank mit Tisch in der wärmenden Abendsonne. Ist das toll, die Ruhe, etwas Schönes zu essen, zu trinken und dazu diese traumhafte Atmosphäre. Ich genieße diesen wundervollen Abend über Stunden, erlebe den Sonnenuntergang und die später eintreffende Dunkelheit. Jedoch so ganz dunkel wird es nicht!

Leben wie „GOTT IN FRANKREICH", meine Gefühlslage ist umwerfend und mit Worten nicht zu beschreiben. Es ist sehr schön hier zu sein!

Ich verspüre eine ordentliche Bettschwere, abschließen muss ich den Raum nicht, denn das Tor ist ja abgeschlossen und ich bin doch ganz alleine. Es gibt sogar eine Nachttischlampe an meinem Bett und es geht mir sehr viel besser als gestern, so hoffe ich auf einen guten Schlaf.

Ich fühle mich wie in einem kleinen Paradies, Adam und Eva habe ich auf Stein außen neben dem Tor gesehen, vielleicht ist es das Paradies! Das Leben kann so einfach sein, dabei soooo schön!   …gute Nacht!

Tag 35, Montverdun – Montbrison 19 km

In der Nacht hat sich meine Blase wieder mal gemeldet. Das bedeutet, ich mache einen kleinen Spaziergang nach draußen. Eine wundervolle warme Sommernacht, der Mond sehr hell und eine himmlische Ruhe. Ist es ein Traum? Nein es ist die Wirklichkeit, es fühlt sich nur an wie im Traum! Dieser Tag darf nie zu Ende gehen, doch es ist schon morgen und ein neuer Tag erwacht. Ich habe super gut geschlafen und frühstücke meine Reste in der großen Selbstversorger-Küche. Hier komme ich mir ein bisschen verloren vor.

Einige WhatsApp sind noch angekommen. Dennis und Tina schreiben über Schloss-Gespenster, es knistert und knackt überall, doch das gehört dazu und stört mich nicht, wenigstens noch nicht. Es ist einfach ein Traum, ganz alleine im Schloss, Burg oder Kloster auf der Höhe zu übernachten. Dieses Erlebnis hat keine Grenzen glaube ich,

für nur 20 Euro genieße ich es so lange es geht, es wird einmalig bleiben! Das Schlossgespenst war wohl nicht da, ich habe jedenfalls keines wahrgenommen, habe tief und fest geschlafen. Zwischen Hinlegen und Einschlafen sind sicher nur ein oder zwei Sekunden vergangen, es reichte jedenfalls nicht mehr um die Nachttischlampe auszuschalten, denn die brannte um 4 Uhr heute Morgen noch, als mich meine Blase weckte.

Es ist 7.45 Uhr, alles ist aufgeräumt, sauber, fertig gepackt und verschlossen als ich das Kloster verlasse. Nach Montverdun geht es wieder steil bergab und zunächst in der Ebene, weiter auf leichten Wegen. So lange ich das Kloster sehen kann, schaue ich immer wieder zurück, doch der Abschied fällt schwer. Heute ist es relativ einfach, kurze Etappe, etwas hügelig, jedoch war ein weiterer Zielort wegen Unterkunftsproblemen nicht möglich.

Hinter diesem Torbogen ist rechts ein Touri-Büro, der Angestellte hat mit ca. zehn Anrufen versucht eine Unterkunft für mich zu finden, ohne Erfolg!

Es ist drückend warm, mit ein paar Regentropfen, die auch wieder verdampfen. Auch in Frankreich gibt es gute Wanderwege, wie man heute wieder feststellen kann. Ansonsten erreiche ich auf Nebenstraßen und Wirtschaftswegen, ohne besondere Vorkommnisse, um 12.30 Uhr die Kleinstadt Montbrison.

Einen halben Tag habe ich zur freien Verfügung, das ist wohl noch nie vorgekommen. Ich laufe durch die Stadt, halte Ausschau nach einer Übernachtung und gönne mir eine Mittagspause auf einer Parkbank. Einige Übernachtungsmöglichkeiten habe ich im Buch vermerkt, jedoch stellt sich das Problem, eine zu finden wieder mal. Ich besichtige die Collègiale Notre-Dame-d`Espèrance. Mit dem Bau wurde 1226 begonnen, die Fertigstellung ließ etwa 250 Jahre auf sich warten. Dennoch wirkt die Gestaltung dieser größten gotischen Kirche des Departements sehr einheitlich. Unter Collègiale versteht man in Frankreich eine Stiftskirche, die also von Größe und Bedeutung zwischen herkömmlichen Kirchen und Kathedralen steht und denen kein Bischof vorsteht. In einem goldenen Becher werden in der Kirche Reliquien des heiligen Jakobus aufbewahrt, geschützt durch einen Beuteleinsatz.

Notre-Dame

Nun zur Unterkunft, es ist kein Stadtplan vorhanden, ich kann also einzelne Unterkünfte von meinem Standort nicht ausmachen. Ja, es gibt ein Touristenbüro, das hat jedoch in der Haupt-Urlaubszeit, 14 Tage wegen Urlaub geschlossen. Ebenfalls haben einige Hotels in der Haupt-Urlaubszeit wegen Betriebsferien geschlossen, das ist die andere Seite von Frankreich und mit Deutschland nicht zu vergleichen. Dann

Montbrison

gibt es noch eine Unterkunft mit dem Hinweis; bitte nebenan melden. Doch nebenan ist ein Restaurant, dass erst um 19 Uhr öffnet. Ich drehe nochmal eine Runde durch die Stadt mit allen Seitenstraßen, jedoch ohne den gewünschten Erfolg. Ich ruhe und trinke noch etwas auf einer Parkbank und möchte es später nochmals versuchen.

Auf der Parkbank stelle ich plötzlich fest, ich habe auf meiner Pilgertour die Vorgabe über mein Leben noch nicht betrachtet! Eine Vorgabe war, mein Leben rückwirkend, aber auch nach vorne sehr genau zu betrachten. Hierfür benötige ich Ruhe, einen guten, leichten Weg, aber auch einen Kopf, der bereit dazu ist. Ich nehme mir vor, in den nächsten Tagen, auf mehrere Tage verteilt, ernsthaft nachzudenken. Ich muss es mir vornehmen, denn es bedeutet Arbeit und Arbeit passt absolut nicht in mein Pilgerdasein, in meine ungezwungene Freiheit, in mein Seelenleben. Es ist schwer für mich, auf beiden Füßen zu stehen und einen normalen Tag abzurufen. Sehr schnell habe ich eine schwierige normale Welt verlassen und eine Traumwelt, meine Traumwelt gefunden!

Am späteren Nachmittag versuche ich es nochmals eine Unterkunft zu finden, jedoch gestaltet sich die Suche in der Stadt sehr schwierig. Als mich ein Ehepaar auf Santiago anspricht erzähle ich von meinem Weg und den fast tausend Kilometer, die ich schon gelaufen bin und dass mir noch ein Bett für die Nacht fehlt. Die beiden schauen sich an, unterhalten sich kurz und telefonieren. Ja, sie haben eine Unterkunft für mich und bringen mich dort hin. Es ist nicht weit von unserem Standort weg, in der Innenstadt, klingeln an der Haustür und übergeben mich dem Herbergs-Ehepaar. Ich bedanke mich herzlich, die sind vielleicht super nett, denke ich, doch dann sind sie auch wieder verschwunden. Dann zeigen mir die Herbergs-Eltern, es sind Schweizer, wohnen aber schon lange in Frankreich, mein Zimmer, Bad und WC. Es ist sehr Privat, denn die beiden wohnen auch hier. Ich habe ein 3-Bett Zimmer, sicher wieder alleine für mich, doch das wird sich bald ändern. Es bleibt mir genügend Zeit meine Aufgaben zu erfüllen und rechtzeitig zum Abendessen die Stadt zu besuchen. Der Italiener lässt mich 10 Minuten vor Öffnung nicht Platz nehmen, so gehe ich gegenüber zum Türken. Ein Kebab Menü mit einer Cola - Bier und Wein gibt es nicht - was will das Pilgerherz mehr? Glücklich und zufrieden gehe ich noch etwas durch die Stadt, telefoniere auf einer Bank noch mit Uschi und erzähle meinen Tagesablauf. Später, gegen acht Uhr sehe ich noch eine Pilgerin, großer Rucksack und Muschel anhängen. Ich spreche sie an, sie hat eine Unterkunft, lebt in Frankreich, kann aber ganz gut deutsch. Sie ist spät dran und wir verabschieden uns mit Buen Camino!

Auch ich gehe zu meiner Unterkunft zurück, eine kleine Seitenstraße, doch ich habe kein Problem sie zu finden. Die Vermieterin bietet mir noch ein Café oder Tee an, doch ich lehne dankend ab. Ich ziehe mich in mein Zimmer zurück, bin tatsächlich alleine geblieben und lege mich ins Bett. Die Müdigkeit bricht über mich herein.

Mit dem Spruch des Tages, den ich in der Stadt gelesen habe, schlafe ich ein.

„ES GIBT KEINEN WEG ZUM GLÜCK, - GLÜCKLICH SEIN IST DER WEG"!

Das passt absolut zum Jakobusweg.   ...gute Nacht.

Tag 36, Montbrison – Marols 24 km

Ein Frühstück gibt es mit dem älteren Ehepaar gemeinsam. Zwei Sorten Marmelade, Baguette, Butter und reichlich Kaffee, das ist so das übliche Frühstück. Caffè black, sage ich immer und trinke meist so 3 Schüssel ohne Milch. Essen kann ich das Baguette immer weiter, ohne wirklich satt zu werden. Aber frühstücken mit den Franzosen, da werde ich wohl nie glücklich werden. Doch die Beiden sind sehr nett und die Unterhaltung entsprechend gut. Sie reserviert für mich bei einer Freundin die nächste Nacht und es war wieder ein schönes Erlebnis. Um 8.15 Uhr, nach einer freundlichen Verabschiedung, gehe ich auf den Weg.

Zum Wandern einfach perfekt, die Temperaturen, die Wege und es gibt die nächsten 12 km wenig Höhenunterschiede. Vielleicht soll ich gerade jetzt mit meinem Rückblick auf mein Leben einfach mal anfangen, mal sehen ob es gelingt und wie weit ich komme. Also wir waren fünf Kinder, ich der Zweitälteste und meine Eltern hatten Landwirtschaft und wir mussten davon leben. Es war nicht üppig, jedoch einfach und sparsam, sind wir immer satt geworden. Einen Kindergarten kannten wir noch nicht, so kamen wir kaum raus. Es war viel Zeit zum Spielen mit Kindern aus der Nachbarschaft. Raus kamen wir jeden Sonntag nach Barweiler in die Kirche, sieben Personen in einem Gogomobil, das kann sich heute keiner mehr vorstellen. Mit vier, fünf Jahren durfte ich schon mal mit nach Adenau auf den Markt fahren, immer mit dem Fahrrad und ich auf dem Gepäckträger. Das ging eine Tour heftig daneben, weiß ich noch. Barweiler, den Berg runter nach Wimbach, ist die Lenkstange am Fahrrad abgebrochen, ohne Vorankündigung stürzten meine Mutter und ich nach vorne. Ich hatte sicher die weichere Landung, jedoch hatten wir beide heftige Kratzer sichtbar mitbekommen. Doch sonst war Gott sei Dank nichts passiert. Leider kann ich mich nicht mehr erinnern, ob ich danach nochmal mitgefahren bin. Durch die viele Arbeit, die meine Eltern in der Landwirtschaft hatten, waren wir viel alleine zuhause, sie hatten halt viel Vertrauen. Doch einmal weiß ich noch, ich war zwei vielleicht drei Jahre, sollte auf jeden Fall mittags noch Schlafen gehen. Ich holte Flaschen aus dem Keller und schleppte sie zum ersten Stock auf mein Bett. Dann habe ich die vielen Flaschen auf dem Bett kaputtgeschlagen, sicher war ich noch nicht müde. Jedoch bin ich dann durch die schwere Arbeit in meinem Bett, auf den Glasscherben eingeschlafen. Hier hatte ich viel Glück, denn ich hatte neben dem einen oder anderen leichten Kratzer nichts abbekommen. Mit vier, fünf Jahren durften wir dann schon die Kühe mit rausbringen und so kleinere Arbeiten übernehmen. Es war eine einfache, aber soweit ich mich erinnern kann, eine doch sehr schöne unbelastete Kindheit. Ich konnte von morgens bis abends toben, springen, spielen und im Winter auch viel Schlitten fahren, denn es gab noch sehr lange und starke Winter mit viel Schnee. Ich hatte viele Freiheiten, war aber auch, weil wir so nicht rauskamen, eher verängstigt und sehr zurückhaltend.

Das reicht für heute, ich möchte wieder mit Körper und Seele auf den Jakobsweg, doch es ist auch schön, so meine ersten Jahre in aller Ruhe ablaufen zu lassen, soweit es jedenfalls machbar ist. Nun lässt aber auch der Weg es nicht mehr zu. Die Ebene des Forez liegt nun eindeutig hinter mir und ich wandere bergauf am Mont Supt vorbei, zum eindeutig schon im Zentralmassiv liegenden Etappenziel. Es steigt von 400 m auf 1150 m an, auf einer Länge von 12 km. Gut 500 Höhenmeter davon möchte ich heute noch schaffen, denn dort ist meine Herberge reserviert und morgen geht es dann weiter. Der Nachmittag ist wieder sehr, sehr warm, die Wege sind gut und es fühlt sich nicht ganz so steil

St. Georges-Haute - Ville

an, wie ich es vermutet habe. Unterwegs sehe ich einen aufmunternden Wegweiser am Aufstieg zum Mont Supt. „Ultreia!" – der Ruf der Jakobspilger leitet mich an der nächsten Gabelung zur sehr alten Kapelle Sainte Madleine. Ich treffe an der Kapelle eine Frau mit Esel und viel Gepäck. Sie macht Pause, hat jedoch nichts mit dem Jakobsweg zu tun. Nach einem Rundgang um die Bergkuppe mit Aussichtsturm und einer wundervollen Aussicht, treffe ich dann an der Kapelle auch den Mann und 3 Kinder an. Sie machen Picknick und haben sich ein Schattenplätzchen an der Kapelle ausgesucht.

In Marols, mein Etappenziel, komme ich um 15.30 Uhr an und finde auf Anhieb die privat gebuchte kleine Herberge. Über die Garage werde ich reingelassen, hier werden

und kleine Rundwanderung

Schuhe, Stöcke und Rucksack abgestellt und ich bekomme eine große Tasche, wo ich alles was ich brauche mitnehmen kann in mein Zimmer. Ein Sechsbettzimmer, wobei die Etagenbetten mit Decken und Abstellmaterial belagert sind. Ich kann mir ein Bett aussuchen und nehme das am Fenster. Der Herbergsvater bietet mir ein Bier an, ich nehme es sehr gerne an und genieße es auf der Privaten Terrasse. Ein Bier, 0,2 ltr. Flasche (Fläschchen) gerade mal ein Kölsch Glas und das bei der Hitze! Ich muss mich sehr beherrschen und mache dann zwei Schluck draus. Ich glaube, man kann sehen wie es verdunstet. Unterwegs habe ich festgestellt, dass mein Lova Schuh vorne rechts und links an der Sohle aufgeht. Hier stelle ich fest, dass der zweite Schuh ebenfalls an der Sohle aufgeht. Ich berichte und zeige ihm die Schuhe und er kann mir helfen. Wir gehen in die Garage,

er hat verschiedene Kleber, wir kleben die Sohle neu und befestigen sie jeweils mit einer Schraubzwinge. Hoffentlich hält der Kleber, denn sonst sind die Schuhe in wenigen Tagen zum Entsorgen verurteilt, denke ich. Anschließend erledige ich meine Arbeiten und habe noch etwas Freizeit. Es treffen weitere Pilger ein, wir sitzen im Esszimmer, der Herbergsvater gibt Wegetipps für den

kl. Kapelle mit Rastmöglichkeit

nächsten Tag und bucht gleich meine Unterkunft für den morgigen Tag.

Zum Abendessen finden sich alle an einem großen Tisch ein. Es sind alles Franzosen, die Herbergseltern mit Enkelkind, etwa 3 Jahre, dann Mutter, Tochter und Enkelkind, 8,5 Jahre und Katherina, die ich gestern nach acht Uhr noch kurz in der Stadt getroffen habe, ist auch da. Ein 4-Gang-Menü wartet auf uns. Die Vorspeise, große Salatplatten, die ich letztendlich leerfegen darf. Salate, wo ich mich zu Haus immer gegen wehre,

sind mittlerweile meine Spezialität. Tomaten, die ich zuhause nicht brauche, hier überall im Garten wachsen, würde ich am liebsten drüber herfallen. Das Hauptgericht Linsen mit Wurst, eine Spezialität in Le Puy, ist wirklich etwas speziell. Es sind zwei große Schüsseln mit fester Masse an Linsen und dazu für jeden eine Wurst. Dann die Käseplatte und als Nachtisch erst mal Obstsalat und später noch einen Pilgerkuchen. Brot, Wein und Wasser reichlich, bis zum Aufstehen. Es war reichlich und sehr lecker. Der aufgelaufene Hunger und die gute Luft tragen sicher dazu bei. Die Unterhaltung ist gut, wobei Katherina mit ihren Deutschkenntnissen einiges übersetzten kann.

Ein Zusammentreffen mit anderen Pilgern war für mich ein Silberstreif am Horizont. Es nimmt Formen an, bis Le Puy ist es nicht mehr weit. Meinen Schlaf wird es nicht beeinflussen, auch meine kaputten Schuhe nicht. Vielleicht hält ja auch der Kleber, sonst muss ich ein Paar neue haben, hoffentlich ohne leidige Blasenprozedur. So früh habe ich damit nicht gerechnet. Was soll`s, dieses Problem wird sich lösen lassen, genau genommen ist es gar kein Problem, ich habe ja noch meine Sandalen und nur gutes Wetter. Egal, jetzt gehe ich eh erst mal Schlafen. Ich spüre eine ordentliche Bettschwere und denke an den Wegweiser von heute Mittag, an das Wort;

ULTREIA! Es ist ein alter Pilgergruß und bedeutet „Vorwärts, gehe über dich hinaus"!

Gute Nacht...

Tag 37, Marols – Pontempeyrat 26 km

Um 6 Uhr stehe ich bereits auf, 6.30 Uhr sitzen schon alle (fast alle) am Frühstückstisch mit viel, mit ganz viel Unterhaltung. Bezahlt wird mit einer Spende, wie es in früheren Zeiten Brauch war. Jeder gibt das, was er geben kann! Ich habe mich vorher etwas schlau gemacht, für Übernachtung-Frühstück etwa 20 Euro und für die Halbpension etwa 30-35 Euro Spende. Das Geld steckt man in eine Dose oder ein Sparschwein, dass etwas Abseits aufgestellt ist. Meine Schuhe sind geklebt, aber ob das hält muss ich abwarten, der Kleber hat etwas alt ausgesehen. Ich ziehe die Schuhe jedenfalls wieder an, packe meinen Rucksack in der Garage und gehe nach einer herzlichen Verabschiedung um 8.30 los.

Alles ok, denke ich und finde direkt auf meinen Weg. Ich komme an einer Pilgerfigur vorbei, sehe noch ein Hinweisschild „Santiago 1621 km" und gehe an der Kirche vorbei zum Ortsende von Marols. Ein Anspruchsvoller Forstweg führt stetig bergauf. Auf dieser Etappe erreiche ich den geografischen Höhepunkt zwischen meinem zu Hause und Le Puy mit immerhin 1170 Höhenmetern. Ich gehe über La-Chapelle-en-Lafaye, ein zusätzlicher Ab- und Aufstieg, Umweg etwa eine Stunde, doch sehr sehenswert. Dann liegt Montarcher wie eine Gebirgskrone vor mir.

„PILGERZÄHLUNG in der Gite communal in La-Chapelle-en-Lafaye. Monsieur Jolly führt Buch über die Pilger in seinem Gite. 2013 waren 185 deutsche Pilger dort. Die meisten kamen zu Fuß, einige aber auch mit Fahrrädern, mit Fahrrädern plus Anhänger, mit Hunden, Eseln, Pferden und Lamas!

Sicher verzeihen mir die Pilger die mit einem LAMA unterwegs sind, dass ich bei den Unterkünften nicht separat Abfrage, ob auch diese netten Begleiter einen Platz für die Nacht finden. Wer Esel und Pferde aufnimmt, wird mit ziemlicher Sicherheit auch LAMAS willkommen heißen".

In dem kleinen Dorf Montarcher steht eine romanische Kirche aus dem 12. Jahrhundert. Hinter der Kirche führt ein Pfad hinauf zum höchsten Punkt des Ortes auf die Aussichtsplattform mit einem 360° Panoramablick über das Velay. An klaren Tagen, wie auch heute, sehe ich den Kamm der Alpen. Es ist wieder sehr heiß heute und hier in der alpinen Landschaft fehlt mir die erfrischend kühle Abwechslung zur Hitze im Tal von Burgund und der Loire.

Ich verlasse das absolut idyllische Bergdörfchen Montarcher und muss mich zwischen zwei gleichwertigen Wegalternativen entscheiden: dem kürzeren klassischen Jakobsweg und dem landschaftlich

Aussichtsturm

schöneren GR3. Klar, ich entscheide mich für den klassischen Jakobsweg und beginne mit den ersten zweihundert Höhenmeter die steil bergab führen. Ab Egarande geht es dann immer noch bergab, jedoch nicht mehr so steil. Offene Landschaft, wundervolle Natur, alle Wegearten, von Teer, Schotter über Wiesenwege, es ist alles dabei. Es ist schon sehr warm, doch wenn die Kieferwälder sich zeigen, dann steigen die Temperaturen nochmals. Ich laufe in meinen Wandersandalen, denn der Kleber an den Schuhen hat nicht gehalten. Vom Wetter her ist das kein Problem, doch bei Schotterwegen bin ich schon sicherer in meinen Lovas. Ich brauche also dringend einen Schuster oder den richtigen Kleber, die Reparatur würde ich dann selber ausführen. Doch da muss ich mich sicher noch einige Kilometer gedulden und auf Le Puy, eine größere Stadt warten. Die Pilger, die mit mir die Unterkunft letzte Nacht geteilt haben, die habe ich heute immer wieder getroffen. Etwas Unterhaltung zwischendurch und wir laufen wieder getrennt. Ich bin noch kein Herdentier, aber auch nicht mehr so alleine.

Ankunft ist um 16.15 Uhr, meine Herberge finde ich auf Anhieb. Es ist wieder total Privat, traumhaft mit Garten, daneben eine alte Brücke mit Bach. Schöner noch als man sich die schönsten Ansichtskarten vorstellen kann. Mutter und Tochter (70 und 45 Jahre geschätzt) begrüßen mich im Garten und bieten mir gleich ein Getränk an, dann holt die Tochter einen Honigkuchen, wir unterhalten uns und es ist alles wie ein Traum. Es fehlt der Opa noch und die drei Enkelkinder, die sind mit ihrer Mutter hier in Urlaub. Die Tochter zeigt mir dann mein Zimmer und das Bad. Ich dusche, mache meine Wäsche und verziehe mich zum Schreiben wieder in den Garten. Bis zum Abendessen bleibt noch etwas Zeit, ich kann noch mit Uschi telefonieren. Nach und nach kommen die noch fehlenden vier Familienmitglieder an und jeder begrüßt mich im Garten per Handschlag. Es ist mir etwas peinlich, da ich immer noch mit Uschi telefoniere und eine herzliche Begrüßung, wo alle so freundlich zu mir sind, nicht so recht stattfinden kann. Ich breche dann das Telefongespräch ab, was Uschi wieder nicht verstehen

kann und stelle mich zu den neu Angekommenen. Wir stellen uns vor, mittlerweile ist die Familie komplett und es ist gleich wie in einer großen Familie. Hier fühle ich mich sehr gut aufgenommen und wir gehören irgendwie alle zusammen. Beschreiben, nein beschreiben kann ich das nicht, mir fehlen einfach die Worte, es ist nur fühlbar und ich genieße diese schönen Augenblicke. Dann wird auch schon zum Essen aufgerufen! Geplant ist im Esszimmer, großer Tisch, doch gleich nebenan auf der großen Terrasse steht auch ein großer Tisch. Ich frage den Opa, wie ist es mit der Terrasse? Ja, sagt er und wir stellen die Stühle und den Tisch richtig und bringen die Tischdecke auf den Tisch. Hier haben wir eine schöne Aussicht in den Garten, sowohl Nutz- wie auch Erholungsgarten. Die drei Enkel, zwei Jungs, ein Mädel, alle zwischen 14 und 18 Jahren decken den Tisch und sind überaus gut erzogen. Die beiden Frauen kochen und servieren das Essen. Es folgen wieder vier Gänge mit Wasser, Wein und Baguette in ausreichenden Mengen. Immer werde ich als erster bedient, auch der Nachschlag erfolgt immer zuerst auf meinen Teller. Ich werde schon sehr zuvorkommend bedient und es geht mir absolut gut. Dann zum Schluss, der Nachtisch ist durch, es liegt noch ein Gebäck in der Schüssel. Neben mir sitzt der älteste Enkel und fragt, ob ich das gerne haben möchte, ich sage nein, danke. Doch dann krallt er sich das Plätzchen in Sekundenschnelle und ein großes Gelächter bricht rund um den ganzen Tisch aus. Wie im richtigen Leben, aber alles in allem sehr schön, einfach traumhaft diese Unterkunft, diese Familie. Doch dann, wie abgesprochen alle stehen plötzlich auf, jeder nimmt so viel er tragen kann und geht zur Küche. Ich bin überrascht von der Schnelligkeit, in Sekunden ist der Tisch leer, ich trinke meinen Wein noch aus, bespreche die Frühstückszeit und verziehe mich in mein Zimmer. Öfter erlebe ich das nach dem Essen schnell abgeräumt ist, weil jeder mithilft, aber sooo schnell, das habe ich noch nicht erlebt. Jedoch alles war super gut und ich komme schon früh zum Schlafen, denn der heutige Tag war mit der Hitze und den Höhenmetern nicht der Leichteste.

Immer wieder kommt Neues auf mich zu, jedoch ich genieße den Tag, die Menschen, das Essen und Trinken, die Landschaft, das Leben, das Schlafen, einfach alles in Frankreich und das 24 Stunden, Tag für Tag. Was auch kommen mag, ich werde es schaffen und ich werde es „LEBEN"!

„Es sind die Begegnungen mit Menschen, die das Leben lebenswert machen"!

...gute Nacht!

Tag 38, Pontempeyrat – Le Cros 30 km

Frühstück ist um 7 Uhr, die Tochter sollte es servieren, doch auch die Eltern sind beide schon am Tisch, als ich eintreffe. Es gibt nur wenig Kaffee, die Unterhaltung ist auch etwas trockener, als noch gestern. Einen Stempel gibt es nicht im Haus, mit viel Liebe malt er mir die alte Brücke mit Absender ins Buch. Bezahlen läuft wieder über eine Spende. Dann um 8.30 geht es raus.

Ich verabschiede mich höflich und nehme die Brücke über die Ance in den Ort. Eine Boulangerie sehe ich, hat aber leider noch geschlossen. Beide Wandersocken sind inzwischen mit Löchern belastet, jedoch spüre ich das beim Laufen nicht und zum Lüften der Füße ist es doch eher angenehm. Auf meinem Einkaufszettel stehen sie jedenfalls nicht drauf, wohl aber die Schuhreparatur. Morgen in Le Puy möchte ich zur

Mittagszeit eintreffen und gleich einen Schuhmacher aufsuchen. Heute laufe ich wieder in meinen Wandersandalen und schone meine Schuhe.

Meine Etappe geht heute sehr hügelig auf und ab. Zwischen 780 und 1000 Höhenmeter begebe ich mich auf den Spuren der Römer. Ich laufe immer wieder Römerstraßen, die aber nicht überteert wurden, sondern fußfreundlich in Kombination aus Wald- und Feldwegen sind, manchmal etwas holprig. Das Gras ist noch nass, die Temperatur noch relativ frisch. Die Landschaft ist heute eher etwas langweilig, Wald, Wiesen, Felder, ein paar Dörfer, aber keine Fernsicht, so ist der Tagesablauf. Mein Weg führt in der freien Landschaft über Bahngleise, jedoch ist es relativ ungefährlich, denn meine Sicht ist nach rechts wie auch links etwa 100 Meter. Bis zum Mittag finde ich kein Geschäft oder Bäckerei, im Rucksack habe ich auch nichts Essbares mehr. So muss ich einen Umweg in Kauf nehmen und vom Pilgerweg abgehen. In Bellevue-la-Montagne finde ich eine Boulangerie und meinem Hunger kann abgeholfen werden. Auf einer runden Baum Bank sehe ich das acht jährige Mädel, Lisa mit ihrer Mutter, Sara sitzen, die am packen ist. Es fehlt die Oma! Doch dann kommt sie von unten die Straße hoch und hat das Knie verbunden, sie kann kaum noch gehen und sucht eine Bandage fürs Bein. Die Drei wollten bis Le Puy pilgern, doch nun ist für sie schon das Ende der Pilgertour. Das Mädel, es läuft zwanzig Kilometer pro Tag und die Mutter wollen weiterlaufen, die Oma möchte hier im Hotel übernachten und dann mit dem Taxi nach Le Puy fahren. Es geht mir alles sehr nahe. Ich hatte sie doch vorgestern erst kennengelernt und doch habe ich ein großes Mitleid mit den Dreien. Hoffentlich passiert mir das nicht, es wäre dann von jetzt auf gleich alles vorbei, nee, das kann und will ich mir sofort aus dem Kopf schlagen. Ich wünsche ihnen alles, alles Gute und gehe mir ein Baguette und selbstgemachte Marmelade kaufen. Dann ist die Bank frei, sie sind schon weitergezogen, so mache ich meine Pause auf der Bank. Es ist eine neue Variante, doch es schmeckt frisch und sehr gut, eine Alternative hatte ich ja auch nicht. Später, als ich aus dem Dorf rausgehe, sehe ich die Drei nochmals auf der Hotelterrasse sitzen. Ich winke ihnen zu, sie sind wirklich sehr nett und es ist ganz furchtbar so etwas mit anzusehen. Meinen Weg finde ich ganz schnell wieder und es ist auch wieder sehr heiß geworden.

Um 15.30 habe ich die Siedlung in Le Cros erreicht. Die Gîte d`ètape La Bergerie habe ich reservieren lassen, liegt etwas einsam, doch ich habe sie gleich gefunden. Es ist eine ausgebaute Scheune mit dem privaten Wohnhaus gleich nebendran. Unten Küche mit großem Wohn- Essraum, Treppe hoch ein 11 Betten Schlafsaal mit Duschen und Toiletten. Es ist privat, sehr sauber und ich bin Erster und kann mir mein Bett aussuchen. Die privaten Unterkünfte in Frankreich sind einfach die besten, egal ob ich alleine oder wie mittlerweile, mit mehreren Pilgern eintreffe. Ich lerne die Menschen in ihrem normalen Alltag kennen, ich werde vorzüglich bedient, ich fühle mich einfach wohl und perfekt aufgehoben. Für meine täglichen Arbeiten habe ich viel Zeit. Später treffen dann Lisa mit ihrer Mutter Sara, leider ohne die Oma ein und Katherina, die ich jetzt das dritte Mal treffe. Lisa und Sara kochen selber und verziehen sich schon frühzeitig ins Bett. Katherina und ich haben Halbpension gebucht und werden mit dem Abendessen durch die Seitentür, aus der privaten Küche versorgt. Es fehlt uns an nichts, es ist reichlich, es ist gut, es ist einfach alles perfekt im Wunderland. Katherina ist sehr nett, kann gut Deutsch, hat mal für eine deutsche Firma gearbeitet, redet viel, manchmal etwas Zuviel. Für die gleiche Etappe heute hat sie glatte drei Stunden mehr gebraucht als ich. Für das Abendessen braucht sie mehr als doppelt so lange wie ich. Wie gesagt, sie redet halt viel. Beim Abendessen liegt sie so weit zurück, dass es bei mir stockt, ich weiß nicht was sie braucht, bzw. was ich mir noch nachnehmen kann! Ich bin abends der starke Esser und lasse ungern etwas zurückgehen, nicht mal einen Anstandshappen. Katherina geht den Jakobsweg, weil Ihr Mann im Jahre 2004 ihn gegangen ist und immer sehr viel erzählt hat. Sie sagt, sie hat seinen Weg nie verstanden und geht heute um den Weg, den Weg ihres Mannes zu verstehen. Ich erzähle Vieles von mir, von meinem Weg und sie legt mir dringend ans Herz, einen Tag frei zu machen. Sie sagt, das geht nicht gut ohne freien Tag, das muss ich unbedingt machen. Doch ich fühle mich wohl beim Laufen und würde mich an einem freien Tag irre langweilen. So fit und so gut wie ich jeden Tag genießen kann, solange werde ich keinen Ruhetag einlegen. Das kann noch kommen, das wird auch noch kommen, der Weg ist noch weit, noch sehr weit bis Santiago. Wenn wir hier auch nicht übereinkommen ist die Unterhaltung doch sehr gut und tut auch sehr gut. Katherina hat ein Einzelzimmer gebucht und schläft unten und nicht oben im Schlafsaal.

Das ich nun fast ausschließlich unter Franzosen bin, das macht mir nichts aus, auch nicht dass sie nur Französisch und kein Wort Englisch sprechen. Ich glaube, ich habe mich in einem Land noch nie so wohl und so sicher gefühlt wie hier in Frankreich. Jeder Tag, jede Stunde, jede Minute, jede Sekunde ist ein Traum, zum Genießen und Erleben schön.

„Erst die Möglichkeit einen Traum zu verwirklichen, macht das Leben, unser Leben, lebenswert"!   ...gute Nacht.

Tag 39, Le Cros – Le-Puy-en-Velay 19 km

Es ist schön eine Nacht zu verlieren und einen neuen Tag zu gewinnen. Ein neuer Tag wird mir geschenkt, ein besonderer Tag? Es wird sicher kein Tag wie jeder andere sein! Voller Erwartung sehe ich in einen besonderen Tag mit dem Etappenziel in Le Puy anzukommen.

Polignac

Geschlafen habe ich gut, wenigstens bis 5 Uhr. Da sind Sara und Lisa aufgestanden, wobei das Mädel noch im Tiefschlaf war und die Mutter es die steile Treppe hinuntergetragen hat. Danach bin ich nochmal eingeschlafen. Katherina und ich frühstücken um 7.30 Uhr, besser gesagt, sie redet und ich frühstücke. Wahrscheinlich frühstückt sie, wenn ich weg bin. Die Uhr zeigt 8.30 als ich mit Rucksack und Stöcke losziehe.

Heute führt meine Etappe von 900 Meter Höhe, mit leichten Aufstiegen, auf eine Höhe von 700 Meter hinunter. Ich habe eine leichte Tour mit 19 km, sehr gutes Wetter, wunderschöne alte Dörfer und wieder mal eine tolle Weitsicht. Leichtfüßig und besonders gut bin ich heute unterwegs, es sollte bis heute Mittag zu schaffen sein. Polignac, sehr schön auf einem Hügel gelegen, erreiche ich nur auf einem steilen Anstieg. Wunderschön die Kirche, sie gilt den Jakobspilgern als eine der schönsten Kirchen auf dem Weg. Ich kann sie von innen leider nicht sehen, da gerade eine Trauerfeier stattfindet. Anschließend komme ich zur Burg, ein wuchtiges Schloss aus dem 11. Jahrhundert, mit einem 32 m hohen Turm aus dem 14. Jh. Das Wetter sehr klar und die Aussichten von hier oben sind traumhaft schön. Dann führt der Weg an der Kirche vorbei wieder steil bergab in eine tolle Landschaft hinein. Noch ein Blick zurück auf das Schloss, einfach umwerfend. Ich laufe noch einen Anstieg, es wird wohl bald der Letzte vor Le Puy sein. Bergab folgt eine kleine Stadt, ein wunderschöner Park und plötzlich stehe ich vor einem Torbogen, der ein wunderschönes Panorama bietet. Ich packe mein Handy aus und möchte dieses Bild festhalten.

Doch dann, nichts ahnend, der erste Blick auf Le Puy-en-Velay ist absolut verblüffend: gekrönt von einer gigantischen roten Marienstatue und der Kapelle St. Michael, ragen die Basaltsäulen der Roche Corneille und der Aiguilhe keck über den Dächern der Stadt auf und verleihen Le Puy eine bizarre und unwirkliche Silhouette . Es ist 12.36 Uhr,

ich habe Le Puy erreicht, ich bin glücklich, unbeschreiblich glücklich. Die Tränen kullern, ja sie fließen sogar. Ist es wegen der beachtlichen Leistung von 1038 km oder ist es, weil ich Le Puy erreicht habe, ein Punkt, wo ich die letzten Wochen und Monate gedacht habe, das Ziel ist vielleicht doch eine Nummer zu groß für mich. Nein ich glaube es ist einfach das Glück, das pure Glück, das Hamsterrad und den Goldenen Käfig verlassen zu haben, einfach diesen Jakobsweg zu gehen. Die Emotionen kochen hoch, die Tränen schießen mir minutenlang ins Gesicht, es sind Tränen der Freude und des Glücks!

Der Jakobsweg ist halt die Reise der Seele und diese Reise hat mich voll erwischt!

Es kommt die Zeit, wo ich wieder in der Lage bin ein Foto zu machen und weiter gehen kann. War ich die ganze Zeit alleine, oder habe ich niemanden bemerkt bzw. gesehen? Irgendwie war ich ganz weg und denke an einen Satz, den ich vor Tagen gelesen habe;

WER NUR ANS ANKOMMEN DENKT   -   DER KOMMT LEER ZURÜCK

Ich aber genieße den Weg, meinen Weg und jede Sekunde, gehe durch das Tor, den Berg hinab und versuche mit beiden Füßen die Stadt zu erreichen, ich konzentriere mich, doch es fällt mir schwer, von dem eben ERLEBTEN Abschied zu nehmen. Der Blick auf die Stadt, die drei Türme ist einzigartig, es raubt mir den Atem und es gibt mir so viel. Das Wetter, strahlend blauer Himmel, angenehme Sommertemperatur, passend zu meiner Stimmung, ja und ein bisschen stolz bin ich schon auf meine Leistung. Einen halben Erholungstag habe ich für diese wunderschöne Stadt eingeplant, den habe ich zumindest verdient. Ich gehe über die Fluss Brücke (La Borne), halte schon Aussicht auf einen Schuhmacher und eine Herberge für die nächste Nacht. Doch auf dem Weg zum Centrum hat beides keinen Erfolg gezeigt. Ich suche das Office de Tourisme auf, finde eine deutschsprachige Angestellte, die mir sagt, dass ein Schuhmacher am Samstagnachmittag und Sonntag sicher nicht zu finden ist. Erst Montag wieder, doch so lange will ich nicht bleiben und laufe dann lieber noch ein paar Tage mit Sandalen. Eine Unterkunft will ich selber suchen und gehe durch das Centrum, verschiedene Seitenstraßen, doch entweder es ist besetzt oder

Marienstatue

geschlossen und ich gehe erneut zum Tourismusbüro. Auf einem Stadtplan zeigt sie mir den Weg zu einer nahe gelegenen Herberge. Es geht steil bergauf über viele Stufen und Gässchen. Ich checke ein, es ist eine riesen große Herberge, rechts Männer, links Frauen, streng getrennt. Duschen, waschen und ich bin ohne Rucksack und ohne Stöcke schnell wieder in der Stadt.

Jetzt suche ich mir ein kleines Restaurant, ich muss etwas zu Essen haben und gönne mir ein großes kühles Bier. Mir geht es gut, nach dem Bier wieder sehr gut und ich mache mich auf eine Entdeckungsreise durch die Stadt. Es ist die große Tour von 3 Stunden, die ich in meinem Stadtplan gewählt habe und bis zum Abendessen besichtigen kann. Die Stadt hat vieles zu bieten und ist wunderschön, aber auch voller Menschen. Überwiegend sind es Touristen, die in den vielen Straßencafés die Stühle besetzen und etwas essen oder etwas trinken. Doch die Pilger, wenn der Rucksack und die Stöcke in der Herberge abgelegt sind, kann man als solche nicht mehr so erkennen und mischen sich unter die Touris. Tischdecken und Deckchen klöppeln ist ein riesen Thema in Le Puy und überall zu sehen. Dann gibt es viele Geschäfte mit Linsen, verpackt in den unterschiedlichsten Gewichtsgrößen, die zum Kauf angeboten werden. Le Puy ist hierfür sehr bekannt besonders zum Silvesterschmaus erfreuen sie sich großer Beliebtheit. Dem Volksglauben nach sollen am Neujahrstag gegessene Puy Linsen das ganze Jahr für Wohlstand sorgen. Ich werde heute auf das Linsengericht verzichten, ich hatte bereits zwei Mal das Hauptgericht mit Linsen und bin nicht so der Linsenfreund. In einer Seitenstraße finde ich ein Pilgergeschäft, es hat alles was der Pilger braucht, das hat auch sicher Kleber für meine Schuhe, doch es hat geschlossen und gibt keine Öffnungszeiten bekannt. Vielleicht versuche ich es später nochmal.

Steil bergauf führt mich der Weg zu einer gigantischen Marienstatue, die ich besichtige. Von hier aus habe ich eine tolle Rundumsicht über die Stadt. Dann führt der Weg endlich zur Kathedrale, die ich über 134 Stufen erreiche. Die Kathedrale ist seit über 1000 Jahren der Startpunkt für Jakobspilger – inzwischen jährlich um die 10 000 Pilger aus 30 Nationen. Die Kathedrale wurde im 11. Jh. als Station auf dem Weg nach Santiago de Compostela gebaut und in den folgenden Jahrhunderten immer wieder erweitert. Sie gehört zum UNESCO-Weltkulturerbe. Ich besuche den Pierre des fièvres, dieser „Fieberstein" ist keltischen Ursprungs und soll schon vor fast zwei Jahrtausenden den späteren Ort Le Puy zum Pilgerziel gemacht haben. Auch heute noch hat der Stein herrlich kühlende Wirkung bei erhitzten oder fiebrigen Pilgern. Es liegen zwei Personen auf dem Stein, ich fühle den Stein mit flacher Hand und gehe weiter, habe ja auch gar kein Fieber. Eine Messe ist an dem Abend nicht, so gehe ich nach der Besichtigung wieder steil hinunter in die Stadt. Die Kapelle Saint-Michel lasse ich mir für morgen zur Besichtigung. An dem Pilgerladen komme ich nochmal vorbei, hat jedoch immer noch geschlossen. Dann suche ich mir auf dem großen freien Platz im Centrum ein Restaurant und einen Sitzplatz außen unter den vielen Menschen. Es ist Samstag, vielleicht ist deswegen so viel los! Pilger, da habe ich nur Lisa mit Sara und der angeschlagenen Oma angetroffen. Sie hat eine Bandage gefunden, doch sie ist wirklich schwer angeschlagen. Von hier aus fahren die drei wieder nach Hause. Ich esse, da ich heute Mittag sehr spät gegessen habe, nur einen Salatteller und genieße die vielen Menschen, die rauf und runter gehen und vielleicht noch einen Sitzplatz suchen.

Ich gehe nochmals zur Kathedrale hoch, 134 Stufen, denn um 22 Uhr wird die Kathedrale angestrahlt. Ja, ich stehe auf irgendeiner Treppenstufe und schaue mir mit vielen Menschen die unterschiedlichsten Bilder in den unterschiedlichsten Farben begeistert an. Es dauert 10 Minuten und es ist ein Erlebnis, einfach toll, dieser warme Sommerabend. Auf einer Treppenstufe trinke ich noch etwas Rotwein und gehe in Richtung Herberge. Ich möchte eigentlich noch nicht zur Herberge, so ein Tag sollte nie zu Ende gehen. Doch die Vernunft sagt mir, es gibt ein Morgen, die Nacht werde ich wieder an den Tag verlieren und daran denke ich jetzt auch.

Zwischendurch beginnt ein heiterer WhatsApp Abend an dem sich Dennis, Nancy, Tina und Uschi mehrfach beteiligen. Nachstehend einige Ausschnitte nach meinem Tagesbericht;

Tina: Gratuliere! Auch wir sind stolz auf dich! Den Rest schaffst du auch noch. Hast du schon neue Schuhe?
Uschi: Le Puy sieht schön aus und es ist ein Stück Arbeit die Kirche zu erreichen. Der Ausblick wird dich entschädigen. Genieß es. Die restlichen Läppische Kilometer schaffst du auch, nur schaffen deine Schuhe das?
Nancy: Ich finde, dass ging jetzt ganz schön flott zum Schluss bis Le Puy, da bist du gut marschiert. Gehst du morgen gleich weiter oder machst du einen Tag Pause? Le Puy sieht schön aus von oben… Nächstes Etappenziel: Saint-Jean-Pied-de-Port in den Pyrenäen!!! Da laufen dann wieder die Wege zusammen. Viel Glück und gute Reise. Und es ist wieder Samstag, an dem du an deinem neuen Ausgangspunkt Kathedrale Notre Dame in Le Puy angekommen bist! Verrückt, oder? Wie in Trier…
Dennis: eine stolze Leistung die du erbringst! Es gibt ständig Leute die nach dir fragen und immer wissen wollen wo du gerade bist. Jetzt stehen die Pyrenäen als nächste Herausforderung an.
Nancy: Das dauert aber noch ein paar Tage bis Juppi in den Pyrenäen ist…
Dennis: aber er ist auf dem besten Weg zu dem großen Steinhaufen.
Nancy: Momentan ist er jedenfalls nicht online… Er wird also bei seiner ersten Siegesfeier oder schon im Land der Träume sein. Was meint ihr?
Dennis: der schlummert bestimmt schon. Wobei, es könnte auch sein, dass er sein Handy schnell wieder ausgemacht hat.

Tina: Er freut sich halt schon auf die Pyrenäen, - oder Pygmäen? Hoffentlich verwechselt er da nix

Uschi: Nein er schaut sich Le Puy bei Nacht an, die Kathedrale wird bunt angestrahlt, da ist keine Zeit zum Chatten, es ist Kultur angesagt

Pilger: Eben habe ich mir die Stadt bei Licht angesehen. Die Notre Dame wurde laufend anders angestrahlt – es war wunderschön.

Hallo Nancy, mit Samstag, das passt ohne Planung. Ja jetzt die Pyrenäen, die denke ich liegen noch in weiter Ferne. 650 km, oder so. Ich lebe eigentlich immer nur heute…

Uschi hat Recht, Siegesfeier ist zu früh und in dem Land wo die Träume leben bin ich nun schon längere Zeit. Ich war in der Kirche, da zieht man den Hut aus und macht auch das Handy aus. Alte Tradition. So und nun trinke ich noch einen Becher Rotwein und hoffe ich schlafe gut. Gute Nacht!

OFT LIEGT DAS ZIEL NICHT AM ENDE DES WEGES, SONDERN IRGENDWO AUF DEM WEG ODER AM RANDE DES WEGES – IN SANTIAGO DE COMPOSTELA MÖCHTE ICH GERNE ANKOMMEN.
DOCH MEIN ZIEL WIRD ES NICHT SEIN!!!   …gute Nacht.

Tag 40, Le-Puy-en-Velay – Tallode 11 km

Die Nacht in der riesen großen Herberge war gut, 7.30 Uhr gehe ich zum Frühstücksraum. Eine Frau sitzt in der Küche, wir stellen uns vor, sie heißt Regula und kommt aus der Schweiz. Regula regt sich furchtbar über den Küchenchef auf, da er kurz vor halb acht, als sie gekommen ist, die Tür zum Frühstücksraum noch abgeschlossen hat. So sind sie halt die Frühstücksmacher, lassen den Boss raushängen, das ist mir auch schon mehrfach passiert. Jedoch pünktlich öffnet er die Tür und wir gehen beide zum Frühstücken. Regula ist gestern angekommen und vor 2 Jahren den Weg von der Schweiz bis Le Puy gelaufen. Heute macht sie ihren ersten Tag auf dem Weg nach Santiago. Regula ist sehr unterhaltsam und kann es gar nicht abwarten einfach mal loszugehen. Punkt 8 Uhr ist sie weg, werden wir uns nochmal über den Weg laufen? Ich habe jedenfalls mehr Zeit zum Frühstücken und habe mir überlegt heute Vormittag noch in Le Puy zu bleiben, eine wunderschöne Stadt.

Kapelle St.Michel

Um 8.30 Uhr gehe ich in Richtung St. Michael, ich möchte noch hoch gehen zur Kapelle, denn die fehlt mir noch in meiner Stadtbesichtigung. Der Basaltkamin ragt 80 Meter hoch in den Himmel und ist über zweihundertachtundsechzig Stufen zu erreichen. Ich bin zehn Minuten zu früh, doch ich kann meinen Eintritt schon bezahlen und auch schon hoch gehen. Mühsam gehe ich die ausgetretenen Stufen steil die Basaltsäule hoch. Heute gehe ich mit Rucksack, das ist nicht so einfach, alleine wegen dem Gleichgewicht schon. Doch ich schaffe es, ich komme in der Kapelle an und es ist schon ein Ehepaar vor mir. Die Kapelle ist dem Erzengel Michael geweiht.

Kapelle St. Michel

Das Hauptschiff mit seinem Gewölbe im frühromanischen Stil ist eine gelungene Lösung, um die geringe Bodenfläche optimal auszunutzen. Ein romanisches Portal aus dem 10. und 11. Jahrhundert umspannt die in Felsen gehauene Treppe, von der aus ein Rundweg um die Kirche führt. Aus ihrer Krone habe ich einen weiten Blick über die Stadt, die Kathedrale, die rote Madonnenfigur und die Hochebene des Velay. Nun folgt der steile Abstieg, mit Rucksack, wobei jede Stufe extrem und abwechselnd auf ein Knie drückt. Kann das ohne Knieschaden gehen? Vielleicht hätte ich den Weg besser gestern noch gemacht, ohne Rucksack? Ich mache langsam, doch der Rucksack ist einfach zu schwer für so viele steile Stufen.

Unten angekommen suche ich mir eine ruhig gelegene Bank, mein Tagebuch muss

ich noch schreiben und mein Laufbuch, ein neues beginnt heute und geht von Le Puy zu den Pyrenäen. Das Buch ist von der Art total anders aufgemacht und ich muss mich erst darauf einstellen. Dann überlege ich nochmals zur Kathedrale zu gehen. Ich nehme nicht die vielen Stufen, sondern gehe den etwas weiteren Weg ohne Stufen. Es ist 11 Uhr und die Sonntagsmesse hat gerade begonnen. So ein Zufall denke ich, nehme den Rucksack ab und setzte mich dazu. Relativ viele Menschen sind zum Besuch der heiligen Messe gekommen, doch auch viele Touris, die auf und abgehen und regelrecht stören. Ich versuche mich auf die Messe zu konzentrieren und ich merke, es tut mir gut, die Ruhe, die ich hier wiederfinde. Nach dem Gottesdienst mache ich noch einen Rundgang, gehe nochmals zur Steinplatte, es liegen zwei Frauen darauf -und ich weiß nicht ob sie Fieber haben- bleibe vor dem hl. Jakobus nochmals stehen, kaufe mir in dem kleinen Pilgerladen noch einen neuen Pilgerpass, lasse mir noch einen Stempel in den alten Pass drücken und gehe dann zum Hauptportal, die vielen Stufen wieder

Andenkenladen in der Kathetrale

hinab, mühselig mit Rucksack, aber sehr vorsichtig.

„Aufgeräumt und zufrieden" bin ich bereit diese schöne Stadt im Wunderland wieder zu verlassen. Von der Altstadt aus finde ich den Pilgerweg sofort, komme an dem Pilgerladen vorbei, ja ich bin gerettet, er hat geöffnet. Ich gehe rein, versuche ihr an meinen Sandalen zu erklären was ich brauche, doch sie versteht mich nicht. Ich muss also noch meinen Rucksack abnehmen, den Schuh auspacken und zeige ihr, dass ich Kleber für die offene Sohle brauche. Sie hat leider keinen Kleber und es tut ihr so leid, so aufrichtig leid, dass sie mir nicht weiterhelfen kann. Für den Pilger hat sie wirklich alles, nur keinen Kleber für Schuhe. Etwas Essbares für heute Mittag finde ich auch nicht, es ist Sonntag und die Geschäfte haben geschlossen, also gehe ich ohne weiter. Plötzlich sehe ich ein Auto in der Einbahnstraße anhalten, ein zweites muss auch stehen bleiben, ich erkenne jedoch den Sinn nicht. Als ich an dem ersten Auto vorbeigehe, kurbelt sie die Scheibe runter, sagt das ich auf dem Weg richtig bin und wünscht mir Buen Camino und dann fährt sie weiter und löst die Straßenblockade auf. Ja, sie ist mir gestern auch schon mal begegnet und wollte mir weiterhelfen.

Ich gehe raus aus der Stadt, komme an einem Kreuz aus dem 16. Jahrhundert, auf dem der heilige Jakob sowie ein Pilger dargestellt ist, vorbei und gehe weiter bergan auf einem Weg, der zur Hochebene führt. Von hier habe ich nochmals einen guten Blick zurück auf die Stadt und die drei hochragenden Türme, jedoch auch ein wunderschönes rundum Panorama mit Fernsicht. Auf einer Bank esse ich noch meinen Apfel, das muss für heute Mittag reichen, denn das ist alles was ich noch habe. Der Weg ist einfach zu gehen und es ist wieder sehr warm. Eine kleine romanische Kirche aus dem 12. Jh. mit einem hübschen Glockenturm ziert den Weg. Sie ist vollständig aus dem rötlichen Vulkangestein der Region errichtet worden. Ich sehe und besuche noch Reste eines alten Dorfbackhauses, das mit Reisig beheizt wurde und in dem die Bewohner Brot und Pasteten gebacken haben.

alter Backofen

Dann erreiche ich Tallode, es ist 15.30 Uhr und ich gehe zur ersten Herberge. Es ist ein Bauernhof mit einer Herberge nebendran. Niemand zu Hause, aber eine Telefonnummer auf einem Zettel, der auf der Tür klebt. Ich traue mich und drücke die Nummer in mein Handy. Die Verständigung ist schwierig, doch ich glaube ich habe freie Unterkunft verstanden, sicher bin ich keinesfalls. Die Tür ist offen, ich stehe in der Küche und nehme mir ein Bier aus dem Kühlschrank, der gut gefüllt ist. Dann warte ich draußen auf einem Gartenstuhl. Es treffen noch 5 Personen aus 3 Generationen ein, es sind Franzosen, die ich überholt habe, die aber nicht gewillt sind mit mir zu sprechen. Ich genehmige mir noch ein Bier, ein Trecker trift ein, es ist der Jungbauer, der mir dann auch mein Zimmer zeigt. Es ist perfekt mit Dusche und WC auf dem Flur. Die 5 Franzosen liegen ein Stock tiefer. Ich gehe zum Duschen und wasche meine Klamotten, Tagebuch und WhatsApp habe ich eben schon erledigt. Rechtzeitig zum Kochen ist dann die Herbergsmutter zurück. Sie sagt, dass es das erste Mal war, das ihr Sohn ein Zimmer zugeteilt hat. Er war auch etwas unbeholfen, die Landwirtschaft ist sicher seine Arbeit. Dann kommt noch ein Radfahrer und eine Tourifrau an, wir haben eine schöne große Runde zum Abendessen. Obwohl es nur Franzosen sind kommt eine nette Unterhaltung zustande. Die Franzosen geben sich echt Mühe, auch die von heute Nachmittag. Die Herberge ist wieder sehr privat und das Essen sowie Trinken mit allen Gängen wieder perfekt und reichlich. Heute habe ich wieder ein Zimmer für mich alleine, ich habe dann einfach mehr Platz für alles.

EIN STÜCK DES WEGES LIEGT HINTER MIR, EIN ANDERES STÜCK HABE ICH NOCH VOR MIR. WENN ICH EINE PAUSE MACHE, DANN UM MICH ZU STÄRKEN, UM AUSZURUHEN, NIEMALS UM AUFZUGEBEN!!!   Gute Nacht.

Tag 41, Tallode – Saugues 35 km

Der Morgen danach, nach Le Puy, die Stadt wo einige Pilger ihren Weg beginnen. Es ist die Stadt, wo der komplette Süddeutsche Raum, Österreich, Schweiz und der Osten über Genf zustoßen oder anfangen. Ich muss immer noch an den Moment, den Augenblick denken, als ich Le Puy erkenne. Es war einfach Atemberaubend!

Das Frühstück heute Morgen findet im kleinen Rahmen statt. Die Touri Frau steht schon und nimmt noch einen Schluck aus der Teetasse, der Radfahrer und ich frühstücken zusammen, ich lasse mir von der Herbergsmutter noch ein Bett reservieren und es geht um 8 Uhr weiter auf den Weg. In Tallode drehe ich noch eine Runde um den Block und finde dann meinen Weg. Zunächst gehe ich durch eher flaches Land etwas bergan, habe eine schöne Fernsicht und darf mich nach kurzer Zeit zwischen zwei Wegen entscheiden. Ich nehme den Hauptpilgerweg. Die Wege sind überwiegend geschottert und es ist wieder sehr heiß, sogar wolkenlos heiß. Knapp hundert Meter vor Montbonnet liegt rechts mitten in der Weide die Chapelle St-Roch. Dieses kleine romanische Juwel aus dem 11. Jh. war ursprünglich St.-Bonnet geweiht, dann St.- Jacques und schlussendlich St.-Roch, der Heilige Rochus. Ich trage mich in das Buch ein und sehe vor zwei Tagen den Eintrag aus Australien und gestern aus Erlangen bei Nürnberg.

Sicher ist jetzt mehr los auf der Strecke, aber es gibt auch mehr Unterkünfte. Es ist vieles anders geworden, eine neue Welt schlägt auf mich ein! Viele Touristen die wandern oder mit dem Fahrrad unterwegs sind, treffe ich. Das Flair in den Dörfern ist sehr südlich geworden, die Wegeschilder sind anders, mein Buch ist ein ganz neues, auch von der Art her und somit eine totale Umstellung. Es gibt Reklameschilder am Wegesrand, wo auf bestimmte Herbergen hingewiesen wird. Die Sonne habe ich jetzt

morgens hinter mir, nachmittags auf der linken Seite und später von vorne, ich laufe jetzt nur noch westlich und vorher bin nur südlich gelaufen, da war die Sonne linke Seite, von vorne und später rechte Seite. Also eine rundum Bräunung ohne Aufpreis.

Die Körperfreien Stellen sind intensiv gebräunt mit extremen Schnittstellen zu den Fußknöcheln und den Oberarmen. Das ist schon Grass!

In St.-Privat-d`Allier, ein wunderschöner Ort hoch über dem Alliertal gelegen und mit einer wunderschönen Fernsicht. Ich bin von der Schönheit und Eindringlichkeit des

Ortes überwältigt. In einem kleinen Laden kann ich mir ein Baguette und Käse kaufen. Die Mittagspause mache ich auf einem Kindergartenspielplatz in einer Lok und bin absolut sonnengeschützt. Es ist eine kurze Pause, denn der Weg heute hat es in sich. Nach einem kurzen Anstieg, es ist wunderschön in der Hochebene, geht es wieder steil bergab bis Monistrol-d`Allier. Hier ist die letzte Möglichkeit zum Einkaufen vor Saugus -12km. Ich fülle lediglich an einer Wasserstelle meine Wasserflaschen auf und trinke etwas von dem sehr kühlen Nass. Dann geht es den zweiten Pass für heute steil hinauf. Etwa 450 Meter Höhenunterschied und über teils steile Pfade. Nach etwa 800 Meter stehe ich im Steilhang vor einer kleinen Kapelle de la Madeleine, die in eine kleine Grotte gebaut wurde. Ein riesiger Fels ragt über sie hinaus. Die Kapelle wurde 1312 bereits urkundlich erwähnt und diente wohl schon den keltischen Völkern als Unterschlupf. Weiter geht es steil bergauf, nur ein Handlauf und eine mit Holzbohlen befestigt Treppe können den Aufstieg etwas erleichtern, es ist schweißtreibend. Später gehe ich wieder über Teerstraßen und durch Wald die Serpentinen hoch, mache aber unterwegs immer wieder kurze Trinkpausen. Die Hitze ist extrem und die Schlucht des Allier liegt weit unter mir. Irgendwann ist auch dieser Pass geschafft, ich laufe noch einige Kilometer auf der Hochebene mit einer super Fernsicht, bis ich bergab zu meinem heutigen Ziel -Saugues – einlaufe.

Gleich am Anfang frage ich nach der Lage meiner Herberge, treffe um 18.30 Uhr ein

und werde gleich herzlich und mit viel Getöse von ca. zehn Pilgern, die an einem großen Tisch vor der Herberge sitzen, empfangen. Sie trinken Wein und wer kommt da auf mich zu, es ist Regula, mit ihr hatte ich doch in Le Puy gefrühstückt. Sonst kommt mir niemand bekannt vor. Regula bietet mir gleich ein Glas Wein an, doch ich möchte erst duschen und waschen. Sie geht mit rein hilft mir sprachlich beim Einchecken, ich erledige meine Arbeit auf die Schnelle und setzte mich zu der lustigen Truppe. Regula hat mir ein Glas Wein reserviert, wir stoßen an und jeder versucht sich vorzustellen, teils klappt das nur mit Übersetzern. Neben mir sitzt Paul, ein Holländer, wohnt aber in Frankreich und kann etwas Deutsch. Gegenüber Philippe und Jako, zwei Franzosen und weitere Franzosen, die nur französisch können. Ich stelle mich mit Paul vor, Paul hat sich automatisch, einfach so mal durchgesetzt. In Frankreich gibt es den Namen häufig und wird dadurch leicht verstanden. Einen Familiennamen braucht man hier beim Einchecken und reservieren nicht. Einmal wurden mir zwei Betten reserviert,

Saugues

eines unter dem Namen Paul und eines unter dem Namen Moritz, seitdem ich den sicheren und leicht verständlichen Weg mit Paul gewählt habe, ist alles einfacher. Ich bin dann auch gleich *Paul der Deutsche*.

Nach einer halben Stunde heißt es, das Essen ist fertig, alle gehen rein und ein riesiger Tisch wird besetzt, von unserer Truppe, einigen anderen Pilgern oder Touris und die gesamte Familie der Herberge nimmt teil. Locker 25 Personen, für die ein Tolles 4-Gänge Menü mit Brot, Wasser und Wein vorbereitet wurde. Es schmeckt sehr, sehr gut, ist reichlich, auch ich werde satt und die Unterhaltung, ich sitze zwischen Regula und Paul, alles ist perfekt. Zum ersten Mal bin ich in der Herde, ich fühle mich sau wohl, mal sehen vielleicht werde ich noch zum Herdentier. Doch Plötzlich bricht auch hier alles auf, in wenigen Sekunden ist der Tisch abgeräumt und alle sind verschwunden. Auch ich lasse mich anstecken, muss noch mein Tagebuch und eine WhatsApp schreiben, Telefoniert mit Uschi hatte ich

noch vor dem Essen.

Oh, es sind ja noch einige Mitteilungen gekommen; Tina schreibt - darauf, also auf den St. Michael hätte ich einen Hubschrauber gebraucht-Respekt! Nancy schreibt - was ist mit den Schuhen, kann man sie noch reparieren oder sollen wir Neue schicken? Ich versuche die Schuhe zu reparieren, schreibe ich zurück, muss nur den Kleber finden, wenn irgendwas fehlt, melde ich mich. Ich schreibe Nancy noch, dass auch ihre Schwiegermutter Tina heute geschrieben hat; Juppi, vermisst du irgendwas oder irgendwen? Ich habe ihr ähnlich geantwortet!

Ich teile meinen Tagesablauf noch kurz auf WhatsApp mit und halte meinen Tag im Buch fest, dann wird es Zeit zum Schlafen. Es war heute wieder ein Härtetest, die zwei extremen Pässe, die Hitze, die 35 km, doch ich habe ihn bestanden und werde mit einem wunderschönen Tages Abschluss belohnt.

„Hoffnung und Zuversicht sind die Antriebsfedern des Lebens"!

In Sekunden versinke ich in den Tiefschlaf.   ...gute N a c h t

Tag 42, Saugues – St-Alban-sur Limagnole 33 km

Der große Frühstückstisch ist morgens wieder rundum besetzt und alle frühstücken zusammen. Etwas Wartezeit gibt es beim Bezahlen sowie Stempel setzen. Die

Herbergsmutter reserviert mir noch ein Zimmer für die folgende Nacht und dann geht es raus. Bei Paul und Regula habe ich mich gleich wohlgefühlt, doch wir müssen uns wieder trennen, denn die beiden laufen etwa 10 km pro Tag weniger als ich.

Ich muss in den Ort rein gehen, komme an der Kirche St.-Mèdard vorbei, kaufe mir vier Äpfel und muss noch Geld ziehen. Der Automat spukt jedoch nichts aus, auch der zweite Versuch bleibt ohne den gewünschten Erfolg. Auf einer Parkbank prüfe ich die Geheimzahl, doch der Zettel befindet sich ganz unten im Rucksack, das ist etwas Aufwand. Alles muss ausgeräumt und wieder eingeräumt werden. Ja, ich habe die Kartennummern vertauscht, wie auch angenommen. Nochmals gehe ich zum Automaten und schließe den Vorgang erfolgreich ab. Leer, ja so leer ist mein Kopf, ich bin so frei und kann dieses gedankenlose Leben genießen, aber nicht immer verstehen. Ich lebe den Tag, die Stunde, die Minute, das Jetzt, in meinem unmittelbaren Umfeld und mit mir, ohne an Irgendwas oder an Irgendjemand zu denken. Mein Körper und ich, wir zwei sind eins und bilden die Hauptdarsteller. Es ist wunderschön, es ist der Traum. Um 8.45 Uhr gehe ich wieder alleine los.

Heute möchte ich nochmal in mein Leben eintauchen. Die äußeren Gegebenheiten sind gut und ich muss es mir in den Kopf schlagen, denn es ist eine Aufgabe zu erarbeiten, die mittlerweile zu einer Pflicht geworden ist. Aufgaben, wie Geld abheben oder ein paar Lebensmittel einkaufen, füllen mich bereits aus. Doch ich gebe mir Mühe, wollte es ja auch und lasse meine Gedanken in meiner Schulzeit spielen. Mein erster Schultag, ich war sechs Jahre, eigentlich kann ich mich nur noch an die Schultüte erinnern. Vielleicht war es ja auch das Beste am ersten Schultag. Pomster hatte eine Klasse in der das erste bis achte Schuljahr von einem Lehrer unterrichtet wurde. Bis zur vierten Klasse fiel das Lernen mir sehr leicht, war immer Bester, hatte aber auch wenig Vergleichsmöglichkeiten. In der dritten und vierten Klasse durfte ich mit der ersten oder zweiten Klasse des Öfteren in einen Nebenraum gehen und mit ihnen eine vorgegebene Aufgabe durchziehen, das habe ich sehr gerne gemacht. Einmal, so kann ich mich erinnern, sollte ich ein Gedicht im Nebenraum lernen und es anschließend zum letzten Schultag der achten Klasse vortragen. Ich konnte es perfekt, doch als ich es vortragen sollte, war es im Kopf gelöscht. Die Pausen waren zum absoluten Toben da, im Sommer gab es ab 25 Grad, die mussten um 10 Uhr im Schatten sein, sogar hitzefrei. Das war selten der Fall, da es ein dickes Bruchsteingebäude mit vielen großen schattenspendenden Bäumen drumherum war. Wir hatten einen Holzofen in der Klasse, die Gemeinde sorgte für Holz und die ältesten Jungs mussten im Winter das Holz in die Kiste tragen. Manchmal waren die älteren Jungs frech oder hatten etwas angestellt und mussten dann nach vorne kommen, die Hand ausstrecken, offene Handfläche nach oben und der Lehrer hat dann den Stock über die Fingerspitzen gezogen. Wir, die jüngeren Schüler, saßen vorne und ich habe, glaube ich jedes Mal mehrere „aua" rausgelassen.

Dann zur fünften Klasse sollte ich ins Internat nach Linz, aus unserer Verwandtschaft war Willi, etwas älter als ich, bereits dort. Unser Lehrer hat mir das ok nicht gegeben, erfahren habe ich später, dass er mich weiterhin zum Unterrichten kleinerer Klassen haben wollte. Also musste ich eine Aufnahmeprüfung machen, die ich jedoch nicht bestanden habe, hier habe ich erfahren, dass die Anzahl der aufzunehmenden Schüler vor der Aufnahmeprüfung schon mehr als erfüllt gewesen wäre. Also blieb ich in Pomster, wer weiß vielleicht war es gut so, vielleicht wäre ich auch nicht bereit gewesen für das Internat?

Später kommen die Gesamtschulen ins Gespräch, unser Lehrer, der 16 Jahre in Pomster war, verabschiedet sich schon frühzeitig. Viele Eltern und auch Schüler waren unglücklich darüber, sollte dann nochmal ein Lehrer kommen? Ja, es kam nochmals ein neuer Lehrer, ganz jung direkt vom Studium und es war als würde er zu uns Schülern gehören, hängte Basketballkörbe auf, fuhr mit seinem Käfer inclusive neun Schüler ins Schwimmbad nach Kelberg und brachte richtig Schwung in die Schule, wusste jeden Einzelnen zu begeistern. Vor und nach dieser Zeit wurden wir in Barweiler und in Wiesemscheid zugeteilt, bis ich dann das erste Schuljahr, ein Kurzschuljahr nach Antweiler und die neunte Klasse besuchen durfte. Es war richtig schön oder war es nur etwas Neues? Eine Mädchen und eine Jungenklasse und so viel Gleichaltrige, ich habe mich sehr wohl gefühlt, war aber trotzdem froh, dass die Schulzeit ein Ende nahm und sehnte den Entlassungstag herbei. Kein Bock mehr auf Schule! Ich wurde Erwachsen, auf jeden Fall war ich kein Kind mehr!

Meine Kindheit zu Hause bestand aus spielen und arbeiten. Der Winter war sehr schön, keine Feldarbeit, dafür viel Schlitten fahren und Fußball spielen. Nachmittags sammelten sich Schüler und Erwachsene, die im Winter nicht arbeiten konnten im Dorf und es wurden zwei Mannschaften gebildet, zwei Tore mit je zwei Pullover markiert und schon konnte das Fußballspiel stattfinden. Alt und Jung, es war eine tolle Zeit in jedem Winter. Wir haben viel gespielt, immer draußen und Ball spielen das war Meins. Später wurde dann auch nächtelang Monopoly mit der ganzen Familie gespielt. Aber ich musste auch in jungen Jahren schon arbeiten, was ich konnte, dem Alter entsprechend. Toll fand ich immer, Kühe hüten nach der Schule. Zaun aufbauen lohnte sich nicht mehr, da zu wenig Gras auf den Weiden war. Die Schultasche ging mit, denn die Schulaufgaben wurden auf der Wiese gemacht. Am Bach, am Wald oder am Kartoffelfeld war es am schönsten. Wasserräder wurden gebaut und getestet, Bachläufe verändert, mit Holz gearbeitet und viele, viele Kartoffel im Kartoffellaub oder etwas Holz gebraten. Wir hatten viele Freiheiten. Bei gutem Wetter haben die Eltern uns in der Schule vom Unterricht befreien lassen und wir durften mit ins Heu oder Kartoffel ausmachen. Irgendwann hatte mein Vater dann eine feste Arbeit, es kam regelmäßig Geld rein, wir waren nicht mehr so stark auf die Lebensmittel aus eigener Landwirtschaft angewiesen und es ging uns allen besser. Wir hatten schon frühzeitig einen schwarz-weiß Fernseher mit ARD und ZDF, Telefon mit 5m Kabel, Bad mit Holzofen oder auch Ölheizung. Erinnern kann ich mich auch noch an samstags, Baden in der Küche. Eine Zinkwanne mitten in der Küche, Wasser wurde auf dem Holzofen gekocht und zu Badewasser gemischt, dann wurden wir fünf der Reihe nach durch das Wasser gezogen. Ob das Wasser mal erneuert wurde? Ich weiß es nicht! Bei Neuerungen war mein Vater immer die treibenden Kraft. Aber wir mussten nun, da die Landwirtschaft noch da war, auch mehr mit anpacken. Die Erntezeit war jedes Jahr heftig und in der Winterzeit musste das Vieh gefüttert werden. In den letzten zwei Schuljahren habe ich die Woche über das Vieh alleine gefüttert. Das heißt Heu rupfen und runterschmeißen, Rüben aus dem Keller holen, vom Dreck befreien und mit einer mechanischen Mühle klein hacken. Die erste Runde für ca. 15 Stück Vieh war eine Heu Runde, die zweite eine Rüben Runde mit Mehl obendrauf, die Dritte wieder eine Heu Runde. Zwischendurch misten, rausfahren, Stroh unter das Vieh bringen, 7 Kühe melken und die Milch verarbeiten. Das waren locker mal drei Stunden handfeste Arbeit. Auch Schweinestall misten oder andere Tätigkeiten hatte ich mir irgendwann übertragen. Es hat mir gutgetan, nein nicht geschadet, auf keinen Fall.

Eine schöne Zeit war von Gründonnerstag bis Ostersonntag. Mit 13 und 14 Jahren durften wir mit drei oder vier Kindern jedes Haus mit dem Kläpper wecken. Aufstehen war um 4.30 Uhr, drei Teller standen unter meinem Wecker, warm anziehen, denn meistens war Vollmond und es war sehr frostig und dann ging es am Dorfanfang los. Das Schlafzimmerfenster der Erwachsenen war bekannt, so wurde gekläppert und „hat huurt" gerufen bis ein „JA" kam. Manch einer war sauer, so früh geweckt zu werden, hat uns dann einfach vertrocknen lassen indem er nichts sagte. Ausgenommen wurden nur Häuser mit Babys, kranken Menschen oder Sterbefälle. Der nächste Durchgang, einmal mitten durchs Dorf gehen und im Wechsel kläppern und rufen „et lögt morjeglock". Der dritte Durchgang war wie der zweite, jedoch mit dem Text „de Rusekranz fängt aan". Nachdem Rosenkranz in der Kapelle hatten wir dann frei bis zum Mittag. Zum Mittag und zum Abend durften dann alle Kinder mitgehen. Das Geld vom Eiersammeln am Sonntag war den Älteren, die morgens früh unterwegs waren, vorbehalten.

Vieles hatte mit der Kirche zu tun, so wurde regelmäßig die Messe, die Andacht und die Christenlehre besucht. Ich war Messdiener, habe hierfür Latein gelernt und durfte während der Messe das Buch gefühlte fünf Mal hin und her tragen. Der gelebte Glauben und der Pastor waren das Höchste, danach kam der Lehrer!

Ja, es war eine wunderschöne Zeit, ich hatte eine traumhafte Kindheit und es war mir ganz sicher nie langweilig, aber ich war jetzt auch reif für die Lehre, wollte Geld verdienen und hatte keinen Bock mehr auf Schule.

Wollte ich erwachsen werden? Ich war jedenfalls kein Kind mehr, aber ich war gut drauf!

Die heutige Etappe führt durch die einsame Hochebene der Margeride. Dieser 60 km lange Gebirgszug blieb von der vulkanischen Tätigkeit des Zentralmassivs verschont und ist ein granitisches Mittelgebirge. Ganz unvermittelt ragen durch Verwitterung abgerundete Granitfelsen aus dem Boden, die wie gigantische Murmeln über die Landschaft verstreut sind. Das raue Klima, heute ist es jedoch wieder sehr heiß, lässt hier nur Viehzucht landwirtschaftlich lohnenswert erscheinen. Ab 1000 Meter Höhe werden die Wiesen durch Wälder abgelöst, in denen die Kiefernwälder überwiegen und die Hitze heute extrem erscheint. Teerwege, Feldwege und Pfade führen mich durch die Landschaft, durch einige wunderschöne Orte, mit wenig Höhenunterschied. An der Chapelle St-Roch, habe ich mit einer Höhe von etwa 1300 Meter einen der höchsten Punkte des Französischen Jakobsweges erreicht. Bei einem bezaubernden 180° Blick hinunter ins Tal treffe ich neben der Chapelle auf Regula und eine weitere

Pilgerin. Sie ruhen und warten auf Paul, doch auch ich habe Paul seit heute Morgen nicht mehr gesehen. Wir unterhalten uns noch eine Weile, dann gehe ich weiter.

Heute waren einige Pilger unterwegs und ich bin nicht mehr alleine auf dem Pilgerweg. Ich gehe noch etwa zwei Stunden leicht bergab und erreiche um 17.30 Uhr meine Herberge mitten in einem größeren Ort, der St-Alban-sur-Limagnole heißt. Unten führt das Ehepaar ein Restaurant und oben eine Herberge. Sie zeigt mir das Zimmer mit Bad, ich frage gleich nach einem Schuhmacher oder Kleber und zeige ihr meine Schuhe. Sie erklärt mir den Weg, raus und rechts, etwa 100 m, auf der Ecke ist ein Geschäft mit Wanderschuhen, Rucksäcke usw., da wird mir geholfen. Ich dusche und wasche meine Klamotten und mache mich dann mit meinem Schuh auf den Weg. Auf der Ecke finde ich ein Geschäft mit Raucherbedarf, Zeitschriften und viel, viel allerlei, aber es sind weder Rucksäcke noch Schuhe zu sehen. Ich gehe trotzdem rein, zeige ihr meinen Schuh, doch sie winkt zunächst ab. Ich frage nach einem anderen Geschäft oder Schuhmacher, doch dann, ein Geistesblitz und sie kommt mit einem Schuhkarton. Hier ist so allerlei drin und sie sucht mir eine kleine Tube Kleber in einer Blister Verpackung raus, es sieht nach Sekundenkleber aus. Lesen oder verstehen kann ich nichts, außer 6.20 Euro für 3 gramm. Ich nehme es mit und versuche die Sohlen der Schuhe zu kleben. Mein künstlerisches Wirken scheint Erfolg zu haben. Auf meinen Fingern und auf dem Parkett klebt es auf jedenfall richtig gut. Jetzt der zweite Schuh, etwas Kleber rein und dann die Sohle zwei Minuten mit den Fingern fest an den Schuh pressen. Der erste Eindruck ist gut, das scheint zu halten. Es ist nur zu wenig Kleber, also gehe nochmals hin und besorge mir eine zweite Tube aus der Apotheke, die sündhaft teuer ist. Aber wenn ich erfolgreich bin, ist es günstiger und besser als neue Schuhe zu kaufen. Mit der zweiten Tube kann ich alle Öffnungen an der Sohle schließen, sodass auch kein Wasser reinziehen kann und ich habe noch etwas Kleber übrig, den ich im Rucksack in einer Seitentasche ablege und eventuell mal etwas nachbessern kann. Boden und Finger kann ich jedoch nicht mehr vom Kleber befreien. Hoffentlich halten die Schuhe durch, doch es sind noch etwa 1500 km bis Santiago de Compostela.

Bis zum Abendessen ist es nicht mehr so weit, jedoch kann ich noch WhatsApp und mein Tagebuch schreiben, auch anrufen geht noch. Tina hat geschrieben; deine Tagesetappen sind zur Zeit ja gewaltig! Kompliment! Ich antworte; das ist wie atmen, morgens Schuhe anziehen und es läuft ohne darüber nachzudenken, einfach automatisch - dann gehe ich die Treppe runter zum Essen. Ich bin alleine im Restaurant und bekomme als Vorspeise eine große Schüssel Salat, das Hauptgericht besteht aus Lamm, Bohnen und Fritten mit Salat aus der großen Schüssel, anschließend Käse, Obst und ein Stück Kuchen. Auch Wasser, Wein und Brot stehen reichlich auf dem Tisch, oder werden nachgereicht. Der absolute Wahnsinn, ich bin mehr als satt, es war sehr lecker und es war schon etwas Besonderes. Im Restaurant sind weitere Personen eingetroffen, zum Übernachten bin ich alleine, doch morgen sind alle Betten ausgebucht sagt sie. Bezahlen darf ich erst nach dem Frühstück.

Zwischen gestern und heute liegen Welten, ich kann beides, vielleicht kann ich es mir abwechselnd bestellen oder wünschen, mal alleine, sehr ruhig und fürstlich bedient werden und der nächste Tag viele Pilger um mich rum und an einem großen Tisch zusammen essen, trinken und unterhalten.

Ich träume – besser ist, ich gehe schlafen und genieße jeden Tag, jeden Abend, so wie er ist!!!

Optimisten werden jeden Abend um einen Tag reicher –

Pessimisten um einen Tag ärmer!!!   *…gute Nacht*

Tag 43, St-Alban-sur-Limagnole – Finieyrols 29 km

Der erste Blick heute Morgen richtet sich voll auf meine Schuhe, hat der Kleber gehalten? Zwischen Sohle und Schuh sind alle Öffnungen geschlossen, der erste

Kirche in La Chaze de Peyre

Eindruck ist gut, aber die Realität ist eine andere, der Härtetest kommt noch. Erst gehe ich zum Frühstück ins Restaurant, das sieht jedenfalls gut aus. Für die Halbpension waren 29 Euro ausgemacht, ich biete ihr 5 Euro Trinkgeld an, doch sie nimmt es nicht ab. Ich hatte nochmal Wein nachbestellt und das Essen war wie im Sterne-Restaurant, doch sie sagt; es gibt einen Festpreis für Pilger und da nehme ich nicht mehr! Ich bedanke mich herzlich, sie drück mir noch einen Stempel ins Buch, ich gehe nochmal kurz aufs Zimmer und dann 8.15 Uhr mit meinen selbst reparierten Schuhen auf den Weg.

Bergab gehe ich aus dem langgezogenen Ort raus, es sind schon einige Wanderer unterwegs, ich frage nochmals kurz nach dem Pilgerweg, bin aber auch schon auf dem rot-weiß markierten Weg richtig. Ich laufe Wald, Feld und Wiesenwege, viele Pfade und genieße eine wunderschöne Natur. Die Höhenunterschiede liegen zwischen 950 und 1220 Meter und sind sehr moderat. Doch die vielen groben Schotterwege sind schwer begehbar und ein echter Härtetest für meine Schuhe. Da müssen sie jetzt durch und ich bin froh sie wieder zu haben, besonders heute, denn mit Sandalen ist es schon gefährlich für Füße und Beine. Heute ist es wieder Staubtrocken, durch Kiefernwälder und entlang der Heide, die Hitze wieder schweißtreibend. Verschlafen zeigt sich der Ort Aumont-Aubrac, wo ich meine Tagesetappe halbiere, doch für die Mittagspause ist es noch etwas früh. Hier beginnt das Aubrac, landschaftlich sehr schön, saftige Weiden mit Steinmauern unterbrochen und auf dem Höhenzug genau so heiß wie die Margeride. Es besteht ähnlich wie die Margeride aus graniten Urgestein, das jedoch von einer meterhohen Basaltdecke überdeckt wurde. Faszinierend und menschenleer ist die Landschaft des Aubrac, hier ist die ländliche Idylle noch perfekt. Grüne Wiesen, viele Steine, glückliche Kühe, kleine Seen und murmelnde Bäche bestimmen meinen Tagesablauf und sind wirklich sehenswert. Einzig und alleine das Wetter kann mir etwas abverlangen, ich bin schutzlos der sengenden Sonne ausgesetzt und vernichte zur Zeit viel Wasser tagsüber, aber auch abends. Etwa 50 km führt mich der Jakobsweg durch diese landschaftlich reizvolle Etappe.

Weiter gehe ich Richtung Autobahn, ein kurzes Stück entlang der Autobahn bis ich durch die Röhre die Autobahn unterqueren kann. Hier ist wesentlich weniger Verkehr als bei uns und die Autobahnen sind viel ruhiger. Einige Wanderer, aber auch Pilger sind unterwegs, doch besiedelt ist die Etappe nur ganz gering. Um 17 Uhr finde ich meine Herberge -Ferme des Gentianes- an einer Kreuzung, einzel gelegenen und kurz vor dem Weiler Finieyrols.

Als Erstes kontrolliere ich meine Schuhe, alles ok denke ich, sie haben den ersten Tag, einen echten Härtetest im groben Schotter heil überstanden. Jetzt werden wir gemeinsam Santiago erreichen, da bin ich mir sicher. „Wir schaffen das", sage ich, sagt der Optimist.

Einchecken, es ist alles ok, meine täglichen Aufgaben erledigen, etwas ruhen und ich bin zum Essen geladen, ich habe Halbpension gebucht. Als Hauptgericht gibt es die Spezialität der Region -Aligot d`Aubrac-, eine traditionelle Pilgerspeise. Aligot ist ein Kartoffelpüree mit Käse und Crème frâiche zu einer Masse verbunden und mit Knoblauch, Salz und Pfeffer abgeschmeckt. Dazu werden Bohnen im Speckmantel gereicht. Das Aligot ist zäh und lässt sich endlos langziehen. Wir haben wieder einen großen Tisch mit ca. 20 Franzosen zusammen und man kann schnell erkennen, wo die geübten Esser sitzen. Ich habe wieder etwas gelernt und kann so den Tag in Ruhe ausklingen lassen.

Tja, es läuft weiter richtig prima, die Tatsache, dass ich mich so schnell auf die vielen Veränderungen ab Le Puy umstellen konnte, zeigt doch, wie unbelastet ich unterwegs bin. Nichts stört, nicht einmal die wiederhergestellten Schuhe. Jeder Augenblick ist ein Genuss. Nirgendwo anders als hier möchte ich jetzt sein. Ich bin eins mit dieser Welt, mit dieser französischen Welt. Dann haue ich mich aufs Ohr und freue mich auf einen neuen Morgen, auf einen neuen Tag! Gute Nacht!

Tag 44, Finieyrols – St.-Chèly-d`Aubrac 28 km

Die Nacht, das Frühstück, es war alles ok. Die Herbergsmutter reserviert mir ein Bett für die kommende Nacht. Ich stürze mich förmlich in die Schuhe, gehe um 8.15 Uhr raus und ziehe bei sehr angenehmen Wanderwetter in vollem Elan los. Der Himmel ist bedeckt, ich habe etwas Wind und meine Schuhe wieder, die Sicherheit in den Schuhen ist doch eine ganz andere, so lässt es sich gut laufen.

Landschaft des Aubrac

Wir schreiben den 24. August, die Nancy hat Geburtstag, so rufe ich sie an und wünsche ihr alles, alles Gute und einen besonders schönen Tag.

Auf einer Höhe von ca. 1200 Meter geht es heute nochmal durch das Aubrac. Wenige Kilometer, ein Wanderpfad und eine kleine Brücke führen mich zu dem kleinen Ort Rieutort d`Aubrac. Wie hier haben die Gemeinden und Bauernhöfe des Aubrac fast überall ihre Ursprünglichkeit erhalten. Die Dörfer des Aubrac sind aus dem grauen Basalt der Region errichtet und harmonisieren wunderbar mit der manchmal lieblichen, manchmal rauen Landschaft. Häufig trifft man noch Viehtränken, alte Backhäuser und Dorfbrunnen. Die Küche ist deftig, wie das Aligot, eine Art Kartoffelbrei mit Käse; die Menschen sind zurückhaltend, aber warmherzig. Die Landschaft idyllisch und naturbelassen, traumhaft schön.

Das Aubrac - hier ist die Zeit einfach stehen geblieben!

Ich wandere durch weitere Weiler in einem moderaten Gefälle über Wirtschaftswege auf Nasbinals zu. Es ist das wirtschaftliche Zentrum des Aubrac – im Winter für Skiläufer und im Sommer für Wanderer. Im Mittelpunkt steht die Dorfkirche >Notre-Dame de la Carce<, deren Gründung sich ins 11. Jahrhundert datieren lässt. Sie ist aus dem Basalt der Region gebaut und mit Schiefer gedeckt. Weiter geht es in Richtung Aubrac, über relativ

glückliche Kühe

ebenes Gelände bis zur Passhöhe von 1368 Meter, die höchste Stelle des Jakobsweges nach den Pyrenäenpässen. Offene Weideflächen, ohne Schatten, ja die Sonne zeigt sich wieder von ihrer schönsten Seite. Zwischen Nasbinals und Aubrac zeigt sich die Aubrac-Hochfläche noch einmal von ihrer typischen Seite: Weideflächen, riesige Flächen eingezäunt mit und ohne Vieh, immer wieder Holzgatter zum Öffnen und wieder Schließen, ganz wie in Bayern. Nicht zu übersehen sind die Wildblumenteppiche, Steinmäuerchen und nahezu endlose Weiten. Ich habe das Gefühl diese Weideflächen nehmen kein Ende mehr. Die Kühe werden noch durchs Dorf getrieben, entsprechend sehen die Dorfstraßen auch aus. Ich überhole einen Bauern mit seiner Viehherde, gehe immer wieder zwischen den Kühen hin und her, bis ich vorbei bin. Überall Kuhscheiße, wie bei uns in den 70er Jahren. Es ist schön, ich fühle mich absolut wohl! Die Zeit steht hier, und ich fühle mich viele Jahrzehnte zurückversetzt. Es ist ein Traum!

Nach Chèly geht es nun mit ca. 500 Meter Höhenunterschied, leicht im Abstieg weiter.

Notre Dame in Nasbinals

Wälder, Wiesen und Wanderpfade begleiten mich. Angenehme schattige Wege, aber auch die hässlichen, gerölligen Wanderpfade, die eine gewisse Belastung für meine Beine und vor allem die Knie darstellen, füllen den Nachmittag. Jedoch kann ich mit meinen Lekis vieles abfedern. Die klare Witterung heute lässt den Ausblick Richtung Süden schlicht gigantisch wirken. Der Weg von Chely bis zur Unterkunft, diese liegt außerhalb vom Ort, zieht sich enorm. In einer Bäckerei gönne ich mir noch eine Kleinigkeit zu essen und ziehe dann den Berg hoch. Unterwegs muss ich nochmals fragen, doch ich bin richtig, aber die Auberge liegt total Abseits und einsam.

Endlich 18.30 Uhr, ich bin angekommen, es sind zwei Häuser im Wald, eines ist privat, das andere die Auberge. Ein Biker und der Herbergsvater begrüßen mich und laden mich zu einem Drink ein. Wir nehmen den Tisch vor der Auberge und der Herbergsvater kommt mit einem Tablett voller Getränke zu uns. Er stellt die unterschiedlichsten Getränke vor und die Entscheidung fällt schwer. Ich entscheide mich für den Weißwein, den sein Vater hergestellt hat. Der Wein ist schwer, hat viel, sehr viel Alkohol und ich kann ihn nur in Schnapsglas-Menge trinken. Der Biker, er trink keinen Alkohol und bekommt einen selbsthergestellten Saft. Beides sind Franzosen, es findet jedoch eine nette Unterhaltung statt und in einer kleinen Gruppe ist die Verständigung wesentlich besser, die Konzentration aufeinander ist einfacher. Es ist Selbstverpflegung angesagt, damit habe ich nicht gerechnet und habe auch nur 2 Äpfel, jedoch sündhaft teure, für beide habe ich 2,10 Euro heute bezahlt. Doch der Biker lädt mich zum Essen ein. Er hat für mehrere Tage hier das Quartier gebucht, ist mit dem Auto angereist und hat eine Kühlbox  voller Lebensmittel eingekauft. Die Tagestouren macht er mit dem Mountainbike von hier aus und kehrt abends dann wieder zurück. Ich nehme gerne an, möchte mich aber finanziell beteiligen. Er fängt an zu kochen und ich kann noch duschen und Wäsche machen. Die Getränke möchte ich besorgen, doch er trinkt kein Bier und den Saft hat er selber eingekauft. Also gehe ich privat 2 Flaschen Bier für mich holen. Dann die Spannung wächst, Überraschungen nehme ich eigentlich gerne an und ich bin überrascht, positiv überrascht, von der Kochkunst des Bikers. Es gibt ein 5-Gänge-Menü, eine kleine Vorspeise – Chips – Reis mit Salzbutter und Schinken - 3 verschiedene Käse zum abschneiden - ein Joghurt und natürlich Baguette. Was fehlt

ist der Wein, aber das kann ich nun wirklich nicht von ihm verlangen, ich habe ja auch mein Bier. So leben die Franzosen, ich glaube, das hätte er auch so für sich alleine gemacht. Es hat sehr gut geschmeckt und es war reichlich. Ich bedanke mich und möchte es ihm bezahlen, doch er nimmt kein Geld, so lasse ich es beim „Merci". Wir unterhalten uns noch eine Weile und gehen dann, ich bin hundemüde, die Treppe rauf. Da keiner mehr nachgekommen ist hat jeder seine eigene Etage und die nötige Ruhe für einen neuen Tag.

Die Müdigkeit habe ich mir heute redlich verdient, das 5-Gänge-Menue, ein angenehmer Nebeneffekt „am Rande des Weges" oder „am Ziel des heutigen Tages"! Egal, diese Zufälle gibt es nur auf dem Jakobsweg. Mit dieser Erkenntnis beschließe ich diesen anstrengenden und doch so beglückenden, wunderschönen Tag.

Gute Nacht.

Tag 45, St-Chèly-d`Aubrac – Espalion 23 km

Die Nacht war etwas unruhig, es hat gestürmt und schon früh am Morgen ist eine Maus ständig über den Holzboden hin und her gelaufen. Die Herberge steht nicht nur in der Natur, sie besteht aus sehr viel Natur. Fast alles ist aus Holz gebaut. Der Clo hat keine Wasserspülung, sondern nebenan einen Behälter gefüllt mit Holzspänen, womit die verrichteten Dinge (menschliche Bedürfnisse) abgestreut werden. Er sieht wie ein Katzenclo aus.

Das Frühstück serviert der Herbergsvater, der Biker hat sein Frühstück selber dabei. Wir unterhalten uns noch zehn Minuten, sind froh, dass wir uns kennengelernt haben und er ist dann auch schon früh weg. Ich frühstück in Ruhe, schreibe noch mein Tagebuch und die WhatsApp für gestern, verabschiede mich vom Herbergsvater, der dann unterwegs zur Arbeit ist. Es ist 8 Uhr als ich die Herberge verlasse.

Der Herbergsvater hat mir noch einen Schleichweg vom Haus in den Ort erklärt, Jedoch geht das gründlich schief, ich verlaufe mich in den Waldwegen, finde aber auch anschließend den Jakobsweg im Ort nicht. Das Touristenbüro hat noch geschlossen, ich finde aber zwei Pilger, die den Weg auch nicht finden. Doch endlich, nach einer Stunde habe ich den Weg, er war aber auch schwer zu finden und war schlecht beschrieben und beschildert. Heute Morgen sieht es nach Regen aus, aber noch ist alles trocken. Der Weg führt heute nochmals 500 Meter bergab in das Tal des Lot, gestern hatte ich auch schon mal 500 Höhenmeter verloren. Doch auch immer wieder habe ich ausgewaschene Pfade, die sehr steil im Anstieg sind. Ich durchlaufe immer wieder kleinere Orte, aber pilgermäßig ist es immer noch sehr ruhig.

Doch plötzlich geht die Ruhe in stimmungsvolles Gelächter über. Am Wegesrand steht eine Holz Bude, die in der U-Form voll besetzt ist. Drei Münchnerinnen laden mich zum Kaffee ein und ich nehme spontan an.

Gepäck-Esel, bei der Rast

Ein alter Mann mit Schlauch und Flasche an seinem Körper, verkauft Kaffee und Tee gegen Spende. Meine Sprachschwierigkeiten, die hier nicht wirklich welche sind, stoßen auf viel Stimmung. So geht es, wenn man nur noch Französisch und etwas Englisch über Wochen wahrnimmt. Aber es klärt sich alles auf und es findet eine tolle Unterhaltung statt. Dann gehen wir fünf, die drei Münchnerinnen haben noch einen Kanadier im Schlepptau, weiter. In zwei Gruppen bleiben wir einige Kilometer zusammen und haben eine gute Unterhaltung. Die Drei sind seit 2013 unterwegs und machen jedes Jahr fortlaufend ein Stück vom Jakobsweg, losgegangen sind sie in München und wollen in Santiago irgendwann mal ankommen. Doch dann ist mir der Schritt zu langsam, wir trennen uns wieder, aber nicht ohne die Unterkunft für abends zu besprechen, wir wollen uns wiedersehen.

Von hier aus geht es nur noch abwärts. Frühzeitig kann ich schon den markant gedrehten Kirchturm von St-Côme-d`Old erspähen. Durch eines der drei Stadttore finde ich mich in einer ganz anderen Welt wieder; enge Gassen, kleine Plätze, alte Residenzen und Wohnhäuser aus dem 15. und 16. Jh. prägen den spätmittelalterlichen Ort, der seit nahezu 600 Jahren unversehrt und größtenteils intakt

menschenleere Gassen

ist. Kein Wunder, dass der Ort zu den schönsten Ortschaften Frankreichs zählt. Die Kirche im gotischen Flamboyant-Stil im 15. Jh. errichtet, hat ein außergewöhnliches Turmdach, das sich gewunden wie eine Flamme emporhebt. Die Keramiken der Dachplatten sind in unterschiedlichen Farbtönen gehalten und verleihen der „Flamme" eine besondere Note. Vor der Kirche führt mich der Jakobsweg durch die wunderschöne untere Altstadt aus dem einzigartigen Ort. Ich bin im Tal des Lot angekommen und wandere ein Stück am Ufer des Lot vorbei. Die drei Münchnerinnen und den Kanadier habe ich noch zweimal getroffen und wir freuen uns auf das Treffen heute Abend im Kloster. Das Wetter hat sich gebessert und es ist wieder sehr heiß.

Das Lot bahnt sich seinen Weg in weiten Schleifen und engen Mäandern durch das südliche Zentralmassiv bis zur Garonne. Vielleicht ist das Tal des Lot der abwechslungsreichste und zugleich lieblichste Flusslauf im Süden Frankreichs. Auf jeden Fall zieht mit dem Lot endgültig südliches Flair in diese Mittelgebirgsregion ein. Die Böschungen und flussnahe Hochebene sind von weiten Kastanien und Laubwäldern bedeckt. Hinter jeder Flussbiegung hält das Lot eine neue Überraschung bereit; Einmal zeigt er sich von seiner Rauen Seite, dann wieder reihen sich zahlreiche Ortschaften entlang seiner Ufer, oder eine Kapelle befindet sich auf einem der Felsvorsprünge. In malerischer Lage befinden sich die Orte St-Côme-d`Olt,

Estaing und Espalion am Lot Ufer – Traumwelten, nicht zu beschreibende Schönheiten Frankreichs. An den Hängen, vor allem rund um Cahors, gedeihen Weinreben, die zu vollmundigen Weinen veredelt werden.

Ich nehme den Jakobsweg der steil bergauf über die Höhen geht und nicht den einfachen Weg am Lot vorbei nach Espalion. Auf der Höhe komme ich noch in eine Baustelle, die wegen der Trockenheit der letzten Wochen fürchterlich staubt. Vor dem Ort treffe ich nach meinem Abstieg auf Edith und Paul, zwei Pilger aus Basel. Wir stellen uns vor und unterhalten uns eine Weile. Beide sind fast 80 Jahre und wollen es etwas langsamer als ich angehen, jedoch auch bis Santiago gehen. Sie sagen, dass die Pilger fast alle geradeaus am Lot vorbeigelaufen sind und wohl niemand die Strapaze und den Umweg über die Höhe macht. Dann stellt sich heraus, dass die drei Münchnerinnen bereits ihre Unterkunft erreicht haben. Das Kloster wo, auch ich übernachten wollte, liegt vor Espalion und ich bin schon vorbei. Ich gehe nicht mehr

alte Kapelle

zurück, habe ja auch nicht reserviert, werde aber so die Drei nicht wiedersehen, da es heute der letzte Tag für sie ist und morgen müssen sie wieder nach Hause. Naja die Absprache war halt schlecht, wir haben nicht besprochen wo das Kloster liegt und ich über die Höhe gegangen bin und so nicht am Kloster vorbeigekommen bin. Ein Stück des Weges gehe ich noch mit Edith und Paul, dann trennen wir uns wieder und ich gehe noch in die etwas abseits gelegene Eglise de Perse. Sie ist eine wunderschöne romanische Kirche, die aus dem 11. und 12. Jh. aus hellrotem Sandstein errichtet wurde. Richtung Stadtzentrum treffe ich nochmals auf Edith und Paul, habe einen Blick auf die Burgruine des ehemaligen Schlosses der Grafen von Calmont d`Olt, die hier im 10. Jh. ihr Anwesen erbauen ließen. Ich sehe die alte wunderschöne Brücke über das Lot und finde zum Touristenbüro.

Um 17.30 Uhr treffe ich ein, leicht kann mir eine Übernachtung reserviert werden, die

St. Wendelinusbier in Espalion

ich von hier sehen kann und in Stadtnähe liegt. Parterre ist ein Sportgeschäft, wo ich mich anmelde und darüber ist die Herberge. Rucksack und Schuhe müssen im kleinen Flur vor dem Schlafraum abgestellt werden. Treppe und Fußboden sind aus Holz, alt und geben bei jedem Tritt Geräusche ab. In der Bettenreihe ist das letzte Bett am Fenster belegt, ich nehme mir spontan das erste Bett an der Tür. Das Bad ist ganz modern und es ist inclusive der Frühstücksküche alles bestens.

Duschen, Wäsche waschen und anschließen die Stadt ansehen, schreiben und mit Uschi telefonieren, dass alles draußen auf einer Bank. Dazu gönne ich mir eine Dose Bier aus dem Supermarkt. Abends finde ich eine kleine Pizzeria, kann draußen sitzen und habe mit einem belgischen Ehepaar neben mir eine relativ gute Unterhaltung. Es ist wunderschön warm, es beginnt wieder eine nette WhatsApp Unterhaltung, sodass ich länger sitzen bleibe und ein paar Bier trinke, dazu locker auch noch zwei Liter Wasser. Es ist ein besonderes Bier „St. Wendelinus Bier", vielleicht vom St. Wendelinus aus unserer Pfarrkirche in Kirmutscheid? Wer weiß? Das Bier schmeckt gut, die Gläser sind schön und passen zum Bier. In der Zeit wo ich hier sitze und mein Bier genieße, kommen Edith und Paul noch zweimal vorbei, möchten sich aber nicht zu mir setzten. Das letzte Bier gibt mir die Kellnerin aus, einmal musste ich mich umsetzten, sie wollte noch einen größeren Tisch zusammenstellen. Ich genieße es, bezahle und gehe zur nahe gelegenen Herberge. Das letzte Bett ist schon belegt, sonst keiner mehr dazu gekommen, ich lege mich mit meiner Taschenlampe und absoluter Ruhe, soweit der Holzboden das zulässt, ins Bett.

Es war heute wieder ein Super Tag, in meiner Unterhaltung bin ich heute förmlich explodiert, soviel glaube ich habe ich insgesamt bis heute nicht an Unterhaltung gehabt. Ist da noch eine Steigerung zu erwarten? Jedenfalls hat der Camino mir schon jetzt viel mehr geboten, als ich ich mir das vorher jemals erträumt habe.

Ich freue mich auf eine relaxe Nacht und einen schönen Tag! …gute Nacht

Tag 46, Espalion – Massip 25 km

Es war eine Kanadierin, mit der ich das Zimmer geteilt habe. Wir frühstücken zusammen und haben eine angenehme Unterhaltung. Dann, ein einziger Blick auf meine geliebten Wanderschuhe, gab mir Gewissheit, die Schuhe werden halten, mich nach Santiago und falls nötig, zurück nach Deutschland tragen. Die Socken, beide mit mehreren Löchern belastet, machen keine Probleme und werden auch Santiago auf dem Fußweg erreichen. Mein Fazit, hier im Sportgeschäft bei meinem freundlichen Herbergsvater muss ich nichts investieren.

Um 8 Uhr verlasse ich die Gite, kaufe mir in einem kleinen Geschäft 2 Äpfel für heute Mittag und besuche die Brücke am Lot, überquere sie, mache noch ein Bild und gehe wieder auf die andere Seite zurück. Diese Brücke in Espalion ist schon etwas Besonderes. Ein ruhiger Weg durch Neubaugebiete führt mich wieder aus der Stadt. Gut markiert, laufe ich kleine ruhige asphaltierte Straßen, dazwischen immer wieder Wanderpfade und Feld- und Waldwege

Espalion am Lot

durch das Lot Tal. Ein kleiner Höhenzug, die letzten Flusswindungen, dann sehe ich Estaing vor mir liegen. Wunderschön liegt es da, direkt vor der großartigen

Pilgerbrücke. Die mächtige Burg sitzt wie eine Glucke auf einem Ring alter Häuser, daneben erhebt sich der Turm der Kirche Saint-Fleuret. Ich gehe über die Pilgerbrücke, überquere den Lot und treffe auf Philippe und Jako, die beiden Franzosen, die ich

schon Tage nicht mehr getroffen habe! Beide kommen mir entgegen, wir unterhalten uns kurz und sie gehen in ihrem Tempo weiter. Beide laufen mit je zwei Wanderstöcken, einer ist immer der Treiber und der andere der Getriebene und legen so ein irres Tempo an den Tag. Ich besuche die Altstadt, besichtige die Kirche und das Schloss, lege eine ausgiebige Pause ein, esse ein Teilchen mit Mohn <tagsüber ist es das erste Mal, dass ich etwas süßes esse> und genieße den wunderschönen Tag. In dem Office de Tourisme möchte ich noch eine Nacht reservieren, doch das kann nicht abschließend erledigt werden. Sie möchte mich unterwegs anrufen und mir das Ergebnis noch mitteilen. Auch diese Art der Reservierung ist einzig, mal abwarten wie ich es sprachlich aufnehmen kann. Ich verlasse Estaing über die gotische Brücke aus dem Jahre 1520, die aus dem gleichen Stein gemauert ist wie die Häuser und die Burg.

Danach geht es parallel zum Flusslauf, mein Handy klingelt und das Bett für die nächste Nacht ist reserviert.

Alles perfekt! Das Lot zeigt sich nochmals von seiner schönsten Seite; kleine Dörfer, Ausblicke auf das Tal, Hochfläche, helle und schattige Laubwälder und vor allem das malerisch gelegene Estaing. Es ist wieder extrem heiß, ich fühle, dass ich ein paar Kilometer weniger machen muss, denn das Thermometer übersteigt seit Tagen die 40° Marke. Dann gehe ich ein kurzes Stück mit einem älteren Ehepaar, die vom Bodensee sind, Santiago erreichen wollen, dass aber altersentsprechend mit Gepäckservice. Das ist doch vernünftig! Ansonsten sind viele, viele Franzosen unterwegs. An einem Wandbrunnen, er ist mit „Eau potable", als Brunnen mit trinkbarem Wasser gekennzeichnet, lagern einige erschöpft, durstige Pilger. Ich erfrische mich mit dem kühlen Nass, dann überquere ich über eine Brücke einen Bachlauf, gehe durch Buche- und Edelkastanienwälder und steige einen relativ steilen, steinigen Pfad auf. Dann folgen Straßen, immer wieder durch schattenspendende Wälder und zum Schluss laufe ich mit einem französischen Ehepaar den geschotterten Feldweg und wir erreichen gemeinsam den Weiler Massip.

Unsere gemeinsame Auberge liegt einsam, wir erreichen das leere, offenstehende Haus um 15.45 Uhr. Eine Schiefertafel im Flur zeigt die einzelnen Zimmer mit den Personen an, für die das Zimmer reserviert wurde. Wir Drei haben ein Dreibettzimmer, wobei zwei Betten nebeneinander mit einem kleinen Gang getrennt stehen und ein Bett unten quer steht. Freiwillig überlasse ich dem Ehepaar die nebeneinanderstehenden Betten und nehme in dem Familienzimmer das Kinderbett, unten quer und fühle mich auch gleich wie ein Kind im Elternschlafzimmer. Dafür darf ich als erster Duschen und Wäsche waschen. Zum Schreiben gehe ich nach unten in den Garten, der mit Gartenstühlen und Tischen, sehr sonnig, aber auch eine schöne relaxe Lage anbietet. Doch schreiben geht nur mit Sonnenschirm im Schatten. Der Franzose zeigt mir den Getränke-Kühlschrank im Keller, er nimmt sich ein weiteres Bier und lässt eines vor dem Kühlschrank fallen. Ich lasse ihn mit der großen Sauerei alleine und gehe mit meinem Bier, nachdem ich es geöffnet habe, wieder nach draußen. Beide hinterlassen einen Alkoholiker-Eindruck bei mir. Es trifft noch ein französisches Ehepaar -Leo und Laura- ein und wir haben eine nette Unterhaltung bis zum Abendessen. Mein Tagebuch und die WhatsApp kann ich zeitlich geradeso bis zum Essen schaffen. Zwischenzeitlich hat sich die Herbergsmutter eingefunden, hat uns begrüßt und dann für 5 Personen gekocht. Sie ist sehr nett, erzählt viel und erklärt, was sie uns zu Essen auftischt. Mit Wein, Brot und den üblichen vielen Gängen wird es ein kurzweiliger Abend. Es schmeckt allen sehr gut und ist reichlich. Doch wenn die Franzosen unter sich reden, kann ich nur schweigend dasitzen, aber auch das kann ich genießen. Ein rundum gelungener Tag neigt sich dem Ende zu und wir gehen ins Zimmer.

Seit Le Puy regeln sich manche Dinge scheinbar von selbst. Mehr und mehr setzt sich die Erkenntnis durch, dass ich gar nicht viel tun muss, um zu bekommen, was mir guttut. Ich spüre wachsendes Vertrauen und weiß, ich bin nie alleine. Treffe jetzt täglich neue und auch bekannte Pilger. Geschäfte, Bankautomaten und Wasserstellen gibt es reichlich. Herbergen auch, doch die Franzosen möchten und erwarten eine Reservierung, wollen nicht überrascht werden, vielleicht auch weil ja viele das Bett mit einer Halbpension anbieten. Mit diesem behaglichen Gefühl krieche ich jetzt in mein Schlafgemach. Ich bin sehr müde, es ist wohl die Hitze, die mich fertig macht!

Gute Nacht.

Tag 47, Massip – Conques 24 km

Es ist noch sehr früh, 5.30 Uhr, als die beiden Franzosen versuchen sich aus dem Zimmer zu schleichen. Doch mit all ihrem Gepäck im dunklen Zimmer, entsteht sofort

eine Unruhe und ich bin hell wach. Habe ich da gestern was nicht mitbekommen, oder haben die beiden davon nichts erzählt? Ein bisschen komisch waren die beiden schon! Ich bewege mich kurz nach 6 Uhr ins Bad und staune nicht schlecht, als ich den Frühstücksraum sehe. Der Frühstückstisch ist mit 12 Sorten Marmelade, alles selbst gemacht und mit Etiketten versehen, für uns drei, Leo, Laura und ich perfekt gedeckt. Um 7.30 Uhr heißt es wieder Abschied nehmen, bei bedecktem Himmel und angenehmen Temperaturen gehe ich auf den Weg.

Mit leichtem Gefälle erreiche ich nach 2,5 km Golinhac. Die Strecke heute ist gut markiert, hat etwa 350m Höhenunterschied und läuft im Wechsel auf Feld- und Waldwege, kleine Straßen und Pfade durch Mischwälder, Weiden und Wiesen, durch Weiler und Dörfer nach Conques. Ich treffe in Espeyrac auf Pilger, es ist ein Vater mit zwei Söhnen (Marius, Emil 15 Jahre und Simon 18 Jahre), sie sind vom Bodensee und nutzen die Ferienzeit. Wir gehen zusammen bergab in den Ort hinein, trennen uns wieder, weil die drei noch einen Kaffee trinken wollen. Im Centrum treffe ich auf Melanie aus der Schweiz, die dann auch einen Kaffee trinken möchte. Ich kaufe mir in einem kleinen Tante-Emma-Laden mein Mittagsmenü und ziehe weiter. Oh, nach wenigen Metern stelle ich fest, meine Stöcke sind an der Eingangstür, neben dem Geschäft stehen geblieben. Ich hole sie mir, alles kein Problem. Unterwegs treffe ich auf eine kleine nachgemachte Kapelle mit Papstbild und Kirchenmusik, alles andere als kirchlich. Ich genehmige mir einen Kaffee und treffe auf eine Gepäckkarre zum Nachziehen, jedoch ohne die Ziehperson. Weiter geht es über Sènergues, das Thermometer steigt und es ist ganz schön was los auf der Pilgerstrecke. Ich treffe immer wieder einen einzelnen Franzosen, den ich schon tagelang immer mal wieder kurz getroffen habe. Wir grüßen uns, mehr ist nicht drin, ein Einzelgänger, ohne Kontakt zu niemanden, wirklich bisschen eigenartig. Nach Conques geht es über einen idyllischen Pfad steil bergab, dann geradeaus weiter über eine Straße in den Ort hinein. In einer kleinen Gruppe, die sich bereits auf der Höhe zusammengefunden hat, wandern wir durch eine hübsche Gasse bis zur Kathedrale von Conques. Es ist 15 Uhr als wir, bei über 40°, in den am Steilhang gelegenen Ort bei herrlicher Sonneneinstrahlung eintreffen.

Einige gehen gleich in die Pilgerherberge, Kloster bzw. Abtei Conques, gleich hinter der Kathedrale gelegen. Ich schließe mich an, treffe in die Anmeldung im Flur und entdecke den großen Innenhof des Klosters. Viele Pilger, sicher 60-70 Menschen um mich rum, eine Schlange vor der Anmeldung, doch viele kenne ich sehr gut und es sind viele dabei, die ich mal flüchtig gesehen habe. Das Kloster ist ungewöhnlich groß. Doch plötzlich spielt mein Körper nicht mehr mit. Ist es die Hitze, die ich draußen erleben durfte, sind es die vielen Pilger, die auf engem Raum um mich rumstehen, ist es die neue Umgebung oder ist es alles zusammen. Irgendwie verkrafte ich das gerade nicht so, mein Magen dreht sich, ich bin wie gelähmt, ich brauche Sauerstoff, brauche Platz zum Atmen. Eine Nonne kommt auf mich zu, kann etwas Deutsch, nimmt mich zur Seite, gibt mir etwas zu trinken, bietet mir einen Sitzplatz an, erklärt mir den Ablauf der Anmeldung und kann mich so innerhalb kurzer Zeit wieder auf die Füße stellen. Ich bekomme wieder Kontakt zum Fußboden und alles ist wieder ok. Ich reihe mich in

Kathedrale

die Schlange ein, bekomme irgendwann einen Sitzplatz, das heißt bei den nächsten fünf Pilgern bin ich in der Anmeldung dabei. Dann wird die Pilgerin neben mir und ich gleichzeitig aufgefordert in der Anmeldung Platz zu nehmen. Die zwei Nonnen, die jetzt die Aufnahme machen denken wir gehören zusammen, doch wir sind beide einzelne Pilger. Als dieses Missgeschick aufgedeckt wird, muss ich wieder zurück zur Bank und werde anschließend nochmals aufgefordert. Der Ablauf wird mir erklärt, jedoch ich verstehe nicht alles, kann aber später noch bei den vielen bekannten Gesichtern nachhören. Ich ziehe einen Tisch weiter und kann hier die Halbpension, die ich eben gebucht habe, bezahlen. Jedoch werde ich für den Pilgerstempel wieder zurückbeordert. Schuhe, Stöcke und Hut bleiben im Innenhof und werden im Regal einsortiert.

Hierbei treffe ich auf Edith und Paul, die beiden aus Basel, das französische Ehepaar,

Tympanon

Leo und Laura mit dem ich heute Morgen gefrühstückt habe und einige andere, es ist das erste große Treffen in einer Herberge. Neu ist, der Rucksack kommt in einen großen Müllsack und kann anschließend mit ins Zimmer. Es ist eine reine Vorsichtsmaßnahme, falls Bedbugs, die Blutbeißer im Rucksack sind, nicht auf die Zimmer übertragen werden. In meinem zugeteilten zwölf Etagen-Bett-Zimmer auf dem ersten Stock finde ich ein Bett unten und reserviere es gleich mit meinem Schlafsack. Im Moment kenne ich niemand von den überwiegend schlafenden, jungen Leuten. Es herrscht eine schnarchende Unruhe im Raum. Also verziehe ich mich zum Duschen und Wäsche waschen. Die Wäsche kann ich hinter dem Kloster in einem kleinen Garten aufhängen. Zum Schreiben geht's raus, dringend brauche ich aber auch ein kühles Bier. Wegen der Hitze möchte ich nicht draußen sitzen, finde ein Restaurant mit zwei großen, offenstehenden Türen und einen Tisch in angenehmer Atmosphäre. Der Kellner bringt mir schnell das bestellte Bier, schön gekühlt genieße ich es während ich mein Tagebuch und die WhatsApp schreibe. Immer wieder werde ich gestört von Pilgern die ich kenne und entweder nur mal durchziehen oder auch Platz nehmen.

Fast ist es so, wie auf einem Dorf, wo jeder jeden kennt und mit ihm redet. Ich genehmige mir ein zweites Bier und fühle mich wieder top und absolut fit. Heute Nachmittag war es bei der Hitze sicher alles etwas viel für mich. Ich besichtige den Ort, er hat eine wunderschöne Lage und ist von vielen Pilgern und Touristen sehr, sehr mit Leben gefüllt. Die Abtei ist ein beeindruckendes Bauwerk, romanischer Kunst, weit über die Grenzen des Lot Tals bekannt. Die Steinskulpturen zwischen Kloster und Kathedrale und vor allem das Tympanon über dem Eingangsportal der Kirche zählen zu den schönsten Kunstwerken des Mittelalters. Conques war vom 11. bis 13. Jh. eine wichtige Etappe der Wallfahrer auf dem Weg nach Santiago de Compostela. Ein wunderschöner Ort mit seinen alten Häusern, Geschäften und Restaurants zeigt sich heute von der schönsten Seite.

Steinskulpturen

Zum Abendessen gehe ich wieder zum Kloster zurück und treffe in der Anmeldung auf Regula und Paul, beide sind gerade angekommen, Nass geschwitzt, doch das kann uns bei einer herzlichen Umarmung nicht bremsen. Beide habe ich jetzt über eine Woche nicht mehr gesehen. Sicher ist es ein großer

Zufall, denn beide, obwohl sie Stunden später angekommen sind, haben Platz in meiner 12 Bett-Kammer bekommen. Es gibt so viel zu erzählen, doch beide wollen erst duschen. Regula stellt fest, dass sie ihr Badetuch heute Morgen nicht eingepackt hat. Paul will mit seinem Handtuch aushelfen, ich biete ihr an nachzuschauen, ob

Conques

meines auf der Leine getrocknet ist. Doch Regula nimmt Beides nicht an. Beim Abendessen sitzen wir an einem Tisch. Marius mit Simon und Emil, die ich heute getroffen habe, sind auch bei uns und wir haben einen sehr unterhaltsamen Abend zusammen. Vor dem Essen hält der Pater noch eine Rede und das Lied „Ultreia" wird gemeinsam gesungen. Ich finde, es ist ein tolles Lied, es hat was. Die vielen Gänge, Brot, Wein und Wasser lassen eine innere Zufriedenheit erkennen. Unsere Weinflaschen sind leer, doch ich sehe der Nachbartisch hat noch eine fast volle Flasche Wein. Ich traue mich und frage, ob wir von ihrem Wein noch etwas haben können? Doch dann bekomme ich unverhofft die ganze Flasche geschenkt. Ich komme zurück und ernte ein dickes Lob dafür und alle sind glücklich. An der hl. Messe nehme ich nicht mehr teil, dafür telefoniere ich im Park neben Kloster und Kathedrale mit Uschi. Ja, manchmal hat der Tag halt einfach zu wenig Stunden.

Regula, Paul und ich gehen schon früh aufs Zimmer, obwohl es ist schon gut belegt. Für mich ist es Zeit in die Waagerechte zu gelangen, heute hat mir der Pilgerweg zum ersten Male meine Grenzen angezeigt. Auch mein Körper kann Grenzen setzen, das hatte ich ihm nicht zugetraut, wir sind doch gute Freunde und können uns absolut aufeinander verlassen. Ich bin mir sicher, wir werden diesen Weg wiederfinden und auch fortsetzten.

Kurz erhalte ich noch die Textpassage *„Dieser Weg wird kein leichter sein"* auf mein Ohr und denke, vielen Dank Xavier Naidoo, nun weiß ich das auch…! Gute Nacht.

Tag 48, Conques – Livinhac-le-Haut 22 km

Die Nacht war ok, inklusive Gewitter und Schnarchnasen. In der letzteren Gruppe war ich auch sicher dabei! Das Frühstück wurde wegen der Hitze auf 6.30 Uhr vorgezogen. Im Frühstücksraum ist es schon sehr lebhaft bis unruhig, viele Pilger sind schon in Bewegung, einige auch schon fertig und auf dem Weg zum Innenhof. Man muss sich das so vorstellen; einhundert Pilger übernachten, davon stehen 80 um 6 Uhr auf, Clo, Zähne putzen, waschen, anziehen, packen, frühstücken, auf kleinster Fläche und das innerhalb einer Stunde bis zum Verlassen der Herberge. Eine überaus lebhafte Stunde. Ich stelle mir mein Frühstück zusammen, suche mir einen Platz unter bekannten Gesichtern und lasse mich nieder, jedoch brauche ich noch eine Serviette als Unterlage, denn hier hat schon jemand gefrühstückt und die Krümel nicht weggemacht. Eh kann ich nicht gut auf der blanken Tischplatte die Marmelade auf die Baguettescheiben streichen. Alles ist gut, doch ein paar Reinheitsgebote stecken einfach in mir. Viele bekannte Gesichter im Raum, mir fällt auf, der Leo, den ich nun schon länger kenne, hat seine Laura nicht dabei, die beiden waren doch unzertrennlich und nun ist er alleine beim Frühstück. Vielleicht kommt sie nach, ist noch nicht fertig im Bad? Später im Innenhof, alles ist noch nass, nur die Schuhe nicht, die dicht an der Wand im Regal stehen. Die große Aufbruchsstimmung, ich grüße viele, rede mit einigen und treffe auch den Leo wieder. Seine

einfach traumhaft

Frau Laura ist nach Hause gefahren und er geht ab hier alleine den Weg wie geplant, so verstehe ich ihn. Er sucht jetzt jemand zum Weiterlaufen, ich winke ab, möchte alleine gehen, meine Französichkenntnisse und seine Englischkenntnisse sind sehr schwierig, auch kann ich ihm seine Frau nicht ersetzten. Obwohl ich mich mit beiden gut verstanden habe. Ich packe meine Schuhe, Stöcke und Hut, gehe um 7.30 Uhr auf den Weg, finde ihn jedoch nicht auf Anhieb. Dann treffe ich auf einen Holländer und wir suchen den Weg gemeinsam.

Nach dem Gewitter ist die Luft sauber, das Klima sehr angenehm, doch es geht steil bergab ins Tal Dourdou und auf der gepflasterten, nassen Straße im Ort ist Vorsicht geboten. Im Tal gehe ich über eine alte Pilgerbrücke und nach wenigen Metern einen steilen rutschigen Pfad, auf dem ich durch Mischwald wieder ansteige. Ich gelange zur

modernes Glasfenster

Kapelle Ste-Foy und es geht immer weiter bergan. Den ein oder anderen Pilger kann ich überholen, mittlerweile habe ich meine sportliche Leistung gut ausgebaut. Ich treffe auf eine Frau, die sehr rund, aber auch insgesamt sehr kräftig gebaut ist. Diesen Pfad hätte ich ihr, wenn ich sie unten gesehen hätte, nicht zugetraut, doch sie ist bei all diesen Pfunden, die sie hochträgt, gut auf Tour. Auf der Höhe zweigt links die Variante über Noailhac ab, rechts führt der Haupt-Pilgerweg weiter. Ohne es zu merken folge ich der Variante links, wundere mich jedoch, dass ich alleine unterwegs bin. Der Weg ist markiert, so laufe ich einfach weiter.

In Noailhac kauf ich mir mein Mittagsmenü und esse ein Stück Baguette auf einer Bank, ein Hund gesellt sich dazu und lässt mich bzw. meine Nahrung nicht mehr aus den Augen. Einige Meter geht er noch mit mir, dann verabschiedet er sich wieder und läuft zurück. Nach dem Ortsende führt der Prozessionsweg bergan bis zur Kapelle St. Roch. Hier treffe ich nochmals auf Pilger, es sind zwei Franzosen, die auch eine kurze Pause einlegen. Ich besichtige noch die Kapelle und ein modernes Glasfenster, das ich auch fotographiere. Es ist das schönste moderne Glasfenster, in Farben die durch Lichteinwirkung besonders strahlen, was ich je gesehen habe. Immer wieder fällt es mir schwer, mich von den schönen Dingen zu trennen, so auch hier. Ich wandere weiter, komme an einer Holzhütte vorbei, kann einen Kaffee trinken und treffe die zwei Franzosen wieder. Von nun an geht's bergab, treffe an einer Weggabelung wieder mit dem Hauptweg zusammen, ohne es wahrzunehmen und verbringe meine Mittagspause mit einem Ehepaar auf einem schön gelegenen Rastplatz. Alles passt sehr gut, sie bieten mir sogar ein Stück ihrer Salami an, sicher haben sie gesehen, dass ich lediglich auf Käse beschränkt bin. Ja, ich mag halt eben gerne den durchgereiften, französischen Weichkäse. Weiter geht es mit frischem Brunnenwasser und steilerem Gefälle nach Decazeville. Im Zentrum der Stadt treffe ich vor der Boulangerie, gemütlich sitzend, auf Regula und Melanie. Sie laden mich ein, mich dazuzusetzen, doch ich ziehe es vor, mit einem kleinen Nachtisch, an dem ich jetzt doch nicht vorbeikomme, weiter zu ziehen. Ich besichtige den Ort, der mir außer der Kirche wenig sagt. Doch die Stadt ist seit dem 16. Jh. ein bedeutender Standort für den Abbau von Kohle, die über den Lot und die Garonne bis Bordeaux verschifft wurde. Im Zuge des Kohletagebaus entwickelte sich einst eine florierende Eisen- und Verhüttungsindustrie, die von Napoleon III. gefördert wurde. Dies lese ich nach bevor ich die Stadt wieder verlasse und über Seitenstraßen bergauf Richtung Livinhac-le-Haut gehe. Ich treffe auf ein Ehepaar aus Stuttgart, die seit 23. Mai unterwegs sind und nach Santiago gehen wollen, sicher werden sie unterwegs überwintern müssen?

mit Kapelle

vor Livinhac le Haut

Heute bin ich über das hügelige Relief der Hochfläche bis zum Lot-Tal gewandert. Zwischen den vielen bewaldeten Hängen gab es immer wieder einen Blick auf Weiler, umgeben von Weiden mit Kühen und Rindern. Steil bergauf führt der Weg, die letzten Kilometer, gnadenlos brennt die Sonne, ich treffe auf den einsamen Franzosen und zwei Kanadierinnen. Wir gehen gemeinsam weiter und treffen auf eine Herberge mit Terrasse, kehren ein und bekommen auch sofort ein alkoholfreies Getränk angeboten. Es ist erst 14.30Uhr, die beiden Kanadierinnen bestellen ein Bier und versuchen die Gläser, die mit Eiswürfel bestückt sind zu füllen, doch das geht gründlich daneben, im wahrsten Sinne des Wortes. Die beiden ziehen weiter, der Franzose hat hier gebucht und ich entscheide mich auch hier zu bleiben, alleine schon wegen der Hitze. Es ist noch frei und alles ist bestens. Ich teile ein Zweibettzimmer mit dem Franzosen, dusche, nach Anmeldung und Freigabe, meine Wäsche wird gewaschen, Schuhe und Rucksack bleiben unten, alles irgendwie sehr pingelig, irgendwie störend in meinem Traum-Pilger-Leben. WhatsApp und Tagebuch schreiben mach ich auf der Terrasse bei einem Bier. Dann sehe ich die Gepäckkarre wieder, sie wird von einem Trierer, sein Name ist Günter, gezogen. Er kehrt ein, setzt sich zu mir und in wenigen Minuten schafft er es den Kotzbrocken raushängen zu lassen. Er ist ein echter Kotzbrocken, hat zuhause alles abgebrochen, mit der Familie nicht mehr gesprochen, sein gesamtes

127

Hab- und Gut auf dem Wagen, ist auf dem Jakobsweg und will dann ziellos weitergehen, jedoch nicht mehr nach Hause zurück. Es gesellt sich noch Marius mit Simon und Emil dazu, die äußerst nett sind. Beide kennen sich durch Übernachtungen auf den Campingplätzen, auch heute wollen beide das Zelt wieder aufschlagen und hoffen auf eine Gewitterlose Nacht. Als ich mich zum Schreiben an den Nachbartisch setze, kotzt Günter mich schon wieder an. Dann ziehen die vier weiter und ich kann in Ruhe schreiben.

Um 18 Uhr heißt es, wir gehen alle in die Kapelle zum Beten, es gehen wirklich alle, ca. 10 Personen, auch ich bin dabei. Sie, die Herbergsmutter steht vorne zu uns gewandt und betet vor, als sei sie der Pastor, hat auch ein weißes langes Kleid an und sieht aus wie der Pastor. Es wird gemeinsam gebetet, dann muss jeder, auch die Kinder einzeln beten. Ich denke, ich bin befreit als Deutscher, doch da bekomme ich die Bibel auf Deutsch und muss hier einen Text vorlesen. Zum Schluss, es hat fast eine Stunde gedauert, kommt das „Vater unser" auf Französisch in der Gemeinschaft und hinterher nochmals auf besonderen Wunsch der Herbergsmutter, von mir in Deutsch. Als wir raus gehen, denke ich, ich bin in eine Sekte geraten, im Haus war ständig Kirchenmusik zu hören und auch das ewige Licht an, doch das hat mich noch nicht gestört. Mal abwarten was noch kommt, ich habe jedenfalls Halbpension gebucht.

Dem Essen geht ein längerer Aperitif mit gebratenen Brotbröckchen und Dipp voran. Es zieht sich, doch irgendwann kommt der Aufruf zum Tischdecken, alle helfen irgendwie mit. Gedeckt wird für 12 Personen, die „zwölf Apostel" denke ich, denn zum Essen sind nur 9 Personen da. Dann folgt ein längeres Gebet, Gesang, wieder ein Gebet und eine Ansprache. Es folgt endlich die Suppe, ich habe Hunger und nehme mir als erster Nachschlag. Dann wird wieder gebetet, es folgt wieder eine Ansprache und irgendwann folgt der nächste Gang. Wir leben absolut Vegan, das ist alles nicht tragisch, doch ich habe das Gefühl irgendetwas stimmt hier nicht. Aber alle machen mit als wäre das alles normal, auch ich mache mit. Vor dem Nachtisch erfolgt auch wieder ein Gebet und jeder muss sich vorstellen, auch ich habe dem Folge zu leisten, sie kann ein bisschen deutsch und versucht es zu übersetzen. Um 21.30 Uhr ist alles vorbei, ich gehe auf die Straße, die liegt zwischen Herberge und Kapelle, telefoniere mit Uschi und ich traue meinen Augen nicht, als ich sehe, dass alle wieder auf die andere Straßenseite zum Beten in die Kapelle gehen.

Ich telefoniere fertig, habe genug gebetet, lege mich ins Bett und stelle mich schlafend, denn der Schlafraum hat kein Fenster, ich lasse also die Tür auf und das gegenüberliegend Fenster im Flur auch, damit kommt etwas Sauerstoff in die extrem warmen Räume auf der ersten Etage. Jeder, der noch aufs Clo muss, kommt an unserem Zimmer vorbei und kann reinschauen, doch das stört mich nicht.

OFT LIEGT DAS ZIEL NICHT AM ENDE DES WEGES, SONDERN IRGENDWO AUF DEM WEG ODER AM RANDE DES WEGES

So wie heute, jedoch bin ich heute nicht angekommen, fühle mich wie in einer Sekte, absolut unwohl. Bin ich hier im falschen Film? Ich kann die Frage nicht beantworten! Meine Gedanken drehen sich im Kreise, doch ich weiß eins, morgen früh – bin - ich - ganz – früh - weg.

… gute Nacht

Tag 49, Livinhac-le-Haut – Figeac 32 km

Die Nacht, der Dielenboden lässt jeden Schritt im Ohr erklingen, ich habe jeden WC-Besuch gehört, es war eine unruhige Nacht mit nur wenigen Schlafstunden. Schon vor 6 Uhr, also noch vor meinem Wecker, stehe ich als Erster im Haus auf, sehe beim WC Besuch, dass niemand in der Nacht abgedrückt hat, hole es nach und stelle dann fest, mein Handtuch muss noch im Rucksack liegen. Ich gehe die Treppe hinunter, sehe dass auf dem Flur auch noch jemand schläft, dann ziehe ich mein Handtuch aus dem Rucksack. Die Kirchenmusik läuft immer noch, auf dem Tisch steht ein leuchtender 24-Std. Brenner, doch als ich die Herbergsmutter (Leiterin der Sekte?) im dunklen Raum neben dem Friedhofslicht sitzen sehe, erschrecke ich mich gewaltig. Ohne ein Wort zu verlieren <ich bin sprachlos> verlasse ich den Wohnraum wieder und besuche das Bad. Ach ja, eine Waschmöglichkeit gibt es nur im schmalen Flur vor meinem Zimmer, die Dusche war nur eine Dusche. Mittlerweile glaube ich, alle sind durch meine Geräusche wach geworden, doch ich bin noch alleine unterwegs. Als ich zum Frühstück erscheine, ist sie verschwunden. Ich packe soweit es geht, nach einer Weile erscheint sie wieder und war Blumen im Garten holen. Es ist noch dunkel, ich habe wenig Verständnis für diese Tätigkeit zu dieser Zeit, denn ich möchte frühstücken und in meine Freiheit zurück, mache ihr das klar und siehe da, es tut sich was. Innerhalb kurzer Zeit kann ich frühstücken und auch beten. Sie legt mir ein Blatt mit Gebeten zum Frühstück, fordert mich zum Beten auf und sagt; ich gehe in die Kapelle zum Beten. Ja, geh nur erwidere ich, frühstücke, packe und bin auch schon fast weg. Doch da kommt der nächste die Treppe runter und fragt nach der Herbergsmutter, ich sage; die ist zum Beten, worauf er antwortet, ja dann gehe ich auch und geht zur Kapelle! Meine Wasserflaschen durfte ich in ihrer Küche nicht füllen, also muss ich die an einem Brunnen füllen und bin um 6.15 Uhr, es ist noch dunkel, bereits unterwegs.

Ich habe meine geliebte Freiheit wieder, bin glücklich unterwegs zu sein, doch verstehen kann ich den ganzen Ablauf immer noch nicht, auch die Menschen nicht, die mitgegessen haben und übernachtet haben, alles mitgemacht haben. Mir war es jedenfalls unheimlich, ich werde es so schnell nicht verarbeiten und auch nicht vergessen können.

Den langgezogenen Ort kann ich gut gehen, doch dann geht es über einen Pfad steil bergab, ich nehme meine Taschenlampe dazu, es ist außer mir noch niemand unterwegs und komme dann doch problemlos in Livinhac-le-Haut an. Es ist hell geworden, im Lot-Tal überquere ich den Lot über eine große Brücke und gehe durch kleine Gassen bergauf in den Ort hinein. Auf einem Balkon sehe ich Regula beim Rucksack packen, wir unterhalten uns, dann erscheinen auch Paul und Melanie, einige haben wohl hier übernachtet. Ich warte einen Moment und wir gehen zu viert los, kaufen aber vorher noch unser Mittagsmenü. Die Strecke ist gut markiert, über kleine Straßen,

Pfade und Feldwege geht es im Wechsel durch Weiden, Felder und kleine Weiler. Die Höhenunterschiede sind unspektakulär. Die Landschaft wird lieblicher und das Flair des Südens zieht ganz unmerklich ein. Wir wandern über eine leicht wellige, landwirtschaftlich genutzte Hochfläche zwischen dem Lot-Tal und dem Tal der Cèlè, die von lichten Mischwäldern an den Hängen eingerahmt wird.

Eine ganze Weile laufen wir zusammen, ich erzähle meine Erlebnisse von gestern, die Unterhaltung ist gut und irgendwie hilft es mir. Sie haben ihre Unterkunft schon vorgebucht und wollen mich gerne dabeihaben, ich passe doch sehr gut dazu meinen die drei. Seit ein paar Tagen buchen sie die Übernachtung gemeinsam, es gehören

noch die beiden Franzosen, Jako und Philippe dazu, die ich schon kenne und mehrmals gesehen habe. Obwohl ich eigentlich alleine gehen wollte, packt mich die Leere in mir und ich willige ein. Vielleicht ist es aber auch die Erfahrung von gestern, es geht ja auch nur um Abendessen, Übernachtung und Frühstück, laufen kann ich ja trotzdem alleine und austreten aus der Gemeinschaft auch! Paul bucht mir noch ein Bett in der Herberge nach und alles ist perfekt. Alle sind doch sehr nett und irgendwie fühle ich mich doch auch sehr wohl. Wir haben uns doch alle schon mal gesehen und zusammen gesprochen.

Aber zu viert laufen ist schwierig, wenn überhaupt dann zwei und zwei hintereinander. Doch irgendwann gehe ich, ohne es wirklich wahrzunehmen eine längere Zeit mit Regula zusammen. Sie habe ich ja auch als Erstes bereits in Le Puy getroffen. Sie kann perfekt Deutsch und kommt aber auch mit Französisch klar, möchte von Le Puy bis Finistère gehen, steht jedoch voll im Berufsleben und hat nur eine feste Urlaubszeit zur Verfügung. Also macht sie täglich eine vorgegebene Strecke um ihr Ziel zu erreichen. Regula ist um die 30 Jahre, macht den Jakobsweg um festzustellen, wie es mit Familie gründen ist, mit oder ohne Kinder? Zurzeit ist sie jedenfalls solo, doch eine Familie würde ich ihr ganz sicher zutrauen. Wir tauschen uns offen und frei aus, genießen es bis wir auf Paul und Melanie stoßen.

Eine kleine Pause und ich gehe irgendwie mit Paul weiter. Paul kann Holländisch, Französisch und Englisch perfekt, jedoch auch ganz gut Deutsch. Die Verständigung auf Deutsch ist sehr gut. Er ist Holländer, wohnt aber schon einige Jahre in Frankreich, hat zwei Söhne, die arbeiten gehen, je eine feste Freundin haben und ein geregeltes normales Leben führen, worauf Paul sehr stolz ist. Einer lebt in Holland, der andere in Irland, sie besuchen sich in regelmäßigen Abständen. Paul ist solo, was gelaufen ist, weiß ich nicht, möchte aber auch nicht unbedingt nachbohren. Er geht immer mit Sandalen, ohne Socken, schüttelt immer mal wieder alles raus und fühlt sich darin wohl. Mit 66 Jahren ist er natürlich Rentner, hat Zeit, möchte mit weniger täglicher Kilometer-Leistung laufen und in Spanien auf jedenfall am Meer vorbeigehen. Paul sagt, wenn er deutsch spricht, muss er immer viel überlegen, was ihn sehr anstrengt, die drei anderen Sprachen sind für ihn wesentlich einfacher. Klar, da habe ich volles Verständnis, doch wir können ja auch ohne Reden einfach nur wandern. Es ist wieder sehr heiß und wir gehen weiter ohne viel Reden. Paul ist sehr kumpelhaft und läuft auch meinen Schritt oder gibt sich viel Mühe den Schritt zu halten.

Die letzten Kilometer bis zur Herberge laufe ich dann mit Melanie weiter. Wir gehen eine Straße leicht bergauf, unterhalten uns eher weniger, die Hitze ist bei 32 Kilometer Laufstrecke schon extrem. Melanie hat einen Freund, möchte den Jakobsweg auch bis Finistère gehen, arbeitet im Krankenhaus und hat das Alter wie Regula, so würde ich sie einschätzen. Plötzlich sehen wir weit vor uns einen Pilger gehen, können ihn jedoch vom Rucksack bzw. von hinten nicht zuordnen. Erst später stellen wir fest, es ist Paul gewesen. Melanie kümmert sich um die Herbergsfindung. Ich bin eher der passive bei der Streckenführung, ohne Wege-Hinweise zu beachten, lasse ich

mich lieber leiten und vertraue absolut den anderen. Die Herberge liegt etwas ab von Figeac, auch der Pilgerweg führt nicht zum Zentrum, sondern führt links am Ortsrand vorbei.

Um 15.15 Uhr treffen Melanie und ich in der Herberg ein, Regula, Paul, Jako und Philippe haben ihr Bett im Schlafsaal schon festgemacht. Zehn Betten, viel Platz und gleich nebenan Duschen, Waschbecken und WC, die Gite ist absolut ok. Erst duschen, dann Wäsche machen, anschließend draußen im Garten schreiben. Die Pflicht ist durch, nun folgt die Erholung. Wir treffen uns in der Küche, trinken etwas und stellen fest, die Herberge ist für uns sechs Personen und wir fühlen uns alle sehr wohl. Über eine nette Unterhaltung führt das Gespräch nochmals zu meinem gestrigen Erlebnis. Das Zusammentreffen hat mir gutgetan, vielleicht ist es ja auch deswegen zustande gekommen.

Ich zeige mein schönstes Erlebnis von gestern auf Handy, es ist das Glasbild von der

Kapelle, alle finden es super toll, doch verstehen kann keiner wo ich das gesehen habe, ich bleibe da alleine. Wir recherchieren und stellen fest, dass ich einen anderen Weg genommen habe, daher auch nur wenige Pilger getroffen habe, vielleicht einen etwas kürzeren Weg und von der Höhe auch einen etwas einfacheren Weg gegangen bin, unbewusst, jedoch trotzdem sehr schön. Dann mit der zweiten Flasche Wein legt Paul einen Walzer aufs Handy, einen Holländischen, den wir alle schunkeln und locker den Rest des Nachmittags verbringen. Regula bringt das Thema kiffen auf, wer hat schon mal und wer noch nie? Alle haben schon mal nur ich noch nie! Eine interessante Unterhaltung kommt zustande, jedoch halte ich mich bedeckt. Natürlich bleibt das nicht unbemerkt und ich bekomme eine Sondereinlage. Nein sage ich, ich habe das Kiffen nie für nötig gehalten, ich war einfach zu brav für so etwas. Ein Schmunzeln kommt auf, doch vorstellen können sie es sich nicht! Dieses lockere Zusammentreffen tut mir gut, ich kann für eine Weile die gestrige Unterkunft vergessen und fühle mich absolut wohl. Dann das Abendessen in mehreren Gängen mit Brot, Wein und Wasser ist sehr gut und reichlich. Ab Le-Puy ist die Käseplatte, die bis dato vor dem Nachtisch gereicht wurde weggefallen. Es geht jetzt meist ohne Käse direkt zum Nachtisch oder der Käse ist gleichzeitig auch der Nachtisch! Das Essen hat den Rest zur Müdigkeit beigetragen und irgendwie fallen alle ohne viele Worte ins Bett.

Nun, es ist Abend und ich frage mich, wo ist der Tag geblieben, so schnell zog er vorbei. Aber ich hab`s genossen, nach dem letzten Abend, der glaube ich doch schneller verarbeitet wurde als ich vermuten konnte. Glücklich bin ich, gerade jetzt in diese Gruppe gefunden zu haben. Früh lege ich mich schlafen und stelle gerade fest, dass ich einen gehörigen Schuss Vorfreude auf den nächsten Tag verspüre. Wenn das keine gute Voraussetzung ist…!   *Ultreya*!! Gute Nacht.

Tag 50, Figeac – Cajarc 25 km

Eine sehr ruhige Nacht und viele Stunden Schlaf, lassen mich den Tag um 6 Uhr beginnen. Der Herbergsvater hat uns vor starken Gewittern in der Mittagszeit gewarnt und uns ein frühes Losgehen empfohlen. Wir frühstücken zusammen, es sind alles unkomplizierte Pilgergefährten und gehen alle sehr früh auf den Pilgerweg. Eine himmlische Ruhe begleitet mich, ich bin alleine losgegangen und die Temperatur ist gut, es ist nicht mehr so heiß.

Nach wenigen hundert Metern kommt mir Paul entgegen, er hat seinen Stock in der Herberge stehen lassen und geht nochmal zurück. Dann treffe ich auf Regula und Melani, die auf Paul warten.

Nur die beiden Franzosen, Jaco und Philippe sind über alle Berge. Die beiden sind mit Abstand die schnellsten Pilger, der Treiber ist der hintere, der Getriebene der vordere Mann. Wenn wir alle zusammen sind wird gehetzt und demonstriert wie der Hintere mit den Stöcken auf die Schulter des Vorderen schlägt und ihn antreibt. Die beiden sind locker drauf und machen den Spaß mit. Sie sind verwandt miteinander und gehen bis zu den Pyrenäen. Jako ist verheiratet und selbständig, telefoniert täglich sehr lange mit seiner Firma. Philippe ist Junggeselle und ein Knochengerüst. Wenn ich abends mit Uschi telefoniere hetzt Jako  immer, darauf sage ich ihm, würdest du mit deiner Frau so lange telefonieren wie mit deiner Firma, dann würde sie dich auch bis Santiago laufen lassen, so muss du an den Pyrenäen die Heimreise antreten. Seit ich die Truppe kenne, hat sich mein Leben morgens und abends sehr verändert. Es ist seitdem ein neuer Traum erwacht und ich fühle mich Pudelwohl.

Die nächsten Tage laufe ich durch die Causses. Diese Landschaft zählt durch ihre herbe Schönheit und durch die sehr spärliche Besiedlung zu den beeindruckendsten Landschaften Frankreichs. Die Hochebenen bestehen im Wesentlichen aus Jurakalk und sind durch Flusstäler voneinander getrennt. Allerdings ist die Bezeichnung <Ebene> trügerisch, denn das Relief ist fast immer leicht hügelig. Die Causses sind ein Wassermangelgebiet. Es gibt zwar ausreichend Niederschläge, doch der Regen kann vom verkarsteten Kalkstein nicht gespeichert werden. Hier hat sich eine

Buron, typische Hirtenhütte

natürliche, durchaus auch schon mediterran geprägte Vegetation aus Wacholder, Eichen, Ginster, Kreuzdorn oder Blauer Rasselblume angesiedelt. Auf steppenartiger Graslandschaft, die durch kleine Steinmauern eingegrenzt ist, weiden Schafe. In den Senken und Tälern wird oft auf winzigen Flächen Ackerbau und manchmal auch Weinanbau betrieben. Ruhe und Einsamkeit prägen die Causses, über deren Hochflächen der Jakobsweg auf 130 km führt. Schatten ist in dieser Region nur sehr selten anzutreffen. Auch die Versorgung mit Wasser, Nahrungsmittel und Unterkünften sind dürftig, so dass die Etappen gut geplant werden müssen. Die Höhendifferenzen auf der Hochebene sind sehr gering, allerdings werden die einzelnen Causses von Flusstälern durchschnitten, die sich steil ins Gestein gegraben haben.

Unterwegs treffe ich auf Walnussbäume, Zitronenbäume und finde auch mein Mittagsmenü. Die gemeldeten Gewitter sind nicht eingetroffen, doch dunkle Wolken und eine Wahnsinns Hitze sind nicht zu übersehen. Irgendwo muss ich einen Hinweis übersehen haben, denn den Pilgerweg habe ich verloren, nehme eine Straße bis ich wieder auf dem Weg bin. Die Weiler liegen vereinzelt und weit verstreut in der dünn besiedelten Landschaft. Doch es ist für mich der Lebensraum mit einem ganz besonderen Reiz, der in dieser Einsamkeit und Abgeschiedenheit zu finden ist. Ich treffe auf eine Reisegruppe, zwei kommen aus Bonn, zwei aus dem Schwabenland, eine stellt sich nicht vor und der Reiseleiter. Wir unterhalten uns eine längere Zeit. Die fünf haben eine feste Tour bis Santiago gebucht, der Bus bringt die Koffer zum jeweiligen Hotel, dabei haben sie nur einen kleinen Rucksack und sind eher touristenmäßig gekleidet. Laufmäßig sind alle gut drauf, denn bei meiner Pause sehen wir uns nochmal.

Die Sonne brennt wieder erbarmungslos und der Abstieg zum Lot-Tal ist auf einigen Abschnitten sehr steil und steinig. Um 14 Uhr erreiche ich Cajarc, gehe in diesen langgezogenen Ort zu weit rein und muss wieder etwas zurück gehen.

An der Apotheke treffe ich Jako und Philippe sie zeigen mir die Herberge und ich treffe auf Regula, die auch schon vor der Herberge sitzt. Der Rucksack muss wieder in einen großen Müllsack, dann zeigt Regula mir die noch freien Betten, die für uns reserviert sind. Wir haben wieder einen großen, langen Schlafsaal, doch alles ist gut. Regula erzählt noch von Paul, sie verstehen sich gut, sind öfter gemeinsam auf Tour, was ich auch schon bemerkt habe. Sie sagt irgendwie ist er wie ein Vater zu mir. Paul hat mir gestern bereits erzählt, dass Regula wie eine Tochter für ihn ist. Doch dann kommen weitere Pilger an und das Gespräch wird unterbrochen. Ich dusche, wasche und mache einen kleinen Rundgang durch den Ort, schreibe auf einer Bank meine WhatsApp und mein Tagebuch. In der Herberge hat sich zwischenzeitlich einiges getan, viele sind angekommen, dabei auch viele bekannte Gesichter. Melanie und Paul sind auch eingetroffen. Melanie verbindet Jako den rechten Fuß. Er hatte eine Blase unter der Fußfläche, seitdem verbindet Melanie den Fuß täglich und sagt; sie kann den Fuß nur beobachten und richtig verbinden, doch wenn die Wunde offen wird muss er ins Krankenhaus. Alles ist gut bis jetzt und Jako trägt es mit Fassung, man sieht es ihm nicht an.

Lot-Brücke
Weg zum Restaurant

Jako kennt sich gut in Frankreich aus und hat ein Restaurant für heute Abend gebucht. Auch die Unterkunft für morgen versucht er zu buchen und telefoniert immer weiter. Ich frage Paul, wie es für morgen aussieht mit der Herberge. Paul antwortet; die *Anrufmaschine* kommt noch und meint damit, der Anrufbeantworter war eingeschaltet und wir müssen auf einen Rückruf warten. Es bricht ein großes Gelächter aus und Paul bekommt das Wort „Anrufmaschine" immer wieder zu hören. Ich glaube, das wird ihn nicht mehr loslassen. Wir gehen zu acht zum Restaurant, es ist noch ein Franzosen-Ehepaar dazugestoßen, der Tisch bereits gedeckt und wir können unser Menü nach Karte bestellen. Die Vorspeise gibt es vom Büffet, es ist ein Traum und würde für mich schon reichen. Doch auch die Hauptspeise und auch der Nachtisch ist perfekt.

Die Stimmung ist gut, doch irgendwann taucht mein Gewichtsverlust auf. Ich zeige Bilder von mir, alle sind überrascht wie ich vorher ausgesehen habe und wie enorm ich abgenommen habe. Die Französin die neu dabei ist, meint das sind mindestens 15 Kilo. Paul sagt, dass er auch abgenommen habe, jedoch nur geringfügig. Regula und Melanie wollen wissen wie ich das gemacht habe, sie sind beide etwas kräftiger und möchten auch gerne abnehmen. Doch ich habe nichts gemacht, ich denke es ist die beständige Hitze, 40° und mehr, dass viele Trinken und dabei jeden Tag knappe 30 km laufen. Meine Beine, meine Arme sind unwahrscheinlich dünn geworden, der Bauch wächst nach innen, doch es geht mir gut und ich fühle mich sauwohl dabei. Den Weg zur Herberge nehme ich alleine, ich telefoniere noch mit Uschi und vor der Herberge ziehen alle an mir vorbei. Es ist 21.30 Uhr als ich in die Herberge gehe, alles ist dunkel und einige schlafen schon. Was ich brauche, finde ich im Rucksack auch im Dunkeln. Extrem leise finde ich mein Bett und die wohlverdiente Nachtruhe.

Ein rundum gelungener Tag geht zu Ende, jedoch nicht ohne ihn Revue passieren zu lassen. Es ist schon unglaublich, wie schnell sich alles drehen und wenden kann, vor allem aber auch wie stark einen immer wieder die eigenen Gedanken und Emotionen bewegen. Es ist einfach nur schön!   Gute Nacht.

Tag 51, Cajarc – Bach 30 km

Mein Tag beginnt heute schon früh, unsere Truppe steht gemeinsam früh auf und wir machen das Frühstück gemeinsam. Jeder macht etwas, es ist wie in einer Familie, wo jeder etwas selbständig zum Frühstück beiträgt. Die beiden Mädels decken den Tisch, Paul macht Kaffee, Philippe wäscht ab, ich trockne ab und Jako ist für Zimmer- und Restaurant buchen zuständig. Nach Gewitter und Regen in dieser Nacht gehen wir schon um 7.15 Uhr raus. Meine Uhr zeigt den letzten Tag im August an, meinen Jakobsweg habe ich in Tagen bereits halbiert. Auf der einen Seite kommt Freude auf, ich habe den Weg zur Hälfte geschafft, doch ich fühle auch, dass der Weg mit jedem Tag den ich laufe stark abnimmt. Die Zeit jetzt 14 Tage zurückstellen, dass würde mich aufmuntern.

Leichter Regen und ich muss mit Regenumhang losgehen, kommt erschwerend hinzu. Die Luft ist kühl, den Weg suchen und ich gehe alleine los, ich muss mich selber finden und habe auch die Ruhe, die ich brauche. Ich blicke zurück auf Cajarc; eingerahmt von den Felsen des Lot-Tales liegt es hinter mir. Ich überquere den Fluss, auf der Felshöhe am anderen Flussufer ragt die Burgruine und die Kirche von Gaillac in den Himmel. Die Straße steigt zum Ort empor, passiert die Ruine und folgt in langsamem Anstieg einem Bachlauf. Der Weg führt durch einsame Landschaften, ab und zu gehe ich an einem Gehöft vorbei. Die Natur kommt meinem Weg von gestern gleich. Es sind wieder einige Pilger unterwegs, ich werde überholt, kann aber auch immer wieder welche überholen. Am Ortseingang von Limogne-en-Quercy treffe ich auf Regula und Melanie. Wir gehen gemeinsam in den Supermarkt und besorgen uns das Mittagsmenü. Dann suchen wir uns den Pausenplatz. Einmal ziehen wir noch um, dann sitzen wir etwas verstreut auf der großen Treppe vor der Kirche und es gesellen sich noch weitere Pilger dazu. Heute genieße ich Baguette mit Käse und Salami, dazu eine Joghurtmilch. Das Wetter ist wieder gut, doch es ist abgekühlt. Ich glaube alle fühlen sich irgendwie wohl in diesen unterschiedlichen Gemeinschaften, man trifft sich, erkennt immer den Pilger im Menschen und versteht sich. Auch heute Mittag ist es wieder sehr nett. Nach

einer halben Stunde ziehe ich meine Schuhe an und gehe mit einem freundlichen Buen Camino weiter.

Der Weg führt mich durch einen Eichenhain, die Bäume wachsen mit knorrigen, verbogenen Stämmen in die Höhe. Auf ihren Wurzeln sollen die berühmten Trüffel der

Region wachsen, ich habe keine entdeckt, jedoch auch nicht wirklich gesucht. Bald sehe ich den erhaltenen Turm der verfallenen Burg von Varaire vor mir liegen. Das kleine verschlafene Nest, indem die Zeit nun wirklich stehen geblieben zu sein scheint, war einst eine wichtige Etappe für die Jakobspilger. Die letzten 4 km ohne große Höhenunterschiede führen nach Bach, zu einem einzelnen Gehöft, wo Jako für alle die Unterkunft gebucht hat.

Die Herberge finde ich problemlos und treffe um 16.15 Uhr ein. Erst erklärt mir die

Herbergsmutter den gesamten Ablauf der Herberge, dann kommt der Herbergsvater, bringt mir das gewünschte Bier und erklärt mir alles nochmal. Das ist alles ein bisschen viel für mich, ich trinke mein Bier, hole aus dem Rucksack alles raus was ich brauche, lasse ihn draußen im Regal Platz finden und beziehe mein Bett. Jako und Philippe schlafen in dem 6 Betten-Zimmer neben mir, die oberen Betten sind noch frei. Paul, Regula und Melanie sind in einem anderen Zimmer. Duschen, Toiletten teilen wir uns, sie sind renoviert und großräumig gestaltet. Ich komme wieder zur Ruhe und kann alle meine Aufgaben incl. Schreiben abhaken und mit den anderen in der Küche aufs Abendessen warten. Melanie möchte Jako`s Fuß neu verbinden, stellt fest, dass die Wunde zu heilen anfängt. Jako ist überglücklich und legt den Fuß mittig auf den Esstisch, alle können ihn sehen und staunen. Der Jubel scheint kein Ende zu finden, jeder fühlt mit ihm und Jako ist froh, dass der Gedanke auf einen Krankenhausbesuch der Vergangenheit angehört.

Es ist wieder angenehm warm geworden und das Abendessen findet vor einer überdachten Scheune statt. Unser sechser Paket ist alleine geblieben. Mit reichlich und gutem Essen in allen möglichen Gängen mit Wein, Wasser und Baguette werden wir alle verwöhnt. Die Herbergseltern genießen mit uns und wissen viel zu erzählen.

Irgendwann kommt Regula zur Sprache. Sie hat eine feste Kilometervorgabe bis Santiago, dafür eine feste Zeit und so auch eine feste Tageskilometervorgabe zu bewältigen. Das Problem ist, sie hat sich um 100 km verrechnet, kann diese Differenz aber auch nicht finden. Seit Tagen arbeitet sie an diesem Weg und sagt uns heute Abend, dass sie mindestens 31 km durchschnittlich jeden Tag bis Santiago laufen muss, um ihr Ziel in der festgelegten Zeit zu erreichen. Mehr Urlaub kann sie auf keinen Fall fordern

und eine andere Lösung gibt es leider auch nicht. Morgen möchte sie, nein muss sie leider aus der Gruppe, die ihr so viel bedeutet, ausbrechen und ihren Weg alleine mit sehr viel Intensität in Angriff nehmen. Sie ist mittlerweile sportlich gut drauf und ich traue ihr das absolut zu. Ich würde das schaffen, bin aber froh, dass ich alles ohne diesen Stress angehen kann, ich glaube das ist jeder. Wir versuchen sie zu verstehen, die Tränen kullern, jedoch nicht nur bei ihr, auch andere haben feuchte Augen und wollen den Abschied nicht wahrhaben. Wir sind alle geschockt, keiner möchte den Abschied, doch sie ist fest entschlossen, hat aber so gesehen auch keine andere Wahl. Ich habe sie in Le Puy Sonntagmorgen beim Frühstück kennengelernt und bin ihr sehr oft begegnet, sie hat mir sprachlich sehr oft geholfen, ich war nie hilflos, ja, der Abschied fällt mir Morgen ganz sicher nicht leicht. Melanie packt eine Flasche Schnaps aus, jetzt verstehe ich auch das Rucksackgewicht von 18 Kilo bei Melanie. Einen halben Liter Schnaps in einer dicken Glasflasche, das ist doch der Wahnsinn. Es ist mein erster Schnaps auf dem Jakobsweg, ich habe ihn nicht vermisst, doch heute Abend trinke ich zwei, das muss jetzt sein, fühle mich danach aber nicht wohler. Der richtige Abschied erfolgt erst morgen, mir graust jetzt schon davor.

Wir wünschen uns eine gute Nacht und teilen uns in zwei Zimmer auf. Jako und Philippe sind schon im Tiefschlaf. Ich bin leise und versuche alles im Dunkeln zu erledigen. Eine gute Nacht, die aber wird es sicher nicht werden!

Ja, das war`s   -   für heute!!!

Tag 52, Bach – Cahors 26 km

Geschlafen habe ich gut, doch der Abschied von Regula kann ich nicht einfach wegschieben. Wir treffen uns 6.30 Uhr in der Küche, keiner redet, es herrscht eine gedrückte Stimmung. Regula hat geplant eine Stunde vor uns loszugehen und einen anderen Weg zu gehen, um uns uneinholbar voraus zu sein. Also heißt es Abschied nehmen. Jeder aus unserer Gruppe wünscht ihr alles Gute, umarmt sie nochmals und es kullern wieder Tränen. Sie bricht wirklich aus der Gruppe aus und es fällt allen sehr, sehr schwer. Ein Tschüss, ein Salute, ein Adios und ein Bye, Bye und weg ist Regula. Eigentlich schade, wir waren eine ruhige angenehme Truppe, es gab kein lautes aber auch kein falsches Wort. Wir passten einfach und hatten uns gefunden.

Ein kleines Frühstück, Hunger hat eigentlich keiner und alle sind irgendwie in sich gekehrt. Dann 7.30 Uhr geht es raus, ich laufe zunächst mit Paul und Melanie los, doch nach kurzer Laufzeit, ich hänge ein bisschen, ich bin nicht so gut drauf, verabschiede ich mich wieder und gehe meinen Weg.

Ich versuche mich abzulenken und habe heute Zeit um nochmals in mein Leben einzutauchen, mal sehen ob es gelingt.

Meine Schulzeit war abgehakt, ich ging in die Lehre und ein Tag Berufsschule reichte mir voll und ganz. Meine Lehre als Bürokaufmann in einem Kaufhaus hatte natürlich auch mit Lernen zu tun, jedoch auch arbeiten und die Arbeit machte mir Spaß. Die Arbeitszeit im Verkauf war sehr lang und mit 2 Stunden Mittagspause und zwei Kaffeepausen versehen. Auch der Samstag war ein Arbeitstag. Irgendwann waren mir die Mittagspausen zu lang und ich habe dann in der Pause im Verkauf ausgeholfen, freiwillig natürlich. Das ging eine Zeit lang gut, bis mein Chef das bemerkte und ich in den Verkauf wechseln durfte. Hier fühlte ich mich wohl, konnte eine Abteilung leiten und auch schon Entscheidungen treffen. Meine Leistung honorierte mein Chef mit mehr Lehrgeld im zweiten und dritten Lehrjahr als vertraglich vereinbart war. Die Kaffeepausen wurden teilweise mit Kartenspielen gefüllt und die langen Mittagspausen mit Kickerspielen in der Eisdiele. Viele, viele Stunden wurden mit Spielen und auch rumhängen absolviert. Dann, die Prüfung machte ich als Bürokaufmann, wurde selbstverständlich fest angestellt und auch mein Gehalt konnte sich sehen lassen. In der Verantwortung wurde ich jedoch auch gefordert, ich brauchte das auch und fühlte mich sehr wohl dabei.

Ein Arbeitskollege wollte auf dem zweiten Bildungsweg in drei Jahren samstags die mittlere Reife nachmachen und fragte mich, ob ich mitmache. Ich jedoch war froh, dass gerade mit dem Ende der Berufsschule die Schulzeit endlich abgeschlossen war, ließ mich jedoch breitschlagen und machte mit. Es hatten sich Jugendliche für drei Klassen angemeldet, aufgenommen wurde jedoch nur eine Klasse mit 40 Schülern. Die Aufnahmeprüfung hat meinen Arbeitskollegen aussortiert und mich aufgenommen. Irgendetwas war schiefgelaufen. Ich nehme die Lernzeit an, bespreche mit meinem Chef die neue Arbeitszeit, da der Samstag jetzt arbeitsfrei werden musste. Es gab keine Probleme, doch die drei Jahre waren extrem hart. Die Schulzeit war samstags von 8 – 18 Uhr plus zwei Stunden Fahrt, die Arbeitszeit 40 Stunden in der Woche plus lernen. Die Teilnehmer sind in den drei Jahren von 40 Schülern auf unter 20 die an der Prüfung teilgenommen haben, nach und nach ausgefallen. Ich hatte nur mittelmäßige Leistungen, die Prüfung jedoch bestanden. Das waren ganz extreme 3 Jahre, die ich nur mit zwei Schulkameraden überstehen konnte. Jeden Samstag haben wir nach der Schule ausgedehnte Trink- und Kneipenbummel absolviert und vieles an Ballast abgeworfen. Ja, es gab auch eine schöne Seite. Meine Leistung im Verkauf hatte nicht nachgelassen, sondern hat sich intensiviert. Ich durfte immer wieder Lehrgänge besuchen und hatte meinen Abschluss zum Substituten erreicht. Mein Chef hatte absolutes Vertrauen, teilte mir entsprechende Arbeiten zu, ich durfte im TOP-SECRET-Bereich für ihn arbeiten, konnte dann die Hartwarenabteilung alleine mit Ein- und Verkauf übernehmen. Immer wieder auf Messen und Ausstellungen einkaufen. Sollte bei Stromausfall der Aufzug irgendwo stecken bleiben, war ich der Einzige im Personalbereich, der die Menschen befreien konnte. Ich blühte richtig in dem Beruf auf, war super gut drauf, war sicher der Aufsteiger in der Firma und fühlte mich öfter in diesem Familienbetrieb als Mitglied der Familie, vielleicht sogar als dritter Sohn. Sie hatten zwei Söhne, der Älteste war ein Jahr jünger als ich und machte noch Schule. Finanziell gab es nie Probleme, Gehaltserhöhungen gab es in angemessener Höhe freiwillig und sehr zufriedenstellend.

Dann gab es doch ein Problem, die Familie war in Urlaub nach Österreich gefahren, die Verantwortung hatte ich für Laden öffnen, abschließen, abrechnen, Geld zur Bank bringen und so weiter. Mein jugendliches Alter war gerade mal 20 Jahre und das Kaufhaus beschäftigte ca. 50 Menschen, mein Chef hatte volles Vertrauen in mich gesetzt. Die Straße war eine große Baustelle und mit Baumaterialien und Maschinen bestückt. Ein starkes Gewitter hatte sich entladen, die Baumaterialien irgendwie den Fluss des Baches abgesperrt, so dass die Wassermassen immer höher stiegen und letztendlich auch ins Erdgeschoß liefen. Alle haben mit angepackt und von unten her alles abgeräumt und zum ersten Stock getragen, Wasser rausgekehrt, rausgetragen, jedoch kam mehr rein als wir rausgetragen haben. Alles war irgendwie sinnlos, doch wir mussten etwas machen. Irgendwann war dann auch der Strom weg. Es war furchtbar. Das Wasser ging langsam zurück, das Personal machte Feierabend und der Chef mit dem ich telefonisch in Verbindung war, wollte sofort packen, den Urlaub beenden und nach Hause kommen, bat mich im Hause zu bleiben bis er ankommt. Es *hatten alle Türen offen gestanden und es war sicher die richtige Entscheidung. Für mich eher nicht so einfach, jedoch habe ich mir eine Campingliege genommen, mich hingelegt, ich war fix und fertig, natürlich nicht geschlafen und war froh als mein Chef morgens um 4 Uhr ankam. Ja, ich war im jugendlichen Alter von 20 Jahren! Viele Jahre noch habe ich mit viel Verantwortung, viel Arbeit und dem entsprechenden Gehalt so funktioniert. Es waren insgesamt 11 wunderschöne, anspruchsvolle, lehrreiche Jahre, die mich geformt haben.*

In dieser Zeit hat sich mein Leben privat sehr verändert. Von 14 – 17 Jahren habe ich in der A-Jugend Fußball gespielt, na ja mittelmäßig. Zu Hause noch etwas in der Landwirtschaft mitgeholfen, mit 17 Jahren erst Schwimmen gelernt, mit 18 Jahren einen Tanzkurs besucht, damit begann eigentlich auch der Besuch von Kirmesveranstaltungen. Wenn es sein musste Freitag, Samstag und Montag - meine Eltern waren hier sehr großzügig, ohne Zeiten setzten sie auf volles Vertrauen. Ich fühlte mich völlig frei, hatte viele Freunde, ab und zu auch eine Freundin, doch binden, da hatte ich beruflich noch vieles offen, was mich auch sehr forderte. Dann mit 21 Jahren bin ich mit Uschi eine feste Bindung eingegangen, wir kannten uns schon länger, jedoch war es für mich während der Zeit des zweiten Bildungsweges und das Feiern danach zeitlich nicht in Einklang zu bringen. Heiraten war mit 23 Jahren angesagt, bei Nancys Geburt war ich 28 Jahre, bei Dennis Geburt 30 Jahre. Dazwischen haben wir noch ein Haus in eigener Regie mit meinem Vater und Schwiegervater in harter, mühseliger Arbeit gebaut. Anzumerken bleiben noch die wunderschönen Grillabende, die mein Vater organisierte und wir über viele Jahre mit Partner und Kinder in einer großen Familie gefeiert haben. Ich habe diese wunderschöne Zeit genießen können und es fehlte mir an nichts, wirklich an Garnichts.

Heute Morgen ist es etwas frisch, doch zum Wandern optimal. Ich folge der historischen Römerstraße, die fast kerzengerade durch die Causses führt und auf der ich nun bis kurz vor Cahors unterwegs sein werde. Die Strecke ist relativ eben, es gibt kaum Höhenunterschiede. Ich laufe hauptsächlich über kleine Straßen, Feld- und Waldwege. Auch hier begleiten mich Eichenwälder, karge Weiden, Wacholder- und Buchsbüsche. Ich schlendere durch das Gelände, es ist sehr ruhig heute und es sind wenig Pilger unterwegs. Die Wäsche kann ich vom Rucksack abhängen, sie ist inzwischen trocken. Gestern Abend hatte ich sie – ja ich war schon etwas durch den Wind - vergessen von der Wäscheleine zu nehmen und heute Morgen war alles wieder nass. Ich gehe unter der Autobahn hindurch und habe nur noch wenige Kilometer bis Cahors. Nach Norden erstrecken sich Weiden, auf denen Kühe grasen. Auf Pferdekoppeln traben mehrere Stuten mit ihren Fohlen. Gänse begrüßen mich mit schrillem Geschrei. Dann fällt das Gelände ab. Die Straße führt mich in sehr steilen Kehren rasch bergab ins Lot-Tal. Sie ist steil, gut befestigt und somit auch gut begehbar. Ich gehe mit zwei Stöcken, kann so meine Knie sehr gut stützen und sicher absteigen. Vor mir ist ein Pilger ohne Stöcke, er geht im zick-zack bergab, aber genauso schnell wie ich. Das ist der helle Wahnsinn und für mich unvorstellbar.

Drei Türme ragen hoch über der Stadt, der mittlere Turm diente als Wachposten, die beiden äußeren Türme konnten durch Fallgitter und Tore den Durchgang versperren und so waren sie ein Hindernis für ungeliebte Gäste der Stadt. Über die wehrhafte Brücke aus dem 15. Jh. überquere ich den Lot und gehe ins Centrum, besuche das Office de Tourisme und bitte um einen Stadtplan in dem sie die Auberge kennzeichnet. Um 14 Uhr treffe ich ein und sehe auf einer Hausecke, zwischen Kathedrale und Auberge Philippe und Regula stehen, beide empfangen mich freundlich und möchten mich zur Auberge begleiten. Doch ich verstehe die Welt nicht mehr. Regula erklärt mir, sie hat ihr Knie verdreht und kann kaum noch laufen. Sie ist auf einem Bauernhof gestrandet und der Bauer hat sie hierhergefahren. Nun macht sie ein, zwei Tage

Blick auf Cahors

Pause, geht den Jakobsweg nur bis zur Spanischen Grenze und geht im folge Jahr den Rest bis Santiago. Ihren Chef hat sie schon angerufen, ihm gesagt, dass sie früher wieder zur Arbeit erscheint, was ihren Arbeitgeber dann auch wieder positiv stimmte. Philippe, ohne Jako, ist ebenfalls ungewöhnlich. Heute soll Jako`s Frau eintreffen und ihn besuchen, alle wissen davon, nur Jako nicht. Es soll halt eine Überraschung sein, die wird es ganz sicher. Regula sagt, sie ist schon da – deshalb auch die Trennung zwischen Jako und Philippe.

Wir kommen in der Auberge an, die Aufnahme findet auf kleinstem Raum, zugestellt mit Rucksäcken, Schuhe, Stöcke und vielen anderen Utensilien, statt. Es herrscht Chaos auf kleinster Ebene. Die Herbergsfrau nimmt die vor ihr Sitzende auf, redet gleichzeitig mit anderen und setzt mich auch noch dazu. Es sieht nach einer mittleren Katastrophe aus, doch ich habe Regula als Übersetzerin neben mir und fühle mich sicher und in guten Händen. Doch als sie mir auf der 3. Etage die Zimmerfarbe, wonach die einzelnen Zimmer beschrieben sind, erklärt, wird es ganz schwierig. Es gibt keine Zimmernummer, sondern lediglich eine Zimmerfarbe und die ist Flieder. Regula kann die Farbe nicht aufnehmen und ich sowieso nicht. Diese Übertragung dauert gefühlte 5 Minuten, bis die Herbergsfrau einen Fliederfarbenen Buntstift gefunden hat. Also alles ok, ich bedanke mich bei Regula, nehme aus meinem Rucksack was ich benötige für die Nacht, stelle meine Utensilien zu den vielen anderen, gehe zur 3. Etage und finde mein Zimmer in Fliederfarbe. Eines fällt mir auf, das Haus ist extrem schmal und es gibt auf jeder Etage nur ein Zimmer, warum dieser Aufwand bei der Anmeldung. Das Zimmer ist noch leer, ich kann mir von den

Kathedrale

Etagenbetten ein Bett parterre aussuchen und beziehen. Es stehen sieben Betten auf allerengstem Raum, es gibt ein Fenster und ein Bad, das fast so groß ist wie der Schlafraum.

Ich dusche, wasche, schreibe dann auf der Bank im Park und besichtige die Stadt. Ein Apfelteilchen to go, eine Besichtigung der Kathedrale St. Ètienne, der Baubeginn wird auf das 11. Jh. datiert und ich treffe beim Rausgehen auf Günter, den Trierer. Er hebt sich in seiner Art wieder von allen Pilgern ab und ist absolut nicht mein Fall. Der Transportwagen, den er nachzieht, passt zu ihm denke ich und will ihn schnell wieder vergessen. Cahors sieht aus wie eine natürliche Festung – nahezu dreiviertel der

Altstadt sind vom Lot umgeben. An der Place F. Mitterrand nehme ich in einem Straßencafé` Platz. An den Tischen sitzen Damen und Herren mit großstädtischem Chic. Die Pilger mit Rucksack, kurzer Wanderhose und knitterndem T-Shirt fremdeln ein wenig in dieser eleganten Umgebung, mir geht es genauso. Mein Bier genieße ich trotzdem; der stolze Preis ist sicher dem großstädtischen Chic angepasst. Ich gehe zurück zur Auberge und werde von Paul, Regula und Melanie bereits erwartet. Jako hat ein Restaurant vorbestellt, wir sollen alle mitkommen und er holt uns um 7 Uhr ab, so ist die Planung. Die drei liegen faul auf dem Bett und versuchen ihr Tagebuch zu schreiben. Ich sitze auf der letzten Stufe der Treppe, die in das Speicherzimmer ragt und versuche durch meine Unterhaltung sie daran zu hindern. Sie haben ein schönes 3-Bett Zimmer, jedoch Toilette und Dusche ein Stock tiefer. Melanie erklärt, dass ihr Vater mit seiner Bekannten sie morgen besuchen möchte und sie auch einen Tag Pause machen muss. Paul schließt sich an und sagt, er macht ebenfalls einen Tag Pause, er wollte eh den Jakobsweg mit mehr Ruhe gehen. Die Frage taucht auf, was mache ich morgen? Mache ich einen Tag Pause oder nehme ich Abschied und gehe alleine weiter? Mit Jako und Philippe, diese Treiber, kann und will ich nicht mithalten.

Doch da kommt Jako, holt uns ab, ich stelle meine Entscheidung einfach zur Seite und wir gehen zum Restaurant. Regula und Melanie bitten mich, wenn Jako seine Frau vorstellt, genau auf den Namen zu hören, sie wollen doch höflich sein und sie mit Namen ansprechen, haben ihn jedoch nicht verstanden und auch nicht nachgehakt. Doch irgendwie gibt es bei mir lediglich eine allgemeine Vorstellung und nicht die typisch französische. Ein großer Tisch in einem sehr vornehmen Restaurant, die Kellner in schwarz, erwarten uns. Wir sind 9 Personen, die Frau von Jako hat noch ein Ehepaar – Verwandtschaft - mitgebracht. Jako ist überrascht, doch er macht einen sehr glücklichen Eindruck. Er ist das dritte Mal verheiratet, hatte wohl Schwierigkeiten die Selbständigkeit und Familie zu vereinen. Ja, sie machen beide einen glücklichen Eindruck. Wir bestellen nach Karte, Vor- Haupt- und Nachspeise mit Baguette, Wasser und Rotwein. Alles macht einen sehr vornehmen Eindruck, die Deko, das Essen, das ganze Restaurant, das Französische Flair ist wieder eingetroffen und lässt uns 3,5 Std. einen wunderschönen Abend erleben. Es kommt etwas Unruhe auf, Kellner und Jaco diskutieren, dann holt der Kellner einen Taschenrechner und es wird nochmals diskutiert, Paul schaltet sich hinter meinem Rücken ein, es kann eigentlich nur noch um die Abrechnung gehen. Am Ende steht fest, Paul und Jako haben uns eingeladen und alles bezahlt. Wer was bezahlt hat, weiß keiner, doch dass es eine schöne Geste ist, dafür bedanken wir uns.

Philippe, Jako mit Frau und Verwandtschaft, ziehen in ein Hotel, der Rest und es geht auf 23 Uhr zu, in Richtung Auberge. Auf dem Weg teile ich den dreien meine Entscheidung mit, ich werde morgen früh mich verabschieden und weitergehen. Es ist zwar eine wunderschöne Stadt, doch ein Tag Pause, das braucht sie nicht, ich jedoch auch nicht, denn ich bin sportlich sehr gut drauf und möchte einfach meinem inneren Drang folgen, ja vielleicht möchte ich sogar wieder alleine sein. Auf der 3. Etage trennen wir uns und ich verspreche ihnen, morgen früh alle drei aus dem Bett zu werfen, um mich zu verabschieden. Im Zimmer - ist alles dunkel, ich denke es ist voll belegt, kennen tue ich niemand, schnarchen, ja es ist ein kleines Konzert. Leise und im Dunkeln besuche ich das Bad und lege mich in meinen Schlafsack. Es ist heute ein bisschen schwierig, da der Abstand zwischen den Betten vielleicht mal 30 cm hat und ich vom Bad aus noch um ein mittleres Bett drumherum laufen muss. Doch ich schaffe das.

Was der Weg aus mir macht, was er aus mir gemacht hat, was noch kommt – ich werde es zulassen. Möchte die Zeit anhalten – nein natürlich nicht! Jeder Tag ist ein guter Tag, ist ein Glücklicher Tag. Der Weg sollte nie zu Ende gehen!

…gute Nacht.

Tag 53, Cahors – Montcuq 35 km

Geschlafen habe ich gut, schlafen auf kleinstem Raum ist auch nicht das Problem. Ich stehe wohl als erster auf und der Weg zum Bad im Dunkeln ist da schon wesentlich schwieriger, anziehen und zusammenpacken nicht einfacher. Das Zimmer ist voll belegt, die Luft zum Schneiden dick, ich habe Niemand gesehen und mit Niemandem gesprochen. Meinen Rucksack packe ich unten, gehe nochmals hoch um mich von Melanie, Regula und Paul zu verabschieden. Doch die drei sind auf dem Weg nach unten, wir treffen uns, umarmen uns und wünschen uns einen Buen Camino. Wir sprechen noch einige Sätze, der Abschied geht ohne Tränen ab und ich bin wieder ohne Fürsorge unterwegs. Gefrühstückt habe ich noch nicht, aber eine Boulangerie wird sicher offen sein. Die Seitenstraße verlasse ich Richtung Kathedrale, habe plötzlich einen Frischemarkt vor mir und kann Äpfel, Käse und Baguette frisch auf dem Markt kaufen. Ich verpacke alles im Rucksack und breche mir ein Stück vom Baguette ab, nehme es auf die Hand und frühstücke auf dem Weg. Wasser habe ich

Brücke in Cahors

mir in der Herberge abgefüllt, komme um 8.00 Uhr los und gehe Richtung Centrum.

Eine Übernachtung habe ich noch nicht, den Weg habe ich auch noch nicht und was mit Philippe und Jako heute ist, das weiß ich auch nicht. Ich kann also vogelfrei und kopflos, wie in alten Zeiten meinen Tag genießen. Alles wird sich finden, ich lebe im Jetzt und bin absolut frei und losgelöst von der Erde.

Doch dann, ich überquere die Straße, sehe quer vor mir Jako und Philippe, die von ihrem Hotel kommen und auf dem Jakobsweg sich befinden. Beide sind noch schneller, da der Besuch von gestern abgereist ist und ihr Gepäck schon zur nächsten Herberge gebracht hat. Ohne Absprache, ich weiß nicht einmal wo die beiden ihr Hotel hatten, treffen wir uns einfach in dieser Großstadt. Ist das Zufall, ne, ich glaube das ist

Brücke in Cohors

MEHR, das ist einfach der JAKOBSWEG. Wir gehen gemeinsam weiter, Jako möchte mir noch eine Herberge reservieren, hat jedoch noch keinen Erfolg. Wir bleiben zusammen, die Verständigung ist äußerst schwierig, die beiden können nur Französisch, ich dagegen kein Wort Französisch. Englisch geht gar nicht, also Hände und Füße, das funktioniert immer. Auf dem Boulevard gehen wir den Jakobsweg und stehen nach kurzer Zeit vor dem Pont Valentrè. Der Pont ist die einzig erhaltene mittelalterliche Brücke aus dem 14. Jahrhundert von ursprünglich dreien. Die Brücke spannt sich zwischen drei befestigten Türmen über sechs Bögen. Der Pont ist Verteidigungsbau und Brücke in einem. Der Nebel zieht aus dem Lot hoch, die Brücke und auch die Türme stehen in leichtem Nebel, es ist ein wunderschönes Bild, ein traumhafter Tag. Philippe und Jako haben Zeit für Fotos, Jako macht noch ein Foto von mir auf der Brücke und wir verlassen die Stadt über die Brücke, wie es die Pilger früher schon gemacht haben.

Das Steilufer des Lots stellt sich sperrig dem weiteren Marsch entgegen. Die Felsen gilt es jetzt zu erklettern. Jako und Philippe haben es einfacher als ich, ohne Rucksack ziehen sie steil den Fels hoch. Beide warten oben, denn ich komme etwas später an. Der steile Aufstieg auf einer Serpentine aus Stufen und Steinbrocken quälte mich. Jako versucht immer wieder eine Herberge zu finden, doch kann ich das Tempo der beiden noch lange halten, lieber würde ich wieder alleine gehen. Tief unter uns liegt Cahors; der Blick auf die Stadt und den Lot ist überwältigend. Der grandiose Blick hat uns eingefangen, wir müssen uns losreißen und regelrecht zum Aufbruch zwingen. Die Herbergsfindung zieht sich, so gehen wir gemeinsam weiter. Der Weg verläuft anschließend auf der Höhe ohne schwierige Steigungen weiter. Er zieht sich und steigt dann auch wieder an. Auf der Höhe versucht Jako nochmals eine Herberge zu reservieren, es tut sich was, Jako übergibt mir sein Handy, ich winke ab, kann kein Wort französisch, doch ich kann das Handy nicht fallen lassen. So spreche ich und der Herbergsvater ist Deutscher. Ein Bett ist frei, reserviert und alles ist gut. Das Tempo der beiden, heute ohne Rucksack, das macht sie noch schneller, kann und möchte ich nicht mehr gehen. Ich bedanke mich für die Unterstützung und wir verabschieden uns, ich denke für immer. Ich werde die fünf nicht mehr wiedersehen, die beiden sind schneller als ich und die drei anderen werden langsamer sein und liegen einen Tag zurück.

Mit etwas Wehmut ziehe ich weiter und mache eine Pause an der nächsten Sitzgruppe. Hier treffe ich auf Elisabeth, die ich auf meiner Tour mehrmals kurz getroffen habe. Wir unterhalten uns, doch dann zieht sie alleine weiter. Für mich kommt jetzt ein zweites Frühstück gerade richtig, doch einen Kaffee werde ich wohl heute nicht genießen können. Bei angenehm kühlem Wanderwetter gehe ich weiter, zu Fotografieren gibt es heute relativ wenig, doch es sind einige Pilger unterwegs. Meine Marschgeschwindigkeit habe ich wiedergefunden, denke nochmals an unsere Truppe, wie angenehm und schön es war. Vielleicht sehen wir uns doch mal wieder. Paul hat geplant eine Auberge in Frankreich zu unterhalten und das im kommenden Jahr schon. Wir sollen ihn alle besuchen, die Begeisterung war bei allen zu spüren. Für das Frühjahr wurde auch ein Besuch bei Paul für alle mit Anhang festgelegt, mal sehen was daraus wird. Die Telefonnummer von Regula habe ich und komme so auch an alle andere dran. Mein Tagespensum ist groß und ich versuche mich nochmals auf die Muschel zu konzentrieren.

Ich erreiche Lascabanes, einen hübschen Ort mit schönen Steinhäusern und seinem Blumenschmuck erscheint es wie auf einem Bilderbuch. An der Kirche unter Kastanien mache ich meine Mittagspause, etwas später als sonst, ich habe ja eine zweite Kaffeepause gemacht. Später führt mich der Weg bergauf zu einer kleinen Kapelle Saint-Jean-le-Froid. Hinter der Kapelle schnürt ein schmaler Pfad durch eine Hochfläche aus weißem Kalk, der Causse du Blanc. Spätestens hier macht das Landschaftsbild den Namen der Region – „Quercy-Blanc", das weiße Quercy – stimmig. Die Hochfläche ist überwiegend landwirtschaftlich geprägt, Felder mit Getreide, Sonnenblumen, Mais oder Melonen und Weiden in den Senken oder Hängen. Die letzten acht Kilometer liegen vor mir. Nach Montcuq geht es leicht bergab und ich habe Elisabeth eingeholt und gehe mit ihr in den Ort hinein. Sie hat eine andere Auberge, geht in den Ort hinein, ich jedoch nach links wieder zum Ortsausgang. Der Weg zur Auberge führt mich über einen holprigen, schwierigen Weg parallel zur Hauptstraße am Ende des Ortes zur Auberge.

Um 17,00 Uhr treffe ich ein, frage eine Frau wo der Eingang ist und sie zeigt mir den Eingang wo sie auch steht, auf der Sonnenseite. Ich nehme den offenstehenden Eingang, doch nach 2 Meter versucht mich der Herbergsvater fertig zu machen, ich habe den falschen Eingang genommen und stehe mit meinen sauberen und trockenen Schuhen auf Fließen, dass kann er wohl absolut nicht ertragen. Ich drehe mich, nun dann darf ich doch rein, wo ich schon mal drin bin. Er bietet mir einen Saft an, ich möchte lieber ein Bier haben, auch das ist gegen Bezahlung möglich. Während ich in Ruhe mein Bier trinke, sitzt er mir gegenüber und erzählt immer weiter, hat im Winter den Portugiesischen Weg gemacht, eine neue Herberge ausgesucht und möchte dies hier verkaufen, doch nur an jemand, der sie so führt wie er es möchte. Das wird sicher schwierig, denn er möchte keine Franzosen und auch keine Touris aufnehmen, am liebsten nur Deutsche. Deswegen hat auch die Straße keine Beschilderung zur Herberge. Das Gequassel und der Größenwahnsinn geht mir auf den Keks. Ich trinke aus, er zeigt mir Wasch- und Trockenraum, Frühstücks- und Essraum im Erdgeschoß. Schuhe, Rucksack und Stöcke bleiben im Eingangsbereich, dann zeigt er mir Zimmer, Bad sowie WC auf der ersten Etage. Das weiße Bettlaken muss morgens auf dem Bett verbleiben, damit er erkennen kann ob und wo die Blutsauger (BEDBUGS) aufgetreten sind. Die anderen Herbergen wollen immer alles abgezogen haben. Ich habe ein 4-

Bett Zimmer mit zwei Personen belegt und alles ist gut. Duschen, waschen sowie schreiben mache ich zügig, 19.00 Uhr ist Abendessen angesagt. Die Temperaturen sind noch gut und wir können draußen in einer wunderschönen natürlichen und sonnigen Hanglage zu Abend essen. Wir sitzen an einem großen Tisch mit etwa zwölf Personen, alles Franzosen, bis auf den Herbergsvater und ich. Er ist geschieden, die neue Lebensgefährtin und ihr Kind 6 Jahre sitzen mir gegenüber, er neben mir und sie essen alle mit. Schräg gegenüber, auf der anderen Seite, sitzt ein Ehepaar aus Straßburg, die auch perfekt Deutsch können. Das Essen mit vielen Gängen, Getränken und die Unterhaltung, alles ist absolut perfekt. Ich genieße den Abend unter neu kennengelernten Menschen und gehe heute nach einer kurzen Nacht und einem anstrengenden 35 km Tag schon um 20.30Uhr schlafen.

Nachdem ich ein aktuelles Bild von mir geschickt habe, kommt eine lustige WhatsApp Unterhaltung auf. Ich habe gut abgenommen, locker 15 kg und fühle mich wohl, sehr wohl sogar. Mit meiner Sonnenbrille fühle ich mich auch 10cm größer und kann auch schneller laufen. Ich bin sicher gewachsen und mein Gewicht hat sich nur auf die neue Länge verteilt. Tina schreibt; dass ich kaum noch zu erkennen bin, Michi schreibt; nach meiner Tour muss ich erst mal neue Kleidung kaufen, Dennis schreibt; nach der Tour muss ich mich erst mal wieder vorstellen, Nancy schreibt; es steht mir gut und es kommt ihr vor als wäre ich 10 cm größer geworden, hoffentlich geht es nicht so weiter, sonst komme ich nur noch als Gerippe in Santiago an. Die Steigerung kommt dann prompt von Dennis als Foto.

Sehr müde versuche ich mein Handy auszumachen und wegzulegen, bevor meine Augen zufallen, ja es geht jetzt alles sehr schnell.

.... Gute Nacht.

Tag 54, Montcuq – Durfort 25 km

Das Bett quietscht fürchterlich bei jeder noch so leichten Bewegung. Ansonsten war die Nacht ok, oder ich habe nichts gehört. Es gibt ein Frühstück zum Selbermachen. Der Herbergsvater hat den Kaffeeautomaten vorbereitet und alles erklärt. Ich bin noch alleine und genieße nach einem Tag Enthaltsamkeit den Caffè ganz besonders.

Altstadt

Um 8,15 Uhr gehe ich los, nehme heute jedoch die Straße ins Ortszentrum. Heute ist Sonntag und die Innenstadt ist rechts und links vollgestellt mit Marktständen. Es ist heute wieder Markt und ich kann mein Mittagsmenü auf dem Markt frisch ergattern. *Der Frischemarkt ist der Franzosen liebster Spielplatz.* Dann suche ich den Jakobsweg, laufe hin und her, jedoch erschweren die Marktstände die Sicht auf die Seitenstraßen. Ein wenig Zeit benötige ich, doch dann habe ich meinen Startpunkt und die Muschel gefunden. Der Ort Montcuq hat eine Altstadt mit schönen alten Häusern, sehr gemütlich und mit absolutem Wohlfühleffekt.

Bei Sonnenschein verlasse ich Montcuq; es ist angenehmes Wanderwetter. Ich folge dem Jakobsweg über meist schöne, aber auch der Sonne ausgesetzte Wanderwege, wenig befahrene kleine Straßen oder Feldwege. Es gibt nur geringe Höhenunterschiede und die Wege sind wie üblich jetzt gut markiert und beschildert.

Der Tag bietet die Möglichkeit nochmals in mein Leben zurück zu blicken und meine Gedanken in die Vergangenheit zu führen. Ich hatte es mir für den Jakobsweg fest vorgenommen;

Beruflich hatte ich im Kaufhaus nun alles erreicht, eine weitere Stufe auf meiner Leiter war nicht in Sicht, gab es auch nicht. Ich fühlte mich irgendwie für etwas Neues bereit und schickte meine Bewerbung, ohne auf eine Einstellungs-Anzeige zu warten, einfach mal an einen großen Industriebetrieb, der Polstermöbel fertigt. Prompt erhielt ich einen Vorstellungstermin und ich konnte sofort anfangen. Wollte ich das jetzt wirklich, mich beruflich verändern, ich handelte noch ein paar Tage Bedenkzeit aus. Doch dann sagte ich erst zu und habe danach gekündigt. In umgekehrter Reihenfolge hätte ich das mit der Kündigung sicher nicht übers Herz gebracht. Mein letzter Arbeitstag kam dann irgendwann, meiner erster auch und es war beides ganz, ganz furchtbar. In der neuen Firma war ich auch im Verkauf, habe den gesamten Kundenstamm (Möbelhandel) von Nordrhein-Westfalen, Rheinland-Pfalz und das Saarland mit dem entsprechenden Außendienst telef. und mit allen anfallenden Arbeiten betreut und auf Messen Polstermöbel verkauft. Ich sitze in einem Großraumbüro mit 15 Arbeitskollegen und Kolleginnen, ein Betrieb in bester Zeit mit 600 Beschäftigten. Eine komplett neue Herausforderung, eine neue Arbeitswelt mit sehr viel Entscheidungsfreiheit sowie Verantwortung. War es das was ich wollte? Was vorher -weil es 150 %ig mein Job war- wie ein Kinderspiel ablief, war jetzt ein Knochenjob, doch ich kniete mich förmlich rein und ich habe mir meinen Arbeitsplatz aufgebaut und gestaltet.

Nach ca. 5 Jahren kündigt ein Kollege im Planungsbereich, er hatte einen sehr harten Arbeitsbereich und wurde nicht so recht von der Geschäftsführung angenommen, *wurde so immer mehr zum menschlichen Wrack. Die Geschäftsführung bietet mir den Wechsel an, drängt mich schon etwas dazu, bietet mir ein neues Gehalt an, doch ich fordere mir Bedenkzeit, die ich dann auch bekomme. Der Vertriebsleiter, dem ich bisher unterstellt war, erklärt mir, dass ich den Wechsel annehmen kann aber es kein Muss gibt, sondern ich genauso gut meinen jetzigen Job machen kann und er mich dort auch behalten möchte. Die Entscheidung, wenn ich bedenke wie mein Kollege da oft menschlich niedergemacht wurde, er sich aber auch nicht wehren konnte, fällt mir schwer. Doch ich entscheide mich für die Tätigkeit, vielleicht ist die Zeit gekommen wieder etwas Neues zu organisieren und aufzubauen! In den nächsten Jahren plane ich für 550 Arbeiter die tägliche Arbeit und verplane diese, nach ca. 14 Tagen fertiggestellten Polstermöbel gleichzeitig in 15 LKW`s mit Tourenverplanung und Betreuung der gut 30 Fahrer. Es wird sehr viel von mir gefordert, es sind schon sehr problematische Tage dabei, aber ich organisiere, beiße mich durch und gewinne viel Anerkennung. Meine Arbeitszeit ist nun an 5 Tagen von morgens 6.00Uhr bis 17.00Uhr, manchmal auch noch etwas länger. Was ich lerne ist die Forderung von Gehaltshöhen passend zu meiner Tätigkeit, es darf auch etwas mehr sein. Obwohl ich eher der feinfühlige, zurückhaltende Typ bin, schaffe ich es gegen den Willen des Personalchefs beim höchsten Boss mein Ziel zu erreichen. Auch diese Tätigkeit mache ich einige Jahre, es sind harte Jahre und mit einem Umfeld versehen, in das man sich einleben muss, um irgendwie zu überleben.*

Ich weiß genau, dass dieser Job kein Job bis zum Rentenalter ist und plötzlich erhalte ich abends einen Anruf von meinem ehemaligen Betrieb, der Junior ist in der Leitung. Mein ehemaliger Chef ist plötzlich und viel zu früh gestorben. Ich habe an der Trauerfeier teilgenommen, dann zwei Tage danach bekomme ich den Anruf und er möchte mich zu einem Gespräch einladen. Sein Vater hat ihm auf dem Sterbebett gesagt, er soll mich zurückholen, denn so würde er es kaum schaffen können. Wir machen einen Termin, haben ein sehr konstruktives freundliches Gespräch, doch im Gehalt liegen Welten dazwischen. Es war für mich eine angenehme, sehr nette Geste, mehr aber auch nicht.

Im Privaten Bereich wachsen die Kinder schnell heran, der Kindergarten wird durchlaufen und die Schule ist angesagt. Wochenende und Urlaubszeit bin ich voll für die Familie da, ich versuche diese Zeit voll und ganz dafür zu nutzen. Wir fahren mehrfach im Jahr in Urlaub und genießen das Leben. Ich hoffe, ja ich glaube ich weiß es, dass ich mir für die Kinder viel Zeit genommen habe und ein Vater war, der auch immer für sie da war. Es war eine sehr schöne Zeit, doch die beiden wurden viel zu schnell groß und die Zeit läuft unaufhaltsam schnell voran.

Beruflich war ich nach 13 Jahren wieder mal soweit, ich hatte alles in meinem Job organisiert, aufgebaut und erreichte irgendwie einen Stillstand. Auf einer Parkbank am Kronenburger See wurde sonntags der Weg in die Selbständigkeit geplant. Der Gedanke war eigentlich schon länger vorhanden, jedoch der Mumm fehlte immer wieder. Doch jetzt war es so weit, ich hatte wieder eine Aufgabe, die mich forderte. Meine Frau und ich wollten es gemeinsam angehen. Geplant war ein Polstermöbel-Fachgeschäft in Hillesheim und es ließ sich kurzfristig umsetzten und auch von Jahr zu Jahr erfolgreicher aufbauen.

Unsere Kinder glaube ich, waren nicht so begeistert, denn die freie Zeit war nicht mehr vorhanden. Beide konnten sich nach der Schulzeit den Weg zum Erwachsen werden, über den Beruf aufbauen und waren erfolgreich. Ich kann insgesamt sehr positiv auf mein Leben zurückblicken, es gibt nur wenige unwesentliche, negative Momente in meinem Leben, aber ich habe auch nichts geschenkt bekommen, sondern immer hart dafür arbeiten und kämpfen müssen. Ich bin glücklich und würde es im nächsten Leben wieder so machen. Ja ein bisschen Stolz bin ich auch.

Nach 24 Jahren Selbständigkeit war der langersehnte Jakobsweg für mich in erreichbare Nähe gerückt, schieben und rauszögern gehörten Gott sei Dank der Vergangenheit an!

Auf den Ausläufern der Quercy Blanc geht es vom Kalkrücken über kleine Flusstäler zum nächsten kleinen Höhenzug. Die sanft geschwungenen Hügel werden für den Obst- und Gemüseanbau genutzt. Der Weg führt an vielen kleinen Weiler vorbei und letztlich gehe ich bergab auf Lauzert zu. Ich sehe zum ersten Mal Lauzert, das Toledo des Quercy, auf einem Kalkhügel vor mir liegen. Der steil aufragende Hügel liegt zwischen den Flüsschen Barguelonette und Lendou, aus der Ferne von allen Seiten gut sichtbar. Ich bin fasziniert von der bezaubernden und wehrhaften Lage und nehme den

sehr gemütlich

steilen Weg in die Oberstadt. Ein wunderschöner Marktplatz, die Kirche, die vielen Arkadenhäuser und Restaurants mit ihren Tischen und Stühlen laden zum Verweilen ein. Es ist traumhaft schön hier. Ich verlasse über eine enge Seitenstraße den Marktplatz wieder, gehe an wunderschönen alten Häusern vorbei, esse Baguette mit Käse auf einer Parkbank und gehe wieder steil bergab ins Tal der Barguelonne. Meist

Taubenhaus

gehe ich an kleinen Straßen entlang, auf einem Kamm und mit leichtem Gefälle bis ins Tal des Tarn. Die Etappe führt über eine leichte Hügellandschaft des Tarn nach Durfort-Lacapelette. Unterwegs führt der Weg an einem prächtigen Taubenhaus vorbei. Die Tauben werden aufgrund ihres wertvollen Mistes und als Bereicherung der Speisekarte gehalten. Zum ersten Mal sehe ich ein riesiges Kiwi Feld, die Bäume hängen voller Früchte. Pilger sind heute nur wenige unterwegs.

Heute bin ich für mein Quartier selber zuständig. Zwei Kilometer abseits vom Pilgerweg, die Herberge ist geschlossen. Ich gehe wieder zurück, sehe ein Hotel, das belegt ist. Die Suche gestaltet sich schwierig. Ich gehe in den Ort hinein, sehe an einem großen Holztor einen Hinweis auf eine Auberge, klingele und es wird mir aufgetan. Eine ältere Dame, sie weiß nicht Bescheid, doch ich kann im Innenhof auf den Sohn warten. Ja er hat ein Bett für mich, es ist 16.30 Uhr als er mir alles zeigt. Jedoch hat er keine Halbpension, Restaurant und Tante-Emma-Laden gibt es auch nicht, wir haben aber auch Sonntag. Der Herbergsvater verkauft mir eine Dose mit Möhren, Bohnen und Pilze, eine Tüte mit Nudeln liegt noch in der Küche, die kann ich haben. Ja das reicht, ich komme zurecht und bedanke mich. Ein Franzose, der mir auch schon mal begegnet ist, sitzt außen auf einer Bank, das Ehepaar aus Straßburg, dass ich gestern kennengelernt habe, kommt auch an und mit Ihnen noch eine Pilgerin. Ich erledige meine Aufgaben und schreibe draußen auf einer Bank mein Tagebuch und eine WhatsApp. Im Haus ist

es sehr eng, eine kleine Küche, kleines Bad und Toilette und ein kleiner Schlafraum die Treppe hoch. Irgendwie treffen sich alle außen an einem großen quadratischen Tisch und die Unterhaltung ist gut. Heute muss ich mir selber was zu Essen machen. In der sehr engen Küche, sie liegt im Eingangsbereich, koche ich mir ein paar Nudeln, mache die Dose Gemüse warm, mische es zu

Kiwi Feld

einer Einheit und esse draußen am Tisch. Es ist viel zu viel, den Rest biete ich den Pilgern an und die einzelne Pilgerin nimmt es gerne an. Naja mein persönliches Galadinner ist es nicht, doch ich bin satt geworden. Ich trinke noch ein Bier, wir unterhalten uns noch eine Weile und gehen alle irgendwie früh schlafen.

Irgendwie ist es eine Absteige, doch ich bin froh ein Bett und etwas zu essen bekommen zu haben. Sollte ich an die Zeit zurückdenken, wo Jako sich um alles perfekt gekümmert hat? Nein, ich lebe im JETZT und morgen gibt es auch wieder ein JETZT! Ja genau, und morgen hat der Weg auch wieder ein Ziel! Weiter schaue ich nicht voraus!   …gute Nacht!

Tag 55, Durfort – Malause 27 km

Eigentlich ist der Tagesablauf doch immer der gleiche und doch ist vieles immer wieder anders, immer wieder neu. Mein Wecker an der Uhr, steht seit ewigen Zeiten auf 6 Uhr. Ich bin immer vor dieser Zeit wach und stehe meist 5 Minuten vor der Weckzeit

Kathedrale

auf. Jetzt ist alles noch recht ruhig im Bad, wobei zur vollen Stunde wesentlich mehr Pilger aufstehen. Ich nehme meinen Beutel, gepackt mit Zahnbürste, Zahnpasta und Handtuch, den ich im Dunkeln finde und gehe ins Bad. Geld, Handy und Lampe, was ich unter meinem Kopfkissen deponiert habe, geht auch mit. Im Bad benötige ich 5 Minuten, stelle den Wecker ab und stehe danach

wieder im Schlafraum. Heute benötige ich etwas länger, ich muss vom Bad eine Holztreppe (wie bei uns ein Ziehtreppe zum Speicher) hoch gehen und stehe nicht im Schlafraum, sondern gehe gebückt zu meinem Bett. Ich greife nach meinem Rucksack, nehme mein gesamtes Gepäck, ohne knistern, es ist ganz ruhig und dunkel, leuchte noch einmal mein Bett ab und gehe auch wieder gebückt zur Treppe und ziehe mich unten in der Küche an, denn hier habe ich wenigstens auf einem kleinen Raum meine Körperhöhe. Der Schlafraum ist 1,50 mtr. hoch und die 5 Betten, mit 5 Pilgern belegt, stehen auf einer Fläche von 15 qm inklusiv Treppenluke. Rucksäcke, das Gepäck, sind noch auf der zur Verfügung stehenden Fläche verteilt. Es ist sau eng!

Zum Frühstücken habe ich eigentlich, wie auch schon zum Abendessen, nichts mehr. Na, stimmt nicht; ich habe noch 2 Beutel Tee und einige Beutel löslichen Caffè dabei. Ich koche mir Wasser und mache mir einen Kaffee, kann man das Caffè nennen oder ist es vom Geschmack her eher Kakao! Sonst bestelle ich mir immer Kaffee black, der in Frankreich absolut gut und reichlich zur Verfügung steht. Im Küchenschrank finde ich noch drei Zwieback, nach dem Alter frage ich nicht. Dann gesellt sich der Franzose, den ich schon öfter gesehen habe, zu mir an den Tisch, schenkt mir ein Stück von seinem Baguette und lässt mich an seiner Marmelade teilhaben. Es ist alles gut, ein normales Frühstück sieht in Frankreich nicht viel anders aus. Ich bedanke mich mit einem freundlichen Merci bei dem Franzosen, viel mehr ist an Unterhaltung wegen der Sprachschwierigkeiten nicht drin und gehe nochmals auf Clo. Hier kann ich, wie jeden Morgen, meinen täglichen, natürlichen Ballast ablegen. Das so hinkriegen, auf einem fremden Clo, war immer ein unvorstellbares loslassen. Manchmal ist die Brille noch warm, manchmal riecht es unangenehm mehr oder weniger stark, doch ich habe kein Problem mehr damit. Ich kann

Eingang Kathedrale

mich auf meinen Körper verlassen, loslassen, täglich immer vor dem Losgehen, funktioniert wie am Schnürchen. Mein Körper und ich haben uns sehr gut

kennengelernt und verstehen uns perfekt. Wir können uns absolut aufeinander verlassen, vertrauen uns, auch das macht mich glücklich. Meinen Pilgerstempel habe ich gestern bekommen, bezahlt habe ich auch gestern, vorbuchen ist weder im Haus möglich, noch gibt es ein Office de Tourisme. Draußen wechsle und verpacke ich meine Schuhe, setzte den Rucksack auf, nehme Hut und Stöcke, verabschiede mich von dem Franzosen, die anderen schlafen noch und ich bin um 7 Uhr auf meinem Weg.

Die ganze Nacht hat es geregnet, es ist noch bewölkt, ich gehe im Dunkeln aus dem Ort und treffe auf einen sehr matschigen Weg. Die Schuhe werden sehr schnell schwer und es fühlt sich an, als würde ich den Weg mitnehmen. Hat es das schon mal gegeben, erinnern kann ich mich nicht daran. Mein Weg führt einen Hügel hinab, noch stehen die Höhen eng zu beiden Seiten des Tales.

Den Talgrund teilen sich der Bach und die Chaussee. Dann flachen die Hänge ab und das Tal weitet sich. Es gibt einen ersten Blick auf die Senke der Garonne und des Tarn frei. Auf der Höhe reckt sich die Kirche von Espis. Nur noch wenige Kilometer und ich stehe vor dem Ortseingangsschild von Moissac. Der Eingang zur Stadt ist enttäuschend und ernüchternd. Von einer mittelalterlichen Idylle gibt es keine Spur. Ich kann es kaum glauben, dass dieses Städtchen ein Höhepunkt der Via Podiensis sein soll. Auf der linken Straßenseite sehe ich den Aldi, ich frische mein Gepäck nochmals mit Lebensmittel für die Mittagspause auf und genieße eine Joghurtmilch auf einer Bank. Es ist nicht das Stadtbild, sondern die Abteikirche St.-Pierre mit dem herrlichen Portal die beindrucken. Nach einem kurzen Besuch der Kirche und der Altstadt verlasse ich die Stadt wieder und passiere das Gemäuer der uralten Kirche Saint-Martin. Ich folge der Straße entlang des Tarn, zur Rechten die letzten Ausläufer der Kalkhänge des Quercy, zur Linken die Ebene mit dem breiten Staugewässer, in dem sich Garonne und Tarn vereinen.

Die Mittagspause mache ich auf einer Bank im Park, die Sonne ist schon seit Stunden wieder im Einsatz und es ist auch wieder richtig warm geworden. Weiter geht es am Kanal vorbei und ich laufe ca. 3 km den falschen Weg, merke es spät und muss auch wieder die gleiche Strecke zurück gehen, über die große Brücke und dann nehme ich den richtigen Weg, einen ruhigen Pilgerweg, geteert, einige liegen bei dem schönen Wetter an und auf dem Teer herum. Ich gehe etwas schneller, es ist ein sehr ebener Weg, der später wieder ansteigt. Ein kurzer Abstecher zu einem lohnenswerten Aussichtspunkt über die Garonne, den Tarn und die südlich anschließende Gascogne genehmige ich mir und gehe weiter leicht bergauf. Eine abgeerntete Pflaumenplantage hat für mich eine Pflaume, groß wie ein Apfel, reserviert. Ich habe nur diese Eine gesehen, die ist für mich greifbar, gehört zur Kategorie Mundraub und schmeckt sehr gut. Es ist mein Weg halt, denke ich, den ich alleine gehe. Ich folge einem Wanderweg, einer Straße und gehe noch wenige Kilometer weiter, bevor mich der Weg bergab ins Tal nach Malause führt. Kurz vor der Kreuzung treffe ich auf eine Frau, die auf den Bus wartet. Ich frage nach einer Auberge und sie zeigt auf eine Straße geradeaus. Nach 200 m treffe ich auf eine Herberge. Es treffen mit mir zwei

Autos ein und einige Touris gehen vor mir in die Unterkunft. Sehr unruhig und laut das Verhalten, Pilger sind es ganz sicher nicht. Doch einer erbarmt sich meiner und telefoniert mit der Herbergsmutter, die sofort kommt, wenn ich ihn richtig verstanden habe. Es sind alles Franzosen.

Um 16.45 Uhr bekomme ich ganz problemlos mein Zimmer im Erdgeschoß, 28 qm groß, 140-er Bett, großes Bad, Toilette separat und alles für mich alleine. Super, traumhaft, Pilgerherz was willst du mehr! Wann habe ich das letzte Mal sowas gehabt. Die Touristen sind immer noch unruhig, leben aber komplett auf der ersten Etage und die Lautstärke lässt

Kanal

auch nach. Ich kann mir noch ein Wasser nachfüllen und mit Saft ergänzen. Es ist eine sehr freundliche Herberge. Der Herbergsvater erklärt; bitte kein Wasser aus dem Wasserhahn trinken, es ist wohl nicht bakterienfrei und es steht genügend abgefülltes Wasser in der Küche bereit. So etwas erlebe ich heute zum ersten Mal. Um 19 Uhr ist Abendessen angesagt. Bis dahin heißt es duschen, waschen, Tagebuch und WhatsApp schreiben. Wir stellen den großen Tisch, der unter einer Überdachung steht, mitten auf den Rasen und umrunden diesen Tisch mit 10 Gartenstühlen. Auch die Herbergseltern essen mit und es wird wieder ein Menü mit vielen Gängen, Wasser, Wein und Baguette aufgetragen. Auch hier bin ich wieder komplett unter Franzosen und die Verständigung ist schwierig. Es hat einen Vorteil, in der Zeit, wo die anderen reden, kann ich essen und trinken und komme nur selten zu kurz.

Uschi rufe ich wie immer noch an und gehe dann, nicht nur weil ich dieses Komfort-Zimmer habe, früh zu Bett. Ja, schlafen tue ich viel, manchmal 8 Std., manchmal 10 Std., im Durchschnitt sicherlich 9 Stunden in der Nacht. Es gibt Herbergen die um 20.30 Uhr schon dunkel gestellt werden. Die unterschiedlichen, ausgelegenen Matratzen und Betten machen mir, obwohl ich hier sehr verwöhnt bin, dann doch keine Probleme. Ich denke nicht einmal darüber nach. Ist es der viele Sauerstoff tagsüber, die Hitze oder das Laufen, was mich sehr lange und sehr gut schlafen lässt. Geld, Handy und Taschenlampe lege ich immer unter mein Kopfkissen. Geld habe ich auch schon mal umgehängt, jedoch verfange ich mich da immer und das geht gar nicht. In der Regel liege ich in meinem Seidenschlafsack, doch ich fühle mich immer etwas eingeengt, besonders im Fußbereich, denn ich kann die Füße nicht rauslegen. Wenn es sehr warm ist liege ich obendrauf, jetzt immer mit Unterhose und Sporthemd. Anfangs mit kurzer Schlafhose, denn die habe ich auch dabei. Es ist sehr aufwendig, weil ich mich dann abends und morgens umziehen muss. Eine Zudecke brauche ich nicht. Schnarchen und andere Geräusche stören mich nicht, da habe ich absolut Null-Probleme, auch die großen Säle sind kein Problem für mich. Ja, da bin ich wohl doch ein Herdentier.

Ich muss kein Hotelzimmer haben, ein Einzelzimmer in der Herberge auch nicht, meistens weiß ich eh nicht wo mein Bett für die nächste Nacht steht. Ich gehe in der Herde mit, dann ist es eine Herberge, oder es wird für mich reserviert, dann ist es immer eine Überraschung. Jedoch habe ich ganz besondere Glücksgefühle, wenn es wie heute, alleine in einem Zimmer, plötzlich und unerwartet nach längerer Zeit, wieder mal so ist.

Jedoch habe ich immer noch das Problem; ich muss sehen, dass ich im Bett liege bevor ich einschlafe. Beides liegt zeitlich so dicht beieinander und es fehlt mir förmlich die Möglichkeit im Notfall einzugreifen!   …gute Nacht.

Tag 56, Malause – Castet-Arrouy 31 km

Was war das denn heute Nacht? Ich habe geträumt! Das erste Mal auf der Pilgertour und noch dazu ein furchtbarer Traum. Ein ehemaliger Schulkamerad ist an Krebs gestorben, ja er hatte Krebs, aber ein Traum, nachts und auf dem Pilgerweg! Ja, ich bin schon verwöhnt von meiner Leere, meiner Zufriedenheit, von dem Glück den Pilgerweg zu gehen. Dieses Loslassen, an nichts und Niemanden denken, habe ich nicht nur tagsüber, es bereichert mich und meinen Körper auch in der Nacht.

Um 6.15 Uhr sitze ich noch alleine in der kleinen Küche, auf 10 qm steht ein Tisch 1qm, mit 8 Stühlen und eine kleine Küchenzeile, das Frühstück ist vorbereitet und ich genieße es. Für 8 Personen, die hier übernachten, ist das ein bisschen sehr eng. Als

ich loskomme sind es 7 Uhr, ich gehe Richtung Dorfmitte, fotografiere die Kirche, sie wird leicht vom ersten Herbstnebel eingehüllt und sieht wunderschön aus. Aus dem Ort bin ich schnell raus und marschiere auf dem Treidelweg zwischen Garonne-Seitenkanal und dem Canal de Golfech. Über mir die Laubkronen von sehr hohen Kastanien, die den Kanalweg rechts wie links säumen. Der Herbstnebel ist hier am Wasser etwas dichter und lässt diesen meinen Pilgerweg traumhaft schön erscheinen. Ja, es ist mein Pilgerweg, ich bin ganz alleine unterwegs, auf der anderen Seite sehe ich auf 4,5 km nur eine Person mit Hund gehen. Selbst an den Schleusen herrscht noch nächtliche Ruhe. In Pommevic überquere ich beide Kanäle und lasse diesen Weg nochmal wie in einem Märchen ablaufen. Der Weg führt über einen Trampelpfad neben einer Straße durch die ebene Garonne-Senke nach Espalais. Eine Hängebrücke verbindet diesen Ort mit dem steilen Ufer der Garonne auf der anderen Seite.

Kirche in Malause

Felsen und Höhenzüge drängen bis dicht an das Ufer. Ich betrete den Süden Frankreichs, ein neuer Landstrich Frankreichs. Die Gascogne habe ich erreicht. In wenigen Tagen werde ich die Pyrenäengipfel, die große Barriere zu Spanien, zum ersten Mal sehen können.

Die Gascogne, die sich zwischen der Garonne und dem Gave de Pau erstreckt, kann man bereits zum Pyrenäenvorland zählen. Im westlichen Teil der Gascogne in Richtung Atlantik befindet sich das größte zusammenhängende Waldgebiet Frankreichs. Die hügelige Landschaft der Gascogne die vor mir liegt besteht meist aus Feldern, die von wenigen Waldflächen abgelöst werden. Insofern ist Schatten in dieser Region Mangelware. Die Via Podiensis verläuft in moderaten Steigungen und Abstiegen durch die Kulturlandschaft, in der verstreut einzelne Gehöfte, Dörfer und kleine Städte liegen. Das Netz an Herbergen und die Versorgung für Gaumen und

Magen ist hervorragend. Die Grafschaft Armagnac liegt vor mir, ja die Gascogne kann kommen.

Unterhalb der Höhen, direkt an der Garonne, liegt das Hafenviertel und die ehemalige Zollstation von Auvillar. Eine steile gepflasterte Straße führt auf den Felsvorsprung der auf dem Auvillar liegt. Auvillar erhebt sich in malerischer Lage auf einem Hügel mit einem weiten Panoramablick über die Garonne. Zentrum des Ortes ist der Marktplatz mit einer großen kreisrunden Markthalle in der Mitte. Die ehemalige Abteikirche St.-Pierre der Benediktiner wurde im 12. Jh. im romanischen Stil errichtet und nach ihrer Zerstörung im Krieg ist sie vor allem im gotischen Stil neu erbaut worden. Der Uhrenturm ist gleichzeitig eines der Stadttore, das aus Ziegel und hellem Sandstein errichtet wurde, aber auch der Ort bietet ein intaktes historisches Ortsbild mit engen Gassen und alten Häusern mit schönem Fachwerk. Der Hafen, aber auch der Ort ist traumhaft schön und bei dem sonnigen Wetter heute einfach postkartenschön. Hier ist Wohlfühlen und Genießen auf höchstem Standard angesagt, einfach ein Traum, der Tag heute!

Der Abschied fällt nicht leicht, doch der Weg ruft. Er führt mich durch fruchtbares Land, die Getreidefelder sind abgeerntet und bei den riesigen Sonnenblumenfeldern gibt es nur noch einzelne Blütenteller, die sich der Sonne entgegenstrecken. Ich gehe hinab in grüne Täler, quere kleine Flussläufe und gehe durch den kleinen Ort St.-Antoine, der menschenleer ist.

Auvillar

Es ist wieder sehr heiß und es sind mehr Pilger heute unterwegs, jedoch alles Franzosen. Ich stelle mich immer kurz vor; Paul, Germany und Cologne. Wenn sie etwas Englisch können sprechen wir miteinander, sie bewundern meine Leistung und es sind immer Pilger dabei die den Hut vor mir ziehen, auch wenn sie keinen tragen. Es gibt immer wieder nette Gesten.

Meine Mittagspause mache ich am liebsten nach zwei-drittel der Tagesetappe, meistens zwischen 13 und 14 Uhr. Heute gibt es franz. Camembert mit Salami im Baguette und Wasser dazu. Manchmal, wenn im Ort ein Geschäft ist, gibt es einen Rotwein dazu. Die Glasflasche fülle ich in eine 0,5 ltr. Plastikflasche für zwei weitere Mittagspausen, 0,25 ltr. trinke ich beim Essen und kann so die schwere Glasflasche wieder entsorgen. Wenn dies zusammen mit Baguette und Camembert eintrifft, ist es für mich wie Sterne-Essen. Doch wenn es richtig heiß ist reichen mir 2-3 Äpfel am Tag. Viel Wasser und immer Selbstverpflegung ist fest verankert im Tagesablauf. Eine halbe Stunde Pause reicht, hin und wieder, wenn ich unter einem Baum liegen kann, wird es schon mal eine Stunde.

In leichtem Anstieg führt ein Sträßchen auf eine Höhe. Ein Flickenteppich aus abgeernteten Getreidefeldern und Wiesen spannt sich vor einem sanft modellierten Höhenzug am Horizont. Vor mir ragt das mächtige Schloss von Flamarens in den

Himmel; daneben liegt die gotische Ruine der ebenfalls verfallenen Kirche. Es sind nur noch 5 km bis zu meinem Zielort, der Weg ohne große Höhenunterschiede und einfach zu gehen. Unterwegs wird mir an einem Haus ein Apfel angeboten, den ich gerne annehme und an einem Brunnen kann ich nochmals kühles Wasser tanken. Mehrmals am Tag bleibe ich auf dem Weg stehen, drehe mich um die eigene 360 Grad Achse und bewundere die Natur in Frankreich. Sie ist einzigartig schön, heute ganz besonders, wieder mal traumhaft schön. Ich gehe jeden Tag sehr entspannt und absolut schmerzfrei. Meine km Leistung liegt zwischen 3,5 und 6km in der Stunde, überwiegend gehe ich 4-4.5 km/h. Schuhe und Rucksack sitzen absolut perfekt, beides belastet mich nicht, ich nehme beides nicht einmal wahr. Auch die Stöcke sind perfekt, ich halte sie immer etwas schräg, wenn ich schneller gehen möchte oder sehr gerade, wenn in ich meine Knie und die Beine schonen möchte. Meine Klamotten, Unterhose, Hose und T-Shirt zwicken nicht und sind sehr angenehm. Selbst die Socken mit Löchern versehen, machen keine Probleme. Die Sonnenbrille und Sonnencreme hätte ich zu Hause lassen können, der Hut reicht vollkommen, obwohl die Sonne, die Hitze an vielen Tagen extrem ist.

5.September

Um 15 Uhr treffe ich in der Gite de Mairie ein, ich habe nicht reserviert. Im Eingangsbereich herrscht ein reges Treffen. Viele Pilger sind schon eingetroffen in dieser nicht gerade kleinen Herberge. Ich vermisse den Empfang, spreche eine Frau an, es ist eine Französin und sie hilft mir gerne weiter. Sie wählt eine Telefonnummer die auf der Eingangstür klebt und reserviert für mich ein Bett. Ich bedanke mich herzlich und gehe hoch zu meiner Unterkunft. Vier Betten, darunter ein Etagenbett auf kleinstem Raum und noch leer. Ich suche mir ein Bett aus, Bad sowie Toilette gibt es auf der Etage. Es ist alles gut. Meine Arbeiten erledige ich, schaue mir im Eingangsbereich die vielen Unterlagen die auslegen an und informiere mich soweit es geht. Dann drehe ich eine Runde durch den Ort und suche ein Restaurant für heute Abend, denn die Herberge bietet nur Übernachtung. In der Nähe der Herberge gibt es ein kleines Restaurant, es sieht nach Pilgerrestaurant aus, hat noch geschlossen, doch gemäß den Öffnungszeiten wird es heute Abend öffnen. Dann treffe ich ein relativ junges Pärchen, beide aus Israel, sie aus Jerusalem und er aus Telaviv. Sie können perfekt Englisch, suchen einen Supermarkt und wollen selber kochen. Da können sie die Reise günstiger gestalten! Wir unterhalten uns ein wenig, doch einen Supermarkt wird es hier nicht geben, ich habe jedenfalls keinen gefunden.

Später treffe ich auf Bernd, er ist Soldat bei der Bundeswehr und wohnt auf der Insel Mainau. Da ich noch nie am Bodensee war, weiß ich auch nicht, dass man auf dem Bodensee wohnen kann. Bernd und ich verstehen uns auf Anhieb sehr gut, wir vereinbaren gemeinsam zum Restaurant zu gehen. Er ist später angekommen, muss noch was erledigen und ich rufe Uschi noch an. Ach ja zwischendurch muss ich mich noch anmelden, bezahlen und den Stempel abholen. In dem Zimmerchen sehe ich noch einen kleinen Supermarkt, er hat das Allernötigste für Pilger. Hier werden die beiden Israelis auch was gefunden habe. Zum Pilgerleben gehört auch Wein, ich ergattere eine Flasche Rotwein für heute Abend, mal sehen wer sich dazu gesellt. Während ich mit Uschi telefoniere ist Bernd nochmal an mir vorbeigelaufen, ich hatte das Gefühl er wollte zum Essen gehen, jetzt haben wir wenige Minuten vor sieben und ich kann Bernd nicht finden. Ist er schon zum Restaurant gegangen und wartet dort auf mich? Nein hier ist er auch nicht. Aber es sind mehrere Tische zusammengestellt und es sitzen schon ca. 10 Pilger am Tisch. Ein Platz ist noch frei, ich darf mich dazu setzten, habe jedoch nicht reserviert, da heute Nachmittag geschlossen war. Ich hole das bei der Kellnerin nach und bestelle mir ein Bier. Wenn doch alles so einfach wäre! Dann kommt auch Bernd, ich erkläre ihm meinen Ablauf und er hat kein Problem damit. Er kann sich noch vor Kopf setzen, gleich neben mich, einen Stuhl finden wir und er muss sich auch noch anmelden. Alles ok winkt die Kellnerin und Bernd bekommt kurzfristig sein bestelltes Bier. Neben mir und gegenüber sitzen zwei Kanadierinnen, wir lernen uns schnell kennen, denn die gegenüber spricht sehr gut Deutsch. Wir haben eine große lustige Truppe hier zusammen und alle, so ist mein Gefühl, sind gut drauf. Das Essen in drei Gängen mit Wasser, Wein und Brot ist gut, jedoch für meine

Verhältnissen nicht so üppig. Als Hauptspeise haben wir eine grobe sehr leckere Bratwurst und Pommes. Meine Nachbarin aus Kanada hat eine halbe Wurst noch auf dem Teller und ist mit essen fertig. Irgendwie muss sie bemerkt haben, dass ich es auf ihre Wurst abgesehen habe. Sie fragt mich auf jeden Fall, ob ich die Wurst noch haben möchte, ein konkretes ja und ich war wieder beim Essen. Die Kanadierin

Ruine Kirche

gegenüber bietet mir ihre Pommes noch an, doch da winke ich ab. Letztendlich waren auch die Pommes aufgegessen, jedoch nicht von mir alleine. Im Nachhinein denke ich, es ist meine Gewichtsabnahme, mein geringes Gewicht zu meiner Körpergröße, was viele Menschen denken lässt, dass ich noch etwas an Kalorien verdrücken kann. Immer wieder bekomme ich beim Abendessen die Reste auf Platten angeboten und ich sage nie nein. Ich kann ohne Probleme für zwei Personen essen und auch trinken. Es ist alles ok, alle bezahlen und stehen gemeinsam auf.

Bernd und ich gehen gemeinsam zur Herberge. Ich erzähle ihm von der Flasche Rotwein, auch er hatte den gleichen Gedanken und hat eine gekauft. Wenn möglich, wollen wir noch jemand einladen und uns dann an diesem wunderschönen warmen

Sommerabend in den Garten im Innenhof setzten. Bernd geht nochmal zur Toilette, während ich die Weinflasche öffne, den jungen Israeli treffe und ihn mit seiner Freundin zum Rotwein einlade. Er ist begeistert und beide nehmen die Einladung gerne an. Bernd hatte die gleiche Idee, trifft beide auf der Treppe und lädt auch beide ein. Ein toller Abend, bei sommerlichen Temperaturen wissen wir viel zu erzählen und es wird ein kurzweiliger Abend. Es sind plötzlich 23 Uhr, wir haben nur eine Flasche Rotwein mit vier Personen getrunken, wir haben mehr erzählt als getrunken. Jetzt wird es Zeit unser Bett zu belegen. Die Herberge ist komplett dunkel und alle sind sich einig, es muss jeder im Dunkeln und geräuschlos sein Zimmer und sein Bett finden. Sollte eine Panne passieren, kann es am Wein, an der geringen Menge, nicht liegen; aber ganz einfach ist es trotzdem nicht. Doch dann was passiert jetzt, wir gehen alle auf den ersten Stock, alle in eine Zimmerrichtung, lassen rechts und links die Zimmer liegen und übernachten alle Vier gemeinsam in ein und demselben Vierbett-Zimmer. Keiner von uns hat je einen anderen im Zimmer vorher gesehen, so ist es eine große Überraschung. Ein kurzer Besuch im Bad und Toilette und auch unser Zimmer hat die Ruhe und die Dunkelheit von der großen Herberge übernommen.

DAS IST DER WEG, DER PILGERWEG!

DU MUSST IHN ALLEINE GEHEN, SONST GIBT ER SEINE GEHEIMNISSE NICHT PREIS!!!   … gute Nacht!

Tag 57, Castet-Arrouy – Condom 36 km

Es ist 5 Uhr, als es einen riesen Knall gibt. Das Handy ist vom Etagenbett gefallen, auf die flache Glasseite, ich glaube die Israelin schläft oben. Keiner sagt was, der Schock sitzt zu tief. An Schlafen kann ich nicht mehr denken, so stehe ich um 5.45 Uhr auf und gehe nach dem Badbesuch, mit meinem Gepäck in die große Küche. Das Frühstück muss ich mir selber machen. Kaffee durchlaufen lassen, Baguette und Marmelade stehen bereit. Die Ruhe am frühen Morgen ist mir heilig, heute Morgen genieße ich sie besonders. Von Bernd und den Israelis habe ich noch nichts gesehen, aber auch sonst ist noch wenig Bewegung in der Herberge. Ich packe meinen Rucksack im großen Flur und mache mich um 7.15 auf den Weg.

Bei einem Kilometer-Stand von 1499 laufe ich los, es ist eine magische Zahl und ich möchte nicht darüber nachdenken! Viel zu schnell steigt die Zahl, die zu verdrängen ich versuche, jedoch ohne Erfolg. Der Weg, die Orte, die Städte, die Menschen, darauf möchte ich mich konzentrieren, dass ist das was zählt, was schön und lebenswert ist. Die Kilometer laufen ab und sind ein notwendiges Übel und doch sehe ich die Angaben jeden Tag auf irgendeinem Schild, ohne wegsehen zu können.

Auf Trampelpfaden und Feldwegen gehe ich zunächst leicht aufwärts und kann nach kurzer Zeit in der Ferne auf einem Hügel schon Lectoure erkennen. Ich komme in das Herz der Gascogne. Über Hügelkämme, kleine Täler und Bachläufe geht es durch die intensiv landwirtschaftlich genutzte Region und die Landschaft des Armagnacs. Heute Morgen sah es sehr bewölkt und nach Regen aus, doch jetzt ist es wieder sonnig und warm. Dann, mit dem Kirchturm von Lectoure vor Augen, gehe ich steiler bergan, an den ersten Häusern vorbei, ins Zentrum der Stadt. Eine schöne Altstadt und eine besondere Kathedrale erwarten mich. Die Kathedrale St-Gervais et St-Protais wurde im 12. Jh. auf den Ruinen eines heidnischen Tempels errichtet. Die Spitze des 45 m hohen fünfstöckigen Glockenturms wurde vor der Revolution abgetragen und im 18.Jh. wiederaufgebaut – er ist damit einer der höchsten Glockentürme Frankreichs. Ich ziehe durch die enge malerische Hauptstraße mit einigen Blicken in die Umgebung. Mir wird bewusst, auch Lectoure ist eine Stadt die auf dem Berg liegt.

Baguette und Käse kaufe ich ein, hebe nochmals Geld am Automaten ab, esse ein wenig und muss auf jeden Fall noch zum Touristenbüro. In meinem Buch fehlen mir drei Etappen, ca. 90 km oder 17 Seiten. Irgendwie brauche ich eine Lösung vorübergehend. Ich erkläre mein Problem der Büroangestellten anhand meines Buches und sie hat eine Karte mit den einzelnen Orten des Jakobsweges für mich. Alles gut denke ich, irgendwie werde ich damit mein tägliches Ziel planen und erreichen können. Viele bekannte Pilger habe ich in der Stadt getroffen, entschließe mich jedoch jetzt, die mit viel Leben gefüllte schöne Stadt wieder zu verlassen. Die Straße führt in einer Serpentine hinab zum Gers. Der Fluss wälzt sich träge durch das Tal. Unterwegs sind heute nur wenige Pilger anzutreffen. Der Weg steigt allmählich die Stufen eines Hügellandes hinauf. Hinter mir macht sich Lectoure auf einem Höhenzug breit und der stumpfe Turm der Kathedrale ragt in den Himmel. Über Straßen erreiche ich Marsolan und danach La Romieu mit seiner interessanten Stiftskirche Saint-Pierre, deren schöner Kreuzgang hervorzuheben ist. Hier stößt von Norden kommend ein weiterer Jakobsweg von Rocamadour auf die Via Podiensis. Meinen Übernachtungs-Wunschort, Castelnau-sur l`Auvignon verpasse ich und muss nochmal 10 km drauflegen.

Um 18 Uhr, die Musketiere stehen empfangsbereit an der Kathedrale, Condom habe ich erreicht. In der Nähe finde ich das Office de Tourisme und ich kann schnell meine Unterkunft beziehen. Noch bin ich alleine, in der Herberge ist es sehr ruhig. Schnell arbeite ich meine Aufgaben ab und besichtige die Kathedrale und die Stadt. Im Touristenbüro kann ich meine

Übernachtung für morgen noch buchen. Vorbuchen hat den Vorteil, wenn es unterwegs zu Verzögerungen wie heute kommt, entsteht kein Zeitdruck. Dann ist es

egal ob ich nachmittags oder abends ankomme. Wenn ich nicht gebucht habe, lasse ich mich auch gerne leiten, ich laufe mit anderen Pilgern einfach in eine Herberge, egal welche und fühle mich so immer als Herdentier. Ansprüche stellen, nee, das gibt es bei mir nicht und schon gar nicht auf dem Pilgerweg. Große oder kleine Herberge, staatliche, kirchliche oder private Herberge, das ist mir vollkommen egal.

In einer kleinen Seitengasse finde ich eine Pizzeria mit Außenbestuhlung, genau das richtige für mich und lasse mich auch nieder. Eine Pizza mit einem gepflegten Leffe Bier aus Belgien und Wasser, hier lässt es sich aushalten. Bei einem zweiten Bier genieße ich die heimische WhatsApp Diskussion innerhalb der kleinen Familiengruppe. Auf mein Menü Foto kommt von:

Michi; Pizza und Bier (Daumen hoch)
Uschi; Lieblingsmenü
Nancy; Das Städtchen sieht sehr freundlich und lebhaft aus und angeblich muss es dort einen weltbekannten Weinbrand geben, Armagnac
Tina; Trink ein Gläschen auf uns!
Pilger; Natürlich trinke ich ein Gläschen auf euch, jedoch kein Armagnac – Oh Nancy du bist sehr gut informiert. Es gibt sogar eine Armagnac Route zum Laufen und die ist blau in der Karte eingezeichnet. Ob das einen Grund hat?
Nancy; Läuft sie denn auch noch im zickzack
Pilger; Nein in Condom relativ gerade.

Es ist etwas frisch geworden, aber auch die Müdigkeit drängt mich zur Herberge. Mein Zimmer mit mehreren Betten ist leer geblieben, so habe ich nicht nur sehr viel Ruhe beim Abendessen gehabt, sondern auch beim Schlafen. Pappsatt und zufrieden lasse ich mich auf mein Bett fallen, ich bin schon geschlaucht von der Anstrengung des Tages und habe nur ein Ziel vor Augen – den morgigen Weg! Ja genau! Weiter schaue ich nicht voraus!   … gute Nacht!

Tag 58, Condom – Èauze 32 km

Die Nacht war sehr ruhig und hat mir gutgetan. Zum Frühstück erscheinen zwei Franzosen, also bin ich doch nicht alleine in der Herberge. Wir frühstücken gemeinsam, vieler Worte bedarf es nicht. Auch die Herbergsmutter setzt sich zu uns und trinkt eine Tasse Kaffee.

Um 7.45 Uhr verabschiede ich mich und ziehe bei einem super Wanderwetter los. Am Ausgang der Stadt steht die Kirche Saint-Jacques, die ist leider geschlossen. Weiter führt der Weg nach Larressingle. Die kleine Gemeinde wurde als eines der schönsten Dörfer Frankreichs ausgezeichnet. Larressingle präsentiert sich mit einer vollständig erhaltenen Ringmauer. Sie umschließt wenige alte Häuser und die romanische Wehrkirche Saint-Sigismond, die ich über eine Hängebrücke und durch ein Turmtor besichtigen kann. Ja, es ist ein schönes und sehenswertes Dorf. Sehr hügelig ist die

Landschaft, aber die Wege sind einfach zu gehen. Der Zeitpunkt für meinen Pilgerweg liegt in der richtigen Jahreszeit. Äpfel, Pflaumen, Aprikosen, Pfirsiche und Weintrauben rot oder weiß versüßen den Tagesablauf. Bald schon erreiche ich „Montrèal-du-Gers". Das Zentrum bietet überdachte Sitzplätze unter einem Bogengang mit Blick auf die Kirche Saint-Orens. Ich drehe eine Runde, kaufe etwas ein und sehe vor einer Bar den Franzosen sitzen, der eine Zeitlang mit seiner Frau unterwegs war. Ich habe ihn schon lange nicht mehr gesehen. In Conques, das ist schon Wochen her, habe ich Leo morgens alleine getroffen. Seine Frau war abgereist. Wir begrüßen uns herzlich und freuen uns auf das Wiedersehen. Heute sind eh wieder mehr Pilger unterwegs. Ich treffe auf eine Kanadierin, mit ihr unterhalte ich mich eine Weile und einen Holländer, er spricht 6 Sprachen, heißt Adrian und geht in jährlichen Etappen ohne seine Frau den Jakobsweg. Der Weg führt durch kleine Wälder, an abgeernteten Getreidefeldern, riesigen Weinfeldern und an großen Feldern mit Sonnenblumen vorbei. Gelbe Blüten sind nur noch selten zu sehen. Es ist warm und trocken, eigentlich wie immer, einfach Sommer die

letzten zwei Monate. Mit kräftigem Schritt ziehe ich in die Kleinstadt Èauze ein.

Es ist die Hauptstadt des Armagnacs. Diese Region ist bekannt für den hochprozentigen und gehaltvollen Branntwein, den „Armagnac", der traditionell möglichst lange in Eichenfässern lagert. Es gibt sogar eine Armagnac Wander-Route, die in blau auf meiner Karte eingezeichnet ist. Hat die Farbe Blau hier eine Bedeutung? Getrunken habe ich den Armagnac noch nicht, mal sehen vielleicht ergibt sich noch die Möglichkeit. Eigentlich reicht abends ein Glas Bier oder Wein, ein Völle Gefühl habe ich auf dem Jakobsweg bis heute nicht verspürt und so auch keinem Verdauungsschnaps nachgefiebert.

Viele Pilger gehen in die Innenstadt, doch irgendwie bleiben alle in Herbergen, die im Zentrum liegen. Meine Herberge, mein reserviertes Bett liegt außerhalb, ca. 1 km muss ich noch eine lange, gerade Seitenstraße laufen, doch es ist der Jakobsweg und diese Strecke habe ich morgen dann schon gemacht. Um 17.30 Uhr komme ich in der Gite an, sie ist gut und Privat geführt. Die Küche ist gut gefüllt, alle Pilger sind schon eingetroffen, ich bin der letzte, jedoch früh genug. Wir begrüßen uns, stellen uns vor, es sind wieder alles Franzosen, eigentlich wie immer. Doch wo Franzosen übernachten ist entweder die Gite sehr gut, das Essen besonders gut oder Beides perfekt! Wir unterhalten uns mit Händen und Füßen und sie ziehen den Hut vor mir, sie haben Respekt vor meiner Leistung. Ich habe immer wieder das Gefühl, dass ich der Einzige bin der so viele Kilometer macht!

Jede Herberge hat eigene Gesetze. Die Schuhe bleiben draußen im Garten, manchmal gibt es auch einen Abstellraum dafür. Der Rucksack kann mit aufs Zimmer, manchmal geht es nur im Müllsack eingepackt oder er bleibt im Keller oder Flur. Mein Bett beziehe ich gleich -der Matratzenbezug wird gestellt- und lege den Schlafsack auf, so ist es für mich reserviert. Bei Etagenbetten schlafe ich am liebsten unten. Auf den runden Sprossen hoch und runter klettern ist mit nackten Füßen sehr unangenehm. Beim Runterklettern denke ich manchmal, das schmale Bett kann durch mein Körpergewicht umkippen.

Es ist die Hitze die einen so schlaucht. Nach einem Bier ist die Dusche einfach etwas wunderbares, jeden Tag und immer mit Kernseife. Die Duschen in unterschiedlichster Ausstattung, von einfach bis perfekt – immer Einzelduschen oder zehn Stück in der Reihe, sind ab und zu nicht abschließbar. Anschließend wasche ich täglich mein T-Shirt, kurze Hose, Socken, Unterhose und Handtuch mit Kernseife. Manchmal habe ich wie früher ein Waschbrett zur Verfügung, Waschmaschine und Trockner benutze ich nie, lohnt sich einfach nicht. Zum Trocknen der Wäsche finde ich meistens im Garten eine Möglichkeit. Schmutzig ist die Wäsche genau wie mein Körper eigentlich nie, doch verschwitzt allemal und es fühlt sich einfach gut an, wenn die Wäsche nach dem Duschen frisch ist. Ganz sicher bin ich einer der wenigen, die Ihre Wäsche täglich pflegen.

Aufs Bett legen, nach meiner Tour steht eher nicht auf meinem Tagesplan. Die Zeit fehlt eigentlich täglich, jedoch verlangt mein Körper nach einem Bier und der Dusche. Gerne gehe ich nochmal raus, die Stadt besichtigen und schreibe auf einer ruhig gelegenen Bank meinen Tagesbericht und die WhatsApp an den Familienkreis, beides ist mir eher lästig, weil die Zeit zwischen Ankunft und Abendessen relativ kurz ist. Der Tag hat einfach Zuwenig Stunden. Telefonieren mit Uschi ist immer angesagt und gehört zum Abendprogramm.

Abends bin ich kein Selbstversorger, viele andere tun sich zusammen, kaufen ein und kochen sehr aufwendig oder auch weniger aufwendig. Sicher kann man hier Geld einsparen. Ich genieße immer das Abendessen, ohne zu wissen was es gibt. Ich esse alles, habe meine beste Mahlzeit abends mit viel Trinken und lasse nichts zurückgehen. Perfekt ist das Essen an großen Tischen mit vielen Pilgern, doch ich freue mich hin und wieder auch auf einen Einzeltisch im Restaurant.

Es ist kurz nach 19 Uhr, die Herbergsmutter ruft uns zum Essen. Wir gehen gemeinsam die Treppe hoch und kommen ins Esszimmer, es ist der Private Bereich. Ein großer, aus massivem Holz gebauter Tisch, acht Stühle und eine drehbare runde Glasplatte auf dem Tisch erwartet uns. Es ist für acht Personen gedeckt und auf der Glasplatte stehen 8 kleine Sektgläser mit wenig, etwa zwei Zentimeter Flüssigkeit, die wie Cognac aussieht. Es ist der berühmte Armagnac! Unsere Herbergsmutter fragt nach, wer einen Aperitif möchte. Was für eine Frage, und füllt die Gläser mit einem Champagner auf, den sie aus dem Kühlschrank nimmt. Sie erzählt etwas über den Aperitif, dann stoßen wir an. Ja, das ist ein Aperitif, da kann man wohl „SIE" zu sagen. Es geht in der Unterhaltung weiter mit einer kalten Tomatensuppe, sehr lecker und passend zu dem heißen Tag heute. Wasser, Rotwein, Rosewein und Baguette finden wir auf der drehbaren Glasplatte und jeder kommt dran. Später dann die nächste Vorspeise; eine große Platte mit verschiedenen Salaten -außer Blattsalat- und einem Block Sülze. Das mag ich besonders, Salat mit einer Scheibe Sülze. Mit zeitlicher Verzögerung bekommt jeder vom Kuchen „Tortilla" mit Speck und Knobi ein Stück zu essen. Der Teller wird immer mit einer Scheibe Baguette frisch und sauber gehalten. Wer denkt das Essen hat ein Ende gefunden, der wird überrascht mit Kottelet und Kartoffelauflauf, super super lecker. Zum Nachtisch dann später ein Stück Kuchen mit Baiser. Ja, das war spitze, das war Sterne-Essen vom feinsten. Ich habe immer Nachschlag bekommen und habe hier immer Vorrang.

Sollte dieser wunderschöne Abend mit viel Unterhaltung nun zu Ende sein. Nein natürlich nicht, wir unterhalten uns noch ein wenig, trinken noch etwas Wein und ja, heute sehnt man sich vielleicht doch nach einem Verdauungsschnaps. Die Herbergsmutter bringt eine große Flasche Armagnac auf den Tisch, 8 Gläser und schenkt ein. Zum Fotografieren werden die gefüllten Gläser in die Rundung der Glasplatte gestellt und die Flasche dahinter platziert. Es ist einfach nur schön, traumhaft

Armagnac Freunde

schön in dieser Runde. Die Flasche Armagnac kann man auch kaufen, die 0,75ltr. Flasche ist mit knapp 40 Euro ausgezeichnet. Über kaufen und Preis muss man nicht reden, es ist eh nicht möglich. Der Abend zählt und wir stoßen auf einen wunderschönen Abend an, ich denke alle sind irgendwie überrascht und glücklich an diesem Abend. Pilgerherz was willst du mehr! Nach gut drei Stunden, so wie es die Franzosen mögen, stehen wir auf bedanken uns und gehen die Treppe runter in die große Schlafkammer.

ANPASSEN IST GANZ SICHER MEINE GRÖSSTE TUGEND -- MIT ALLEN MENSCHEN REDEN <EGAL WO SIE HERKOMMEN> HABE ICH ALS PILGER GELERNT!

Ich begebe mich müde zu meinem Bett und schlafe zufrieden ein.   Gute Nacht.

Tag 59, Èauze – Lanne Soubiran 30 km

Um 6 Uhr stehe ich nach einer ruhigen Nacht auf und beginne den Tag mit einem Frühstück nach französischem Standard. Ich muss nochmal den wunderschönen Abend mit einem sehr, sehr guten Essen Revue passieren lassen. Die Dame des Hauses hätte es nicht besser zelebrieren können. Über den Preis von 29 Euro für Abendessen, Übernachtung und Frühstück darf ich gar nicht nachdenken. Dann irgendwann kommen die Nächsten zum Frühstückstisch.

Ich verabschiede mich um 7.30 Uhr und ziehe bei wunderschönem Wanderwetter los. Eine weitere Etappe in der Region Gers liegt vor mir. Ich wandere durch Weinberge und über Wiesen bis Manciet und verlasse dann den Ort zur Abwechslung mal einer Straße entlang. Die Traubenernte ist voll im Gange. Die riesigen Felder werden mit Maschinen geerntet, doch ich kann auch immer wieder Menschentrauben beobachten die von Hand ernten und alles auf dem Buckel bis zum Traktor tragen. Ich laufe immer wieder durch Rebberge und Waldabschnitte bis Villeneuve, von wo aus ich auch

Nogaro schon bald erreiche. Nogaro liegt im Weinbrandgebiet Armagnac. Meine drei Menübeilagen für heute Mittag kann ich gerade noch so einkaufen. Der Tante-Emma-Laden wollte gerade schließen. Ich finde eine ruhig gelegene Sitzgruppe in einem kleinen Park, genieße Baguette, Käse und Wein. Die Ruhe und die momentane Einsamkeit bringen mich in eine Gedankenwelt, die ich eigentlich schon lange, schon viele Etappen in mir trage;

„TRÄNEN DER FREUDE"

Oft hatte ich auf der langen Pilgerreise ins entfernte Galicien Tränen in den Augen. Ein merkwürdiges Gefühl übermannte mich förmlich und ich gab dem nach, ich war alleine, keine Menschenseele weit und breit, nur meine Gedankenwelt und ich. Wie aus dem Nichts, Tränen, die langsam an meinen Wangen herunterlaufen. Ich weiche diesen Gefühlen nicht aus, ich kann es auch nicht. Ich bin völlig durch den Wind, manchmal fix und fertig, ich bin ergriffen und zugleich erleichtert. Was ist passiert. Es sind Gefühle von Emotionen des Glücks. Tränen lügen nicht, sie sind menschlich und helfen mir einen Ausgleich zu schaffen mit dieser Lebenssituation, dem Glücksgefühl fertig zu werden. An vielen Orten habe ich Menschen mit Tränen in den Augen wahrgenommen, nun bin ich auch nicht mehr sicher, ob ich nicht doch gesehen wurde. Ich stelle fest, wie wenig es braucht, um Adrenalin gesteuerte Glücksmomente zu sehen, zu spüren und zu erfahren. Wenn die unendliche Tiefe meines Traumes - den Jakobsweg zu gehen - erreicht wird, dann erscheinen die Wege der Emotion – Tränen der Freude und des Glücks schießen ins Gesicht!

Kirche in Nogaro

Die Mittagspause ist etwas länger als üblich. Aber auch diese Pause hat ein Ende. Über die Hauptstraße gehe ich den Jakobsweg in Richtung Kirche Saint Nicolas und besichtige die Kirche von innen. Ich setzte mich auf einen Stuhl, gönne mir noch etwas Ruhe und kann den Pilgerweg „aufgeräumt" wieder aufnehmen.

Die heutige Etappe hat wenig Höhenunterschied, doch es ist ab Mittag wieder sehr heiß. Ich treffe auf das Ehepaar von gestern Abend und begrüße sie mit; HALLO ARMAGNAC-FREUNDE. Sie sind beide sehr freundlich, doch die Unterhaltung ist halt eben schwierig. Adrian, der Holländer, den ich auch gestern kennengelernt habe, rennt fast an mir vorbei. Ich stoppe ihn, wir unterhalten uns ein wenig, doch dann rennt er weiter. Ich glaube er rennt vor sich selber davon! Der Weg führt an einer Siedlung mit großer Entenzucht vorbei. Viele, unzählige Enten stehen nahe beieinander, doch die Fläche, die sie zur Verfügung haben, ist riesen groß. Der Gestank ist enorm, schlimmer noch als bei einer Schweine-Siedlung. Plötzlich habe ich meine Gedanken bei Melanie. Sie ist

Vegetarierin und erzählte von einem Huhn das gerupft wurde. Das war für sie ein furchtbarer Anblick. Meine Gedanken drehen sich eher um die Kurzlebigkeit der Tier- und Pflanzenwelt. Die vielen Sonnenblumen, die jetzt schon verblüht sind, sie haben vielleicht ein halbes Jahr gelebt. Viel länger haben die Enten auch nicht, das stimmt mich etwas traurig. Wir Menschen haben es selber in der Hand, wir können unser Leben selber gestalten. Der Jakobsweg beschert mir ein unbeschreibliches Glück, ich lebe immer noch wie in einem Traum und möchte diesen Traum nie mehr verlassen!

Ich überquere den Bachlauf Juranne und erreiche auf einem Hügelkamm den Bauernhof Claverie. Über den Bachlauf L`Izaute führt eine kleine Brücke, ich gehe einem Trampelpfad entlang großer Maisfelder und dann führt mich ein schöner Alleenweg durch Weinfelder zu meinem Zielort Lanne-Soubiran.

Um 16 Uhr habe ich mein Ziel erreicht, ich nehme gleich die erste Herberge, sehr schön gelegen, mit Innenhof und einem freundlichen Herbergsvater. Unten Küche, Bad und Toilette, die steile Holztreppe führt in einen großen Schlafsaal. Ich suche mir mein Bett aus, denn es ist noch wenig los. Bei einem Bier, treffe ich in der Küche auf zwei Geschwister (Bruder und Schwester) aus der USA. Beide sind ganz neu auf dem Pilgerweg und daher sehr wissbegierig. Unsere Unterhaltung ist toll und wir fühlen uns gleich wie Zuhause. Ich erledige meine Aufgaben und schreibe draußen auf einer Bank. Es kommt Bewegung in die Herberge, immer wieder kommen Pilger an und es füllt sich. Ich sehe Leo, er ist mit einem Franzosen auf dem Pilgerweg. Wir kennen uns nun schon länger, treffen uns jedoch eher weniger. Der Innenhof wirkt wie ein kleines Lazarett, überall werden

Füße behandelt, bepflastert, Beine mit Creme eingerieben und ich habe mit alledem nichts gemeinsam. Hoffentlich bleibt das auch so. Dann trifft auch die Kanadierin ein, ich hatte sie gestern kennengelernt. Wir wachsen zu einer großen Familie zusammen.

Um 19 Uhr ist Abendessen angesagt, die Zeit naht, der Hunger auch. Was war mit dem Wetter passiert. Es regnet wie aus Eimern, ein Starkes Gewitter hat sich entladen und den wunderschönen Sommertag abgelöst. Der Hausherr hat zum Essen gerufen und wir müssen bei dem Regen zehn Meter über den Innenhof in ein anderes Gebäude laufen. Hier bleibt keiner Trocken. Wir werden freundlich empfangen, auf zwei Stufen aufmerksam gemacht, die runter ins Esszimmer führen und finden alle, ca. 20 Pilger, an einem großen langen Tisch Platz. Es ist ein bisschen so wie das Abendmahl, Jesus mit seinen Jüngern. Ich habe Glück, rechts neben mir ist eine Französin, die etwas deutsch kann. Das Essen, die Getränke und auch das Ambiente, es fehlt wieder an nichts. Alles ist perfekt und reichlich.

Doch zu meiner linken Seite, vor Kopf sitzt auch eine Französin und irgendwann an

diesem schönen Abend bemängelt sie, nein sie kann einfach nicht verstehen, dass ich in acht Wochen, die ich nun in Frankreich unterwegs bin, kein Französisch sprechen kann. Ja, sie macht mir einen Vorwurf, dass ich die Sprache nicht gelernt habe. Ich fühle mich sehr angegriffen und bin auch sehr enttäuscht von ihr. Was soll ich machen, soll ich mich mit ihr

eher selten : weiße Trauben

anlegen, nein, das ist mir die Sache nicht wert. Ich verachte sie, ich schaue einfach nur noch geradeaus zu Ihrem Mann und nach rechts. Sie ist eine Touri Tante, oder eine Lehrerin? Ich hoffe nur, ich kann sie zum Überlegen oder zur Einsicht bringen. Ich jedenfalls bin Pilger und das mit vollem Herzen und nicht auf einer Studienreise. Mein

Kopf ist leer, komplett auf den Weg eingestellt, eine Sprache lernen auf dem Pilgerweg, das ist für mich einfach nicht machbar. Ein kleines Tief mitten in einem wunderschönen Abend, doch damit kann ich leben.

Plötzlich lenkt Leo mich ab. Er fragt mich und bittet mich morgen doch mit ihnen gemeinsam zu gehen. Es gibt morgen unterkunftsabhängig

8.September

zwei Möglichkeiten. Eine Kurzstrecke von 20 Kilometer und eine Langstrecke von 36 Kilometer. Der starke Regen und die schlechten Lehm Wege haben mir den kurzen Weg empfohlen. Die drei wollen die 36 Kilometer machen. Ich möchte die Entscheidung entsprechend der Wetterlage morgen Früh erst treffen und wir einigen uns entsprechend. Der Abend findet ein glückliches Ende und alle gehen wieder bei Regen zurück in die Herberge. Mir fällt auf, dass viele Franzosen die Herberge noch mit Scheck bezahlen, was bei uns eher sehr selten geworden ist! Ohne Unruhe findet jeder im Schlafsaal sein Bett.

Mit der Gedankenwelt des Tages möchte ich heute einschlafen;

Wenn ich in der unendlichen Tiefe meines Traumes ankomme, dann tauchen die Wege der Emotionen auf, Tränen der Freude und des Glücks schießen mir ins Gesicht!

...gute Nacht!

Tag 60, Lanne-Soubiran – Aire-sur-l`Adour 20 km

In der Nacht hatte es stark geregnet. Ich blicke skeptisch aus dem Küchenfenster. Der Himmel ist bedeckt; es ist jedoch trocken. Der Weg wird in meinem Buch bei Regen als sehr lehmig, rutschig und äußerst schwierig beschrieben. Gestern Abend und diese Nacht hat es sehr viel geregnet, es hat wie aus Eimern geschüttet. Meine Entscheidung ist gefallen, ich gehe die kleine Etappe. Die Verletzungsgefahr ist groß und ich möchte morgen auch wieder wandern. Leo kommt die Treppe runter und möchte mich gerne zu der großen Etappe überreden. Ich versuche ihm zu erklären, dass ich bei der Wetterlage und den aufgeweichten schlammigen Pfaden nicht die 36 km laufen möchte. Wir wünschen uns einen „Buen Camino" und ich bin um 7.45 Uhr auf dem Pilgerweg, der zunächst auf einem Teerweg verläuft.

Weiter geht es leicht hügelig bis sehr flach über Feld-, Wiesen- und Waldwege. Die Wege sind aufgeweicht und sehr glitschig. Bald schon werde ich überholt von Leo, dem Franzosen, von ihm kenne ich den Namen nicht und eine Frau ist dabei, von ihr weiß ich nur, dass sie aus den arabischen Staaten kommt. Wir rufen uns ein „Buen Camino" zu und dann sind sie auch schon vorbei. Mittlerweile regnet es wieder, die Wege sind kaum begehbar, die Schuhe sind voller Lehm und sehr schwer. Vor mir erkenne ich, wie die Frau ans rutschen kommt und fast im Schlamm liegt. In letzter Sekunde kann sie sich retten. Wer hier die Nähe zum Boden findet, der ist gezeichnet für den Rest des Tages. Ich gehe sehr vorsichtig, stütze mich ab mit meinen Stöcken, doch jeder Schritt gleitet weiter in den Schlamm.

Dann nähere ich mich der Flussebene der Adour. Der Weg führt über Wirtschaftswege durch viele große Mais- und Getreidefelder der Region Gers. Die Sonne hat sich durchgesetzt und trocknet meinen Regenumhang, der auf dem Rucksack befestigt ist. Bald schon sehe ich erste Häuser, es ist Barcelonne-du-Gers, ein Vorort meines heutigen Ziels. Dicke Wolken über mir und die nächste Schauer lässt nicht lange auf sich warten. Ich finde eine Lagerhalle mit einem großen Vordach, wo ich mich

L.Adour

unterstelle. Auch Adrian trifft ein und wartet mit mir die Schauer ab. Die kurze Hose, die er trägt, ist tropfnass bis auf die doppelte Saum Höhe bei beiden Beinen, die trocken ist. Die Nass- bzw. Trockenstelle an beiden Beinen ist wie mit dem Lineal gezeichnet, ganz exakt getrennt. Adrian behauptet, dass es von der Regenjacke ist, darunter schwitzt er wohl stark. Naja, das ist wohl wahr aber die exakte Trennung der Nass- trockenstelle, das habe ich noch nie gesehen. Die Schauer lässt nach und wir gehen weiter.

Die Uhr schlägt zwölf, wir haben vielleicht noch eine Stunde vor uns, doch Adrian rennt mir davon. Irgendwie läuft er vor sich selber davon. Etwa 100 m vor mir geht das Kanadische Paar, das er und auch ich kenne, hier rennt er auch vorbei! Nahtlos geht der Weg zu meinem Zielort Aire-sur-l`Adour über. Fahnen europäischer Länder sowie Blumen schmücken die Brücke über den Adour. Ein kühler frischer Wind lässt sie knatternd wehen. Auf der anderen Uferseite gehe ich nicht gleich ins Centrum, sondern sehe links das Office de Tourisme, das ich aufsuche um ein Bett für heute zu reservieren.

Das Kanadische Paar, die ich eben noch vor mir hatte, haben Erfolg gehabt, stehen

schöne alte Kirche

gerade auf und wollen gehen. Ich bin dran, wir fangen mal in der unteren Pilger-Kategorie an, stellen schnell fest, dass hier alles ausgebucht ist. An diesem Wochenende findet im Ort ein großes Musikfestival statt, somit wird es schwierig. Wir versuchen es im unteren Hotel-Bereich, aber auch da ist es schwierig. Sie schließt um 13 Uhr und wir haben nur noch 10 Minuten. Sicherlich hat sie schon 10-mal für mich einen telefonischen Versuch gestartet, aber nichts scheint frei zu sein. Dann bietet sie mir den Weg weitere 16 km an und möchte mir dort ein Bett reservieren. Ich würde Leo und Anhang wieder treffen, nicht schlecht der Gedanke, doch eine Unterkunft hier im Ort ist mir lieber. Zwei Hotels hat sie noch, die waren telef. besetzt. Oh, das hört sich gut an. Das Erste hat frei und der Preis ist erträglich, wir machen die Buchung fest. Merci, Merci sage ich und bin erleichtert, denn die Beine und auch die Schuhe sind schwer. Sie kann ihr verdientes Wochenende antreten, ich gehe über die Brücke zurück und suche das Hotel.

Lassen die mich rein, das ist die Frage? Vorsichtshalber ziehe ich meine Lehmschuhe vor dem Eingang aus. Der Marmor im Eingangsbereich hochglänzend, der Empfang strahlt. Mein Name Paul reicht und ich bekomme den Zimmerschlüssel. Ich hole meine Schuhe, gehe auf die erste Etage, Gang durch, letztes Zimmer auf der rechten Seite. Auch der Flur ist aus Marmor, hochglänzend. Das Zimmermädchen kommt mir mit Putzeimer und Lappen hinterher, doch ich habe keine Spuren hinterlassen. Ein wunderschönes Zimmer mit Dusche, WC extra, lädt mich ein, für mich ganz alleine und ich versuche es zu genießen. Ich streife alles von mir ab und gehe erstmal duschen, ein Traum, ein richtiges Badetuch, keine Microfaser, ich bin Mensch, ich lebe wieder! Dann Wäsche machen und Schuhe säubern. Es folgt Körperpflege, die ich schon Tage schiebe. Dann schreibe ich die tägliche WhatsApp und mein Tagebuch. Die Entfernung von jetzt bis Santiago wollte ich immer mal hochrechnen, doch das waren Gedanken in die

9. September

Zukunft, die ich gut verdrängen konnte. Doch heute bin ich Mensch, ich kann die Strecke festlegen und auch in etwa den Ankunftstag. Genau wie Regula habe ich eine Differenz von 100 Km zu meiner Vorplanung. Suchen möchte ich diesen Fehler nicht, ich werde einfach 100 km mehr als geplant laufen. Ich denke, das ist doch toll, drei Tage länger laufen!

Nach über 2 Stunden Hotelaufenthalt gehe ich nochmals über die Brücke, quere den Adour und erreiche die Innenstadt. Einkaufssträßchen für Einheimische und Touristen,

Aire-sur-l Adour

Cafés und Restaurants stehen dicht gedrängt im Städtchen. Irgendwie hatten es die Wirte sogar fertiggebracht, Tische und Stühle in die engen Straßen zu stellen. In einer Bäckerei bekomme ich ein belegtes Brötchen, mein Mittagessen um 17 Uhr nehme ich auf dem Laufsteg zu mir. Ich besichtige die Kathedrale Saint-Jean-Baptiste und schaue mir das Centrum an. Eine Karte für Magdalenas Schulanfang brauche ich, doch es ist nichts Schönes dabei, dann nehme ich eine neutrale Karte, schreibe ihr im Stehen, auf einer Mauer ein paar Zeilen, klebe die Briefmarke auf und kann sie auch noch einwerfen. Uschi hat mir den Termin zu spät genannt, so wird auch die Karte erst nach dem Schulanfang eintreffen. Musikgruppen, darunter viele Gesangsgruppen, gehen von Restaurant zu Restaurant und bringen ihr Ständchen. Es sind viele Menschen in der Stadt und genießen wohl diese Musik, die auch ich überall wahrnehmen kann. Ehrlich gesagt, meine Musik ist es nicht, doch weglaufen muss ich auch nicht.

Regenschauer mit sonnigen Unterbrechungen haben den Nachmittag gestaltet. Mit Regenschirm finde ich eine kleine Pizzeria in Hotelnähe, lasse mir die Pizza und zwei Bier schmecken und bin dann frühzeitig in meinem Bett verschwunden.

Lebenshauch;

Gott, der Herr formte den Mensch aus Erde, dem Lehm vom Ackerboden und hauchte ihm dann das Leben ein! Heute Mittag fühle ich mich ähnlich. Ich bin von Lehm und Erde umgeben, nach der Dusche kehre ich in ein neues Leben zurück!

Lebenshauch! Ja Lebenshauch!   *...gute Nacht!*

Tag 61, Aire-sur-l`Adour – Arzacq-Arraziguet 32 km

Eine Traumnacht, ich bin wie neu geboren. Im Frühstücksraum bin ich noch einen Moment alleine, dann kommt nach und nach eine Gesangsgruppe, bestehend aus ca. 20 gestandenen Männern. Alle vornehm in schwarzen Anzügen und weißen Hemden gekleidet. So haben sie auch gestern in verschiedenen Restaurants gesungen. Ich finde keine Beachtung, vielleicht ist es gut so. Das Frühstücksbüffet ist vom Feinsten, nichts, wirklich nichts fehlt. So kann ich das Frühstück in vollen Zügen genießen, obwohl ich ein bisschen der Außerirdische im Raum bin.

Es ist 8 Uhr, als ich meine Wanderschuhe am Hoteleingang wieder anziehe und durch die Fußgängerzone gehe. Adrian steht vor einem Supermarkt, hat nichts zu essen und wartet bis der Lebensmittelladen öffnet. Ich sage ihm, es ist Sonntag, macht der überhaupt auf? Ja, das haben die mir gestern gesagt. Dann erzählt er mir von gestern Mittag, dass er ins Restaurant zum Essen gehen wollte und man ihm erzählt hat, dass kein Platz mehr frei ist, es ist alles reserviert, jedoch war das Restaurant komplett unbesetzt. Vielleicht war es, weil seine Short so nass war. Ein wenig eigenartig ist er schon, man muss ihn stoppen, sonst rennt er an einem vorbei, er rennt sich um 12.30 Uhr kaputt, obwohl er um 13 Uhr bereits am Ziel ist. Ein freundliches Buen Camino und ich gehe leichten Fußes weiter.

Im Ort noch geht es gleich bergan, nach dem Regen ist es etwas frisch, doch zum Wandern absolut gut. Viele Pilger sind schon unterwegs, wie eine kleine, lockere Prozession sehe ich sie vor mir. Dann erreiche ich die Abteikirche St.-Quitterie aus dem 11./12. Jh. mit Ihrem mächtigen viereckigen Turm. Das Portal mit dem Tympanon, das Christus als Weltherrscher zeigt, entstand in gotischer Zeit. Der romanische Ursprung der Kirche ist im Inneren noch gut erkennbar. Unter dem Chor wird in der Krypta der Sarkophag der Hl. Quiteria aufbewahrt. Die Legende beschreibt sie als eine westgotische Prinzessin, die ihren katholischen Glauben nicht abschwören wollte. Dafür wurde sie im Jahre 476 enthauptet, wobei sie jedoch ihren Kopf noch bis zu der Stelle getragen haben soll, an der sich heute die Krypta befindet. Hier entspringt eine Quelle, der heilende Wirkung, vor allem bei Geisteskrankheiten, nachgesagt wird. Den reich verzierten Marmorsarkophag aus dem 5./6. Jh. soll König Chlodwig selbst in Auftrag gegeben haben. Die Reliefs zeigen Szenen aus dem Alten und Neuen Testament, wie den Sündenfall oder die Erweckung des Lazarus.

Mein Weg steigt weiter an und erreicht eine Hochebene. Ich durchwandere kleine Dörfer und passiere stattliche Höfe.

Kapelle Sensacq

Der Höhenunterschied lässt sich leicht bewältigen, durch den Regen sind die Wege manchmal schlammig und glitschig. Unmittelbar südlich des Flusslaufes der Adour erstrecken sich ausgedehnte Maisfelder, die in der Höhe auf locker zwei Meter kommen und über Kilometer die Sicht rechts wie links wegnehmen. Dann über eine fruchtbare Ebene im Süden, schließen sich erste Hügelkämme an, sodass die intensive Landwirtschaft von Wiesen und Wäldchen abgelöst wird. Die kleinen historischen Dörfer liegen weit sichtbar auf den Hügeln. Von der Kirche in Miramont-Sensacq habe ich einen guten Panoramablick und ich sehe zum ersten Mal die Bergkämme der Pyrenäen als dunkle Schatten am Horizont vor mir. Sie sind noch viel zu weit entfernt, um mir zu drohen; ich spüre lediglich eine unbeschreibliche Freude des Glücks. Die Aussicht auf den fernen

Bergriegel gibt mir zusätzlichen Schwung. Die Nähe Spaniens wird zur sicheren Gewissheit!

Dennis hat heute Geburtstag, ich versuche nun zum zweiten Male ihn anzurufen, doch ohne Erfolg. Ich schreibe ihm eine WhatsApp, gratuliere ihm und kann diese Sache abhaken.

Meinem Ziel Arzacq-Arraziguet nähere ich mich, muss mir die Übernachtung noch suchen, doch das sollte in dieser Stadt kein Problem darstellen. Aufmerksam lese ich die Hinweisschilder und suche nach einer Auberge. Doch plötzlich bleibe ich mit einem Stock im Abwasserrost hängen. Dem Stock ist Gott sei Dank nichts passiert, doch der Gummi ist weg. Mit einem Gummi lässt es sich nicht laufen und ohne Gummi? Nee das Stipeln kann und will ich mir und meinen Mitpilgern nicht antun. Also müssen schnellstens Neue her, doch heute ist Sonntag und ich schreibe mir das für morgen auf meinen Einkaufszettel. Es ist das erste Mal, dass ich etwas verliere bzw. vergessen habe, wobei oben und unten schauen und aufpassen ist auch etwas viel für einen Pilger. Die Stöcke nehme ich unter den Arm und schaue nach einer Auberge, die dann plötzlich nach links angezeigt wird.

Die Auberge ist groß, mehrere Gebäudeteile mit mehreren Stockwerken werden über eine Außen-Wendeltreppen erreicht. Doch zunächst heißt es anmelden. Ich treffe auf Adrian und muss einen Moment warten bis er fertig ist. Dann stellen wir fest, ich bin im Block Holland untergebracht und Adrian im Block Frankreich, die Wege trennen sich wieder, jedoch zum Essen sollten wir uns wiederfinden. Das Zimmer ganz oben, sechs Betten, drei sind belegt, sehr großes Bad und noch ein großer Vorraum. Alles gut! Wir stellen uns vor, der Pilger neben mir, ein Franzose mit Deutsch-Kenntnissen, schräg gegenüber eine Kanadierin und daneben die Frau aus Arabien, wir kennen uns und sehen uns heute, glaube ich zum dritten Male. Die drei liegen zum Ausruhen auf ihrem Bett, ich komme umgehend meinen Verpflichtungen nach und kann mich anschließend etwas unterhalten. Eben ist mir schon aufgefallen, dass der Franzose Socken trägt, die mehr Löcher als geschlossene Stellen aufweisen, doch er kann in Wandersandalen gut laufen. Jedoch Probleme macht ihm der dicke Zeh, der angeschwollen ist und ihm das Humpeln beigebracht hat. Aber bis morgen soll das wieder ok sein, er ist guter Dinge.

Zum Schreiben gehe ich raus auf die Parkbank, friere mir einen ab, ja es ist frisch geworden. Irgendwie hat das Wetter sich verändert. Ich gehe zurück, es wird neblig und die Feuchtigkeit steigt. Die Wäsche hängt überdacht, doch sie trocknet nicht. Auf dem Weg über den Hof treffe ich Adrian nochmals, er sagt wir sollen die Wäsche alle in den großen Korb legen, dann werden sie die Wäsche im Trockner bearbeiten. Er überlegt, ob er nicht seine Short noch durchzieht und dann auch trocknen lässt. Ich

Pimbo, Saint-Barthélémy

überlege nicht lange, mache meine sechs Teile in den Korb, doch werde ich die Wäsche nochmal wiedersehen, bei der Menge die hier zusammen kommt? Es geht auf 19 Uhr zu und ich gehe in den großen Speiseraum. Eine lange Tischreihe ist schon halb besetzt. Wir stellen uns vor, von links Elise, Michelle und Mark, drei Geschwister, dann Marie und Charlotte die beiden Franzosenfrauen, die ich nun auch schon regelmäßig treffe. Auf meiner Bank links neben mir die beiden Bettnachbarinnen und rechts Adrian. Es gibt Enten-Schenkel mit Fritten und Salat, Vor- und Nachspeise mit Baguette, Wein und Wasser, alles reichlich. Doch die Unterhaltung ist heute besonders gut. Mark und seine beiden Schwestern sind eine Bereicherung. Sie kommen aus Straßburg, sind jedoch erst in Le Puy losgegangen. Die beiden, Elise und Michelle wollten den Jakobsweg gehen, doch dann ist Mark arbeitslos geworden und die beiden haben ihn überredet, mitzukommen. Obwohl er sich gewehrt hat, wollte er seine Schwestern aber auch nicht unbedingt alleine laufen lassen.

Nach einem kurzlebigen, interessanten Abend gehen alle wieder aufs Zimmer. Ach ja, ich muss meine Wäsche noch abholen, Adrian auch noch, wenn das mal gut geht, denke ich auf dem Weg zum Waschraum, wo wir die Wäsche wieder in Empfang nehmen können. Der Korb steht da, die Wäsche ist teilweise am Korb Rand angehängt und es befindet sich nur noch die Wäsche von Adrian und mir darin. Perfekt, wer hätte das gedacht, alles da, nichts fehlt! Die Schlafruhe kann angetreten werden. Unser Zimmer hat keinen Zuwachs mehr bekommen, die zwei Betten sind noch frei, doch die drei liegen schon wieder in ihren Betten. Der Franzose war nicht mit zum Essen, er erklärt, dass ihm alles viel zu teuer ist und er Abendessen, Frühstück und Mittagessen alles selber macht. Ich würde es nicht wirklich wollen, aber auch die Zeit abends würde mir fehlen. Ich würde ganz sicher eine wunderbare Seite Frankreichs nicht kennenlernen.

In meiner persönlichen Sympathie-Skala wächst Frankreich weiter. Wahrscheinlich werde ich mein zufriedenes Lächeln auch heute Nacht nicht ablegen können. Der Weg schenkt mir so viel, viel mehr, als ich je zu hoffen gewagt hätte.

Gute Nacht.

Der Weg ist mein Ziel – Santiago de Compostela möchte ich erreichen!

Gut möglich das Santiago ein ganz besonderer Ort ist, zudem es sich zu reisen lohnt, doch der Weg ist mein Ziel. Ich reise nicht um anzukommen, sondern um unterwegs zu sein!

Der Jakobsweg ist hart und wundervoll.

Er ist eine Herausforderung und Einladung.

Er macht mich kaputt und leer, restlos.

Und er baut mich wieder auf, gründlich.

Er nimmt mir alle Kraft und gibt sie mir dreifach zurück.

Ich muss ihn alleine gehen, sonst gibt er seine Geheimnisse nicht Preis.

Oft liegt das Ziel nicht am Ende des Weges, sondern irgendwo auf dem Weg oder am Rande des Weges!

Was bedeutet Pilgern! Pilgern beinhaltet das Unterwegssein und das Raus sein aus dem täglichen Leben. Pilgern bedeutet, jeden Tag aufs Neue den Aufbruch ins Ungewisse wagen, das Gehen und Ausruhen, das Ankommen. Es bringt es mit sich, sich auf das Wesentliche zu reduzieren und ankommen mit dem, was man hat und es wird einem dabei Manches geschenkt, wovon ich nie zu träumen gewagt hätte. Viele Erlebnisse; das habe ich ihm nicht zugetraut, dem Weg.
Ich merke, dass es den Weg gar nicht gibt, sondern dass der Weg mit jedem meiner Schritte erst entsteht.
Es ist mein Weg, den ich ganz alleine gehe, ein besonderer Weg.
Jeder Schritt ist spürbar im Herzen, im ganzen Körper, eine Sucht entwickelt sich Schritt für Schritt, denn ich will das Gefühl nicht mehr verlieren, dass ich bisher nie auf einem anderen Weg verspürt habe.
…ein Weg der nicht loslässt, jeden Tag ein Stück zu gehen.
Varianten, neue Landschaften, die Natur die mir Zeichen gibt, ich merke, ich bin nicht alleine, ich finde Sinn und Klarheit in vielen Dingen, alles wird einfacher, ich brauche weniger, Oberflächliches zieht mich nicht mehr an, die tiefe Liebe und das Mitgefühl zu allen Lebewesen wird prägender. Plötzlich ergreift mich eine unsagbare Dankbarkeit, für mein Leben, meinen Atem, mein Dasein und den Weg.

Die uralte Frage kommt mir in den Sinn; Ist der Weg bereits das Ziel. Oder kommt es darauf an, irgendeinen Punkt am Ende des Weges oder des Denkens zu erreichen? Für mich habe ich eine Antwort gefunden. Das Grab in Santiago de Compostela ist eine Fiktion, während der Heilige Jakobus Wirklichkeit ist. Die Stadt wird der Endpunkt meiner Wanderung sein, die nun mal ein Ende haben muss. Aber dem hl. Jakobus werde ich dort nicht näher sein als überall auf dem Weg. Der hl. Jakobus ist auf diesem durch tausend Jahre Pilgerschaft geheiligten Weg allgegenwärtig, in meinem Handeln, in meinen Gedanken und in meinem Herzen. Orte, wie Lourdes oder Fatima mögen Ziel eines Weges sein, weil sich dort etwas Großes ereignet hat. Man geht dorthin, um dort zu sein. Nach Santiago gehe nicht um dort zu sein, sondern um hinzukommen. Es geht nicht darum die berühmte Stadt Santiago zu erreichen, in dessen Kathedrale sich das Grab des hl. Jakobus befindet, sondern auch um den Weg an sich. Egal *welche Beweggründe, ich erlebe die Natur auf eine völlig neue Art und Weise, es bietet sich die Möglichkeit der Besinnung, ich lerne Land und Leute auf eine völlig neue Weise kennen.*

Ein Spanisches Sprichwort sagt; nach Jerusalem wandert man um Jesus zu finden, nach Rom geht man zum Papst, doch auf dem Pfad nach Santiago de Compostela sucht man sich selbst! Wer nur ans Ankommen denkt – der kommt leer zurück!

Gehe in dich, wenn`s dir nicht zu weit ist!

Tag 62, Arzacq-Arraziguet – Arthez-de-Bèarn 29 km

Guten Morgen! So komme ich frisch gelaunt aus dem Bad, alle sind wach. Die beiden Frauen haben nicht so gut schlafen können, der Franzose und ich haben wohl geschnarcht. Eine der Frauen hat wohl in ganzen Sätzen diese Nacht gesprochen, es ist schwierig festzustellen, wer das wohl war. Der Franzose versucht den Text hinzubekommen, schnell stellt sich raus, zu wem der Text gehört. Alles ist gut. Ach nee, ich bin inzwischen angezogen und packe meinen Rucksack. Doch der stinkt

fürchterlich, der mufft stark, sogar sehr stark. Es ist die Wäsche vom Trockner. Habe ich Adrian im Verdacht? Hat er seine Short, Nass geschwitzt so wie sie mittags schon war, ohne zu waschen mit in den Trockner gegeben? Ich glaube ja, ist das eine Sau! Ja, das ist wirklich eine große Sauerei.

Nach dem Frühstück, verlasse ich um 7.45 Uhr die Auberge. Es regnet, hat sich eingeregnet und ich muss mir den Regenumhang überziehen. In der Stadt finde ich noch ein Baguette, jedoch nach den Gummis für die Stöcke muss ich später nochmal schauen. Von der Durchgangsstraße erreiche ich schnell den Ortsrand. Die Wege sind jetzt gut gekennzeichnet. Steter Wechsel von Wander- und Feldwegen sowie kleinen Straßen führen durch eine leicht hügelige Landschaft. Bei Teerwegen lässt es sich gut laufen, alles andere ist heute durch den Regen matschig und schwer zu gehen. Doch am späten Vormittag lässt sich die Sonne wieder sehen und Schritt für Schritt nähert sich mein

Jakobsweg der Region Bèarn. Am Horizont wächst die Wand der Pyrenäen zu einer bedrohlichen Höhe heran. Zwischen den breiten Flusstälern des Luy de Franca und des Luy de Bèarn erstrecken sich in dieser abwechslungsreichen Landschaft Mais und Wein sowie Weiden, Wiesen und an den Hängen kleinere Waldflächen. Heute ist niemand alleine, immer wieder sind Pilger vor mir oder überholen mich gerade. Ich nähere mich meinem Zielort, die Straße steigt an, die Sonne brennt wieder unbarmherzig und das Dorf zieht sich unendlich in die Länge.

Etwa zwei km gehe ich und viele andere Pilger bis zur Ortsmitte, eine Kreuzung bremst uns und keiner weiß so recht, wo er hinsoll. Viele bekannte Gesichter, einige gehen weiter, andere bleiben stehen und suchen nach der Unterkunft. Eine ältere kleine Frau kümmert sich um mich und meine Unterkunft, aber es ist alles irgendwie schwierig. Sie geht in die Bar fragen und schickt mich geradeaus, doch dann kommt sie auch mit. Wir finden die Herberge und ich checke ein, dusche, wasche und ziehe die muffigen Klamotten an. Zum Schreiben gehe ich raus, doch ich treffe Mark und wir gehen in die Bar ein Bier trinken. Mark passt die Ankunft seiner Schwestern ab und möchte dann mit ihnen zur Herberge gehen. Inzwischen kommt Adrian in die Bar und wir trinken noch eine Runde Bier. Mark verabschiedet sich etwas früher und geht mit seinen Schwestern in die Herberge. Später dann geht  Adrian auch in die Herberge, ich suche mir eine Parkbank zum Schreiben. In der frischen Luft kann ich mich und meine muffigen Klamotten ertragen, jedoch in Räumen möchte ich am liebsten vor mir weglaufen.

Meine Unterlagen verstaue ich im Rucksack und stelle fest, dass die ältere kleine Frau das Bett neben mir hat, unsere Betten haben einen Zwischenraum von gerade mal 40 cm, die sie auf zwei Meter Länge genutzt hat, um Ihren Rucksack auszuräumen. Am Fußende quer hat Adrian sein zu Hause, die andere Seite neben mir liegen zwei jüngere Männer, die aber schlafen. Es ist alles gut, nur Restaurant gibt es keines was heute geöffnet hat und den Gummi finde ich hier im Ort auch nicht. Mark möchte für sich und seine Schwestern kochen und hat schon alles eingekauft. Adrian und ich bestellen uns eine Pizza „to go" und essen die auf der Parkbank gleich gegenüber. Dann kommt Marco, ein Holländer, der in Italien und auch in Spanien schon gelebt hat. Marco ist schätzungsweise 40-45 Jahre, hat unheilbar Krebs und nur noch wenige Zeit zum Leben. Er möchte den Jakobsweg noch gehen, sieht eigentlich nicht krank aus, isst von uns ein Stück Pizza mit und sucht noch die Unterkunft für heute.

Adrian erzählt von der älteren kleinen Frau; sie ist 78 Jahre, 145 cm klein, 55 kg leicht, hat einen schweren Rucksack und geht mit nur einem Stock, den sie rechts wie links benutzt. Sie hat den Vorteil, dass der Regenumhang immer lang genug ist, sie aber diesen nie allein anziehen kann. Mit den kurzen Armen kann sie den Regenumhang nie über den Rucksack ziehen, sie braucht immer Hilfe. Meine Arme reichen um den Regenumhang überzuziehen, doch könnte der etwas länger sein. Dann sagt Adrian; sie ist wohl sehr unruhig in der Nacht, so hat er gehört. Ja, dann habe ich wohl diese Nacht das Glück alleine, mit 40 cm Abstand! Und ich habe Schuld daran sagt Adrian, ich habe ihr gesagt, wo ich die nächsten 2 Nächte gebucht habe. Sie heißt Clara und sie ist in aller Munde, jeder kennt sie und jeder spricht von ihr und wohl auch über sie, natürlich wegen dem Alter und der kleinen Größe sowie der Laufleistung. Wir gehen zurück zur Herberge, Adrian geht noch in die voll besetzte Küche, ich nehme den direkten Weg ins Bett. Vielleicht kann ich die Nacht neben Clara doch ein wenig genießen!

Nicht nur von Clara redet alle Welt auf dem Jakobsweg, auch ich bin ein Kandidat von dem man redet. Jeder erzählt von mir, jeder unterhält sich mit anderen über mich. Nicht wegen meines Alters, sondern wegen meiner Leistung. Unterwegs bin ich nun zwei Monate und bin von meinem Jakobsweg schon ca. 1700 km gewandert. Ich habe bis heute niemand angetroffen, der so viel am Stück gelaufen ist. Deshalb bin ich in aller Munde, jeder kennt mich und jeder spricht mich darauf an und muss die Leistung von mir bestätigt haben. Europäer ziehen symbolisch den Hut, Amerikaner und Australier drücken die Hände, um ihre Achtung vor dieser Leistung auszudrücken. Ein bisschen stolz bin ich schon!

Meinen Schlaf wird Beides nicht beeinflussen...   ...gute Nacht.

Tag 63, Arthez-de-Bèarn – Navarrenx 30 km

Eine sehr unruhige Nacht, 40 cm neben der Oma Clara geschlafen oder auch nicht geschlafen. Sie ist schon sehr unruhig, steht immer wieder auf, geht auf Clo, geht runter in die Küche, setzt sich aufs Bett, trinkt und es gluckert so schön den Hals hinunter, sie schnarcht, doch ich glaube, das tut wirklich jeder! Dann fällt ihr wieder etwas ein, sie schreibt mit ihrer Kopflampe und hat auch ständigen Kontakt mit ihrem Handy. Sie ist unruhig die ganze Nacht, einfach unruhig.

Frühstück gibt es in der nahe gelegenen Boulangerie. Es sind wenige Minuten vor 7

Klosterkirche Sauvelade

Uhr und die Tür ist noch geschlossen. Ein frisches Baguette und eine Tasse Caffè bestelle ich an der Theke. Der Caffè dauert noch etwas, denn der Automat ist noch nicht in Betrieb. Ich nehme auf einem Barhocker mit Blick zur Straße platz und kann so alle vorbeigehenden Pilger beobachten. Dann kommt Mark und hockt sich neben mich auf einen Barhocker. Seine Schwestern kommen nach, das ist eigentlich immer so, die beiden können einfach sein Tempo nicht halten. Mark fragt gleich nach der Nacht, nach Clara und ob ich auch Claras Zähne neben dem Bett gesehen habe? Wir unterhalten uns in einer lustigen Art und Weise über Clara. Mark und die beiden Schwestern helfen mir immer gerne weiter; Nice to meet jou, mit diesen Worten bedanke ich mich öfter bei den Dreien. Die Boulangerie füllt sich, es ist richtig was los. Meinen Hocker gebe ich an Adrian weiter, kaufe mir noch ein Baguette für heute Mittag und verabschiede mich mit Buen Camino.

Ach ja Tina hatte gestern Abend noch geschrieben; Juppi halte durch, du bist phänomenal! Durchhalten ist nicht das Problem, doch weiß ich nicht recht, ist das Phänomenal auf Clara die Oma bezogen oder auf die Laufleistung, oder auf alles? So antworte ich allgemein.

Es sind 7.30 Uhr als ich loskomme, es regnet, die Gummis habe ich noch nicht, also gehe ich mit Regenumhang los und hoffe auf viele Wald-, Feld- und Wiesenwege. Doch es kommen auch viele Teerwege, nach einer Stunde habe ich wieder schönstes Wanderwetter, es trifft eigentlich alles (Wetter, Landschaft, Wege, und die Blicke auf die Pyrenäen), wie bereits gelesen, ein. Ich bin zweifellos angekommen, in der Provinz;

-Das Bèarn und das französische Baskenland-

Das Bèarn ist eine alte französische Provinz am Fuß der Pyrenäen, die sich südlich an die Gascogne anschließt. Gemeinsam mit dem französischen Teil des Baskenlandes bildet es das Dèpartement Pyrènèes-Atlantiques. Drei große Täler durchziehen den Pyrenäenanteil des Bèarn; der Gave de Pau, das Tal des Ossau und das Tal der Aspe, das die natürliche Verbindung von Oloron-Ste-Marie zum Col du Somport bildet – einer der beiden Pyrenäen-Pässe der Jakobspilger. Entlang der Flussläufe erstrecken sich saftige Weiden, Ackerland, Obstbäume und Weinreben, die im mild-feuchten atlantischen Klima gut gedeihen.

Das Baskenland, von den Basken Euskadi genannt, liegt auf beiden Seiten der Pyrenäen auf spanischem und französischem Boden. Jahrhundertelang war diese Gegend vor allem auf die Landwirtschaft und das Handwerk ausgerichtet, dessen bekanntestes Produkt sicherlich die in ganz Frankreich verbreitete Baskenmütze ist.

Die zerklüfteten Täler und ihre Abgeschiedenheit von natürlichen Verkehrswegen sind verantwortlich dafür, dass die Basken lange Zeit unabhängig lebten und so nicht nur ihre Bräuche festigen, sondern auch ihre Sprache erhalten konnten. Seit mehr als tausend Jahren ziehen die Jakobspilger durch das Baskenland, auf dem bekannten und häufig frequentierten Pyrenäenübergang zwischen St-Jean-Pied-de-Port und Roncesvalles, dessen Anstiege kürzer und sanfter sind als die auf den Somportpass im Bèarn.

Hier im Pyrenäenvorland geht der Chemin de St-Jacques im beständigen, aber stets moderaten Auf und Ab über die zum Teil bewaldeten Hügel der Region. Schattige Mischwälder wechseln mit saftigen Weiden für Kühe und Pferde und häufig kann man die Gebirgskette der Pyrenäen erkennen, der man sich langsam nähert. Immer wieder passiert der Jakobsweg ein Gehöft oder Dorf, so dass die Versorgung mit Unterkünften, Essen und Trinken gewährleistet ist. Wie in den Pyrenäen selbst, kann sich das Wetter im Vorland schnell ändern und Niederschläge können das Wandervergnügen schmälern. Der Anstieg von St-Jean-Pied-de-Port über die Pyrenäenpässe ist anhaltend steil, aber meist auf befestigten Wegen sehr gut zu bewältigen. Für diese letzte Etappe sollte man mit ausreichend Proviant, Sonnencreme, warmer Kleidung und Regenschutz ausgerüstet sein.

Viele Pilger sind heute wieder unterwegs, ich treffe unter anderem auch Marco, den Holländer nochmal. Er ist gut drauf, sieht gesund aus und ich denke er schafft das, den Weg bis Santiago auf jeden Fall!

Mein Ziel Navarrenx erreiche ich um 16 Uhr. Ein schönes Städtchen, dessen Hauptattraktion sicherlich der Mauerwall mit seiner gesamten Wehrarchitektur ist. Ich nehme einmal die Straße durch das Centrum, finde am Ende der Straße das Office de Tourisme, buche mir ein Einzelzimmer und finde auf dem Weg zu meiner Herberge ein Angelgeschäft mit einigen Wanderartikel. Ich gehe rein und siehe da, die haben tatsächlich die Gummis für meine Lekis. Die Pyrenäen können kommen! An meiner Herberge laufe ich vorbei, sie liegt zwar im Centrum, aber das Hinweisschild ist etwas zu klein geraten. Ich gehe nochmals zurück und alles ist gut. Mein Zimmer liegt Parterre, ist groß mit Toilette und Bad. Abendessen und Frühstück im Haus, ich finde den perfekten Kontrast zu Gestern und fühle mich auf Anhieb wohl. Nach dem Duschen und Wäsche waschen, endlich verlasse ich die stark muffenden Klamotten, besuche ich nochmals das Office de Tourisme, buche meine Unterkunft für morgen und kaufe schon für morgen Mittag ein. Ich finde eine ruhig gelegene Bank zum Schreiben, separate Grüße gehen zum Schulanfang an Magdalena und dann sehe ich mir anschließend die Stadt an.

Um 19 Uhr ist Treffen in der Kirche angesagt; Ca. 30 Pilger sind zum Beten und Singen gekommen. Als Abschluss Lied höre ich das wunderschöne Lied „Ultreia" nochmal. Wir gehen geschlossen zum Aperitif, drei Frauen verteilen Wein und Gebäck und das aber reichlich. Faszinierend, an einer Wand hängt eine Weltkarte, hier kann jeder, der von weiter weg ist, seinen Startpunkt mit einem kleinen Stecker markieren. Ich mache das natürlich auch, denn auch mein Weg kann sich sehen lassen. Zurück gehe ich mit Marie und Charlotte, die beiden Franzosenfrauen die ich nun schon gut kenne, Adrian und das Ehepaar aus der Armagnac Runde sind auch dabei. Der Herbergsvater hat für 12 Pilger, er nimmt auch am Essen teil, eine große Lasagne gebacken. Vor- und Nachspeise, Wasser Wein und Baguette fehlen natürlich nicht. Der Abend ist sehr gut, alle haben einen großen Schlafraum zusammen, doch

ich fühle mich heute in meinem Zimmer alleine absolut wohl. Manchmal muss es eben sein!

Jetzt habe ich nur noch zwei Tage bis zu den Pyrenäen, vor Tagen noch hatte ich das Gefühl, ich bin noch Lichtjahre von Santiago entfernt. Dann kommt es mir vor als wäre ich mit einer Lichtgeschwindigkeit unterwegs. Bin ich auf dem falschen, einem anderen Planeten unterwegs? Die Gedanken drehen sich wieder im Kreise; oh Frankreich wie

Ausgang aus der Stadt

bist du mir ans Herz gewachsen, ich möchte Frankreich nicht verlassen, nicht jetzt und auch nicht später! Doch ich muss loslassen, ich werde Frankreich loslassen müssen und Spanien zulassen müssen. Doch selbst den Gedanken ans Loslassen möchte ich am liebsten verdrängen. Zunächst aber werde ich mein Schlafdefizit, das ich der Oma Clara verdanke, vollends ausgleichen und dann kommt ein neuer Tag, es wird wieder ein guter Tag, da bin ich mir sicher. Mein Herz ist ein Pilgerherz und das will gehen!

Gute Nacht!

Tag 64, Navarrenx – Uhart-Mixe 35 km

Die Nacht war gut, das Frühstück kommt nur schleppend voran. Der Herbergsvater ist zu spät aufgestanden, alle helfen irgendwie mit, doch ich komme erst spät in die

13.September

Gänge. Die Uhr zeigt 8.30 und das ist für die relativ große Tour reichlich spät. Ich habe aus drei Etappen zwei gemacht und somit etwas größere Touren bis St. Jean-Pied-de-Port. Mein Gefühl sagt mir, die Meisten die in St. Jean-Pied-de-Port starten, reisen Freitag an und gehen Samstag los. Also möchte ich unbedingt am Freitag die Pyrenäen machen. Ob das dann wirklich so ist, steht in den Sternen, es ist nur mein Bauchgefühl.

Zunächst mal gehe ich aus der Stadt. Eine mächtige Toranlage, das Tor Saint-Antoine oder auch Porte d`Espagne, führt mich heute zur Brücke und über den Fluss. Vor mir habe ich eine Pilgerin, die ihr Gepäck auf einem Wagen nachzieht, es ist eher selten und für meine Begriffe zu umständlich. Ich kann mir das nicht aneignen und habe dafür kein Verständnis. Hügel und Täler folgen in raschem Wechsel, kleine Straßen und Wanderwege mit nur geringen Höhendifferenzen führen mich bei bestem Wanderwetter über Lichos nach Aroue, das etwa 300 Meter abseits des Pilgerweges liegt. Ich wandere durch eine sanft wellige Landschaft, die geprägt ist von zahlreichen kleinen Bachläufen. Mais und satte Weiden wechseln sich mit Wäldern und Wäldchen ab. Dabei gelange ich über den Gave de Maulèon vom Béarn ins Baskenland.

Meine Mittagspause verbringe ich mit Clara auf einer Bank. Clara hat den großen runden Tisch komplett für sich ausgelegt, auf der Bank habe ich gerade mal 50 cm Sitzplatz, den Rest beansprucht sie ebenfalls. Im Vergleich bin ich mit wenigem zufrieden. Ich bedanke mich nochmals für die angenehm, ruhige Nacht die ich neben ihr verbringen durfte – nein natürlich nicht, wir verstehen uns ja auch nicht! Sie packt früher als ich zusammen, geht weiter und wird ersetzt von Adrian, der sich zu mir hockt und ganz gut Deutsch spricht. Nach einer halben Stunde Pause verlasse ich Adrian und gehe bergab ins Tal. Hier gibt es eine größere Herberge, wo einige einkehren, doch ich muss noch ein gutes Stück laufen. Es ist wieder sommerlich heiß und ich verlaufe mich, dass aber richtig. Das kostet mich nicht nur Kraft heute Mittag, sondern auch eine Stunde Zeit. Viele Pilger sind wieder unterwegs, wir sind zu einer großen Gruppe zusammengewachsen. Jeder kennt jeden und wir treffen uns fast täglich,

Marc und Adrian Pause mit Freunden

jedoch immer zufällig. Einzelgänger gibt es nicht, wir sind Herdentiere und jeder spricht mit jedem.

Armagnac Freunde

Heute Nachmittag laufe ich die halbe Etappe zusätzlich und habe das Gefühl, ich bin den anderen voraus, lasse sie hinter mir und bin auch alleine auf der Strecke. Ganz sicher werde ich auf neue Pilger in den nächsten Tagen treffen. Der Weg führt durch ein wundervolles Vorpyrenäenland, schlängelt sich auf Hügel und hinab in Senken, am Horizont sehe ich immer wieder auf die blauen Pyrenäenkämme. So komme ich spät aber mit guter Laune in Uhart-Mixe um 18 Uhr an, finde meine bereits gebuchte Unterkunft und werde gleich nett empfangen. Im Wirtshaus lacht mich dann die Theke an, eine Trockenheit in meiner Mundhöhle nimmt bedrohliche Züge an und ich kann diesem Problem nur mit einem frisch gezapften Bier abhelfen. Immer wieder stelle ich mir die Frage; was ist wohl nach der Tagesetappe das Schönste, ist es die Dusche oder ist es vielleicht doch ein Bier?

Lebenshauch, ja es ist Lebenshauch! Gott haucht mir immer wieder neues Leben ein.

Die Herbergsmutter zeigt mir mein Zimmer, ein 4-Bett Zimmer, noch bin ich alleine. Toilette und Bad befinden sich auf dem Flur gleich neben meinem Zimmer. Alles ist perfekt. Duschen, Waschen und Schreiben dann draußen bei einem weiteren Bier.

Mit Uschi lege ich meine Ankunft fest. Es sollte der 12. Oktober sein, vorausgesetzt alles läuft gut. Die 100 km Differenz, die auch Regula entdeckt hatte, habe ich eingerechnet, jedoch nicht mehr gefunden, aber auch nicht danach gesucht. Sie sollten bei 2 500 km kein Problem darstellen. Uschi bucht also ihren Hinflug für den 12. Oktober, Ankunft 21.10 Uhr und unseren Rückflug für den 19.Oktober um 16.10 Uhr. So und nun kann ich mich wieder voll und ganz meinem Pilgerweg widmen. An ein Ende dieser Pilgertour denken, das ist nicht meine Welt, das möchte ich solange wie nur möglich verdrängen. Ich lebe im hier und jetzt und habe ein Wohlfühlgefühl, das ich nie mehr verlieren möchte.

Uhart Mixe

Zum Abendessen finden sich noch zwei Pilgerinnen aus Frankreich ein. Sie haben beide in Trier gearbeitet und beherrschen somit die deutsche Sprache. Beide sind etwas älter und gehen langsam, täglich bis zu 15 km, Ankunft in Santiago ist für November geplant. Zwei Frauen, die die Herberge betreuen, kochen ein wundervolles Menü und essen auch mit uns. Die gute Unterhaltung und das tolle Menü lassen den Abend angenehm, aber auch kurzweilig werden.

Niemand ist nachgekommen, also habe ich nochmals ein Zimmer für mich allein. Ein vorletztes Mal in Frankreich. Es ist mir sehr ans Herz gewachsen, die Menschen, das

Essen, die Landschaft, einfach alles. An über 60 Tagen habe ich in Frankreich etwa 1700 Kilometer zurückgelegt. Ja, es ist in Frankreich etwas Heimat entstanden. Ich sage Merci, Merci für alles.

Es lebe Frankreich, es lebe Deutschland – es lebe meine deutsch-französische Freundschaft, die hier entstanden ist. Einen Tag, den morgigen, werde ich nochmals genießen. Ich werde immer an die wundervollen Momente zurückdenken.

Spanien wird nicht rufen - bevor ich Frankreich loslasse. Es ist ein grandioses Land und es wird ein besonderes Land bleiben, egal was noch kommt. Au revoir!

Geh mit Gottes Segen. Er halte schützend seine Hand über dir, bewahre deine Gesundheit und dein Leben und öffne dir Augen und Ohren für die Wunder der Welt. Er schenke dir Zeit, zu verweilen, wo es deiner Seele bekommt.

Er schenke dir Muße, zu schauen, was deinen Augen wohltut. Er schenke dir Brücken, wo der Weg zu enden scheint und Menschen, die dir in Frieden Herberge gewähren. Der Herr segne, die dich begleiten und dir begegnen.

Er halte Streit und Übles fern von dir. Er mache dein Herz froh, deinen Blick weit und deine Füße stark.

Der Herr bewahre dich und uns und schenke uns ein glückliches Wiedersehen.

(Gerhard Engelsberger)

Das ist meine Welt – meine Pilgerwelt!   Tina`s Treffer!

Die Emotionen kochen wieder und ich lasse es zu!

Mit diesem Gebet von Tina, soeben gelesen und zu meiner Welt perfekt passend, schlafe ich ein.   …gute Nacht.

Tag 65, Uhart-Mixe – St. Jean-Piet-de-Port 28 km

Eine sehr ruhige Nacht alleine im Zimmer, ja die habe ich genießen können. Es war wohl vorerst die letzte, denn es folgen jetzt die großen Herbergen. Den Frühstückstisch teile ich mit fünf Frauen, da bin ich doch der Hahn im Korb. Doch die Unterhaltung findet zwischen den beiden Pilgerinnen und mir statt.

Blick auf Ostabat

Um 8 Uhr steige ich in meine Schuhe und kann auch gleich den Regenumhang überziehen, es regnet und der Wind ist stark. Den letzten Tag in Frankreich habe ich mir anders vorgestellt. Jedoch, möchte mich das Wetter jetzt beim LOSLASSEN unterstützen? Das wird wohl nicht gelingen, denn so schlecht kann das Wetter wohl nicht werden. Meine Herberge lag etwa 1,5 km abseits der Pilgerstrecke, ich gehe den Weg nicht mehr zurück, sondern nehme den kürzeren Weg, den direkten Weg zum Pilgerweg. Es geht gleich bergauf und ich kann etwa zwei Kilometer abkürzen. Die Wege, kleine Straßen und Wanderwege mit nur mäßigen Höhenunterschieden, sind gut gekennzeichnet, eigentlich wie gestern. Diese Etappe führt mich immer weiter ins Baskenland hinein. Mit seinen saftig grünen Weiden, Wäldern, kleinen Weilern und Bauernhöfe rücken die Pyrenäen in greifbare Nähe. Jedoch die Regenwolken lassen keinen Blick auf die Pyrenäen zu. Der Wind versucht immer wieder den nassen Regenumhang hochzutreiben, sodass meine Hände und Arme ständig in Bewegung sind. Bedingt durch meine Etappenaufteilung ist es heute Morgen sehr ruhig auf der Strecke. Es ist 11.30 Uhr als ich die ersten Pilger wahrnehme. Bald danach sehe ich die ersten Häuser von Ostabat. Das Ortszentrum erreiche ich über einen giftigen Anstieg. In einem Tante-Emma-Laden kann ich mein Mittagessen einkaufen, muss hierfür aber Regenumhang und Rucksack aus- und wieder anziehen.

Regentag vor den Pyrenäen

Ostabat wird als Sammelpunkt der Via Podiensis, der Via Lemovicensis und der Via Turonensis beschrieben. Immerhin konnten in Ostabat während der mittelalterlichen Blütezeit der Jakobswallfahrt mehrere tausend Pilger beherbergt werden. Sicher ist, dass sich der Ort an der wichtigen Römerstraße befindet, die von Bordeaux über Pamplona nach Astorga verläuft.

Die Etappe Ostabat – St. Jean-Piet-de-Port ist der Auftakt zu den Pyrenäen; ich nähere mich unaufhörlich der Bergkette, die immer noch recht sanft hier im Vorland ausläuft. St. Jean-Pied-de-Port liegt am Fuße der erst ab hier steil ansteigenden Pyrenäen. Der Himmel reißt auf, die Sonne lacht, es geht alles sehr schnell und ich hänge meinen Regenumhang zum Trocknen an den Rucksack. Ich stärke mich gerade in einem Bushalte-Häuschen als Marco in Begleitung einer Frau > die ich bereits mehrmals gesehen habe< auf mich zukommt. Der Platz reicht für drei, doch die beiden wollen nach kurzer Unterhaltung weiter. Beide laufen gut, mein Tempo und ich denke, nur so kann Marco seine Krebs-Gedanken ordnen und die restlichen Tage LEBEN und genießen.

Der Weg führt weiter zu dem kleinen Weiler La Madeleine, ich wende mich der kleinen Kirche Ste-Marie-Madeleine-de-la-Recluse zu und wandere weiter über eine Brücke nach St-Jean-Pied-de-Port. Über eine ansteigende Straße gelange ich zur Stadtmauer, zum Portal St-Jacques, in die Rue de la Citadelle und damit bin ich in der Altstadt, im Herzen der Stadt angekommen. St. Jean-Pied-de-Port ist der letzte Ort vor der spanischen Grenze und der Pyrenäenüberquerung. Hier sammeln sich zahlreiche Pilger, die sich auf die letzte große Strecke des Jakobsweges quer durch Spanien bis Santiago de Compostela begeben. Der Ort, so scheint es mir, besteht

St.Jean-Pied-de-Port

ausschließlich aus Pilgern, Touristen, Geschäften, Restaurants und Herbergen. Viele kommen an, um den Weg nach Santiago de Compostela auf dem Camino Francès hier zu beginnen. Für viele ist hier das Ende ihrer Pilgerwanderung, die sie in Le Puy, von zu Hause oder von irgendeinem anderen Punkt begonnen haben. Für die Wenigsten, so auch für mich, ist das Städtchen nur eine Durchgangsstation.

Durchgangsstation im wahrsten Sinne des Wortes, jedoch auch die Straße ist für mich

nur eine Durchgangsstation, sie ist voller Menschen, voller Jakobus-Nippes, Fähnchen überspannt, einfach nur furchtbar. Für mich ist das ganze unerträglich und ich möchte am liebsten raus hier, raus aus dieser Hölle. Meine Herberge liegt jedoch in dieser Straße, also wühle ich mich durch, habe jedoch nur noch Augen für meine Herberge. Doch da sehe ich Leo, endlich etwas Positives. Leo hat schon sein Bett bezogen und trödelt jetzt durch die Straße. Für mich kommt das hier einem Volksfest gleich und ist für mein Feingefühl undenkbar. Meine Herberge finde ich am Ende der Straße, checke ein und bekomme ein 8-Bett (Etagenbetten) Zimmer auf kleinstem Raum und ohne Fenster. Sauerstoff bekomme ich jetzt schon nicht mehr, doch etwas positives gibt`s doch, mein Bett finde ich Parterre. Duschen und waschen geht heute besonders schnell. Dann raus, raus aus diesem Trubel.

Ich schreibe mein Tagebuch, meine WhatsApp, kaufe noch etwas ein und fülle meinen Bargeldbestand letztmalig in Frankreich auf. Nach zwei Dosen Bier auf einer Parkbank und etwas Abstand zur Altstadt geht es wieder. Ich kann nach 18 Uhr in die Straße zurück und siehe da, viele Geschäfte haben geschlossen und die Menschenmasse ist spurlos verschwunden. Ich spaziere durch die Gasse und halte gleichzeitig Ausschau nach einem Restaurant für heute Abend. Abseits des

traumhafte Blicke

Centrums werde ich fündig und beziehe einen zweier Tisch alleine, denn einen bekannten Pilger außer Leo, habe ich nicht gesehen. So wie ich die Pilgergasse gehasst habe, war das auch nicht möglich. Der Tisch neben mir wird von einer Frau besetzt, wir stellen uns vor, sie ist Kanadierin und beginnt ihren Weg hier. Doch dann ist die Überraschung groß, Jako, der Franzose, der in unserer Gruppe war, ich habe ihn nun 14 Tage nicht mehr gesehen, kommt auf mich zu und möchte sich zu mir setzten. Wir fallen uns vor lauter Glück in die Arme und freuen uns, dass wir uns wiedersehen. Wir essen zusammen, trinken Wein und feiern auch den Abschied. Jako fliegt morgen zurück, Philippe ist schon zu Hause. Ein schöner Abend > die Kanadierin haben wir selbstverständlich eingeschlossen in unser Gespräch < vergeht wie im Fluge. Zum Abschied fallen wir uns nochmals in die Arme und hoffen auf ein späteres Wiedersehen.

Die Stadt ist ganz sicher der große Sammelpunkt der Pilger vor dem bedrohlichen Anstieg auf die Pyrenäen. Hinter den Bergen warten dann 800 km Spanien auf mich und vieles Andere. Mit einsetzender Dunkelheit wechsle ich den Ort und vergrabe mich in meinen Schlafsack. Die Müdigkeit habe ich mir heute redlich verdient.

Gute Nacht.

Spanien, du kannst kommen – ich bin bereit!

Tag 66, St-Jean-Pied-de-Port – Roncesvalles 24 km

Es ist eine sauerstoffarme, unruhige Nacht, die um 4 Uhr endet als die Ersten aufstehen. Ich halte es noch bis 5.45 Uhr im Bett aus, besuche die Frischmache-Abteilung und packe alles zusammen. Auf dem langgezogenen Flur sind viele Pilger, die sich zum Losgehen fertig machen. Mein Weg führt zunächst in die Küche. Eine

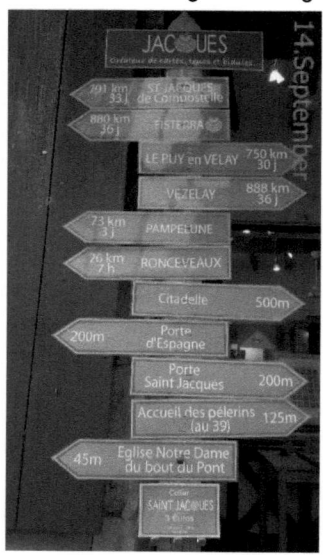

sehr große Küche mit vielen Sitzplätzen auf langgezogenen Bierzeltgarnituren. Viele genießen ihr Frühstück im Stehen, können den Start ins Pilgerleben kaum erwarten. Für einen Euro ziehe ich mir einen Kaffee am Automaten und gehe mit Messer und einem Stück Baguette zum Tisch. Sitzplätze sind genügend frei, es fehlt eher an Stehplätzen. Marmelade finde ich auf den nicht mehr ganz sauberen Tischen. Dafür hätte ich einfach früher aufstehen müssen. Der Kaffee ist stark Kakaohaltig und viel zu süß. Mit einem Tee schließe ich dann das relativ kurze und sehr unruhige Frühstück ab. Einmal noch zur Toilette und dann bin ich um 6.45 Uhr auch schon Richtung Ausgang.

Ich treffe Barry aus Irland, wir stellen uns vor und gehen gleich gemeinsam los. Barry ist gestern angekommen, heute ist sein erster Tag. Er ist heiß aufs Pilgern. Es ist noch dunkel, als wir in der erst besten Boulangerie unser Gepäck um ein Baguette auffrischen und mit viel Elan gleich bergauf loslegen. Jedoch nach kurzer Zeit lasse ich Barry alleine laufen, er ist mir einfach zu schnell unterwegs. So sind sie, die Neuankömmlinge, viele sind sehr schnell unterwegs und können Ihre Kraft, ihre Energie schlecht einteilen. Es sind zwar heute nur 24 km Laufstrecke, jedoch gehe ich

von 180 m auf 1450 m hoch und wieder auf 930m runter und ich weiß genau, wie ich Energie und Leistung einzuteilen habe. Die Straßenlaternen liegen weit auseinander, doch ich orientiere mich an den vielen Pilgern, die schon unterwegs sind. Kleinere und größere Gruppen, aber auch einzelne Pilger, sind sehr schnell

einfach spitze mit dem Sonnenaufgang

aber auch langsam unterwegs. Menschen aller Altersgruppen, aber auch aus allen Nationen dieser Welt kann ich im Vorbeigehen zumindest eine „Hola", „ein Buenos dias" oder ein „Buen Camino" zurufen.

Schnell steigt der Weg von St-Jean-Pied-de-Port auf der Route Napolèon an, sodass sich bei Sonnenaufgang immer wieder wunderschöne Ausblicke ins Pyrenäenvorland sowie auf die Gipfel und Täler des Pyrenäenkamms ergeben. Ich genieße vor allem die überraschenden Blicke zurück in den traumhaften Sonnenaufgang und in die Natur. Die letzte Etappe in Frankreich verläuft größtenteils auf breiten Teerwegen oder

teilweise Wanderwege

kleinen Wanderwegen, steil aber gut begehbar bis zur spanischen Grenze. Gewiss kann diese Etappe als „Königsetappe" bezeichnet werden, nicht nur, was die Höhenunterschiede betrifft, sondern vor allem aufgrund des landwirtschaftlichen Hochgenusses. Ich genieße die traumhaft schöne Natur und gehe

in meinem gewohnten Tempo schritt für schritt bergauf. Die vielen Menschen, die in unterschiedlicher Lautstärke heute unterwegs sind, versuche ich zu ignorieren. Dann treffe ich auf zwei Männer, die wie verkleidete Mexikaner aussehen. Echte, wirklich echte Mexikaner, etwas kräftiger Körperbau, nicht ganz so groß, Mexikaner Hut und Klamotten, das ist eine Überraschung. Wir gehen ein Stück miteinander und treffen uns dann des Öfteren auf dem Weg. Die Route, die sich immer steiler auf die Pyrenäenkämme windet, wird internationaler und etwas touristischer. Das Wetter ist schön, doch ich sehe erste Neueinsteiger die sich in ihrer Kondition überschätzt haben und ihrem hohen Anfangstempo Tribut zollen. Einige hocken auf kleinen Grashügeln am Straßenrand, atmen sehr schnell, andere hängen lustlos und ungelenk auf ihren Stöcken. Ich mache meinen Weg weiter und befinde mich nahe der Baumgrenze, überall in den Hängen weiden Schafe.

Doch das Wetter ändert sich, es zieht sich zu und der Wind kommt auf. Nebel, feuchter Nebel taucht wie aus dem Nichts auf und der Wind wird mit jedem Schritt stärker. Ich bin mit kurzer Hose und T-Shirt bekleidet, ziehe den Regenumhang über, doch der schneidende Wind und der nasse Nebel werden unerträglich. Hinter den mächtigen

Felsbrocken finde ich ein wenig Schutz, doch ich muss weiter, hier kann ich nicht bleiben. Der Wind nimmt nochmals kräftig zu, der Regenumhang ist kaum zu halten. Ich schnaufe mit geblähten Backen gegen den Wind an. Der Pass der Legenden ist nicht mehr weit. Ich komme an einer kleinen Schutzhütte vorbei, kehre ein, sie

zum Gipfel

ist überlastet, doch es geht rein und raus wie in einem Taubenschlag. Meiner Erholung tut es gut und ich kann mir ein Baguette mit Käse und Salami im Stehen reinziehen. In einem kleinen Wäldchen komme ich am Rolandsbrunnen vorbei, dies ist die letzte Station auf französischem Boden.

Die Passhöhe ist erreicht und bereits nach wenigen Metern überschreite ich die französisch-spanische Grenze und sehe vor mir das Provinzschild von Navarra. Nach gut 2 Monaten und knapp 1800 km habe ich gesund und glücklich die spanische Grenze zu Fuß erreicht. Ich habe keine Träne in den Augen, es ist höchstens der

 feuchte Nebel, der mir im Gesicht steht. Meine Gefühle, die Emotionen halten sich hier und jetzt sehr in Grenzen. Locker ziehe ich an den vielen Pilgern vorbei, es sieht aus wie eine große Pilgerprozession, die hier eine Rast macht. Zwei Jungs sitzen auf einem hohen Stein und wärmen sich eine Suppe auf ihrem kleinen Gaskocher. Es ist 12.30 Uhr und ich bin auf dem Camino Frances, wie der Jakobsweg in Spanien genannt wird. Nun gehe ich auf Forstwegen und Pfaden zum höchsten Punkt (1450 m) der Etappe, dem Col de Lepoeder Pass. Der Weg wird abschüssig, Geröll und schlüpfriger Lehm immer unwegsamer. Ich nehme den steil abfallenden Pfad durch den Wald, der nass, steinig und sehr glitschig, schwierig zu gehen ist.

Bald treffe ich auf ein Ehepaar, es ist Reni und Schorsch aus Baden-Baden. Bergab gehen wir gemeinsam, wissen uns viel zu erzählen und achten dabei auf jeden unserer Schritte. Der Weg ist nicht ungefährlich. Reni ist etwas langsamer, sodass Schorsch und ich uns ohne es zu merken etwas absetzten. Beide sind in meiner Altersstufe, Schorsch ist im Frühjahr in Rente gegangen und sie haben in St. Jean-Piet-de-Port angefangen. Schorsch möchte nochmal auf Reni warten und wir vereinbaren uns in Roncesvalles zu treffen. Ich komme aus dem Wald raus, sehe eine Sitzgruppe, die mich zum Rasten einlädt. Ich esse und trinke etwas und plane, das Wetter ist wieder besser geworden, eine Station weiter zu gehen. Ich kann sicher dem Trubel hier in Roncesvalles entfliehen und morgen in kleineren Prozessionen weiter pilgern. Reni und Schorsch treffen ein, wir sitzen eine Weile zusammen und haben das große Kloster Roncesvalles direkt vor Augen. Beide wollen hier übernachten, doch ich erkläre mein Vorhaben, das es noch früh ist und ich mich noch fit genug fühle für die nächste Station. Doch dann fängt es plötzlich wie aus dem Nichts an zu regnen, wir packen zusammen und laufen Richtung Kloster. Es wird zum Dauerregen und ich werfe meine Planung übern Haufen und erkläre den beiden, dass ich auch in dem riesigen Kloster Roncesvalles bleibe.

Um 14 Uhr stehen wir in der Schlange zur Anmeldung. Die Schuhe müssen erst abgestellt werden, dann muss jeder ein DIN A 4 Blatt ausfüllen und dann warten bis er ein Bett zugeteilt bekommt und auch bezahlen kann. Ich buche mit Abendessen und Frühstück. Hier ist keiner alleine. Mein Bett, auf der ersten Etage, es ist eine riesige Halle in der die Betten als Etagenbetten in mehreren langen Gängen angeordnet und nummeriert sind. Auf der Fläche von 2,50 m x 2,50m stehen 4 Betten, ohne Unterbrechung die nächsten 4 Betten und so weiter. Die Rückseite ohne Unterbrechung ebenfalls so angeordnet. Dann der nächste Gang und so weiter. Am Ende der Gänge folgen die vielen Duschen, Waschbecken und Toiletten. Ich finde mein Bett am rechten Gang und im Erdgeschoß. Reni und Schorsch liegen einige

Stationen vor mir. Das Kloster ist kernsaniert. Die Treppe hoch, die riesige Halle, Betten und Waschräume, alles ist neu und perfekt gelöst. Meinen Rucksack lasse ich im Blechschrank hinter meinem Bett verschwinden, ohne Abzuschließen, denn es sind nur ehrliche Menschen hier.

Ich Dusche und mache meine Wäsche, die ich unten im Keller zum Trocknen aufhängen kann. Als ich zu meinem Schlafgemach zurückkomme, liegt mir gegenüber einer der Mexikaner und hat die Kettensäge schon angeworfen. Über mir liegt Gerrit aus Colorado ein Student. Gerrit ist auch den ersten Tag unterwegs und verarztet auf seinem Bett die Füße. Er zeigt mir seine Fersen, die großflächig

nach sehr steilem Abstieg

offen sind. Grausam der Blick auf seine Fersen. Dann sucht er noch was um Pflaster abzuschneiden, eine Schere, ja da kann ich ihm gerne helfen. Morgen möchte er keine Pause machen, er will weiterlaufen und zeigt mir seine Wandersandalen, damit sollte es funktionieren, meint er. Schmerzfrei wird das nicht gehen, denke ich und sehe auf dem Gang einige Pilger, die die Pyrenäen überschätzt haben und nun versuchen mit meist größeren Problemen und Schmerzen irgendwie fertig zu werden.

Zum Schreiben gehe ich wieder aus dem Raum raus und finde eine kleine Sitzgruppe. Später treffen Reni und Schorsch ein. Schorsch kann mir mein Handy auf spanisches Gebiet umstellen, er ist beruflich fit in diesen Dingen, die bei mir nur funktionieren

im Kloster Roncesvalles

müssen, sonst nichts. Wir haben zufällig das gleiche Restaurant in der wir die Pilgermahlzeit einnehmen können für heute Abend gebucht und wollen gemeinsam dorthin gehen. Draußen regnet es immer noch, so gehen wir etwas früher zum Restaurant und trinken in der Kneipe noch ein Bier vorab. Dann geht die Tür auf und alles stürmt in den Saal. Reni, Schorsch und ich haben in der Ecke einen vierer Rundtisch und es gesellt sich noch eine Australierin dazu. Das Drei-Gang-Menü, aus zweien wählbar, hält sich sowohl mengenmäßig wie auch geschmacksmäßig in Grenzen. Wir haben eine Stunde, dann ist die nächste Gruppe an der Reihe. Es ist eine regelrechte Abfertigung.

Wir gehen zurück in die Herberge und verabreden uns zum Frühstück. Die Harmonie ist schon eine besondere. Ganz neue Gesichter kommen in Spanien ins Spiel. Es sind alle bekannten Gesichter verlorengegangen, ein bisschen traurig bin ich schon. Die Pilgerkarten sind nicht neu gemischt, sondern die Pilgerkarten sind ganz neu! Ich habe den ersten spanischen Stempel bekommen, der Weg über die Pyrenäen war nicht schwierig, ich habe ihn mir anstrengender vorgestellt. Das Naturerlebnis war jedenfalls berauschend. Manchmal denke ich, der Camino trägt mich, es ist als würde ich auf einer Wolke über ihm schweben. Es war ein erlebnis- und abwechslungsreicher Tag, den ich in der Waagerechten zu Ende bringen möchte.

Das Bett hat jeder für sich, doch die Geräuschkulisse, so vielfältig sie auch ist, sie ist für alle da.

Mit meinen letzten Gedanken des Tages bin ich unterwegs auf dem Jakobsweg. Ich glaube, dass es gar nicht mehr so wichtig ist, in welchem Land ich nun gerade unterwegs bin. Ich bin inzwischen Unterwegs zuhause! Ganz genau, Unterwegs zuhause, das trifft es auf den Punkt.

Gute Nacht.

Tag 67, Roncesvalles – Trinidad de Arre 39km

Um 5 Uhr ist die Nacht vorbei, einige stehen schon auf und verlassen eine halbe Stunde später die Herberge. Ich drehe und wälze mich noch einige Male hin und her, an Weiterschlafen ist nicht mehr zu denken, stehe dann gegen 6 Uhr auf, gehe auf's Clo und zum Waschbecken. Es erwartet mich eine ganze Reihe Waschbecken, viele sind belegt, einige frei, aber auch nur, weil einige Japaner mit Zahnbürste im Mund den Flur auf und abgehen. Typisch Japaner, eine Hand die Zahnbürste, die andere Hand das Handy. Beides ist gleichzeitig machbar wie man sieht, wenn sie dann rechts mit links nicht verwechseln! Leider kann ich nicht feststellen, was die Japaner beim Waschen mit dem Handy machen. Auf jeden Fall sieht es lustig aus.

16.September

Meine Wäsche hole ich aus dem Keller und packe alles zusammen. Mittlerweile ist alles auf den Beinen. Ich gehe an dem Schlafgemach von Reni und Schorsch vorbei, die beiden sind fast fertig und wir treffen uns Parterre zum Schuhe anziehen. Im Kloster haben 180 Pilger übernachtet, entsprechend groß ist auch die Unruhe heute Morgen. Gegen 7 Uhr werden die Pilger unmissverständlich aufgefordert, spätestens um 8 Uhr die Herberge zu verlassen. Reni, Schorsch und ich verlassen die Herberge um 7 Uhr Richtung Restaurant zum Frühstücken, das Gepäck geht gleich mit. Etwas traurig ist der Abschied schon, wir haben uns schon gut verstanden und hoffen uns auf dem Weg wiederzusehen.

Mein erster Iberischer Tag. Ich reihe mich in die Prozession ein und versuche den Pfad durch den Wald, der Weg ist sehr matschig, ruhig und gelassen mitzuschwimmen. Viele, viele Pilger sind unterwegs. Das Wanderwetter ist gut, aber etwas frisch. Wald- und Feldwege, aber auch kleine Straßen führen die Etappe über

zwei kleine Pässe, jedoch mit immer wiederkehrenden Abstiegen zum Ziel. Schmucke Dörfer, sehr gepflegt, zieren den Pilgerweg. Die Einkaufsmöglichkeit für heute Mittag habe ich schnell gefunden. Das erste Teilstück des Camino Frances führt rund 140 km durch Navarra, das heute zu den reichsten und teuersten Regionen Spaniens gehört. Heute führt mich eine landschaftlich sehr ansprechende Etappe durch das Pyrenäenvorland, viel Wald, aber auch saftig grüne Wiesen mit kleinen weißen Dörfern lassen den Pilgerweg bei blauem Himmel wunderschön erscheinen. Ich überquere eine alte Brücke, die in den Ort Zubiri führt. Es ist die Brücke Puente de la Rabia (Brücke der Tollwut). Der Volksglauben sagt, dass nach dreimaligem Überqueren der Brücke tollwütige Tiere von der Seuche befreit sind. Ich mache eine kleine Mittagspause und kann bei keinem der vorbeiziehenden Pilger Anzeichen von Tollwut ausmachen.

Nach 27 km erreiche ich Larrasoana, mein eigentliches Etappenziel für heute. Für heute ist es mir etwas zu wenig Pilgerweg. Ich komme an einer Bar vorbei und treffe Barry bei einem Bier an. Wir unterhalten uns kurz, dann möchte ich weiter, denn ein paar Häuser weiter gibt es Stimmungsmusik in voller Lautstärke, sie brasselt aus einer

Bar raus. Grausam, ich kann das nicht hören und nicht ertragen, schon gar nicht in dieser Lautstärke. Ich bin halt doch sehr feinfühlig geworden. Kurzentschlossen hänge ich 4 km bis zur nächsten Herberge dran. Alles ist perfekt, nur die Herberge gibt es in Zuriain nicht mehr. Ich laufe weiter, die Zeit ist noch gut und erreiche Zabaldika. Die Herberge liegt auf dem Berg hoch oben. Ein giftiger Anstieg und ich erreiche eine wunderschöne Herberge mit netten Menschen. Ja hier möchte ich bleiben. Ich ziehe mir am Eingang meine schlammigen Schuhe aus und versuche ein Bett zu buchen. Es wird schon gekocht, riechen tut es sehr gut, jedoch ein Bett ist leider nicht mehr frei. Einige Pilger haben Mitleid und sprechen mir ihr Bedauern aus, jedoch ich schnüre mir meine Wanderschuhe und muss mich leider wieder verabschieden.

Dann werde ich eben Pamplona anvisieren, jetzt nochmal ca. 10 km oder 2,5 Stunden, das habe ich nie und nimmer geplant. Das habe ich mir in Spanien einfacher vorgestellt. Über die Höhe mit ständigem Blick zum Tal, die Landschaft ist immer noch sehenswert und wunderschön, gehe ich los. Pilger habe ich schon länger nicht mehr gesehen, es ist ruhig geworden, sicher sind alle schon irgendwo eingekehrt. Ich wollte von dem Strom der Pilger loskommen, das habe ich jetzt, doch so richtig zufrieden bin ich mit der großen Pilgeretappe nun auch nicht. Doch dann hole ich plötzlich ein junges Paar ein. Sie kramen im Rucksack und sind tatsächlich noch sehr jung, vielleicht 20 oder 22 Jahre?

Sie kommen aus dem Ruhrpott und sind auch in St-Jean-Pied-de-Port gestartet. Es ist Jonas und Jana, wir tauschen uns aus und wollen zusammen weiter gehen. Beide sind super nett, doch der Altersunterschied ist gravierend. Eine Herberge haben sie in Trinidad de Arre gebucht, Jonas versucht noch ein Bett für mich nachzubuchen. Sein Englisch ist perfekt und ich habe meine Schlafgelegenheit für heute fest. Langsam gehen wir die letzten zwei Kilometer an, Jonas ist gut drauf, Jana hat bereits größere Blasenprobleme. Unterwegs gibt es viel zu erzählen und ich glaube Jana hat hin und wieder ihre Blasen vergessen können.

Ankunft in der Herberge ist 18 Uhr, sie liegt unmittelbar vor Pamplona und ich bin heute 39 km, also 12 km zusätzlich gelaufen. Aber alles ist gut! Die mittelalterliche Brücke, die über den Rìo Ulzama führt, liegt vor uns. Von der Brücke aus haben wir einen schönen Blick auf die am Ende liegende Iglesia de la Santìsima Trinidad (Kirche der heiligen Dreifaltigkeit 13.Jh.). Wie schon im Mittelalter gehört sie zum Konvent der Hermanos Maristas, das noch immer die Pilgerherberge unterhält. Wir kehren ein, werden freundlich empfangen, bezahlen 8 Euro für die Übernachtung und bekommen drei Betten zugewiesen. Jonas und Jana entscheiden sich für das Etagenbett, dann entscheide ich mich für das Bett auf der ersten Etage gleich nebenan, ich glaube es ist das erste Mal, dass ich oben schlafe. Auswahl gibt es zu später Stunde nicht mehr in dem kleinen Raum mit 20 Betten, der komplett überspannt ist mit Wäscheleinen. Auch heute liegt neben mir ein Pilger, der bereits in den frühen Abendstunden seine Motorsäge schon angeworfen hat. Der Kerl schnarcht, dass sich die Balken biegen. Wir gehen zum Duschen gleich nebenan, Jana macht sich laut bemerkbar und

Trinidad de Arre

ruft; bei mir bleibt das Wasser kalt. Ich melde mich zurück und rufe; du kannst meine jetzt haben, ich komme raus und das Wasser ist warm. Jonas und ich machen die Wäsche, er hat auch die Wäsche von Jana, er ist der Fürsorgliche und kümmert sich. Trotz Altersunterschied verstehen wir uns perfekt.

Jonas und Jana wollen noch in den Supermarkt und selber kochen, ich gehe raus in die Stadt und möchte ein Pilgermenü essen. Jedoch ein Pilger Restaurant finde ich nicht, dafür eine einheimische Kneipe mit Restaurant. Ich fühle mich wohl unter den

Spaniern, doch werde ich von der Bedienung und von einigen Gästen wie ein Außerirdischer betrachtet. Ich genieße einen Hamburger mit Fritten und Salat, dazu ein Bier und kann mein Tagebuch und die WhatsApp bearbeiten. Von Nancy erfahre ich, dass Magdalena die Karte zum Schulanfang heute bekommen hat, vier Tage zu spät. Sie hat sich trotzdem darüber gefreut. Weiter meint Magdalena; der Opa ist doch

Blick von der Brücke

so schnell, der kann doch auch zu Fuß nach Hause kommen. Die großen Unterkünfte, sind sie kein Problem, fragt Nancy? Nein, die stellen kein Problem dar, eher die Masse der Pilgerschar, die Gruppen, die laut rumschnattern und grölen. Schwierig für mich sind auch einzelne Pilger, die immer wieder telefonieren oder stundenlange Gespräche führen.

Wenn die Pilger sich mehr verteilen könnten, wird es sicherlich ruhiger. Doch wie sollen sich die denn verteilen? Morgens zwischen 6.30 Uhr und 7.30 Uhr gehen die allermeisten Pilger los und kommen um die Mittagszeit an. In dieser Zeit können sich die Pilger, indem sie langsamer oder schneller gehen bzw. in eine Bar einkehren, etwas verteilen, jedoch ist die Menge nun Mal vorhanden und ich muss mich daran gewöhnen. Ich merke was der Weg aus mir gemacht hat, ich muss es zulassen, jedoch ist mein Gefühl nicht dazu bereit. Nach einem weiteren Bier werde ich müde und kehre zur Herberge zurück. Jana und Jonas sind noch beim Essen, ich wünsche ihnen einen guten Appetit und verabschiede mich mit einer guten Nacht.

Der erste Tag in Spanien geht zu Ende, ich habe wieder zwei wundervolle Menschen kennengelernt, die ich vielleicht nicht wiedersehen werde. Jeder geht letztendlich seinen eigenen Weg. Auf mich werden neue Begegnungen warten, ganz sicher! Geplättet vom langen Tag liege ich im Bett und denke, wenn es eines Beweises bedarf, dass es auf dem Weg am Schönsten ist, dann kann dieser täglich erbracht werden.

Gute Nacht.

U L T R E I A ! *Ist ein alter Pilgergruß und bedeutet „Vorwärts, gehe über dich hinaus". Es ist auch ein wunderschönes Lied, das ich zweimal jetzt gehört habe. Den Text habe ich heute von Uschi erhalten;*

An jedem Morgen da treib`s uns hinaus. An jedem Morgen da heißt es; Weiter! Und Tag um Tag da klingt der Weg so hell; Es ruft die Stimme von Compostell.

Ultreia, Ultreia   E sus eia. Deus, adjuva nos!

Der Weg auf der Erde und der Weg des Glaubens – Aus ganz Europa führt die Spur schon tausend Jahr. Zum Sternenweg des Charlemagne; Das ist, ihr Brüder unser Weg fürwahr.

Ultreia, Ultreia   E sus eia. Deus, adjuva nos!

Und ganz dahinten, am Ende der Welt. Der Herr Jakobus erwartet uns sehr! Seit ew`ger Zeit sein Lächeln ganz fest hält, die Sonne, wie sie sinkt in Finistère.

Ultreia, Ultreia   E sus eia. Deus, adjuva nos!

Nach J. Claude Bènazet (Übersetzung von Wolfgang Simon)

Tag 68, Trinidad de Arre – Uterga 22 km

Heute Nacht ist auf kleinstem Raum viel Holz weggearbeitet worden. In der Küche bin ich noch ganz alleine. Das Frühstück mache ich mir, Baguette und Käse habe ich noch, Kaffee finde ich im Küchenschrank. Ich gehe nochmals in den Schlafraum, Jonas steht startklar vor seinem Bett, doch für Jana ist alles noch sooo früh, sie liegt noch sehr verträumt und eingekuschelt in ihrem Schlafsack. Jonas und ich fallen uns zum Abschied in die Arme, Jana winke ich nochmals zu, doch für sie ist der Tag noch weit weg. Schade wir haben auf Anhieb zusammengepasst, aber ich werde die beiden nicht mehr treffen, sie sind viel zu langsam unterwegs.

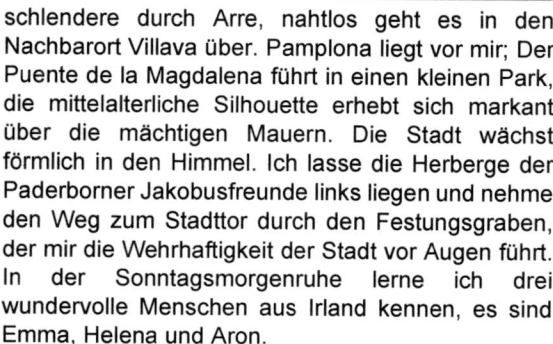

Ich starte früh. Der wolkenlose Himmel verspricht einen sommerlichen spanischen Tag. Noch ist es etwas frisch, meine Beine sind etwas schwer vom Vortag, aber 22 km ist heute locker machbar. Ich schlendere durch Arre, nahtlos geht es in den Nachbarort Villava über. Pamplona liegt vor mir; Der Puente de la Magdalena führt in einen kleinen Park, die mittelalterliche Silhouette erhebt sich markant über die mächtigen Mauern. Die Stadt wächst förmlich in den Himmel. Ich lasse die Herberge der Paderborner Jakobusfreunde links liegen und nehme den Weg zum Stadttor durch den Festungsgraben, der mir die Wehrhaftigkeit der Stadt vor Augen führt. In der Sonntagsmorgenruhe lerne ich drei wundervolle Menschen aus Irland kennen, es sind Emma, Helena und Aron.

Der Camino ist nun sehr städtisch geworden. Die Altstadt dämmert in den Morgen hinein. Reinigungswagen befreien die Straßen von der Erinnerung an eine trunkene Samstagnacht; das Wasser aus ihren Bäuchen setzt dampfende Spiegel auf den steinernen Belag der Straßen. Pamplona ist die Hauptstadt der Region Navarra. Die Kathedrale ist geschlossen, sie ist von einem hohen Zaun umgeben. An der Info finde ich einen Plan mit den Sehenswürdigkeiten

Blick zur Kathedrale

von Pamplona. Beeindruckend sind das Rathaus und die Altstadt. Auf dem Plaza del Castillo bereiten sich hunderte Sportler in den unterschiedlichsten Sportarten auf ihren Lauf vor. Dann verlasse ich die sehr sympathische Stadt über den Zitadellenpark. Ein Teilchen, das zweite Frühstück, geht mit auf den Weg. Zwei Monate hat es gedauert, nun kann ich hin und wieder auch wieder etwas Süßes unterwegs essen.

Rathaus

Auf einem Fußweg neben der Landstraße wandere ich nach Cizur Menor. Es liegt auf einer Anhöhe und hat die mit Fahnen geschmückte Kirche San Miguel, in der sich heute eine Albergue befindet. Auf der Straße, den Gehwegen, überall sitzen und liegen Pilger, die eine Pause in der warmen Sonne genießen. Ich ziehe weiter, denn das ist mir alles zu unruhig. Der Weg hält sich die erste halbe Stunde noch flach in der Ebene, ehe er langsam als Feldweg ansteigt. Schon von weitem ist der Windpark auf dem Bergkamm zu sehen. Der Weg steigt erst bedächtig, dann immer stärker und bietet zu jeder Zeit einen herrlichen Rundblick, sowie einen Blick zurück in ein fernes Pamplona, eingenistet in eine Zackenreihe, die der Pyrenäen am sehr fernen Horizont. Vor mir der Alto del Perdòn, er breitet Navarra wie auf einer riesigen Leinwand vor mir aus. Auf der Passhöhe haben Navarras Jakobswegfreunde 1996 eine Pilgerkarawanenskulptur errichtet. Viele Pilger machen hier nochmals in der schattenlosen Hitze der Mittagssonne eine Pause. Auch

Pilgerskulptur

ich lasse mich bei dieser traumhaften Aussicht dazu verführen und lerne Marie und Joseph, ein älteres Ehepaar, kennen. Beide sind sehr nett, wobei schnell klar ist wer die Hosen anhat. Marie wollte unbedingt den Mann aus Cologne kennenlernen, der schon so viele Tage unterwegs ist. Die beiden kommen aus Irland, auch wir sind uns auf Anhieb sehr sympathisch. Von der Anhöhe führt mich zunächst ein sehr steiniger und steiler Pfad abwärts, der sich dann zu einem angenehmen Wanderweg mausert und nach Uterga führt.

Ich nehme um 15 Uhr, gleich am Anfang die erste Herberge auf der rechten Seite. Sie sieht top aus und Übernachtung mit Pilgeressen und Frühstück kosten nur 20 Euro. Da muss ich gar nicht erst überlegen. Duschen und Wäsche machen ist schnell erledigt. Getränke gibt es nur aus dem Automaten, jedoch gegenüber in der Herberge gibt es eine schöne Terrasse und gezapftes Bier. Also suche ich mir einen Schattenplatz, bestelle mir ein Bier und schreibe mein Tagebuch und die WhatsApp. Später nimmt neben mir ein Österreichisches Ehepaar Platz und ich habe beste Unterhaltung.

Zum Abendessen gehe ich zurück in meine Herberge und treffe auf einen echten Bayern. Er wohnt nördlich von München, hat nach einem Schlaganfall im Frühjahr erst die Klinik verlassen und versprochen, wenn er aus dieser Sache heil rauskommt, den Jakobsweg zu gehen. Die Familie hat ihn für verrückt erklärt. Mit fünf spanischen Radfahrern genießen wir das Pilgermenü, wobei die Spanier schon erheblichen Weindurst zeigen. Die Unterhaltung ist gut, der Bayer schenkt mir seinen Schlehenschnaps, da er noch nicht so trinkfest ist. Dann verziehen wir uns in die Schlafkammer, wobei von ca. 50 Betten nur 10 Betten belegt sind. Die Spanier haben nebenan eine separate Schlafkammer, sicher mit Fahrrad und Wertsachen, denn sie schließen regelmäßig ab.

Nach Le Puy ist auch Spanien für mich eine große Umstellung. Richtig schwer tue ich mich mit der Sprache. Die wenigen französischen Wörter, die ich im täglichen Sprachgebrauch über zwei Monate genutzt habe, müssen jetzt auf den spanischen Wortschatz umgestellt werden. Ich rede manchmal ein Gemisch aus deutsch, englisch, französisch und spanisch. Es ist grausam mein Kauderwelsch, naja ich arbeite mit Hochdruck daran. Dann sehe ich sehr sehr viele neue Menschen, die ich aber nur einmal sehe, weil sie alle erst angekommen sind und nur 10 -15 km  täglich wandern. Das ist sehr schade, denn aus der Frankreich Pilgerzeit ist niemand mehr anzutreffen. Es ist schon vieles anders, auch die vielen kleinen Dinge im täglichen Leben Spaniens. Vielleicht liegt es auch an meinem Kopf, der nach wie vor keine Gedanken zulässt. Ich denke an Nichts und Niemanden, bin weit weg von allem weltlichen, fühle mich manchmal wie in einem künstlichen Koma und es ist alles traumhaft schön, Atemberaubend schön!

Es ist mein Pilgeralltag; wohl dem, der so einen Alltag hat!   …gute Nacht.

Tag 69, Uterga – Estella-Lizarra 28 km

Die Nacht war nochmal sehr ruhig und gut. Mein Frühstück, zum Selbermachen, besteht aus Müsli, Milch, Tee, löslicher Caffè, Toastbrot, Butter und Marmelade <Ende> was das Herz begehrt! Der Bayer fährt heute ein Stück mit dem Taxi und erzählt noch von der Herberge, der Paderborner Jakobusfreunde. Er weiß, dass ich vom Nürburgring komme und sagt; es machen zwei Frauen vom Nürburgring für 3 Wochen Dienst in der Herberge. Oh, die habe ich dann leider verpasst!

Um 8 Uhr verlasse ich die Herberge, der Regen, der noch zum Frühstück sehr heftig war, hat sich verzogen. Bei schönem Wanderwetter gehe ich überwiegend gute Feld- und Wanderwege. Die Passhöhe des Alto de Perdòn markiert den Wechsel vom Pyrenäenvorland zum jetzt milden Klima, der von Weinanbau und Landwirtschaft geprägte Teil Navarras. Die Landschaft ist leicht hügelig. Ich treffe auf Obanos und

alte Kirche

Puente la Reina, zwei hübsche kleine Ortschaften. In der letzteren mache ich einen kleinen Einkauf, nehme die Hauptstraße, die Kerzengerade durch die Altstadt zur Brücke führt. Ich verlasse Puente la Reina über die berühmte, elegante Brücke die aus dem 11.Jh. stammt und über die Arge führt. Ich sehe Marie und Joseph wieder und treffe etwas später auf Helena, Emma und Aron.   Am dritten Spanientag scheint sich was zu verändern. Die Menschenmasse auf dem Pilgerweg hat sich normalisiert, der Grund hierfür ist sicher meine selbstbestimmte Etappenänderung in den letzten zwei Tagen. Dann sehe ich wieder Pilger, die mir in Spanien schon mal begegnet sind. Ich muss mir den Pilgerweg neu aufbauen! Lediglich mein spanischer Wortschatz macht mir ernsthafte Sorgen, besonders weil die Spanier das so nicht mögen. So sehr ich mich auch reinknie, ich muss mein französisch abhaken, doch das fällt mir sehr schwer.

Nach diesen Begegnungen wird es wieder etwas ruhiger um mich. Ich setzte meinen Weg durch unspektakuläres flaches Hügelland fort. Dörfer wie Maneru oder Cirauqui entführen mich ins Mittelalter. Cirauqui ist umgeben von grünen Hängen, die Häuser des Ortes gruppieren sich malerisch um die Kuppe eines kleinen Berges. Eventuell stört die Autobahn oder das Überqueren der Autobahn auf dem Jakobsweg, doch auch das bringt mich nicht in störende Gedankengänge. Meine Mittagspause genieße ich unter einer Obstplantage, die übrigens schon alle abgeerntet sind, doch angenehmen Schatten spenden. Schatten gibt

weiter durch das Tor und die Brücke

es in der spanischen Sonne nur noch selten. Die riesigen Getreidefelder sind abgeerntet und die Landschaft kleidet sich in warme Brauntöne. Ich treffe auf Helmut aus Stuttgart und Christiane aus St. Augustin, beide haben sich auf dem Weg kennengelernt und gehen seit zwei Tagen den Jakobsweg gemeinsam. Ich gehe ein paar Kilometer mit den beiden, wir tauschen uns aus, doch dann merke ich schnell, dass einer zu viel in der Gruppe ist. Ich trenne mich freundlich, lege einen Schritt drauf und kann mich schnell wieder absetzten.

Mit Estella-Lizarra wartet eine schöne kleine Stadt auf mich. Gleich am Eingang der Stadt, es ist 15.30 Uhr, steht auch schon eine erste Albergue. Sie macht einen guten Eindruck, eine Pilgerin sagt, die ist auch gut und dann habe ich in einem modernen Empfang auch schon eingecheckt. Nein, ganz so schnell geht das nicht, ich finde meinen Perso nicht, suche die Rucksacktasche mehrmals durch und denke schon ich habe ihn verloren. Doch dann findet er sich zwischen den Papieren, er hat sich nur

Cirauqui

versteckt und scheut das Tageslicht. In den zwei Tagen Spanien habe ich ihn öfter zeigen müssen als in den zwei Monaten, die ich in Frankreich verbracht habe. Über eine Zahlenkombination erreiche ich mein Zimmer, sechs Betten mit etwas mehr Platz dazwischen, Bad und Toilette, alles ist neu gemacht und sehr modern ausgestattet. Mein Bett erreiche ich über eine Leiter, es ist nochmals komplett von den anderen Betten abgeschirmt und sieht aus wie ein Baumhaus. Es ist schon etwas Besonderes.

Mein Schatten zieht vor mir in die Stadt ein.

Eine schön geschwungene Brücke überspannt den Rìo Egla. Dahinter türmen sich die Häuser der Altstadt. Bei schönstem Wetter schreibe ich auf einer Parkbank und besichtige dann die Stadt. Außer einer fast verfallenen Kirche am Stadteingang mit einem noch heute kunstvoll wirkenden Portal und dem Prunkbau einer Kirche in der Stadt mit langer eleganter Treppe hinauf zum Eingang ist Estelle, fast schmucklos, ohne viel Charme. Von der

früher, um 1090 als bedeutenden Station am Pilgerweg sind heute nur noch die

Gotteshäuser wirklich sehenswert. Bei der Suche nach einem Restaurant mit Pilgermenü werde ich fündig. Doch es ist noch etwas früh und ich trinke ein Bier vorab. Nebenan nehmen drei Männer Platz die deutsch sprechen, ja sogar aus dem Rheinland kommen müssen. Ich schreibe meine WhatsApp fertig, gehe rüber, stelle mich vor und wir teilen uns den Tisch. Manfred und Otto sind Tenniskollegen aus Leverkusen und Heinrich ist aus Krefeld und dazugestoßen. Die Drei machen es locker, sehen es als Urlaub an und bleiben auch nur kurze Zeit. Wir essen zusammen das Pilgermenü mit Wein und Wasser, es ist sehr gut und reichlich. Der Abend wird ein langer, sehr netter und mit viel Gesprächsstoff sehr kurzweiliger Abend. Kurz vor 22 Uhr verabschieden wir uns, die drei gehen in eine entgegengesetzte Richtung, ein Wiedersehen ist fraglich.

Die Albergue steht schon komplett im Dunkeln, es ist so dunkel, dass ich einen Lichtschalter nicht mal sehen kann, die Tür ist geschlossen. Doch dann es gibt einen Bewegungsmelder, der etwas spät reagiert. Ich gebe den Code ein und die Tür öffnet sich. Ganz leise bewege ich mich die Treppe hoch, auch der Code zur Zimmertür lässt mich rein. Ich habe das Gefühl, alles schläft schon und ich bin absolut Letzter, finde meinen Platz im Baumhaus und bin mit dem heutigen Tag ein bisschen mehr in Spanien angekommen.

Ohne zu zögern falle ich dem Tiefschlaf zum Opfer.　　　　…gute Nacht

Tag 70, Estella-Lizarra – Sansol 28 km

Es ist noch früh wie selten zuvor, um 5 Uhr ist der Erste schon weg. Ich hatte eine kurze aber gute Nacht und eine unruhige Zeit bis zum Aufstehen um 6.30 Uhr. Das Frühstück ist etwas Besonderes, genauso die komplette Albergue.

Bei sommerlichem Wanderwetter verlasse ich über die Altstadt Estella und gelange geradeaus auf der alten Pilgerroute übergangslos in den Vorort Ayegui. Schon von weitem sehe ich das Weingut mit dem Weinbrunnen und das Kloster Irache. Selbstverständlich halte ich, bei dem allen Pilgern wohlbekannten Weinbrunnen, an. Wein- und Wasserhahn gleich nebeneinander, wobei das Gedränge dem Weinhahn zukommt. Unter dem Weinhahn ist der Boden blutrot gefärbt. Um diese frühe Zeit schon Wein < es ist gerade 8.32 Uhr > ist sicherlich nicht besonders förderlich für die heutige Kondition. So bleibe ich beim Wasser und setze mich nach kurzer Zeit wieder in Bewegung. Es hat sich mittlerweile eine größere Pilgerschlange vor dem Rotweinhahn gebildet.

Der Pilgerweg führt ein Stück an der Autobahn vorbei und geht dann bergauf nach Villamayor de Monjardin. Ein schläfriger Ort döst in der Hitze dahin. Das Pilgeraufkommen hat sich wieder aufgelöst, die Etappe führt vorwiegend über leichte Schotterstraßen, die gut markiert sind. Ein Mann mit zwei Krücken fällt mir auf, er überholt mich in einem Affenzahn und macht dann wieder Pause und ich kann an ihm vorbeigehen. Dieser Vorgang wiederholt sich des Öfteren, ich nehme an, er ist gesund und benötigt die Krücken zum schnellen Gehen. In Los Arcos verbringe ich meine Mittagspause und lerne auf einer Bank eine Hamburgerin kennen. Wir reden unter anderem über Pamplona und die Herberge Casa Paderborn. Sie hat da übernachtet und erklärt mir, dass sie nicht nur deutsch klingt sondern auch deutsch ist. Paderborn ist die Partnerstadt von Pamplona und unterhält eine eigene Albergue, in der sich, wen wundert`s, fast ausschließlich deutsche Pilger aufhalten. Ich frage sie nach dem Personal, zwei Frauen vom Nürburgring und sie sagt; es waren zwei Frauen aus

Adenau am Empfang, die drei Wochen Dienst machen und den Jakobsweg vor Jahren mal gegangen sind. Schade sage ich, da hätte ich gerne übernachtet, doch manchmal kommt es anders als man denkt. Ich hatte die beiden aus dem Ruhrpott kennengelernt und bin somit eine Albergue früher eingekehrt.

Das Geländeprofil ist eher flach und Schatten absolute Mangelware. Ich genieße die landschaftlich ansprechenden Wege zwischen Weinstöcken auf rotbrauner Erde, die vollhängenden Olivenbäume und die abgemähten Getreidefelder mit wunderschönen Weitblicken. Zwischen wolkenlosem blauem Himmel und brauner Erde bewegt sich Schritt für Schritt ein Pilger in der Sommerhitze in Richtung Sansol. Ich gehe einen 12 km langen, fast menschenleeren Abschnitt und fühle mich an die Meseta erinnert, die ja noch vor mir liegt. Die Beschreibung deckt sich einfach mit dem was ich sehe und fühle. Diese Landschaft hat ihren ganz besonderen Reiz, keine Frage. Gut vorstellen kann ich mir, dass tagelanges Wandern durch Gegenden wie diese einer Form von Meditation gleichkommt. So kann ich vielleicht jetzt die festgelegte Aufgabe, der Weg nach dem Pilgerweg, in Angriff nehmen.

Den Rückblick auf mein Leben habe ich gehalten, der Vorausblick fehlt mir noch. Nun, es hat sich herausgestellt, dass ich auf dem Jakobsweg im Hier und Jetzt lebe und ein Blick in die Zukunft nur schwer möglich ist. Heute ist es etwas ruhiger und ich werde es versuchen;

Gedanken an die Zeit danach, nach meinem Weg;

Fest steht, ich möchte mich nicht langweilen, mein neuer Lebensabschnitt sollte schon auch interessant sein und ausgefüllte Tagesabläufe haben. Arbeiten werde ich auf jeden Fall den einen Monat bis Dezember, bis zur Rente. Dann werde ich die drei Monate Jakobsweg nacharbeiten und ich stelle mir vor, meine Tätigkeit in Teilzeit weiterzuführen. Wie das aussehen wird, muss ich mit Dennis besprechen, jedoch wird es für mich weniger Arbeiten und mehr Freizeit

einfach traumhaft

bedeuten. Meine freie Zeit möchte ich gerne mit „gehen" ausfüllen. Meine Jakobsweg-Bilder möchte ich sortieren, beschriften und in ein großes, sowie ein kleines Album auf meinen Laptop bringen und in einem Stick nochmal absichern. In meinem Tagebuch, das ich täglich führe, sind viele Punkte enthalten, diese in Sätze und Tagesberichte zu formen, wird eine weitere Herausforderung sein. Ob ich das hinbekomme, ob es vielleicht sogar ein Buch wird, bleibt abzuwarten. Diese Aufgabe wird ganz sicher zwei Jahre in Anspruch nehmen.

Außerdem möchte ich noch häuslicher werden. Ich möchte weitere Aufgaben übernehmen und mit Kochen anfangen. Ja, einkaufen und kochen wird mich wahrscheinlich glücklicher machen. Essgewohnheiten umstellen, vieles habe ich in Frankreich diesbezüglich bewundert und es treibt mich förmlich an.

Vieles wird sich finden, es ist halt schwierig „Gedanken an die Zeit nach meinem Jakobsweg" jetzt auf Papier zu bringen. Meine Gedankenwelt ist der Jakobsweg, Momente einer erzwungenen Gedankenwelt auf dem Jakobsweg, sind für mich nur mit viel Überredungskunst möglich.

Leben, um körperlich und geistig solange wie möglich fit zu bleiben, das ist meine Aufgabe im dritten Lebensabschnitt!

Albergue Sansol

Die langen Geraden, unterbrochen durch einzelne Hügel, konnte ich füllen mit diesen Vorausblicken. Jedoch jedes Gefühl für Zeit und Raum schien verlorengegangen zu sein. Heiß und trocken, so präsentiert sich Spanien. Meine Schuhe, Socken und Beine sind milimeterdick mit Staub überzogen. Gesundheitlich habe ich nach wie vor absolut null Probleme, auch die Hitze macht mir keinerlei Probleme. Mein Wasservorrat ist immer ausreichend, in Spanien finde ich viel häufiger einen Brunnen und kann nachfüllen. Es ist alles gut und ich sehe bei einem leichten Anstieg kurz vor Sansol eine Herberge, die mich irgendwie einlädt, obwohl ich eigentlich noch einige Meter weitergehen wollte.

Vielleicht ist es ja die Hitze, die mich um 15 Uhr zum Empfang an die Theke bewegt. Ein kostenloses Bier beim Einchecken und ich bin angekommen. Mit so einfachen Dingen kann man einen Pilger wie mich glücklich machen. Ein Schlafsaal mit ca. 40 Etagenbetten auf zwei Reihen aufgeteilt, erwartet mich. Vieles ist schon belegt und der Rest ist sicher reserviert. Ich habe leider nur noch die Möglichkeit auf der ersten Etage meinen Schlafplatz zu beziehen. Der Raum ist sehr unruhige, einige schlafen und schnarchen bereits, eine Frau hat Husten und Schnupfen, macht sich so sehr stark bemerkbar, doch dann ein Lichtblick, die zwei Franzosen Leo und Andre, die ich von Frankreich kenne, es sind die ersten aus der Frankreichzeit und sie haben ihr Bett gleich neben mir. Das passt ja super, wir verabreden uns gleich zum Abendessen. Duschen und waschen ist heute bei viel Staub und viel Hitze kein Luxus, aber trotzdem schnell erledigt. Zum Schreiben

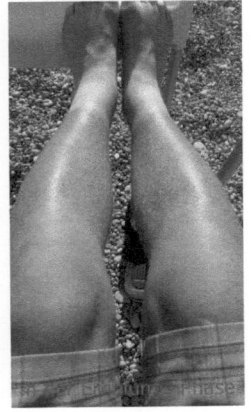

finde ich ein ruhiges Plätzchen im Außenbereich der Albergue. Ein Foto meiner braun gebrannten Beine mit weißen Füßen abgesetzt schicke ich per WhatsApp, gleich hinterher ein Foto mit einem Feierabendbier und es beginnt eine angenehme schriftliche Unterhaltung in der Gruppe. Um 19 Uhr gehen ich mit Leo und Andre zum Abendessen. Dieses Treffen strahlt in unseren Gesichtern ein Wohlfühlgefühl aus und lässt uns die Zeit zum Essen bei Wein und Wasser einfach genießen. Als wir um 20.20 Uhr ins Bett gehen, sind schon fast alle Betten belegt und der Raum ist schon fast dunkel. So ganz leise müssen wir nicht sein, denn Husten, Schnupfen und Schnarchen übertönt so ziemlich alles.

Wir wünschen uns eine gute Nacht und ich denke mit der Grundlage eines schweren Rotweins wird das sicher klappen. Eines habe ich heute gelernt, in Spanien nützt mir Englisch noch weniger als in Frankreich und meine mühsam erlernten Brocken Französisch auch nicht. Die Spanier scheinen nur ihre eigene Sprache zu kennen. Na ja, davon wird`s nicht abhängen, ob ich Santiago erreiche.

Der gelbe Pfeil, die Muschel vereinen hier alle Menschen und alle Sprachen dieser Welt!   Gute Nacht!

Tag 71, Sansol – Navarrete 34 km

Ein großes Konzert, ein nie enden wollendes Konzert und dazu Eintritt frei, das hat mir in dieser Nacht nur wenige Stunden Schlaf gegönnt. Einige sind erkältet, Schnarcher wie immer, röchelnde Menschen haben sich selber und viele andere um den Schlaf gebracht. Ein frisch gemahlener starker Kaffee, ein Croissant, ein frisch gepresster O-Saft und ich bin fit für den Wandertag.

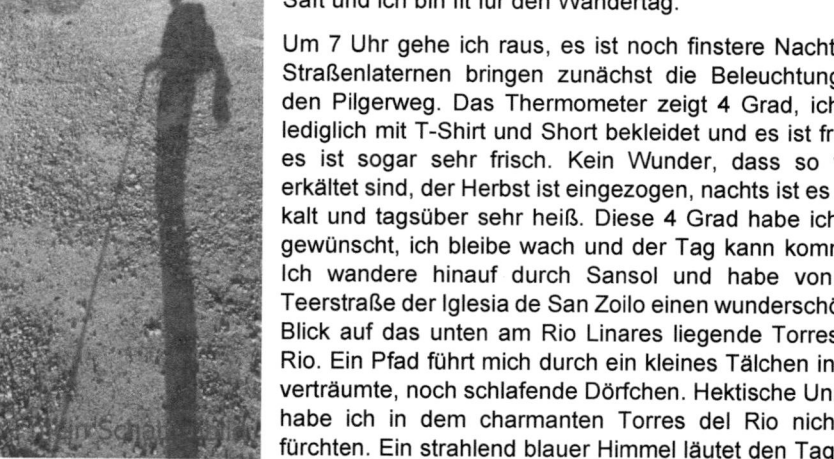

Um 7 Uhr gehe ich raus, es ist noch finstere Nacht, die Straßenlaternen bringen zunächst die Beleuchtung für den Pilgerweg. Das Thermometer zeigt 4 Grad, ich bin lediglich mit T-Shirt und Short bekleidet und es ist frisch, es ist sogar sehr frisch. Kein Wunder, dass so viele erkältet sind, der Herbst ist eingezogen, nachts ist es sehr kalt und tagsüber sehr heiß. Diese 4 Grad habe ich mir gewünscht, ich bleibe wach und der Tag kann kommen. Ich wandere hinauf durch Sansol und habe von der Teerstraße der Iglesia de San Zoilo einen wunderschönen Blick auf das unten am Rio Linares liegende Torres del Rio. Ein Pfad führt mich durch ein kleines Tälchen in das verträumte, noch schlafende Dörfchen. Hektische Unruhe habe ich in dem charmanten Torres del Rio nicht zu fürchten. Ein strahlend blauer Himmel läutet den Tag ein, auf der Hochebene kommt endlich die Sonne, mir ist es frisch und meine Hände sind eisig kalt von den Stöcken. Mein Schatten wächst auf doppelte Körpergröße heran und ist mir ständig weit voraus.

Der Pilgerweg quert auf seinem Weg nach Westen tiefe Flusstäler, in nord- südlicher Richtung in die Berge geschnitten. In den Hängen sind wunderschön angelegte Weinfelder und Olivenbäume zwischen trostloser brauner, ausgetrockneter Erde zu sehen. Die Weinernte ist auch hier

voll im Gange. Ich kann sogar noch ein großes Feld bei der Handernte beobachten. Viele Menschen die hier in mühseliger, schwerer Arbeit ihr Geld verdienen. Doch sie haben sogar etwas Schatten zwischen den sehr hohen Reben, den ich in Spanien nur noch sehr selten finde. Die Sonne steigt, mein Schattenbild schmilzt dahin und es wird wärmer. Bei tiefblauem Himmel wird es ein traumhafter Tag. Ich gehe Höhen und Tiefen, um endlich auf einer Höhe den Blick auf Viana, den letzten Ort der Provinz Navarra freizugeben. Die Dörfer hier in Spanien liegen wie auch Viana etwas höher und sind malerisch wunderschön. Die engen Gassen, die alten Häuser, kleine Brücken, einfach traumhaft. Sie laden immer wieder zu kleinen Pausen ein und lassen mich neue Kraft für den weiteren Weg tanken. Die weiteren Kilometer hinter Viana gestalten sich sehr angenehm. Der Weg nimmt eine überraschende Wendung durch einen Fußgängertunnel aus Beton und unterquert eine Schnellstraße, die heute wohl mein ständiger Begleiter bleibt. Einsam bin ich heute unterwegs, ich habe lediglich die beiden Franzosen Leo und Andre nochmals getroffen. Logrono ist in sichtbare Nähe gerückt. Über eine Brücke passiere ich den Rio Ebro, habe inzwischen die Region Rioja erreicht und besuche jetzt Logrono, eine große Stadt. Es ist Mittagszeit, die Sonne steht hoch und es ist wieder sehr heiß. Die Stadt ist voller Menschen, es riecht nach einer Festveranstaltung mit sehr viel Unruhe. Wohlfühlen geht anders. Doch da treffe ich Barry, er begegnet mir alleine. Morgens früh in St. Jean Piet de Port sind wir gemeinsam zu den Pyrenäen gegangen. Er ist Student, wohnt in Irland und möchte weiter. Jedoch etwas später denke ich, vielleicht fliegt er nach Hause, schade jetzt habe ich mich nicht so richtig verabschiedet.

Logrono ist die Hauptstadt der Weinregion La Rioja. Neben dem Handel mit Wein und anderen Agrarprodukten lebt die Stadt von der Metall- und Textilindustrie. Bereits im 11.Jh. führte man den Jakobsweg durch die Stadt und gab damit die Initialzündung für den wirtschaftlichen und kulturellen Aufschwung. Sehenswert ist die Concatedral de Santa Maria de la Redonda mit barocker Fassade und zwei Türmen, auf den im Frühjahr die Störche nisten. Auf dem Kirchplatz der Iglesia de Santiago el Real ist ein riesiges Juego de la Oca (Gänsespiel) in den Boden eingelassen, ein in Spanien sehr populäres Kinderspiel, dessen Ursprung u. a. mit dem Jakobsweg in Verbindung gebracht wird – ist es ebenso mühsam das Ziel des Spielfelds zu erreichen, wie nach Santiago de Compostela zu pilgern?

Ich versuche die unruhige Stadt zu verlassen und treffe nochmals auf Barry. Er muss tatsächlich mit dem Flieger nach Hause. Barry ist sehr traurig, hat er doch viele Pilger kennengelernt, aber seine Zeit ist abgelaufen. Im nächsten Jahr kommt er wieder und macht seinen Weg in Logrono weiter. Wir reden noch einige Worte miteinander, fallen uns in die Arme und verabschieden uns mit einem Bye Bye! Auf dem Weg aus der Stadt denke ich darüber nach wie glücklich ich bin und den Weg am Stück gehen kann. Alle sind traurig, die den Weg nach Hause antreten müssen, egal mal ob die Zeit abgelaufen

Blick auf Navarrete

ist oder sie ein körperliches Problem haben. Ja, sie können den Weg später an diesem Punkt weitergehen, doch das nützt in diesem Moment niemandem etwas.

Der Jakobsweg zieht sich durch die Altstadt und an einem großen Kreisel vorbei. Ich überquere Bahnschienen und erreiche den Stausee Embalse de la Grajera, hier habe ich die Stadt endgültig verlassen. Der Weg führt ein Stück neben der Autobahn her und quert eine zweite. Auf einem Hügel über mir steht ein riesiger metallener Stier, Reklame für einen spanischen Branntwein. Ein kleiner, wegen der Hitze etwas schmerzhafter Anstieg bringt mich zum Ortseingang von Navarrete.

Meine Unterkunft finde ich gleich am Ortsanfang und kann um 16 Uhr einchecken. Vor mir ist Leo der Franzose, ihm fällt auf meinem Ausweis das Passfoto auf und meint, dass ich wohl zu dieser Zeit viel kräftiger gewesen bin. Ich kann mit einem klaren ja antworten und erzähle ihm von meiner starken Gewichtsabnahme auf dem

Jakobsweg. Auch Jan der Spanier und Henry der Franzose, die bereits länger zusammenlaufen, haben sich hier einquartiert. Wir kennen uns eigentlich auch schon länger, haben uns heute tagsüber mal kurz getroffen und verabreden uns zum gemeinsamen Essen heute im Restaurant. Der Schlafraum hat wieder Etagenbetten, ich darf wieder oben schlafen, gleich neben mir hat Jan sein Bett bezogen. Duschen, waschen, schreiben bei einem Bier unten

im Restaurant und es ist alles gut. Wie verabredet ziehen wir drei um 19 Uhr los und suchen uns in der Altstadt ein Restaurant und bestellen ein Pilgermenü mit Getränken für je 12 Euro. Es ist ein netter ruhiger Abend, wir verstehen uns gut, jedoch weniger über die Sprache, denn lediglich Jan und ich können ein wenig englisch. Die kleine Altstadt von Navarrete ist gut erhalten und hat in steiler Hanglage schöne kleine Gässchen und wunderschön geschmückte alte Häuser.

Um 20.30 Uhr kommen wir im Schlafsaal an, es ist schon fast alles belegt, viele schlafen bereits. Auch Jan, Henry und ich sind in weniger als zwei Minuten bettfertig und absolut sprachlos in unseren Schlafsack eingetaucht.

Bis Santiago de Compostela habe ich nun noch etwa 600 km zu gehen. Wie die Zeit vergeht! Tina schreibt; Juppi halte durch! Mein Vorbild ist die Briefmarke, in der Regel hält sie durch bis sie am Ziel ist. Auch ich kenne mein Ziel, werde den Weg dorthin gehen und durchhalten wie die Briefmarke!

Gute Nacht!

Tag 72, Navarrete – Ciruena 32 km

Husten, Schnupfen, Stöhnen, Gähnen und Wandern haben mir wieder eine wenig erholsame Nacht beschert. Ich bin mir sicher, dass jetzt mein Schnarchen in den Hintergrund gedrängt wird. Diese Unruhe liegt weniger an Spanien, an den großen Herbergen, sondern vielmehr an den vielen Erkältungen, die sich die Pilger inzwischen eingefangen haben. Schließlich schreiben wir heute den 21. September und es ist Herbst. Die Natur, die Temperatur nachts und morgens zeigen sich schon sehr herbstlich, wobei es tagsüber immer noch sehr sommerlich und extrem heiß ist. Ein kleines Frühstück gibt es im Ort, in einer kleinen Bar.

Mit Jan und Henry gehe ich um 7 Uhr los. Wir gehen einer sehr langen geraden Dorfstraße entlang, Pilger stoßen aus allen Seitenstraßen zu uns und füllen die Hauptstraße. Am Ende des Ortes bilden wir eine größere Prozession mit vielen vielen Pilgern. Sie unterscheidet sich von einer richtigen Prozession nur dadurch, dass nicht gebetet, sondern lediglich viel geschnattert wird. Nach zwei Stunden guter ebener Wege, der erste Ort, die Prozession hat sich gerade ein kleinwenig

sehr früh unterwegs

auseinandergezogen, da kommt auf der Straßenecke eine Bar und es kehren fast alle ein, bzw. nehmen die Außenbestuhlung in Besitz. Es ist sehr unruhig in diesem Halodria. Ich nehme mir eine einzelne Bank und frühstücke mein restliches Baguette mit Käse von Gestern und genieße die Ruhe.

Auch Henry und Jan wollten mich heute Morgen unbedingt mitziehen. Wir waren mehrmals zusammen in einer Herberge, immer ohne Absprache und haben uns dann zum Essen verabredet. Zusammen gehen ist aber wieder etwas anderes, die beiden gehen etwas schneller als ich und möchten heute sechs Kilometer mehr gehen als ich. Dazu bin ich dann nicht bereit, obwohl wir uns sehr gut verstehen und ich mich in vielen Bereichen gut anpassen kann, möchte ich den Weg, (Länge und Tempo) für mich alleine bestimmen. Das Herdentier in mir wird sich schnell wieder losreißen. Genießen kann ich am besten im Stillen. Der Pilgerweg ist halt eben Schritt für Schritt ein Genießer- Weg.

Inzwischen bin ich in der autonomen Region La Rioja angekommen. Diese Region mit

Frühstück in Ventosa

der Hauptstadt Logrono hat Spaniens Ruf als exzellentes Weinland in die Welt getragen. In der politischen Geschichte Spaniens hat das kleine Agrarland dagegen keine große Rolle gespielt. Viel interessanter liest sich die 2000-jährige Erfolgsgeschichte des Weinbaus in Rioja, begünstigt sowohl vom atlantischen als auch vom mediterranen Klima. Im 11. Jh. wurde erstmals die Bedeutung des Weinbaus in La Rioja schriftlich dokumentiert. In den folgenden Jahrhunderten wurde sehr viel für den Wein getan. Im Jahre 1991 erhielten sie als erste spanische Weine die höchste Qualitätskategorie DOC. Doch zunehmend treten die anderen Weinregionen Spaniens aus dem Schatten der Rioja. Entlang des Jakobsweges kann ich wohl einige Weine in den einzelnen Regionen kosten. Nur gut 60 km führt der Jakobsweg durch die Region La Rioja, beginnt in Logrono, führt durch die Stadt La Grajera, wo schließlich die ländliche Rioja beginnt. Der Weg führt zunächst durch Weinberge und rote Erde, danach treten die Weinberge zurück und die Getreidefelder um Santo Domingo de la Calzada geben einen Vorgeschmack auf die Weiten der kastilischen Meseta.

Die Wege sind leicht, ohne viel Auf- und Abstieg, die Prozession hat sich aufgelöst und es sind nur noch einzelne Pilger in der ländlichen Landschaft zwischen Weinfelder auf roter Erde und abgeernteten Getreidefeldern unterwegs. Der Pilgerweg läuft überwiegend an einer Straße und einer Autobahn vorbei und führt mich an eine Stelle, wo von etlichen Pilgern aufgeschichtete Steinmännchen in den unterschiedlichen Größen und Formen Platz genommen haben, hinauf zum Alto de San Anton. Weiter geht es nach Najera, wo meine Mittagspause einen Platz findet. Ich treffe auf einen

Schweden, den ich nun auch schon mehrmals flüchtig gesehen habe, jedoch erst heute die Unterhaltung finde. Helena, Emma und Aron die drei aus Irland ziehen an mir vorbei. Ich habe sie schon öfter getroffen, jedoch nun schon einige Tage nicht mehr gesehen. Beim Verlassen der Stadt überhole ich zwei Frauen, nicht ohne

dass wir uns vorstellen und einige Schritte miteinander laufen. Eine ist aus Neuseeland und die andere aus Australien. Auf dem Weg nach Azofra überholt mich Jura aus Litauen. Ich kenne ihn schon länger, er ist Student und einige Zeit mit Barry, dem Iren, gelaufen und ist heute genauso traurig wie ich, dass Barry`s Zeit abgelaufen und nach Hause geflogen ist. Freundschaftlich trennen wir uns wieder, denn Jura ist viel schneller unterwegs. Ich steige einen Hang hinauf und erreiche die Hochebene der Rioja Alta, die mit ihrer flachen Weite einen Vorgeschmack auf die Ebene zwischen

Burgos und Leon gibt. Statt Wein wird immer mehr Getreide angebaut. Es beginnt die Tierra de Campos, die Kornkammer Spaniens. Ein langer Anstieg führt mich zum Golfplatz vor Ciruena, an einer Wohnsiedlung vorbei zu meiner Albergue, die ich um 15.30 erreiche.

Ich finde schnell eine passende Herberge, die Herbergsmutter hat gerade ihr Mittagsessen vor sich als ich mich anmelden möchte, unterbricht, obwohl ich Zeit habe und ihr das Essen gönne. Ich buche das komplette Paket mit Abendessen und

Najera

Frühstück für 25 Euro, bekomme ein 8 Bettzimmer, nur mit 4 Pilgern belegt, ein großer Balkon und Dusche, WC zum Zimmer. Eine Dänin, die neben mir das Bett hat schläft bereits. Meine täglichen Aufgaben kann ich schnell erledigen, gehe mir unten im Kühlschrank zwei Bier holen, selbstverständlich gegen Bezahlung und genieße das Bier oben auf dem Balkon. Später gesellt sich ein sehr großer, kräftiger Mann, ganz sicher kein Pilger, zu mir und wir unterhalten uns auf Englisch.

Um sieben Uhr ist Abendessen unten im Esszimmer angesagt. Ein riesiger Tisch, jedoch zunächst wenig Pilger vom Haus. Etwas später kommt eine größere Gruppe Pilger aus einer anderen Herberge dazu, Abendessen wird von hier aus übernommen. Warum auch immer! Die Vorspeise, der Salat wird verteilt, er gehört zum Fischgericht und nicht zum preiswerteren Spagetti Gericht. Mein Salat fehlt, wie bei zwei weiteren Pilgern, dafür haben andere ohne Anspruch einen schönen Salat bekommen, irgendwie läuft alles etwas unkontrolliert durcheinander. Dann werden drei Salate nachgereicht, jedoch nicht mehr so vollständig, einige Zutaten fehlen. Die Fischgerichte werden auf dem Teller und die Spagetti in großen Schüsseln serviert. Der Fisch ist nackt, komplett ohne Beilage, ich bin dann auch mal frech und bediene mich an der Spagetti Schüssel. Ohne Beilage werde ich nie satt werden denke ich und nehme mir ein zweites Mal die Spagetti Schüssel. Fertig, ja fertig mit Essen bin ich, aber satt ist doch anders. Neben mir sitzt eine zierliche ältere Frau aus den USA. Sie ist immer noch mit ihrem richtig servierten Salat beschäftig. Der Fischteller wartet zwischen unseren Tellern auf sie. Doch sie lässt sich Zeit und es scheint als hätte sie genug mit ihrem Salat. Meine Blicke entgehen auch ihr nicht und sie fragt mich, ob ich ihren Fisch noch essen möchte. Da kann ich doch nicht nein sagen, jedoch biete ich ihr freundlicher Weise an den Fisch zu teilen. Doch sie gibt mir ihren Fischteller und besteht darauf, dass ich ihn noch esse. Ich bedanke mich mehrfach und möchte ihr am liebsten um den Hals fallen. Spagetti finde ich auch noch in der Schüssel und lege nochmals los. Mit einem Eis aus der Papiertüte ist wieder alles gut und wir verabschieden uns in die Nacht.

Nur noch 600 km! Unglaublich, wie die Restdistanz bis Santiago immer schneller zu schmelzen scheint. Das ist aber wohl mehr eine subjektive Einschätzung. Die meisten Pilger haben hier gerade mal ein Viertel ihrer Reise hinter sich gebracht, die sehen das vermutlich etwas anders. 600 km sind 600 km und doch lässt die individuelle Wahrnehmung diese Entfernung unterschiedlich lang erscheinen. Ich freue mich auf jeden einzelnen Kilometer, der noch vor mir liegt, sehr sogar!

Es wird Zeit, dass ich schlafe! Morgen geht`s hinaus in die Einsamkeit, auf Santo Domingo freue ich mich.   MESETA – ICH HÖRE DICH RUFEN!

Gute Nacht!

Tag 73, Ciruena – Belorado 29 km

Die Dänin schläft immer noch! Sie hat gestern Nachmittag als ich angekommen bin geschlafen, sie hat gestern Abend als ich zum Essen gegangen und auch zurückgekommen bin geschlafen und heute Morgen schläft sie immer noch. Sie atmet, sie bewegt sich ab und zu, also lebt sie noch. Wer weiß was sie hat, ich kann sie nicht fragen, sie schläft ja immer. Ich kann ihr auch nicht helfen, beim Schlafen kann man niemandem helfen, das kann doch jeder alleine. Auch ich habe diese Nacht sehr ruhig und gut geschlafen. Nach dem Frühstück mit Caffè, Brot und Marmelade, komme ich um 7.30 Uhr raus.

Das Wetter ist durchwachsen, ohne Regen und sehr gut zum Wandern. Die Wege sind gut und gehen 6 km immer geradeaus. Hügel wogen durch die Weite der Landschaft, ich habe ein Gefühl als würde ich am Ende vom Himmel eingesogen. Über die Weite der abgeernteten Getreidefelder setzen sich die Berge der Rioja Alta dunkel am Horizont ab. Das Lied; „Major Tom, völlig losgelöst von der Erde, völlig losgelöst schwerelos und schön" geht

Blick auf Santo Domingo

mir nicht mehr aus dem Kopf. Mir ist heute wieder genau so, ich genieße die Freiheit, kann mich absolut schwerelos bewegen und bin so ziemlich alleine auf dem Pilgerweg.

Kathedrale

Doch plötzlich, ich gehe einen langgezogenen Hügel hinauf und sehe auf einer riesigen Weite eine Stadt in einer gewissen Entfernung vor mir liegen, ich blicke nach wenigen Kilometer auf die Kirchtürme von Santo Domingo, es kann nur Santo Domingo sein, denke ich und falle raus aus meinem Dornröschentraum. Ich freue mich schon seit Tagen auf Santo Domingo, warum weiß ich eigentlich nicht. Ist es wegen dem Schlager „Santo Domingo" aus der Jugendzeit oder ist es die Sage mit Huhn und Henne, oder was ist es? Ich gehe glücklich und zufrieden auf die Stadt zu und sehe zunächst, es ist eine Stadt wie jede andere auch. Ich werde diese Stadt nicht so einfach durchwandern, ein paar Stunden gönne ich mir, zählt sie doch zu den bedeutendsten Orten am Jakobsweg. Fast 1000 Jahre reicht die Geschichte zurück und beginnt mit der Geburt von Domingo de Viloria, der fortan sein ganzes Leben dem Jakobsweg widmete. Nur ihm verdankt Santo Domingo de la Calzada seine Existenz. Bis heute sind seine Spuren an verschiedenen Stellen der Stadt erkennbar. Die Geschichte vom Hühnerwunder im 14. Jahrhundert ist hingegen eine nette Legende, die vor allem eins tut, nämlich belustigen. Trotzdem, oder gerade deshalb, hebt sich Santo Domingo de la Calzada heute als Pilgerstation von vielen anderen Städten des Jakobsweges ab und sorgt für seinen hohen Bekanntheitsgrad auch über die Pilgerbewegung hinaus. Klar, dass die Legende gepflegt wird.

Ich gehe in die Stadt, sehe links ein Pilgermädel bequem auf dem Pflaster sitzen, der Rucksack ist komplett ausgeräumt und nun will sie ihn sicher neu sortieren. Auch da kann ich nicht helfen, dass muss jeder wie er meint sortieren. Natürlich will auch ich zunächst die Kirche mit den weißen Hühnern und der Henne besichtigen. Ich habe Glück, am Eingang ist gerade ein ganzer Bus ausgestiegen, alle sind vor mir. Es sind Rheinland Pfälzer, alles Touris, eine Gruppe mit Fahrrädern, die andere als Wanderer. Wir kommen gleich gut ins Gespräch und es wird eine kurzweilige Zeit bis ich den Rucksack in einem Seitenzimmer abstellen kann und meinen Eintritt bezahlt habe. Beim Eintreten werde ich von dem Hahn mit einem lauten Krähen empfangen. So gehört sich das, denn nun soll mir im weiteren Verlauf des Weges das Glück hold sein. Noch so eine Legende, aber eine schöne. Immerhin ist der Hahn ein schlauer Hahn. Er kräht nicht bei jedem. Ich sehe einen Hahn und eine Henne in einem Hühnerkäfig, der in der Wand eingelassen ist. Übrigens alle 21 Tage werden Huhn und Henne

ausgetauscht. Sie begleiten die Kirchentage und erinnern wohl an das Wunder von Santo Domingo, eine der populärsten Legenden des Weges. Sie soll in Santo Domingo de la Calzada stattgefunden haben und in ihr spielt der Heilige eine wichtige Rolle;

Etwa im 14. Jh. sollen ein Ehepaar aus Xanten am Niederrhein mit ihrem Sohn

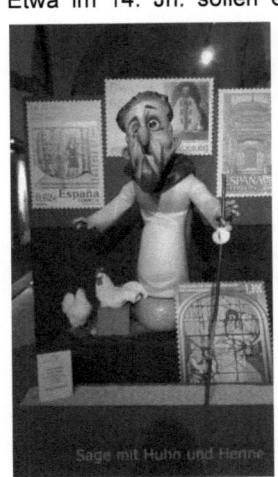

Hugonell in Santo Domingo Station gemacht haben. Die Wirtstochter verknallte sich in den jungen Mann, der sie schnöde abblitzen ließ. Die maßlos enttäuschte junge Dame schmuggelte daraufhin einen Becher in das Gepäck ihres Schwarms und bezichtigte ihn des Diebstahls. Der junge Mann wurde festgesetzt und zum Tode am Galgen verurteilt. Das unglückliche Ehepaar zog nochmals zum Galgen, um Abschied von ihrem gehängten Sohn zu nehmen. An der Richtstätte stellten sie zu ihrem Erstaunen fest, dass ihr Sohn lebte, gerettet durch den Heiligen, der seine Füße gehalten hatte. Die glücklichen Eltern eilten sofort zum Richter, um ihm die wundersame Rettung zu berichten. Der Richter der zu Tisch saß, gab zur Antwort: Euer Sohn ist so tot wie die Brathühner auf meinem Teller. Noch während er sprach, erhoben sich die Brathühner mit einem lauten Gegacker. Konsterniert eilte der Richter zum Galgen mit dem daran baumelnden, lebenden jungen Mann. Er wurde abgenommen und statt seiner wurde die

überführte Wirtstochter erhängt. Die Richter des Ortes trugen als Mahnung lange Zeit einen Strick um den Hals, der später durch ein bequemeres Band ersetzt wurde. Die Geschichte ist in ganz Europa verbreitet und wird in zahlreichen Fresken, Gemälden und Schnitzwerken verewigt. Einem derartigen Zyklus begegnet man zum Beispiel in der Kirche von Winnenden bei Stuttgart, der deutschen Partnerstadt von Santo Domingo.

Ich habe mir die berühmte Geschichte sehr zu Herzen genommen und meide deshalb schon lange den allzu engen Kontakt zu spanischen Wirtstöchtern.

Ich besichtige die Kirche und gerate nochmals in die Touri-Gruppe, die aus meinem Heimatland ist. Wir unterhalten uns nochmals und sie bitten mich als Fotomotiv auf ihr Bild zu kommen. Ich als vollbärtiger Pilger stand absolut zur Verfügung. Da konnte ich nicht nein sagen, warum auch? Einzelbilder, kleine und größere Gruppenfotos werden gemacht, das Fotoshooting ist voll im Gange. Ich bin wohl für diese Menschen eine scheinbar echte Attraktion. Erst nach 10 Minuten waren alle Fotos im Kasten, die Fragestunde beendet und ich kann die Kirche besichtigen. Es ist keine Kirche wie jede andere, Ruhe für ein Gebet finde ich hier nicht, es ist vielmehr ein Museum mit vielen, vielen wertvollen Gegenständen, die auch gleich nebenan in einem Museum gezeigt werden. Alles ist einzigartig, wunderschön glänzend und gut hinter Glas gesichert. Draußen gehe ich nochmals an der Busgruppe vorbei, jetzt wieder mit Rucksack, Stock und breitkrempigem Hut, viele winken mir freudig hinterher und strahlen über beide Ohren. Ich glaube, die habe ich soeben ein kleines bisschen glücklich

Wasserbrunnen

machen können. Auch ich bin für eine kurze Zeit von meinem einfachen Leben ins Promileben eingetaucht, habe es etwas genießen können, bin jedoch genauso gerne wieder in meiner Welt zurück.

Nach dieser Begegnung ist es wieder ruhig um mich, ich laufe noch eine Runde durch die Stadt, besorge mir noch ein Baguette und Käse für heute Mittag und gönne mir zur Feier des Tages ein Teilchen auf die Hand. Durch unspektakuläres flaches Hügelland setze ich meinen Weg fort. Es ist wieder sehr heiß und schattenlos, Wasser trinke ich reichlich und finde es in Spanien überall. Die Wege leicht, gut, mit moderaten Höhenunterschieden. Sie dringen mit jedem Schritt weiter in die Kornkammer

die kastilische Hochebene

Spaniens vor. Riesige Stoppelfelder prägen die flachhügelige Landschaft, deren Monotonie nur durch wenige kleine Dörfer, Oliven- und Traubenfelder durchbrochen wird. Heute ist die weitläufige Bahn nochmal sehr pilgerleer. Ich treffe unter anderem Helena, Emma und Aron, den Schweden und den Dänen wieder. Die letzten fünf Kilometer wandere ich gemütlich neben der Straße nach Belorado.

Um 16 Uhr komme ich an, eigentlich für so heiße Tage etwas spät. Ich drehe eine Runde durch den Ort und schaue nach einer Unterkunft. Es gibt genügend Auswahl, doch ich gehe wieder zurück zu der Herberge gleich am Ortseingang und melde mich an. Die Albergue hat 88 Betten, ich habe ein 8 Bett Zimmer, nur 4 sind belegt, Etagendusche und WC für 5 Euro die Nacht. Ich buche mit Abendessen und Frühstück kpl. für 20 Euro. Alle Aufgaben sind schnell erledigt und ich treffe außen auf Jan und Henry, ich habe sie wieder eingeholt. Jan und Henry laufen feste Etappen, ich laufe wie ich gerade mag, mal kürzere, mal längere Etappen. Unterkünfte gibt es ja genügend, so denke ich, ist es morgens zum losgehen einfach ruhiger und es läuft weniger in einer Prozession ab. Ich treffe noch auf zwei Mädels aus dem Frankfurter Raum, beide sind noch sehr jung und nehmen öfter den Bus für die Tagesetappen, die beiden laufen nicht so gerne. Vielleicht wollten sie einfach mal weg von zu Hause. Beim Abendessen lerne ich noch zwei Frauen vom Bodensee kennen. Der Bodensee schickt schon einige Pilger auf den Weg. Das Pilgermenü kann ich wählen; als Vorspeise nehme ich Paella, als Hauptgericht Hähnchen mit Fritten (ich erinnere mich gerne an Santo Domingo) und als Nachtisch ein Eis. Dazu Wasser, Wein und Brot. Alles ist gut und ich möchte auch heute wieder früh zu Bett gehen.

Das Zimmer ist um 8.30 Uhr bereits dunkel, ohne Geraschel finde ich mich schnell in der Horizontalen. Nur Major Tom läuft mir nach. Völlig losgelöst von der Erde, von meinem Leben vor dem Jakobsweg, bin ich mehr denn je. Ich schwebe förmlich, so leichtfüßig bin ich unterwegs. Ich bin schwerelos in einer neuen Welt, die zu Begreifen oder zu Beschreiben fällt mir schwer. Zurück bleibt eine Leichtigkeit, die Raum und Zeit verschwimmen lässt. Einfache Momente wie diese sind es, die einem auf dem Camino immer wieder so schöne Glücksgefühle schenken. Es ist Atemberaubend schön.

Gute Nacht.

Tag 74, Belorado – Ages 28km

Ausgeschlafen und gefrühstückt, so mache ich mich bei empfindlich kühlen Temperaturen in dichtem Nebel auf den Weg. Die Uhr zeigt 7.30Uhr, in Spanien geht die Sonne auf und es wird langsam hell. Geld und Wasser muss ich noch auffüllen, was hier im Ort sicher kein Problem darstellt.

Ausgeruht, der Tag kann beginnen. Ich bin in der autonomen Region Castilla y Leòn angekommen, der Beginn ist markiert durch eine große Hinweistafel; Die riesige zentralspanische Region Castilla y Leòn ist die Wiege des neuzeitlichen Spaniens und der spanischen Hochsprache, dem Castellano. Bis zur Einheit der flächenmäßig größten autonomen Region Spaniens war es allerdings ein langer Weg. 1492 war mit der Eroberung von Granada die Reconquista abgeschlossen. Der Jakobsweg bildete dabei auch ein wichtiges Instrument zur Verbreitung und Sicherung der kirchlichen Macht. Auf dem vorwiegend kargen Hochland herrscht ein harsches, kontinentales Klima mit heißen Sommern und kalten Wintern. Dennoch hat die Geschichte hier einige ihrer eindrucksvollsten Spuren hinterlassen; in großartigen Städten wie Burgos und Leòn direkt am Jakobsweg. Über 400 km führt der Jakobsweg durch die Provinzen. Die weiten, ebenen Landschaften der Meseta verlangen den Pilgern eiserne Willensstärke ab. Doch der Reichtum an kulturhistorisch interessanten Stätten ist groß, ob San Juan de Ortega, Burgos, Castrojeriz, Fròmista, Leòn, Astorga oder Ponferrada. Ab Astorga eröffnet der Weg Einblicke in zu Unrecht eher unbekannte

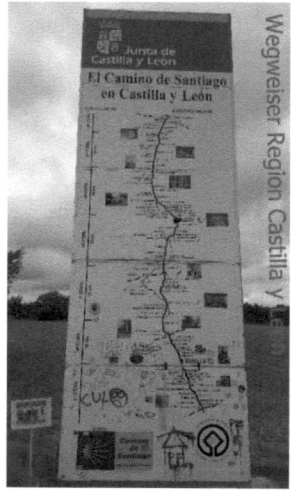

spanische Regionen wie die Maragatería, die Berge der Montes de Leòn und El Bierzo, das mit lieblichen, grünen Landstrichen einen Vorgeschmack auf Gallicien gibt. Ein Gesetz regelt die Pilgerherbergen in der Region.

Schnell nimmt mich die nun nicht mehr ganz so monotone Gegend auf. Die Weiten der flachen Hügellandschaft mit ihren vielen Stoppelfeldern werden zumindest vorläufig immer öfter unterbrochen. Die ersten 12 km bis Villafranca Montes de Oca sind ansteigend aber leicht zu wandern. Bereits im Ort beginnt der Wanderweg steil, um später etwas leichter anzusteigen. Bei ungetrübtem blauem Himmel habe ich heute bei viel Wald auch etwas Schatten. Die Sonne ist wieder gnadenlos, es ist sommerlich heiß und nach einem moderaten Anstieg habe ich den höchsten, mit einer Antenne gekrönten Punkt bei 1155m erreicht. Ich genieße den wunderschönen Rundblick über das ausgedehnte Waldgebiet. Kurze Zeit später erreiche ich ein Denkmal für die 1936 im Bürgerkrieg erschossenen Republikaner. Die Inschrift lautet: >Nicht ihr Tod war sinnlos, sondern ihre Erschießung. Mögen sie in Frieden ruhen<. Kurz danach zwingt mich ein tiefer Taleinschnitt zu einem kurzem, aber steilen Ab- und wieder Aufstieg. Ein weiterer breiter Forstweg führt mich fast eben nach San Juan de Ortega. Der auch später heiliggesprochene Juan de Ortega war neben Santo Domingo der zweite Förderer des Jakobsweges. Ich besuche die Iglesia Monacal und genieße unter einem Baum meine Mittagspause mit Jan und Henry, die etwas später dazustoßen. Unterwegs habe ich noch eine Pilgerin aus Stuttgart kennengelernt und bin mit ihr einige Schritte gemeinsam gewandert. Die letzten 4 km gehe ich durch die Wälder der Montes de Oca bis sich ein weites Tal für einen Blick auf Agès öffnet, wo ich um 15.30 Uhr ankomme.

Wieder nehme ich die erste Albergue, melde mich an und werde wieder sehr freundlich empfangen. Mich erwartet ein kleines 4-Bett Zimmer (2Etagenbetten) mit Dusche und WC. Das sieht doch gut aus, denke ich, jedoch fehlen die Leitern, um die Betten oben zu erreichen. Mein Schlafplatz ist oben, da muss ich sicher eine akrobatische Meisterleistung vollbringen. Ob mir das gelingt? Duschen und waschen ist jedenfalls kein Problem. Im Zimmer wieder angekommen, ich möchte mir die Schreibutensilien noch nehmen und stehe einen kurzen Moment vor meinem Bett, als von der anderen Seite ein kräftiger Mann von seinem Hochbett segelt und voll auf meinen Körper knallt. Ein kurzer Moment der Besinnung und wir stellen fest, dass außer einem großen Knall nichts passiert ist. Er hat seine Mittagspause im Bett verbracht und sich beim

Absteigen an der Matratze festgehalten, jedoch ist die Matratze mitgekommen und so ist er runtergesegelt und voll auf mich geknallt. Sicher haben wir beide Glück gehabt, es wäre schlimmer ausgegangen, hätte ich nicht vor meinem Bett gestanden und er wäre gegen das Metallbett geflogen. Auf jeden Fall bin ich zur Vorsicht aufgerufen.

Dann schreibe ich an einem kleinen Tisch bei einem Bier vor der Albergue. Ich treffe auf Dieter und Regina aus dem Ruhrpott, echte Ruhrpott Menschen, aber sehr gesprächig und ich fühle mich wohl in ihrer Nähe. Regina bekommt wenig Luft und ist schnell außer Atem. Sie laufen eher weniger und füllen die Etappen mit Bus bzw. Taxi. Es gibt viel Gesprächsstoff und ich komme erst zum Schreiben, als die beiden eine kleine Dorfrunde drehen. Dann steht auch schon das Abendessen bereit. In geselliger Runde, u.a. neben mir ein Mann aus dem Schwarzwald, gegenüber Dieter und Regina, geht der Gesprächsstoff nicht aus. Als Vorspeise habe ich Spagetti, ob das bei dem Vollbart eine gute Idee ist bleibt zunächst abzuwarten. Als

Hauptspeise Kottelet mit Bratkartoffel und zum Nachtisch ein Eis. Alles ist perfekt und wir können, nachdem wir unsere Wein und Wassergläser geleert haben, in unseren Schlafsack eintauchen, dabei muss ich noch mein Bett auf der Etage erreichen und hoffe sehr, dass meine Blase in dieser Nacht durchschläft!

Unter dem gleichmäßigen Zirpen der Grillen, bevor das Schnarch Konzert erwacht, verschwimmen die Bilder eines wunderschönen Tages, langsam und bevor mich die Leere des Schlafs verschluckt… ...gute Nacht!

Tag 75, Ages - Burgos 23 km

Nach einer ruhigen Nacht verlasse ich die Herberge ohne Frühstück. Es ist stockdunkel, jedoch nach wenigen Schritten lädt mich eine nette Bar zu Kaffee und einem Croissant ein. In Spanien gibt es selten in der Herberge ein Frühstück, es wird meist auf dem Pilgerweg in einer Bar eingenommen. Es ist eine kleine Umstellung, aber stellt für mich kein Problem dar. Draußen rekele ich mich nochmals kräftig, ziehe meinen Rucksack auf und gehe in der Stille des Sonntagmorgens um 7.30 Uhr auf den Weg.

Heute habe ich einen kurzen Weg, aber mit Burgos eine große Stadt vor mir. Ich verlasse Agès, die Landschaft öffnet sich wieder und der Blick über die Hochebene nach Atapuerca ist wieder frei. Nach 2,4 km erreiche ich Atapuerca und habe hier die Gelegenheit mein Allgemeinwissen zu verbessern. 1994 sind hier 800.000 Jahre alte Knochenreste des Homo Antecessor, dem direkten Vorfahren des Neandertalers

gefunden worden. Das war natürlich eine Sensation und seither erfreut sich der ansonsten eher unscheinbare Ort in Fachkreisen großer Berühmtheit. Längst hat auch UNESCO ihn zum Kulturerbe der Menschheit erklärt. Logisch, dass Gedenksteine und ein überdimensional großes Schild jedem Neuankömmling zeigt, an welch historischer Stätte er sich hier befindet. 800.000 Jahre – das ist der absolute Wahnsinn!

Das Wetter heute ist wieder hochsommerlich, in Spanien noch besser als in Frankreich und die Hitze macht mir nichts aus. Auch die Wege sind besser als in Frankreich und leichter zu gehen. Ja, ich muss sagen, auch in Spanien fühle ich mich mittlerweile absolut wohl, ich habe schnell viele Pilger kennengelernt und man trifft sich immer wieder. Jedes Land, jede Nationalität ist irgendwie anders, hat seine Vor- und Nachteile, ich nehme es an, ich versuche es wenigstens, ohne Einschränkung.

Ich wandere weiter und es erwartet mich ein teils beschwerlicher, teils steiniger Aufstieg auf die Hochebene Matagrande. Kurz nach dem Holzkreuz öffnet sich der Blick auf Burgos. Es folgt ein steiniger Abstieg, ein breiter Feldweg und auf einer kleinen Landstraße pilgere ich durch eine Reihe kleiner trostloser Ortschaften. Zwei Pilgerwege führen zum Zentrum, einmal über Villafría, ich nehme den Weg über Castanares, warum auch immer! Circa 10 km Pilgerweg führen mich durch die Stadt bis zum Zentrum.

Ein unendlich langer Weg der schlecht beschildert ist, ich treffe Norbert aus Münster, laufe einige Minuten mit ihm und treffe dann auf 6 Franzosen (3 Paare), die ich schon

öfter gesehen habe und gehe mit ihnen bis fast zur Kathedrale. Sie haben ein Hotel gebucht und schwenken vorher ab. Nein ein Hotel kommt hier in Burgos, Preislage etwa 150 Euro für mich nicht in Frage, genauso wenig wie die Stadteinfahrt mit dem Bus, die doch einige machen, weil sie keine Stadt laufen möchten. Daran verschwende ich nicht mal einen Gedanken. Pilgern heißt für mich nicht nur die Rosinen rauszupicken und den Rest wegzulassen. Entweder alles oder garnichts. Der Weg hat mir schon so viele Höhepunkte geschenkt und wird das sicher auch noch einige Male tun. So schlimm war es außerdem gar nicht. Gut, schön ist anders, aber immerhin gehe ich auf einem befestigten breiten Bürgersteig. Natürlich bekomme ich jetzt keine Auszeichnung, weil ich den Weg gegangen bin und andere nicht, aber darum geht es mir einfach gar nicht, es ist einfach eine Einstellungssache. Die zu kritisieren, die den Bus nehmen, ist aber auch nicht meine Sache. Jeder soll es machen wie er es für richtig hält. Das ist völlig in Ordnung. Es wird keiner ein besserer oder ein schlechterer Mensch, weil er geht oder mit dem Bus fährt. Ich gehe halt jeden Meter Jakobsweg und möchte so einfach wie möglich leben! Also suche ich mir eine Herberge in der 180 000 Einwohner großen Stadt, die ich dann gleich neben der Kathedrale finde.

Kathedrale

Ein freundlicher Herr am Eingang zeigt mir die Richtung in die Herberge. 8 Stockwerke, 150 Betten und ich buche mir eines davon im 2. Stock für 5 Euro (günstiger geht es nicht). Es ist 13 Uhr als ich eintreffe und habe so einen halben Tag frei für die Besichtigung der Stadt und der Kathedrale. Der Empfang, alles neu, ist gut organisiert. Es gibt keine Staus, ich kann mich in wenigen Sekunden anmelden und werde dann weiter geleitet zum Schuhregal, dass rechts von der Treppe in Richtung Küche seinen Platz gefunden hat. Es ist der Wahnsinn, ich habe so etwas noch nie gesehen. In einer riesigen Schrankwand sind ca. 10 Auszüge, 1,80 mtr. hoch nebeneinander angelegt. Ich ziehe ein Auszug raus und stelle meine Schuhe in ein leeres Schuhfach in ein 1 Meter tiefes Regal. Wer sich hier Auszug und Schuhfach nicht merkt, ist am nächsten Morgen hoffnungslos verloren. Mehrfach sind Schuhe -in Marke und Größe gleich- abgestellt. Es ist vergleichbar mit einem großen Parkhaus, wo man sein Auto abstellt. Die Treppe hoch, alles ist neu, auch der große Schlafraum. Die Etagenbetten sind gut angeordnet und haben jeweils ein Waschbecken vor Kopf einer Schlafreihe. Mein Schlafplatz ist oben, den ich sofort schlaffertig mache. Es folgt Duschen, Klamotten waschen, es gibt sogar Wäscheständer in einem Innenhof der ersten Etage, die ich selbstverständlich nutze.

Ich verlasse die Herberge, sehe die Kathedrale zum zweiten Mal, möchte jedoch vor der Stadtbesichtigung noch etwas Essen und das Schreiben noch erledigen. Etwas abseits finde ich ruhig gelegen einen Türken, ja ein Kebap Teller, da freue ich mich jetzt schon drauf. Bier gib es leider nicht, dann trinke ich eben eine Cola, davon geht die Welt schon nicht unter, denke ich. Tagebuch und WhatsApp schreiben erfolgt mit vollem Magen auf einer Bank im Park.

Kathedrale

Ich freue mich auf die Stadtbesichtigung, die ich nach meinem Stadtplan ablaufe. Burgos bietet eine Vielzahl architektonischer Hingucker, eine nette Flusspromenade bei sommerlichen Temperaturen einfach toll, einen großen wunderschönen Plaza Mayor mit den so typischen Arkaden, eine nette Altstadt und Vieles mehr. Herausragend ist selbstverständlich die Kathedrale, ich schau sie mir von allen Seiten an. So etwas habe ich noch nie gesehen, so groß, so wunderschön die vielen Türme, es ist in jeder Hinsicht das herausragendste Bauwerk von Burgos, die Catedral de Santa Maria. Die 1221 unter König Fernando III. begonnene und im 16. Jh. vollendete Kathedrale ist ein beeindruckendes Beispiel gotischer Baukunst. Internationale Baumeister schufen das architektonische und bildhauerische Gesamtkunstwerk. Die zwei 84 m hohen Türme der Westfassade, nach den Plänen von Juan de Colonia gearbeitet, sind das Wahrzeichen von Burgos. Mehrere reich verzierte Portale schmücken die Kathedrale von außen.

Ich erstehe eine für Pilger vergünstigte Eintrittskarte und besuche die Innenräume. Ein

24.September

Gerät mit ausreichend Information hänge ich mir um und lasse sie mir auf einer ruhigen, kühlen Treppenstufe in den Kopf rieseln. Anschließend erfolgt der Rundgang. Der gewaltige Kirchraum misst 84 m. Chor und Hauptaltar sind, wie in vielen spanischen Kathedralen, durch kunstvoll geschmiedete Gitter abgetrennt. Über dem Mittelschiff thront auf 59 m hohen, mächtigen Pfeilern das prächtige Kuppelgewölbe. Der heilige Jakobus ist gleich mehrfach in der Kathedrale dargestellt. Ein Matamoros steht über dem Altar der Thekla-Kapelle; als Patron wacht er über die ihm geweihte Chorkapelle. Eine weitere Figur befindet sich im Kreuzgang, an der anderen Stelle kniet er vor der Maria Pilar. Überwältigt verlasse ich die Kathedrale und genieße die Ruhe am Sonntag noch eine Weile auf einer Bank mit Blick auf die Kathedrale. Ich treffe Dieter und Regina aus dem Ruhrpott, die in der gleichen Herberge Stock 7 zwei Betten gefunden haben. Sie sind um 16 Uhr eingetroffen, daran sieht man, wie schnell so eine große Herberge ausgebucht sein kann. Bis zum Abendessen habe ich noch etwas Zeit und schlendere durch die kleinen wunderschönen Gassen, das Zentrum und genieße die Abendsonne, die immer noch sehr warm ist an der Flusspromenade. Mein Pilgermenü ist heute nicht so prickelnd, vielleicht liegt es auch an dem Kebap, den ich heute Nachmittag erst zu mir genommen habe. Egal, ich bin geschlaucht, ziehe zur Herberge, hänge meine Wäsche ab und krabbele in meinen Schlafsack.

Der Tag, es war ein wunderschöner Tag, ich habe Burgos erlebt, ich habe einen halben Tag frei gemacht und ich habe festgestellt, einen ganzen Tag aussetzten, dass brauche ich nicht. Es geht mir gut und ich fühle mich absolut wohl. Jedoch habe ich bemerkt; die 40-tausender Tagesetappen mache ich nicht mehr, ich will und ich brauche sie auch nicht mehr. Die 30-tausender oder auch etwas mehr reichen völlig aus, um früh und gut einzuschlafen.

Gute Nacht!

Tag 76, Burgos – Hontanas 32 km

Kurz vor 5 Uhr bin ich wach, werde geweckt von einigen Frühaufstehern, nein ich werde nicht im Schlaf gestört, bin so wach geworden. Ich verfolge den Schein einiger früh leuchtenden Taschenlampen und höre den packenden Pilgern bis kurz vor 6 Uhr aufmerksam zu. Nun hat es mich auch erwischt. Meine Taschenlampe führt mich mit Handtuch, Zahnbürste und Paste zur Toilette. Pech, es ist kein WC Papier mehr auf der Rolle. Auch die nächsten beiden Toiletten sind Papierlos. Wahrscheinlich sind alle Rollen Papierlos? Nun kommt meine 50 Blatt Rolle, die ich von zu Hause mitgenommen habe zum Einsatz. Die Rolle habe ich noch nie gebraucht, die muss ganz unten im Rucksack liegen! Werde ich das Papier finden? Doch ich erinnere mich,

Weg in Spanien

ganz am Anfang meiner Tour habe ich mir mal 9 Blatt – das ist die Menge, die ich für eine einmalige Tätigkeit auf der Toilette haben muss – nach einer Übernachtung abgerissen und oben im Rucksack in ein Seitenfach gepackt, für Notfälle halt. Der Notfall ist eingetreten und alles läuft nach Plan. Dann nutze ich das Waschbecken vor meiner Bettreihe. Das alles läuft leise und nur mit meiner kleinen Taschenlampe ab.

Plötzlich, Punkt 6 Uhr, es gehen alle Lampen gleichzeitig an, eine Helligkeit in Lichtgeschwindigkeit wie in einer großen Industriehalle oder im Stadion. Ich bin getroffen, mitgenommen, für einen Moment geschockt, fühle mich nackt, alleine, wie auf dem OP Tisch unter dem Flutlicht liegend. Einen Moment bin ich atemlos und hilflos, jedoch Sporthemd und Unterhose habe ich an, nichts ist passiert, nur das Licht hat den Raum ohne Ankündigung in eine furchtbare Helligkeit versetzt. Ich komme mit der Situation wieder klar und kann mir wie gewohnt die Zähne putzen. Meine Schuhe finde ich in dem hochmodernen Schuhregal auf Anhieb, trinke noch einen Kaffee aus dem Automaten und gehe um 7 Uhr raus. Den Kaffee hätte ich mir sparen können, er schmeckt süß, wie eine Mischung zwischen Caffè und Kakao und ich muss ihn mit Wasser nachspülen. Ich hoffe ich ziehe mir nie wieder einen Caffè aus dem Automaten!

Unter dem Licht der Straßenlaternen suche ich mir den Weg, treffe nach ein paar Schritten auf eine Frau, die Margarete heißt und auch den Weg sucht. Wir finden den Weg, suchen eine Bar, die auf dem Weg nicht zu finden ist, entdecken aber eine

endlos Weite und flache Wege durch leere Landschaften

Panaderia und kaufen uns je ein Baguette. Das Baguette schmeckt frisch auch ohne Einlage am besten. Wir sind beide nicht die ganz großen Redner, jedoch stellen wir fest, dass der Weg aus der Stadt hinaus wesentlich schneller geht als hinein und auch die Beschilderung ist besser. Obwohl, wenn ich alleine gehe schaue ich immer nach dem Weg, nach der Richtung und wenn ich in der Gruppe bin interessiert mich das Hinweisschild nicht die Bohne, ich verlasse mich einfach auf Andere, hier halt auf Margarete.

In Tardajos hat mich der „echte" Jakobsweg wieder, der dörfliche Charakter ist zurück. Alles strahlt im grellen Licht der Sonne. Es ist, als geht sie auch innerlich auf! Margarete und ich haben uns wieder getrennt. Nach Verlassen der Stadt passte der Schritt nicht mehr, ich möchte mich einfach nicht anpassen müssen, ich möchte nach wie vor -meinen Pilgerweg- laufen. Über die Landstraße ist Rabè de las Calzadas nun schnell erreicht. Der Ort ist winzig, aber mit ganz viel mittelalterlichem Charme ausgestattet. Es gibt keine Infrastruktur, kein Laden, keine Bar.

beeindruckend diese farblose Landschaft

Den Großraum Burgos habe ich nun endgültig verlassen, der Weg führt bei fantastischem Sommerwetter weiter durch mittelalterlich anmutende Dörfchen, die sich mit ihren massiven Steinhäusern gut in die Landschaft einpassen. Über Feldwege wandere ich durch abgeerntete Getreidefelder und einige Sonnenblumenfelder, über eine sanft hügelige Landschaft nach Hornillos del Camino. Hier verbringe ich auch meine Mittagspause.

Heute ist es sehr ruhig, es ist die richtige Zeit, nochmals in mein Leben einzutauchen;

Meine Lebensbegleiter;

Eine Aufgabe für den Jakobsweg ist es, an all jene Menschen zu denken, die mich im Leben in irgendeiner Form begleitet haben. Ob in der Schulzeit, den einzelnen Berufsgruppen, den privaten Lebensabschnitten und die jetzt aktuelle Zeitetappe. Diese Menschen, ob ich sie in positiver oder negativer Erinnerung habe, ob sie verstorben sind, aktuellen Kontakt oder auch keinen Kontakt mehr zu mir haben, all diese Menschen möchte ich gedanklich in meinen Jakobsweg einbeziehen. Ich nehme mir heute viel, sehr viel Zeit, möglichst alle in Erinnerung zu rufen und lasse sie an meinem Weg bewusst teilnehmen. Mitmenschen, die mir viel bedeutet haben bzw. bedeuten oder mir sehr nahegestanden haben oder stehen, widme ich ein intensiveres, längeres Gedankenfeld. Vielen Menschen danke ich für ein wunderschönes Miteinander, ihre Unterstützung im Leben. Sicher gibt es einzelne, die ich in irgendeiner Form bewusst oder auch unbewusst verletzt habe, ich bitte sie um Verzeihung und werde ganz besonders auf dem Jakobsweg an sie denken. Das alles braucht schon etwas Zeit und Überwindung kostet es auch. Eine eng geführte Beziehung zu Gott befreit meine Seele von einer Last und lässt mich so leicht und glücklich zum Ziel laufen. Es ist ein wundervolles Gefühl und gibt mir sehr viel Zufriedenheit mit auf den Weg. Eine größere Auswahl meiner Lebensbegleiter speichere ich gedanklich ab und werde sie dann in Santiago de Compostela nochmals abrufen und in ein Gebet einbinden.

In diese Spirituelle Gedankenwelt bin ich unbewusst eingetaucht, ganz sicher gehört sie zu meinem Pilgerweg und ich kann aufgeräumt meine Gedanken wieder verlassen. Ich nenne es Seelenmüll, den ich aufbereitet habe und wovon ich mich zu trennen nun bereit bin.

Weiter geht es über das faszinierend weite, sanft gewellte Hochland in der lange Zeit keine Ortschaft, dafür der eine oder andere Windpark zu sehen ist, bis ich unvermittelt über dem in ein Tal geduckten Hontanas stehe. Der Beginn, die Tierra de Campos, die Meseta lässt sich nicht mehr verleugnen. Die zentralspanische Hochebene, mit scheinbar unendlichen Getreidefeldern und wenig Dörfern ist farblich sehr eintönig und eher langweilig. Bis Leòn dominieren teils zermürbende Flachheit und Eintönigkeit. Viele Pilger schrecken davor zurück und nehmen bis Leon den Bus. Sie verpassen einen faszinierenden Teil des Weges, bei dem die Schönheit im Detail liegt, in den Ton in Ton liegenden Farbenspielen der Felder und der Weite des Himmels. Für mich steht fest, ich werde die Meseta gehen, jedoch laufe ich heute nur noch in Hontanas ein.

Ankunft 15 Uhr, gleich am Anfang des Dorfes finde ich eine nette Herberge mit Kneipe, sie macht Eindruck auf mich und es ist schon einiges los. Die Anmeldung erfolgt kurz und schmerzlos mit Abendessen und Frühstück für 17,40 Euro. Die Unterkunft ist einfach, ein großes Zimmer mit sicherlich 20 Etagenbetten in der Reihe und gleich hinter der Tür ein Einzelbett, was für mich wie gemacht ist. Ich lege meinen Schlafsack aus, es folgt die Dusche und Wäsche waschen. An der Theke bestelle ich mir ein großes Bier, die halb Liter Gläser liegen in der Gefriertruhe, so hält sich das Bier länger kühl und sieht perfekt aus. Einen Sitzplatz finde ich außen vor dem Restaurant und lerne gleich Sonja kennen, sie ist aus dem Saargebiet und erzählt,

dass alle von mir reden, alle kennen mich und sprechen über meine Kilometerleistung, die ich an den Tag gelegt habe und meine Gewichtsabnahme während der Pilgertour. Sonja macht einen netten Eindruck und redet gerne. Sie muss ihre Wäsche noch waschen, ich schreibe, lege mich noch eine halbe Stunde aufs Bett und schaue mir dann den Ort an. Eigentlich gibt es nur die Kapelle und wunderschöne alte Häuser zu besichtigen. Ach ja, es gibt da noch einen Kirchbrunnen von dem Einheimische versichern, dass das Wasser sehr gesund ist. Auch der Ortsname leitet sich von dem Brunnen (veraltet >fontanas<) ab. Als ich zurück komme sitzen Dieter, Regina und Sonja vor dem Restaurant, sie kennen sich und wir finden gemeinsam ausreichend Gesprächsstoff bis zum Abendessen. Es ist ein netter kurzweiliger Nachmittag bei reichlich Sonnenschein neben unserem Schattenplatz.

Essen gibt es in einem größeren Raum in dem sich viele kleinere Tischgruppen bilden, aber bis auf den letzten Platz gefüllt ist. Sonja, ein kanadisches Paar, die ich auch schon mal gesehen habe und ich bestimmen die Gesprächsrunde an unserem Tisch. Als Vorspeise gibt es Makkaroni, die Hauptspeise ein riesen Steak mit Fritten und zum Nachtisch Flan mit Kaffeegeschmack (ein typisch heimisches Gericht). Wein und Wasser bis zum abwinken. Das Menü konnte man aus dreien auswählen und es war einfach perfekt, passend zu meinem Hunger. Dann muss der Raum für die nächsten hungrigen Pilger geräumt werden. Sonja und ich finden in der Kneipe einen Platz und trinken den restlichen Wein, der zum Abendessen gereicht wurde. Nicht das wir den Wein beim Essen nicht geschafft hätten, Sonja hatte dem Kellner bei der Übersetzung am Nachbartisch ausgeholfen und so waren wir an Nachschub gekommen. Doch auch der hält sich nicht lange und Sonja bittet nochmals um kostenlosen Nachschub. Die

Unterhaltung mit Sonja ist top, sie erzählt vieles aus ihrem Berufsleben. Vom Gericht bekommt sie Kinder und Jugendliche zugeteilt, die sie auf die richtige Bahn bringen soll. Dabei sind der Schulabschluss und eine Ausbildung wichtig. Sie erzählt einige Problemfälle, sagt sie kann nichts anderes, weil sie sonst nichts gelernt hat. Für mich ist es ein starkes Programm, ich könnte das jedenfalls nicht. Sonja hat zwei Kinder, eine Tochter, die bei Kassel wohnt und einen Sohn mit 19 Jahren, der sich jetzt alleine versorgt und absolut problemlos ist. Bis 22 Uhr verläuft unsere kurzweilige Unterhaltung, natürlich mit sehr viel Rotwein, wenig Wasser und das alles kostenlos von Sonja jeweils kurzfristig organisiert.

Der Schlafsaal ruft, Sonja ist auch dem großen Schlafsaal zugeordnet, sie hat jedoch ein Bett in der langen Reihe. Alles schläft, viele schnarchen, ich versuche ruhig und im Dunkeln in den Schlafsack einzutauchen. Meine Wäsche hängt noch draußen auf der Leine, die Wege dorthin sind etwas umständlich, ich habe mich nicht mehr dorthin getraut, wegen der Verletzungsgefahr oder ist es der viele Alkohol, der viele Rotwein der mich ans Bett fesselt?

Die Wäsche hänge ich morgen früh ab .... Das sind meine letzten Gedanken!

Tag 77, Hontanas – Boadilla del Camino 28 km

Der tiefste Schlaf meines Lebens liegt hinter mir. Nach dem vielen starken Rotwein fühle ich mich eigentlich gut. Ich hänge meine Wäsche gefahrlos ab, was ich gestern Abend als gefährlich eingestuft hatte, das war auch so. In der Kneipe werde ich an der Theke von einem Frühstück überrascht. Ein Croissant, Butter, Marmelade und Kaffee amerikanisch laden mich so wie schon einige andere am frühen Morgen ein. Das

San Anton

Frühstück zählt, glaube ich, in Spanien noch nicht zu den Schlemmer-Höhepunkten. Reden ist auch noch nicht angesagt.

Die Meseta ruft; Kurz vor 7 Uhr starte ich bei sternenklarem Himmel, in der Dunkelheit bei etwas kühlen Temperaturen meine Tagestour. Vorbei an der hübschen Kapelle mit dem Kirchbrunnen verlasse ich Hontanas und befinde mich sofort mitten in der Natur. Es ist so, als würde ich durch einen Eingang in eine völlig neue Welt marschieren. Ich schaue voraus und sehe endlose abgemähte Getreidefelder. Dazwischen schlängelt sich ein schmaler Weg, der immer kleiner wird und dann im weiten Horizont verschwindet, weil ihn meine Augen nicht mehr erfassen können. Ich tauche ein in einen völlig neuen Camino. Das was ich bisher als Vorboten der Meseta empfunden habe, schrumpft auf ein deutlich kleineres Maß zusammen. Die Meseta ist eine neue Dimension in der Natur, sie zu erleben ist ein einziger Traum. Nun lässt sich erahnen, was mich in den nächsten Tagen erwartet. Noch finde ich es wunderbar. Einöde? Nicht doch! Nach den vergangenen Tagen ist es ein Gefühl der Befreiung, in die Weiten einer Landschaft hinauszuschauen, die keine Grenzen zu kennen scheint.

Der Weg durchzieht bei hochsommerlichen Temperaturen eine beeindruckend leere Landschaft. Kaum Höhenunterschiede in der weiten Ebene mit nicht zu verfehlenden Feldwegen. Ab und zu etwas Grün, vertrocknete Disteln und Grashalme schmücken den Wegesrand. Gedankenlos lasse ich mich auf den Zentimeter dicken Staubwegen tragen, dabei gerät das Zeitgefühl völlig durcheinander. In meinem Körper müssen sich wilde Kettenreaktionen abspielen. Die Augen senden optische Reize an das Gehirn, das Gehirn schüttet unkontrolliert Glückshormone aus und das Herz spielt verrückt vor Freude. Es ist ein Traum, es ist mein Traum, der gerade im Moment wieder mal in Erfüllung geht. Nur so lässt sich meine Verfassung auf den ersten Kilometern des Tages kurz aber treffend wiedergeben. Ist es die Sonne, die dem Schattenspiel meines Körpers, jeder Bewegung, dem Fest der Sinne, die Krone aufsetzt? Was geht in solchen Momenten völlig ungesteuerter innerer Ekstase in einem Menschen vor? Ich weiß es nicht und es ist mir auch egal, es ist einfach atemberaubend. Wie schön es nun tatsächlich ist, kann ich wohl objektiv nicht sagen, dafür bin ich viel zu sehr auf einem emotionsgeführten Höhenflug.

Blick auf Castrojeriz

Kann ich mir so oder ähnlich ein Gefühl oder ein Empfinden nach Drogenkonsum vorstellen? Wenn es so ist, dann erklärt es warum Menschen zu Drogen greifen und auch die Suchtgefahr, die von ihnen ausgeht. Ich will nur mal hoffen, dass mein Rausch ungefährlich ist und der Absturz nicht so brutal ausfällt, wie nach dem Konsum von Drogen.

Die Meseta ist der absolute Hammer! Es zu beschreiben ist unmöglich. Wozu auch? Ich erlebe es gerade und man muss es Schritt für Schritt erleben! Mein Hochgefühl begleitet mich zunächst bis San Antòn. San Antòn gehört zu den sonderbarsten Ruinen am Weg. Die heutige Landstraße folgt strikt der historischen Pilgerroute und verläuft so mitten durch das Bogengewölbe, das einst Kloster und Kirche verband. Auf der Landstraße folgend erreiche ich nach wenigen Kilometern den Ort Castrojeriz. Es ist einer der längsten Orte am Pilgerweg und wunderschön an einem Hang gelegen. Am Ortseingang liegen die Klosteranlage und ehemalige Stiftskirche von Santa Maria del Manzana. Im Ort steht die Iglesia de Santo Domingo und am Ortsausgang die Iglesia de San Juan. Die Kirchen sind verschlossen und können nicht besichtigt werden. Die Burg über dem Ort wurde im 9 Jh. gegründet und ab dem 18. Jh. als Steinbruch verwendet. Ich

traumhaft diese weite farblose Ebene unter wolkenlosem Himmel

verlasse den etwas kühl und menschenlos wirkenden Ort in Richtung Tafelberg und habe später von der Hochebene nochmals wunderschöne Blicke zurück auf Castrojeriz. An den optischen Eindrücken ändert sich bis dahin wenig, bis gar nichts und es reicht bei mir immer noch für ein ultimatives Genussempfinden! Es ist der Wahnsinn!

Weiter auf der kleinen Asphaltstraße, dann auf einem Feldweg erreiche ich die Kapelle/Herberge San Nicolas. Ich überquere die Brücke über den Rìo Pisuerga, gelange über einen Feldweg nach Itero de la Vega. Immer wieder drehe ich mich einmal im Kreis und sehe rundherum nichts außer flachem Land und Himmel, so endlos weit, wie ich es bisher nur von Bildern aus Amerika kenne. Die Sonne, der

Himmel, wie man ihn perfekter nicht malen könnte. Ich schwebe jedenfalls immer noch auf einer Wolke und genieße es heute alleine zu sein. Es muss an der Meseta liegen, die irgendetwas in mir bewirkt, was die Euphorie hochhält und mich von vorn bis hinten verwöhnt. Der Weg schenkt mir einen wunderschönen Tag, der mein heutiges Ziel auf breiten Feldwegen durch die weite, sanfte gewellte Ebene nach Boadilla del Camino erreichen lässt.

Um 14 Uhr erreiche ich die erste Herberge und melde mich gleich an. Mit einem Bier versuche ich von meinem Höhenflug herunterzukommen. Ich weiß, es wird nicht gelingen, doch das Bier tut mir auch so absolut gut. Die Herberge liegt neben der Kneipe und hat den Eingang von der Straße aus. Mehrere Betten sind belegt, finden kann ich noch ein Bett unten und am Eingang gelegen. Dusche und WC sind nicht sauber in den Ecken, etwas ekelig und ich gehe mit meinen Badeschlappen duschen. Ich besichtige den Ort, sehenswert ist die steinerne Gerichtssäule. Die fein gearbeitet, u.a. mit Pilgermuscheln verzierte Säule zählt zu den schönsten ihrer Art am Jakobsweg. Dann entdecke ich eine wunderschöne Herberge im Ort, die sieht sehr gemütlich von außen aus, ob noch freie Plätze vorhanden sind weiß ich nicht, doch jetzt ist es sowieso zu spät. Ich schreibe auf einer Bank im Schatten und plötzlich kommen drei Fahrradfahrer auf mich zu. Sie fragen, wo sie ein Bier trinken können? Während ich ihnen erkläre, dass meine gebuchte Herberge bis 17.30 Uhr Pause hat und es dann nur noch die einladende

Herberge die etwa 100 Meter entfernt liegt gibt, kommen auch die passenden Frauen auf Fahrrädern an. Sie haben ganz andere Wünsche und suchen einen Laden, wo sie Obst und Tomaten kaufen können. Sie wollen kein Bier und wollen auch nicht nachgeben. Ich denke beides wird im Ort schwierig bis unmöglich sein. Mit einem netten Gespräch, unter viel Gelächter, verabschieden wir uns, jedoch nicht ohne meinen diplomatischen Hinweis, sich doch zu trennen, um so viel schneller die eigenen Bedürfnisse befriedigen zu können. Unter heftigem Gelächter fahren wohl alle sechs weiter in den nächsten Ort.

Auf einem Gartenstuhl neben der Herberge genieße ich den Nachmittag und treffe auf eine ältere Pilgerin aus dem Südschwarzwald die gerade ankommt. Anmelden, die Kneipe ist bis zum späten Nachmittag geschlossen, muss sie verschieben. Ich helfe ihr weiter, zeige ihr die Herberge, dabei werde ich Mittäter einer unfreiwilligen Comedy. Die Akteure sind die angekommene Pilgerin, Clara und ich. Es geht um folgenden Dialog;

Clara: ich gehe keinen Schritt mehr, ich bin fix und fertig, mich bringt hier keiner mehr weg
Paul: du kannst ja auch hier bleiben, es sind ja noch Betten frei
Clara: ich bin so fertig, ich gehe keinen Schritt mehr
Paul: ja, ich habe das schon mehrmals mitbekommen, Clara komm ich zeige dir die Herberge und dann kannst du dir ein Bett aussuchen.
Clara: also ich bleibe hier, ich gehe nicht mehr weg von der Stelle
Paul: ist doch ok Clara und wir gehen in die Herberge. Ich zeige ihr die freien Betten und erkläre ihr, warum diese noch frei sind (es liegen noch keine privaten Utensilien darauf)
Clara: woher weißt du das? Kann ich mich darauf verlassen? Du bist doch selber fremd hier!
Paul: ja ich bin auch Pilger, aber der Ablauf ist überall der Gleiche
Clara: setzt sich auf ein freies Bett, also mich bringt hier keiner mehr weg, ich stehe hier nicht mehr auf.
Paul: brauchst ja auch nicht mehr aufstehen, lege deine Utensilien auf das Bett und das Bett gehört dir für die nächste Nacht. Anmelden das kannst du heute Abend noch machen.
Clara: soll ich dir das glauben? Wenn das nicht stimmt, also hier gehe ich nicht mehr weg.
Paul: vertraue mir Clara, leg dich hin und Ruhe ein wenig.
Clara: hier klebt es überall, hier hat sicher einer Wasser verschüttet, hier klebt es überall.
Paul: ich höre das es klebt, jedoch kommt das nicht vom Wasser, sondern eher von Cola oder Limo und es klebt nicht überall, sondern nur bei dir Clara. Aber du sollst doch liegen bleiben.
Clara: ich muss auf Clo, aber es klebt hier der ganze Boden, da hat einer Wasser verschüttet
Paul: hier klebt nicht der ganze Boden, bei mir klebt er wenigstens nicht und nun gehe auf Clo, damit ich mal durchatmen kann. Sie geht auf Clo und ich nach draußen auf meinen Gartenstuhl. Sie quasselt, fragt und redet ohne Unterbrechung, ich brauche etwas Abstand, etwas Ruhe.

Nach einer Stunde hänge ich meine Wäsche ab und verstaue sie im Rucksack. Clara liegt im Bett und hat sofort die Augen auf.

Clara: weißt du was Paul, in beiden Toiletten ist kein WC Papier mehr und die Duschen sind dreckig, hier klebt der Boden überall, da hat sicher einer Wasser verschüttet.

Paul: der Boden klebt nicht überall, sondern nur bei dir und es hat sicher keiner Wasser verschüttet, sondern Cola oder Limo. Du kannst dir ja auch ein anderes Bett wählen oder nimm dir gleich eine andere Herberge! Du hast ja noch nicht eingecheckt.

Clara: glaubst du das ich nicht hierbleiben kann? Also ich gehe hier nicht mehr weg, mich kriegen keine 10 Pferde weg. Wann kommt denn endlich einer?

Paul: Oh Clara du kannst Fragen stellen. Ich weiß es doch auch nicht, doch du kannst bleiben das weiß ich schon. Andere Frage, was isst du heute Abend, ich esse auf der Außenbestuhlung eine Pizza, gehst du mit?

Clara: Ja, ich gehe mit; was kostet denn die Pizza, was kann ich denn trinken, ich habe kein Wasser mehr!

Paul: oh Clara du fragst und fragst mir Löcher in den Bauch. Ich kann dir doch auch nicht alle Fragen beantworten. Warte es einfach ab, aber Wasser wirst du sicher in der Kneipe bekommen.

Sie stellt immer wieder bis 19 Uhr die gleichen Fragen, dann kommt die Bedienung und wir gehen zum Essen, nehmen vorsichtshalber getrennte Tische außen vor der Kneipe.

Paul: Clara die Pizza kostet 7 Euro, ein Bier 2 Euro, der Wein weiß ich nicht. Hast du dich angemeldet?

Clara: Ja, ich habe mich angemeldet, aber die Pizza und das Bier ist mir zu teuer. Ich nehme einen Wein und esse die Reste von heute Mittag. Wo bestelle ich den Wein, hast du schon bestellt, wo kommt deine Pizza her?

Paul: Fragen über Fragen. Bestellen kannst du in der Kneipe, du kannst auch mit mir gehen

Clara: ich gehe vorher nochmal zu meinem Rucksack in die Herberge

Paul: Ja mach das Clara, ich gehe bestellen, gehe in die Kneipe und bestelle mir eine Pizza und ein Glas Wein, dabei entdecke ich den WIFI Code an der Wand hinter der Theke.

Clara: kommt auch zur Theke und sieht wie ich eine Nummer in mein Handy eingebe. Paul bestellst du jetzt deine Pizza? Wie lange dauert das mit dem Pizzadienst?

Paul: ich habe meine Pizza schon bestellt, die wird gemacht, die bringt nicht der Pizzadienst. Ich gebe nur den WIFI Code in mein Handy ein.

Clara: aber du gibst doch gerade die Nummer ein, du bestellst dir doch die Pizza, von wo kommt der Pizzadienst?

Paul: es kommt kein Pizzadienst, die Pizza wird hier gemacht und was ich eingebe das ist der WIFI Code und nun verschone mich für 30 Sekunden mit deinen Fragen, ich beginne nun zum vierten Mal die Nummer einzugeben

Clara: hat der Pizzadienst immer besetzt? Wann kommt denn hier einer?

Paul: Clara vergiss es und warte hier bis einer kommt.

Ich verziehe mich wieder nach draußen. Meine Pizza, natürlich wie vermutet, aus dem Karton und ein Glas Rotwein lassen nicht lange auf sich warten. Clara bekommt ihren Wein und packt ein Stück Baguette, Tomaten und Käse aus. Ich erzähle Clara, dass ich jeden Tag mindestens ein Baguette esse. Sie sagt, das ist doch ungesund Paul. Ich erwidere, schau Clara die Franzosen leben doch auch alle noch! Wir wünschen uns guten Appetit und essen alles auf. Später ruft Clara eine 85-jährige Frau an, die von ihr betreut wird und erklärt, dass sie mit ihrem Bekannten nur zusammen ist bis er für den Urlaub etwas Besseres gefunden hat. Wie war denke ich und schweige. In der wunderschönen Abendsonne sitzen wir noch lange draußen, meiden jedoch die Unterhaltung, weil Clara ewig telefoniert. Auf einer Bank am Eingang der Kneipe sitzen noch einige Einheimische und der Kellner. Beim zu Bett gehen erzählt mir Clara, dass sie noch ein Wasser für morgen bestellt hat, weil sie das Brunnenwasser nicht

verträgt. Dabei hat es der Kellner gut gemeint und ihr eine 2 ltr. Flasche verkauft. Sie hat es reklamiert, sie kann es vom Gewicht her nicht tragen. Auch WC Papier hat sie besorgt. Inzwischen sind noch einige Pilger eingetroffen, die schon schlafen. Ich weise Clara darauf hin, dass ab jetzt und die ganze Nacht nicht mehr gesprochen und gefragt wird. Es herrscht absolute Ruhe.

Mit diesem oder sehr ähnlichen Wortlaut lief die inhaltsschwere Unterhaltung heute Nachmittag ab. Besonders witzig mit welcher Ernsthaftigkeit wir beide diese Gespräche führten. Ich verziehe mich in meinen Schlafsack und kann mich nicht erinnern, jemals so viel unnütze Fragen beantwortet zu haben.

Gute Nacht.

Tag 78, Boadilla del Camino – Carrión de los Condes 25 km

Willkommen zurück im Pilgeralltag! Gut ausgeruht und wieder auf dem Boden angekommen. Von Clara habe ich in dieser Nacht keine Fragen beantworten müssen. Sie sitzt jedoch schon auf ihrem Bett als ich von dem Waschraum komme, ich meide den Blick zu ihr und mache mich bei meinem kleinen Taschenlampenlicht startklar. Die Eingangstür hat die ganze Nacht offen gestanden, sodass genügend Sauerstoff in der Herberge war und es jetzt fast so frisch wie draußen ist. Vor der Tür treffe ich noch auf einen jüngeren Mann aus Xanten, er hat keinen rechten Arm, nicht mal mehr einen Stummel und ist auch auf dem Weg nach Santiago. Seine Vorgabe ist ohne Geld am Ziel anzukommen, stellt jedoch fest, dass es in der frischen Nacht nicht mehr ohne Herberge geht. Wir verabschieden uns wieder und ich komme bei klarem Himmel in der Dunkelheit des Tages um 7 Uhr los. Einen Kaffee bekomme ich nach 6 km, dann in der Bäckerei auch ein frisches Baguette, das ich stückweise abbreche und auf dem Weg verzehre. Ja, so sieht ein normales Frühstück in Spanien aus. Mein

Kaffeekonsum ist erheblich gesunken, eine Tasse morgens in der Bar, das reicht für den ganzen Tag.

nur den Pilgerweg genießen

Mit meinen Gedanken beim gestrigen Tag und dem Bewusstsein, dass der heutige nicht annähernd so kontrastreich wird, führen mich die ersten Kilometer am Canal de Castilla entlang. Der diente früher dem Getreidetransport und überwindet mit 49 Wehren immerhin 150 Höhenmeter, 14 davon alleine in Frömista. Heute nutzen Paddler den Kanal als Fernwanderroute und für die Landwirtschaft ist es eine Bewässerungsroute. Wie eine Lebensader durchzieht der Canal de Castilla die ansonsten karge Meseta. Nach einem Stück Straße geht es weiter auf einem komplett flachen Gelände durch, na was wohl, abgeerntete Getreidefelder ohne besondere Reize. Es ist wieder sehr heiß in der berüchtigten Meseta-Hitze und an Schatten ist nicht zu denken. Der Weg ist wieder leicht und flach, gut markiert, wie es in Spanien so üblich ist. In Frankreich war eher das Gegenteil an der Tagesordnung. Ich wandere weiter teils über Schotterwege parallel zur Straße oder durch scheinbar endlose Meere von Getreidefeldern, die längst abgeerntet sind. Entmutigen, nein, das können mich die <endlosen> Weiten nicht. Sie gehören ganz sicher zu den stärksten Erfahrungen meines Weges. Er gibt immer wieder Raum für Emotionen, ab und zu eine Träne, manchmal gibt es auch nasse Wangen. Es sind die Emotionen des Weges, Tränen der Freude, Tränen des Glücks. Ich lasse sie zu und ich glaube, dass sie zum Jakobsweg einfach dazu gehören.

Bei weiter extrem staubigen Wegen -meine Beine, Schuhe und Socken sind absolut sonnengeschützt mit Millimeter dicker Staubauflage - treffe ich auf Maria aus Rosenheim und Johannes aus Unterfranken. Die beiden haben sich unterwegs kennengelernt und laufen nun schon einige Tage zusammen. Nach wenigen Minuten trenne ich mich wieder von beiden, möchte nicht stören und wünsche beiden einen Buen Camino. Bei hochgradiger Sommerhitze habe ich in den letzten Tagen so ab der Mittagssonne einige sehr lästige Fliegen um mich herum. Setzen sich auf den Brillenrahmen, Brillengläser, Nasenspitze, Ohren und sind dabei nicht nur störend, sondern auch extrem lästig. Es ist wohl mein einziger Kampf, den ich zu ertragen habe! Ein stumpfes Gehen, sonst hat der Weg heute nicht viel zu bieten. Erst in Villalcàzar de Sirga treffe ich auf eine Holländerin und eine Belgierin. Wir laufen ein Stück zu dritt, doch irgendwie ist die Belgierin

verloren gegangen. Die Holländerin geht im Ort in eine Bar zum Mittagessen, ich mache mein Picknick wie gewohnt auf einer Bank in der Ortsmitte. So war das Treffen von einer kurzen aber intensiven Gesprächsphase bestimmt.

Bemerkenswert in dem Ort ist einzig die wuchtige Kirche, die eher einem wuchtigen Klotz gleicht, jedoch durch ihr außergewöhnliches Portal auffällt. Für die Besichtigung

der Innenräume muss ich Eintritt bezahlen, mache ich jedoch nicht, sie macht für mich den Eindruck wie viele andere auch. So lasse ich von einer kanadischen Pilgerin noch ein Foto von mir und einer ausruhenden Pilgerfigur auf der Bank machen und ziehe weiter raus aus dem Ort. Es erwartet mich wieder die Straße, die bis zum Ende der Tagesetappe in den Ort Carriòn de los Condes neben dem Pilgerweg verläuft. Wirklich ein grasser Gegensatz zu dem Zauber von gestern!

Es ist noch früh am Tag, etwa 13.45 Uhr als ich meine Etappe für heute beende. Ich suche mir ein günstiges Pilgerhostal, drei kirchliche und ein privat geführtes stehen zur Verfügung. Ich entscheide mich für ein Nonnen-Kloster, 90 Betten; das Private, von einem Schweizer geführt, möchte ich mir nicht leisten. Auch die Herbergsfindung ist hier in Spanien leichter und das lästige Reservieren entfällt. Anmeldung erfolgt bei einer Nonne, die mich dann auch über den Hof zur Unterkunft führt. Alles ist perfekt, ein Einzelbett mit Dusche und WC, Pilgerherz was willst du mehr? Kurzfristig erledige ich meine Wäsche und staune immer wieder über das Waschbrett, das in Spanien noch häufig zu sehen ist. Bei uns früher zu Hause hatten wir das Gleiche, aber eher ende fünfziger, anfang sechziger Jahre. Weiter geht es zu einer Kneipe in der Nachbarschaft. Ich genieße ein großes Bier auf der Außenbestuhlung,

selbstverständlich im Schatten der extremen Mittagshitze Spaniens. Es folgt eine Erkundungstour durch den Ort, Schreiben im Park und ein Besuch der Kirche. Dabei kann ich noch einigen Pilgern, die auf der Suche einer Albergue sind, weiterhelfen. Ich komme nochmals an der Kneipe vorbei, nehme nochmals Platz und bestelle mir ein

weiteres großes Bier (Bier O,3 Ltr. für nur 1 Euro, da muss man ja trinken). Einige WC Gänge sind bei der Hitze absolut überflüssig, die Hitze lässt die Flüssigkeit im Körper verdunsten. Ich laufe noch etwas durch die Stadt und entscheide mich für das Pilgermenü in der bereits bekannten Kneipe. Oh, es gibt ein Restaurant zum Essen. Ich nehme Platz und bestelle mir ein Pilgermenü. Überrascht werde ich mit einer Paella als Vorspeise, Fleisch und Fritten als Hauptspeise und Flan als Nachtisch. Eine Flasche Pilgerwein für mich alleine, Brot und Wasser bis zum abwinken. Ich genieße es und es ist im Preis- Leistungsverhältnis für 11 Euro einfach top. Während der ganzen Zeit bleibe ich der einzige Pilger im Restaurant, warum eigentlich? Nun muss ich sagen, das Leben, das Essen und die Übernachtung ist in Spanien doch um einiges günstiger als in Frankreich, kann das Niveau von Frankreich jedoch nicht erreichen. Aber alles ist gut und ich mache mich auf den kurzen Weg zu meinem Kloster-Zimmer.

Ich nehme meine Wäsche von der Leine, rutsche in meinen Schlafsack, doch schlafen kann ich noch nicht. Ich genieße mein Einzelbett und werde mit Gedanken überschüttet. Sie beschäftigen mich immer intensiver mit dem Ankommen in Santiago. Was wird es in mir bewirken? Was wird es mir bescheren? Ich werde ein bisschen wehmütig, als ich daran denke, dass der Camino dort endet. Dieser so lieb gewonnene Weg ist dann nicht mehr das Ziel. Was kommt danach? Fragen, die ich noch nicht beantworten kann – und auch nicht will! Noch bin ich mitten auf dem Weg und lange nicht in Santiago, versuche ich mir einzureden. Aber die Tage sind gezählt und ich werde es schaffen! Aber die Ankunft rauszögern, das macht keinen Sinn, Uschis Ankunft und der Rückflug sind gebucht. Es ist wie es ist und was danach kommt wird sich finden.

Nur in einem bin ich mir sicher, ich werde immer ein Pilger bleiben und sicher viele weitere Wege zu Fuß gehen, dessen Ziel muss dann nicht zwangsläufig Santiago heißen. Nur der Weg zählt! Santiago war vielleicht gar nie das Ziel – Nur der Weg dorthin war das Ziel - Auf dem Weg möchte ich Santiago erreichen!!!

…Gute Nacht!

Tag 79, Carriòn de los Condes – Moratinos 30 km

Um 7Uhr verlasse ich das Nonnen-Kloster über den Hof und das große Tor. Gleich neben meinem Restaurant von gestern Abend hat die Bar geöffnet – einen Kaffee amerikanisch und ein frisches Croissant französisch, dann bin ich auch schon auf meinem Pilgerweg.

Im Dunkeln losgehen, daran habe ich mich schon gewöhnt. Wegen der Mittagshitze geht das auch nicht anders. Nachts und morgens spüre ich den Herbst, der auch in Spanien angekommen ist, jedoch tagsüber ist es immer noch hochsommerlich, so um die 40 Grad. Es folgt ein traumhafter Sommertag und zunächst 18 km – hiervon 12 km über die Originalroute, die alte Römerstraße Via Aquitana - bis der Glockenturm von Calzadilla de la Cueza zu sehen ist. Der Weg ist schnurgerade, topfeben, schattenlos und führt durch abgeerntete Getreidefelder ohne Dorf, ohne Haus, ja sogar ohne einem Menschen zu begegnen. Das Hirn kann ich abschalten -es hat sich von selber abgeschaltet- das Gehen ist eher langwilig, nein es ist ein Weg für Geist und Seele. Es gibt wirklich nix zu sehen, null Abwechslung und es ist noch nicht einmal ein

Pilger zu sehen. Aufregend wirken schon die kleinen Hügel in den unendlichen Weiten.

Es ist traumhaft schön auf den Feldwegen, weit weg von Straßen, vom täglichen Leben. Nicht zu beschreiben, man muss es erleben und doch ist es atemberaubend schön. Mein Kopf ist leer, keine Gedanken, nichts, nur das pure Gehen. Ich gehe nur und gehe und gehe. Drei Stunden brauche ich für diese 18 km und erreiche den ersten Ort des Tages. Ich mache eine Pause, durchquere den Ort, passiere die Abzweigung zu den Klosterruinen von Santa María de las Tiendas, erreiche über Lèdigos und Terradillos de los Templarios meine Albergue in Moratinos. Tja, obwohl es heute nicht wirklich was zu sehen gibt, ist es ein netter Tag. Wenn es die Meseta nicht geben würde, müsste man sie glatt erfinden. Ein Überbrücken der Meseta mit Bahn oder Bus ist für mich immer weniger nachvollziehbar. Ja und morgen soll die Meseta selbst wieder für etwas mehr Abwechslung sorgen.

Moratinos, ein 60 Seelen Ort erreiche ich um 14.30 Uhr

bei reichlich Sommerhitze und Millimeter dickem Staub auf Beinen, Schuhen und Socken. Gleich das erste Haus, es ist ein Hotel mit Herberge im Anschluss, kehre ich ein. Der Hotelier ist deutschsprachig, hat mehre Jahre in München gelebt und gearbeitet. Seit meinem Frühstück in der Bar ist es die erste Unterhaltung für heute. Ich stelle fest, auch Reden verlernt man so schnell nicht. Für 24 Euro bekomme ich zum komplett Preis; Abendessen, Übernachtung und Frühstück in der Herberge. Mein Zimmer

erreiche ich über den Herbergseingang gleich neben dem Hotel und kann mir in dem komplett neu ausgestatteten 8 Bett-Zimmer eines aussuchen. Noch ist keines belegt in dem wunderschön verwinkelten Raum. Ein großes Bad mit Dusche und WC und wenn ich dann noch alleine bleibe, das ist mein Traum! Manchmal habe ich eben Glück und bekomme für wenig Geld ein Zimmer mit Bad für mich alleine. Für heute habe ich ein gutes Gefühl.

Lebenshauch!

Beim Ausziehen der Klamotten erinnert mich der milimeterdicke Staub nochmals daran, wie Gott den Menschen erschuf – aus Erde – und haucht ihm danach neues Leben ein! Nach der Dusche fühle ich mich wieder als Mensch und bin auch wieder Mensch. Lebenshauch, ja Lebenshauch eben!!!

Ich wasche meine Klamotten, trinke ein wunderschönes Bier im Biergarten vor dem Hotel, halte meine Erlebnisse vom heutigen Tag in meinem Tagebuch fest - was sich heute eher in Grenzen hält - schreibe meine WhatsApp an die kleine Gruppe der Zuhausegebliebenen und rufe Uschi wie jeden Tag an. Die Ortsbesichtigung mit Kapelle in dem kleinen Dorf steht dem heutigen Meseta-Tag nichts nach. Überrascht bin ich von der zweiten Herberge im Ort, die italienisch geführt wird. So und nun zum Pilgeressen in den Biergarten vorm Hotel. Es ist ein weiterer Tisch, wie auch heute Nachmittag besetzt, es sind Touris glaube ich, die auch hier im Hotel übernachten. Mein Pilgermenü beinhaltet einen Salat als Vorspeise, Hecht mit Salat als Hauptspeise und ein Eis zum Nachtisch, mit Wasser, Wein und Brot, wie immer reichlich. Ein Pilgermenü kann man in Spanien immer unter drei Menüs kreuz und quer aussuchen. Alles ist perfekt und der Tag findet doch noch einen bunten Abschluss.

zum Abendessen

Auch der heutige Tag bleibt mir sicher als ein Höhepunkt der Pilgerwege in Erinnerung.

Wenn ich eines auf dem Pilgerweg gelernt habe, dann ist es ganz sicher; dass ich einfach die Dinge auf mich zukommen lassen muss!!!   ...gute Nacht!

Tag 80, Moratinos – El Burgo Ranero 28 km

Die Nacht war super, das Frühstück ist wie erwartet einfach und so komme ich um 7.30 Uhr auf den Weg.

29.September
Erdhäuser

Die Dinge einfach auf mich zukommen lassen.

Ja das habe ich gelernt. Nee, ich glaube lernen kann ich das in meinem Alter nicht mehr. Dann habe ich es eben schon immer gehabt? Nee, auch das kann nicht sein, ich habe immer alles um Wochen oder auch Monate im Voraus geplant, mein ganzes Berufsleben bestand aus Vorausdenken und Planen, sogar bis zu einem Jahr! Gleich

228

am Anfang des Jakobsweges in den ersten Tagen, ab da konnte ich die Dinge einfach auf mich zukommen lassen! Ich habe diese Eigenschaft nicht gehabt und auch nicht gelernt! Wo habe ich sie denn dann her? Sie ist mir am Anfang des Pilgerweges mit auf den Weg gegeben worden und ich habe sie, ohne einen Übergang festzustellen,

beibehalten. Sie ist mir geschenk worden! Ich habe nur noch im „Jetzt" oder „Heute" gelebt, manchmal in den Folgetag mal reingeschnuppert, jedoch habe ich nicht weiter geschaut. Manchmal bin ich dafür bestraft worden, habe meine Übernachtung nur unter schwierigen Bedingungen gefunden. Aber ich war nicht wirklich betroffen, wenn ich mal am Abend 10 km zusätzlich laufen musste. Mein Leben ist viel ruhiger, leichter, einfacher, angenehmer und auch schöner geworden! Es ist einfach lebenswerter geworden, ja „lebenswerter".

Die Dinge einfach auf mich zukommen lassen!

Der Tag beginnt wie eine Kopie des vorherigen. Bei wunderschönem Sommerwetter, in der Früh, noch etwas kühl, jedoch zum Wandern schon sehr angenehm, gehe ich in einigem Abstand zur Autobahn nach San Nicolàs del Real Camino. Außer einer Kapelle hat der kleine Ort nicht viel zu bieten. Weiter geht es sanft ansteigend auf einem Feldweg zur Ermita de la Virgen del Puente. Die kleine Ziegelsteinkapelle vereint romanische und arabische Elemente. Jeden 25. April findet zu ihr die Wallfahrt „de pan y queso" statt, bei der es Brot und Käse gibt und die Tantàrigas (typische Tänze) aufgeführt werden.

Weiter gehe ich sanft ansteigend und ohne weitere Highlights bis Sahagùn. Unspektakulär verlasse ich kurz vorher die Provinz Palencia und gelange in die Provinz

Ermita de la Virgen del Puente

Leòn. Sahagùn, eine kleine Stadt mit heute 3000 Einwohnern, ist eine Stadt bedeutender Kirchen geblieben, erbaut aus gebrannten Ziegeln aus dem Lehm der Umgebung. Auch die originellen Kirchtürme stechen ins Auge. Ich treffe immer wieder die Belgierin, die ich vorgestern kennengelernt habe. Wir grüßen uns jedesmal freundlich, doch es ist als würden wir uns schon ewig kennen. Ansonsten ist es furchtbar ruhig auf der Strecke, es sind wenige Pilger unterwegs. Ich wandere aus dem Ort raus, nehme den Pilgerweg gleich neben der Straße, gehe über eine Brücke und erreiche nach wenigen Kilometern Calzada del Coto. Am Ortsende gabelt sich die unbefestigte Straße. Ich werde vor die Wahl gestellt wie alle anderen Pilger auch, der Straße weitere 18 km zu folgen oder eine ganz abgeschiedene Route durch die Wildnis zu nehmen. Ich entscheide mich gegen die Wildnis-Steppen-Route und folge dem >Real Camino Francès< (dem königlich französischen Weg) geradeaus weiter. Weite Getreidefelder, die längst abgemäht sind, prägen das Landschaftsbild. Es ist eine Etappe mit recht unspektakulären bis eintönigen Wegesabschnitten. Der Fußweg läuft zwischen einer Baumallee und der sehr ruhigen alten Landstraße bis zu meinem Zielort El Burgo Ranero.

Um 14.30 Uhr erreiche ich, nach bereits drei ausgebuchten Herbergen, eine mit einem freien Bett für diese Nacht. Am Empfang geht es etwas chaotisch zu, doch ich bekomme in einem Dreibettzimmer sogar das einzelne 140er Bett. Womit habe ich das denn verdient? Ich nehme es gerne an, dusche, wasche und habe so in

Kürze wieder meine Freiheit, die ich in dem kleinen Innenhof, sonnendurchleuchtet mit anderen Pilgern verbringen kann. Ich genehmige mir ein Bier, für die unterschiedlichsten Unterhaltungspartner sowie Themen gibt es wie immer keine Hemmungen. Ich habe es aber auch leicht! Jeder kennt mich bzw. jeder hat schon von mir gehört und die Amerikaner, die Kanadier und die Australier gratulieren immer wieder, wobei die Europäer immer wieder den Hut vor mir und meiner Leistung ziehen. Mein Bekanntheitsgrad ist in Spanien sehr gewachsen. Meine freundliche, umgängliche Art, vielleicht hat diese Tugend sogar jeder Pilger, lässt die ganze Welt auf dem Weg zusammenwachsen.

zum Abendessen

Bei einem Rundgang durch den Ort schreibe ich noch auf einer Bank im Schatten und genieße die Ruhe. Es ist noch südländisch heiß. Niemand, auch kein Pilger ist zu sehen, der Ort ist absolut tot. Das Abendessen, was immer noch die mit Abstand stärkste Mahlzeit des Tages für mich ist, bekomme ich gleich neben meiner Unterkunft im Restaurant. Ein paar Pilger sind bereits eingekehrt. Mein Pilgermenü besteht wieder aus einem Salat, grün mit Schinken, Käse und Walnüssen sehr lecker zurecht gemacht, einem Steak mit Fritten und einem Eis zum Nachtisch. Eine Flasche tief roter Vino Tinto rundet mit viel Wasser das ganze Menü ab und lässt es zu etwas Besonderem werden. Obwohl der Wein 12- 13 % Alkohol hat, ist er in der Menge gut verträglich und auch für den Schlaf sehr hilfreich. Alles in allem einfach ein perfektes Abendessen. Früh finde ich wieder Platz in meinem Schlafsack.

Nancy schreibt; wie geht es dir so kurz vor dem Ziel? Also ich bin mit mir und der Welt völlig im Reinen. Ich habe das Gefühl, die innere Einkehr ist noch längst nicht vorbei. Es ist immer noch die Freude am Gehen, das Kennenlernen anderer Menschen und das großartige Gefühl von Freiheit und Ungebundenheit, das mich diesen Weg so gerne beschreiten lässt. Nicht vergessen werde ich das große Ziel Santiago wirklich zu erreichen! Ich habe noch keine Vorstellung wie ich die Ankunft dort erleben werde. Völlig überwältigt, emotionslos oder gar ernüchternd! Ich werde es machen wie bereits auf dem ganzen Weg „die Dinge einfach auf mich zukommen lassen"! Mir geht es nach wie vor sehr gut, ich genieße einfach die Zeit die mir bis Santiago bleibt in vollen Zügen und glaube, ich freue mich ebenso auf meine Ankunft in Santiago!

Gute Nacht.

Tag 81, El Burgo Ranero – Arcabueja 30 km

Lange und gut habe ich geschlafen, um 6 Uhr, 2 Minuten vor meinem Wecker stehe ich auf. Mein Frühstück bekomme ich nebenan im Restaurant, so bin ich um 6.45 Uhr schon auf dem Pilgerweg.

Heute Morgen ist es leicht bedeckt und nicht mehr so frisch wie in den letzten Tagen. Der unbefestigte, einfache Weg zwischen einer Baumallee und einer kleinen Landstraße läuft wie auch gestern schon, immer noch schnurgerade aus. Bis acht Uhr ist es heute dunkel, so laufe ich eine gute Stunde in der Dunkelheit, ohne jemals das Gefühl zu haben, ich könnte mich verlaufen. Ab und zu kontrolliere ich mit meiner kleinen Taschenlampe an der Weges Kreuzung nochmals die Muschelhinweise und ziehe weiter. Die ersten Pilger treffe ich erst nach über einer Stunde, es war ja auch dunkel! Am Wegesrand linke Seite liegt ein überdachter, schattenspendender, schöner Rastplatz. Ein Weg führt links ab nach Villamarco. Am Wegesrand hat man Maschinen und Geräte museumsgerecht aus der Getreide-Landwirtschaft aufgestellt. Mein Weg führt jedoch geradeaus und den ersten Ort erreiche ich in drei

alles rund ums Getreide

Stunden, begleitet bis dahin auf der linken Seite von jungen Platanen, die spärlich Schatten spenden und der rechten Seite von einer unbefahrenen Straße. Reliegos ist der Ort in den ich einlaufe, mehrere Herbergen liegen rechts und links der Ortsmitte, dann bin ich auch schon wieder raus aus dem Ort. Es ist pilgermäßig extrem ruhig und die Landschaft immer noch sehr eintönig.

unfertige Autobahn

Der Graben zwischen Baumbestand und Pilgerweg zeigt regelmäßig Ablagerungen von Tempotüchern. Manchmal sieht es aus als hätte ein Hund ein ganzes Paket zerfetzt, jedoch sind es Pilger, die hier ihre Geschäfte hinterlassen. Die Abstände sind regelmäßig und zeigen mir immer wieder an, dass ich noch auf dem richtigen Weg bin. Es sieht schlimm aus und ist doch 100%ig verlässlich! Eine gute Stunde gehe ich den bereits bekannten Weg ohne irgendwelche Besonderheiten bis Mansilla de las Mulas (mit einfachen Städtenamen hat man es hier wohl nicht). Schon vor dem mittelalterlichen „Pilgerboom" war das am Riò Esla gelegene Mansilla de las Mulas ein bedeutender Verkehrsknotenpunkt. Im 12./13. Jh. war Mansilla die größte und reichste Marktstadt der Region. Von den Viehmärkten leitet sich der Beiname <de las Mulas> (der Maultiere) ab. Am Ende der schier endlosen Meseta warteten fünf Kirchen, drei Pilgerhospize und zahlreiche Herbergen und Wirtshäuser auf die Pilger.

Mansilla de las M...

Die Spuren des einstigen Glanzes sind heute verblasst. Heute ist es eine malerische kleine Stadt mit alten Gassen, den Kirchen Santa Marìa und San Martìn mit ihren Kirchtürmen, alle besetzt mit Storchennestern. Die Plaza Mayor ist, wie in den vielen Städtchen zuvor, von hübschen Arkadenhäusern umstanden.

Ja, da ist doch die Meseta schon vorbei. Das soll sie also schon gewesen sein? Wo war die schwere mentale Prüfung, von der so häufig

müde W... P...gern

gesprochen und berichtet wird? Die Meseta ist sicherlich mal eine Abwechslung auf dem Weg, aber keineswegs eine Zerreißprobe. Wahrscheinlich bin ich schon zu lange unterwegs, um für so etwas noch anfällig zu sein. Ich habe viele überragende Tage auf dem Jakobsweg geschenkt bekommen, ganz sicher zählen auch die Meseta-Tage dazu.

Ab Mansilla de las Mulas stört der Großraum von Leòn die Idylle des Wanderweges. Ich gehe -die Sommerhitze ist wieder schattenlos zurückgekehrt- neben der stark befahrenen N-601 und passiere zunächst den Weiler Villamoros de Mansilla, gleich darauf Puente Villarente. Nach den letzten Häusern wechselt der Camino auf die rechte Seite der Nationalstraße und entfernt sich etwas. Über einen Feldweg wandere ich geradeaus, ein Stück der Autobahn entlang und gelange nach der Autobahnunterführung leicht bergan nach Arcahueja, erreiche um 14 Uhr problemlos, ich glaube, die einzige Herberge im 200 Seelen Ort.

Hier kann ich in der Kneipe Abendessen und Übernachtung mit Frühstück buchen. Bei der Festlegung vom Abendessen gibt es plötzlich Probleme in der Verständigung. Hier treffe ich auf eine freundliche italienische Pilgerin, die mir weiterhilft. Im Schlafsaal sind noch viele Betten frei, sodass ich mir ein Bett parterre und am Fenster reservieren kann. Duschen,

und wieder etwas Herbst

Waschen, Schreiben im Hinterhof und eine Ortsbesichtigung, alles ist nicht wirklich aufregend. Das sommerliche Klima genieße ich anschließend mit einigen Pilgern und netten Gesprächen im Hinterhof. Zum Abendessen finden sich nur wenige Pilger ein. Einer netten Unterhaltung zum eher einfacheren Essen steht aber trotzdem nichts im

Wege. Ich treffe auf eine Frau aus Bozen, deren Tochter sie in Santiago de Compostela besuchen möchte und den gleichen Flug vom Hahn gebucht hat, wie meine Frau. Das sind ja Zufälle, die uns sicher nochmals zusammenbringen werden!

wunderschöne Brücke vor Leon

Im Schlafsaal ist es schon ruhig und ich kann noch einige Gedanken kreisen lassen;

Menschen auf dem Jakobsweg können unterschiedlicher nicht sein!

Es sind die unterschiedlichsten Menschen auf dem Jakobsweg, arm oder reich, groß oder klein, schnell oder langsam, laut oder leise, aus den unterschiedlichsten Ländern, mit den unterschiedlichsten Sprachen und Hautfarben. Der Jakobsweg lernt einen offen damit umzugehen. Eine Kommunikation ist immer möglich, egal in welcher Form. Es kommen Menschen aus den unterschiedlichsten Kulturkreisen zusammen und es gibt keine Probleme.

Keine Hemmungen sind vorhanden, wenn es um die Unterhaltung mit anderen geht oder wenn es darum geht, gemeinsam an einem Tische zu essen, egal ob ein Pilger ganz weit aus dem Westen, Osten, Norden oder Süden der Kugel kommt. Jeder hat für jeden Verständnis, man lernt offener und mit viel mehr Vertrauen aufeinander zuzugehen. Pilger leiden und freuen sich miteinander. Jung oder Alt, die unterschiedlichsten Menschen leben auf dem Jakobsweg mit Franzosen und Spaniern friedlich zusammen. Hier sind alle Menschen gleich! Man lernt viele Menschen aus den unterschiedlichsten Ländern kennen und wächst ganz schnell zu einer großen Pilgergemeinschaft. Alle haben ein Ziel, irgendwann Santiago de Compostela zu erreichen, das schweißt zusammen und man stellt irgendwann verblüfft fest, wir sind eine große Pilgergruppe, die zunimmt, manchmal auch abnimmt, zusammengestellt aus den unterschiedlichsten Menschen und doch sind alle gleich. Das Leben wird lebenswerter, gewinnt an Bedeutung und überrascht täglich aufs Neue!

Spielt der Glauben - der oft Probleme aufwirft – auf dem Camino eine Rolle?

Gute Nacht.

Tag 82, Arcabueja – Villar de Mazarife 29 km

Mein Frühstück hat der Herbergsvater gestern Abend vorbereitet, ich bin wohl der einzige Pilger, der hier frühstückt. Spanisch einfach, der Caffè in der Thermosflasche ist lauwarm und das Croissant in der Tüte nicht frisch! So komme ich um 6.45 Uhr schon früh auf den Weg.

Nun bin ich nur noch 8 km von Leon entfernt. Nicht Wenige sagen, dass Leon die schönste große Stadt am Camino ist, der Reiseführer spricht von einem kulturellen

Höhepunkt. Es ist etwas bedeckt, warm und noch dunkel. Wenn das Wetter mitspielt, kann ich mich auf Leon sicher freuen. Ein paar Stunden werde ich mir jedenfalls frei nehmen und werde meine normale Tour dann auch noch packen. Es ist noch früh, der Weg ist gut, läuft jedoch ein gutes Stück neben einer vielbefahrenen großen Straße entlang. Rein geht es in die Großstadt, es ist Sonntag, es ist wieder Sonntag, wo ich in eine große Stadt einlaufe. Ich

genieße die Ruhe, die der Sonntagmorgen einer Großstadt zu bieten hat. Weit weg vom Berufsverkehr, vollen Ampeln und Menschenmassen. Wobei viele Pilger es vorziehen an einem Samstagnachmittag in die Stadt zu kommen, sie bevorzugen halt das richtige Leben mit viel Unterhaltung zum Wochenende. Vielleicht ist der Weg auch deshalb so Pilgerlos heute Morgen. Auf jeden Fall ist es die letzte Großstadt mit kulturellem Höhepunkt vor Santiago. Ich gehe zur Brücke über den Rìo Torìo und komme gut beschildert ins Zentrum, muss höchstens mal einem Müllwagen oder einem Wasserfahrzeug ausweichen. In Spanien werden nach einer abgefeierten wilden Samstagnacht im Zentrum die Mülleimer geleert und alle Straßen sauber abgespritzt. Noch schläfrig erwarten menschenleere, nass glänzende Straßen und Gassen den Tag.

Ein guter Stadtplan führt mich punktgenau zu allen Sehenswürdigkeiten die Leon zu bieten hat. Bis Mitte des 20. Jh. war Leon das Zentrum der Eisenerz- und Kohlereviere der Region. Die lichte, in freundlichen Gelb- und Ockertönen gehaltene Altstadt ist eine der reizvollsten am Camino francès. Sicher trägt auch das leichte Sonnenlicht an diesem wunderschönen frühen Sonntagmorgen zu dieser Farbgestaltung bei. Die Verkehrsberuhigung hat dem historischen Zentrum sein mittelalterliches Flair zurückgegeben. In den Bars und Restaurants des Barrio hùmedo, des „feuchten Viertels" rund um die Plaza Mayor, tobt, besonders am Wochenende, Leons Nachtleben. Heute Morgen dominiert die barocke Fassade des alten Rathauses 17.Jh. auf dem Plaza Mayor.

Höhepunkt des Rundgangs ist die zwischen dem 13. und 14. Jh. entstandene Cathedral de Leon, sie ist das hervorragendste und stilreinste frühgotische Bauwerk auf spanischem Boden. Geldmangel und zahlreiche Teileinstürze verzögerten die Fertigstellung bis ins 19. Jh. Einzigartig in Spanien sind die zwischen dem 13. und 20. Jh. entstandenen Glasmalereien mit einer Gesamtfläche von fast 1900 qm. Durch 125 bis zu 12 m hohe Fenster fällt das Licht in den harmonischen Innenraum. Herausragend ist das von flämischen Meistern aus Nuss- Holz geschnitzte

Chorgestühl aus dem 15. Jh.- kurios ist die Darstellung einer schwangeren Muttergottes (Virgen de las Esperanza, Jungfrau der guten Hoffnung) in einer Seitenkapelle des Chorumganges.

Weiter besichtige ich die Basilica de San Isidoro, ein Meisterwerk der romanischen Baukunst (10. – 12.Jh.) mit ausdruckstarken Deckenmalereien. Auf dem Plaza San Isidoro kommt eine Japanerin auf mich zu und winkt mit ihrem Fotoapparat, ich reiche die Hand und möchte von ihr ein Bild mit der Basilica im Hintergrund machen, doch sie winkt ab und hätte gerne ein Foto von mir. Ich stimme zu und habe das Gefühl, dass ich nach fast drei monatiger Pilgerzeit zu den Denkmälern in Leon zähle! Die vielen Pilgertage hinterlassen auf jeden Fall Eindruck bei einigen Touris.

Kathedrale

Siebzehn Pilgerherbergen gab es im mittelalterlichen Leon, die berühmteste war das Monasterio (Hostal) de San Marcos, heute ist es ein staatliches Nobelhotel. Mein Pilgerweg führt an der über 100 m langen, reich verzierten platteresken Südfassade (16.-18.Jh.) vorbei. Bis zum 12. Jh. war San Marcos Pilgerhospiz, danach wurde es Stammhaus des einflussreichen Ordens der Santiagoritter. Ein mächtiger Santiago reitet in seiner legendären Gestalt als Maurentöter über dem Hauptportal. Gegenüber nehme ich eine sitzende Pilgerfigur wahr und bin schon wieder auf meinem Pilgerweg, gut beschildert, raus aus der Großstadt Leon. Der Weg zieht sich etwas zäh, doch ich komme wieder gut in die Puschen und gehe einen kleinen Anstieg raus aus Leon, aber nicht ohne einen längeren Blick zurück in die wunderschöne Welt Leons zu wagen. Leon ist wirklich eine Perle. Die eng verwinkelten Gassen, ganz alte Häuser, die mediterranen Farben, tolle Bauwerke und die vielen kleinen und großen Plaza.

Basilica de San Isidoro

Danach geht es weiter über Feldwege, locker bewachsene, trockene Hochebene. Viele kleine Erdhäuser, die in die Hügel gebaut sind, bilden optisch den Eindruck einer kleinen Siedlung. Ein skurriles Bild und ich weiß mit diesen kleinen Hügelhäusern nichts anzufangen. Die Besiedlung wird zunehmend dünner und die Natur hat mich wieder. Nur ein einziger Ort, Chozas de Abajo, unterbricht die unbesiedelte Landschaft bis zu meinem Tagesziel Villar de Mazarife. Schafherden auf trockener Hochebene, kein Mensch in Sicht, tut das wieder gut! Der landschaftliche Charakter ändert sich kaum, das Gehen macht nach dem Stadtbesuch und auf dem sonnenverwöhnten Pilgerweg wieder viel Freude. Ich bin wieder alleine mit mir und dem Camino, mit Staub und Hitze. Über eine wenig befahrene Landstraße erreiche ich am Anfang von Villar de Mazarife um 16 Uhr die erste Herberge.

Unterkunft in dem großen Schlafsaal mit vielen, vielen Etagenbetten ohne jegliche Abtrennung, ist obwohl schon sehr viel Bewegung ist, kein Problem. Ich reserviere mir ein Bett unten, gleich hinter dem Eingang in der Ecke. Dusche, waschen und dann suche ich mir im großen Garten eine ruhige Ecke zum Schreiben. Das ist wohl nicht so einfach, denn es ist richtig viel los hier. Ich versuche mich zu konzentrieren, doch gleichzeitig nehme ich zwei Deutsche wahr, die sich unterhalten, ich schlage mein Tagebuch zu, gehe zu den beiden, wir stellen uns vor und ich sitze auch schon an ihrem Tisch, voll integriert ins Gespräch. Es ist Ralf aus Aachen, ca. 50 Jahre und Jonni aus Frankfurt ca. 25 Jahre. Die Unterhaltung geht intensiv bis zum Abendessen, mit Mühe und Not bekomme ich mein Erlebtes von heute noch schriftlich festgehalten.

Das Abendessen in der Herberge serviert der Hospitalero, ein schlanker Mitfünfziger mit grauen, zu einem Zopf, zusammengebundenen Haren. Er reicht als Vorspeise Salatplatten und eine Kürbissuppe aus dem Kühlschrank, als

hier ist die Großstadt schon vergessen

Hauptspeise eine Paella mit Gemüse und als Nachtisch Pfannkuchen mit Erdbeeren, Sahne und Schoko als Deko. Mit Wein und Wasser ist alles fast Vegan und sehr lecker. Bis zum Schlafen ist noch etwas Zeit, die Ralf und ich für weitere Gespräche nutzen und wir haben beide das Gefühl, dass uns der Gesprächsstoff nie ausgeht.

Alles ist so herrlich ungezwungen auf dem Camino. Man sieht sich, redet, trennt sich, trifft sich wieder und so weiter. So lange, bis man sich irgendwann doch aus den Augen verloren hat und sich irgendwann überraschend wiedersieht. Heute war wieder ein besonderer Tag, jedoch auch anstrengend und der Abend lädt zum Schlafen ein.

ES IST MEIN JAKOBSWEG – TRÄUME, MUSS MAN GEHEN!!!

Gute Nacht.

Tag 83, Villar de Mazarife – Astorga 32 km

Ein riesiger Schlafsaal, ein Konzertsaal ohne Konzert, keiner hat geschnarcht, es war eine ruhige, unvorstellbar lautlose Nacht. Um 6 Uhr stehe ich auf, genieße ein perfektes Frühstück und es gelingt mir alleine das erste Stück zu laufen.

Bei nächtlicher Dunkelheit kann ich den Weg schnell finden und wie auf einer Schnur gespannten Gerade dem richtigen Weg folgen. Dann, was ist das? Die ersten Tropfen, es sind tatsächlich Regentropfen unterwegs, leichte, aber tatsächliche Regentropfen. Die erste Gruppe breitet sich auf der Straße aus und macht sich regenfest. Ich ziehe

weiter und treffe auf eine weitere Gruppe die sich regenfest versorgt. Ich gebe nicht viel für die Tropfen, die einfach so verdampfen und auch bald wieder verschwinden. Am Nürburg-Ring rüstet ja auch keiner wegen ein paar Tropfen auf Regenreifen um!

Irgendwie bin ich mit Jonni unterwegs, wir hatten uns gestern kurz kennengelernt, dann hatte er sich abgesetzt und ich habe ihn nicht mehr gesehen. Wir laufen auf einer Straße, 6 km geradeaus und erleben einen wunderschönen Sonnenaufgang. Einige Stunden haben wir um uns ausgiebig vorzustellen und die Unterhaltung ist, obwohl der Altersunterschied groß ist, doch sehr wortreich und interessant. Jonni ist mit 5 Geschwistern aufgewachsen und hat von seinen Eltern ein Restaurant und ein Haus mit Übernachtungsmöglichkeiten in der Nähe von Frankfurt übernommen. Vor einigen Monaten hat er seine Freundin verloren, weil die Arbeitszeiten nicht übereingestimmt haben. Er bedauert dies sehr und hat auch Probleme eine weitere Beziehung einzugehen, da er berufsbedingt

immer abends und am Wochenende arbeiten muss, wo andere frei haben. Nun macht er den Jakobsweg um Klarheit zu finden, wie es für ihn weitergehen kann? Die Eltern übernehmen pflichtbewusst das Restaurant und die Zimmervermietung während Jonni unterwegs ist. Die restlichen Geschwister wollen mit der Selbständigkeit nichts zu tun haben. Unsere Unterhaltung verläuft, wie auch der Weg, ungezwungen und absolut angenehm, doch irgendwie habe ich dann Jonni, da heute sehr viel los ist, auf dem Weg auch wieder verloren.

Später treffe ich auf Ralf, den ich nun schon besser kenne und wir laufen eine Zeit miteinander. Ralf lebt getrennt, hat ein behindertes Kind mit dem Namen Paul und ich habe das Gefühl, nur das Kind hält die beiden noch zusammen. Seine Frau ist den Jakobsweg bereits gelaufen und gibt ihm immer wieder Tipps für Übernachtung und Essen. Ralf ist bei der Bundeswehr und sportlich ein absolutes Ass. Er ist ein eher ruhiger Soldat und kann sich läuferisch gut anpassen. Im Laufe des Vormittags muss Ralf nochmal einkehren um einen Kaffee zu trinken, er findet eine nette Bar in Hospital de Orbigo und unsere Wege trennen sich wieder. Unkompliziert und auch sehr angenehm ist die Zeit mit Ralf einzuordnen.

Ansonsten ist die 14 km Strecke ohne besondere Vorkommnisse abgelaufen. In den Ort Hospital de Orbigo führt eine wunderschöne Brücke, die ab dem 10./11. Jh. auf römischen Fundamenten errichtet wurde. Die 20 bogige Brücke über dem Rio Orbigo ist mit knapp 300 m die längste am Jakobsweg. Ich gehe durch den Ort und treffe am

mit Blick auf Astorga

Ortsende auf eine Weggabelung, entscheide mich spontan für rechts, denn Geradeaus läuft der Pilgerweg etliche Kilometer neben der Nationalstraße her. Über einen Feldweg erreiche ich Villares de Orbigo, treffe auf drei Brasilianerinnen und teile mit

Wasserversorgung

ihnen einige Zeit den Jakobsweg. Am Ortsende führt uns ein Trampelpfad bergan zu einer Landstraße, von der Anhöhe sehen wir bereits Santibanez de Valdeiglesias. Auf Höhe der Kirche verlieren wir uns wieder aus den Augen und laufen getrennt weiter.

Feldwege ziehen sich durch eine hügelige Landschaft, lockere Eichenwälder wechseln sich mit abgeernteten Getreidefeldern ab und der Tag ist inzwischen wieder sehr heiß geworden. Nach kurzer Zeit erreiche ich das steinerne Wegkreuz von Santo Toribio mit einem kleinen Rastplatz. Eine wunderschöne Aussicht rundum und in der Ferne bereits die Silhouette von Astorga. Deutlich sind der graue Gaudi-Palast und die rötliche Kathedrale zu erkennen. Ich stoße auf einen Bayern mit Tochter und Anhang, die gerade aufbrechen wollen und die Sitzgruppe freimachen. Irgendwie kommen der Bayernpilger und ich in ein lustiges Gespräch und übertreffen uns gegenseitig. Jeder Topf findet seinen Deckel und jeder Deckel seinen Topf. Es geht total locker zu, es ist als würden wir uns schon ewig kennen und hätten uns hier weit weg von der Heimat zufällig getroffen. Unser beider Temperament geht mit uns durch. Ja, es ist schön, so frisch aus dem Nichts aufzutauchen. Die Tochter und der Anhang drehen, ja krümmen sich vor Lachen. Vielleicht steht es uns ganz gut zu Gesicht, das Leben und sich selbst nicht immer ganz so ernst zu nehmen.

ASTORGA

Doch dann nach 10 Min. Pausenverlängerung trennen sich die Wege und es kehrt wieder Ruhe ein. Ich mache meine Mittagspause, esse ein wenig, genieße diesen wunderschönen Schattenplatz und freue mich auf Astorga.

Ich kehre zum Weg zurück und treffe nochmals auf die drei Brasilianerinnen, in Wirklichkeit sind es vier Schwestern, die vierte ist etwas langsamer und kommt mit viel Abstand hinterher. Die Brasilianerinnen sind nun bereits in der 6. Generation in Brasilien und sprechen immer noch ein perfektes Deutsch und ein sehr schönes

Kathedrale

Deutsch. Die Mutter hat ihr Leben in Brasilien verbracht und hat nie portugiesisch gesprochen. Der Weg bringt uns gemeinsam in das festungsartige auf einer Anhöhe erbaute Astorga. Ich habe wiedermal wundervolle Menschen kennengelernt und nehme den gleichen Weg in eine sehr große Herberge mit viel Andrang bis zur Tür hinaus.

Um 15 Uhr kommen wir an, „Ladys First" und warten ist angesagt. Einige bekannte Gesichter stehen vor uns und melden sich an. Dann sind die 3 Schwestern aus Brasilien an der Reihe, nehmen vor mir Platz, melden auch ihre 4. Schwester mit an und es dauert eine gefühlte Ewigkeit. Ich habe das Gefühl, die Empfangsdame, schon Ü 80 unterhält sich mit den 3 Damen. Ja, es ist auch für sie etwas Besonderes und sie scheint es zu genießen, ohne den Ansturm zu berücksichtigen. Dann, endlich, ich bin an der Reihe. Es geht relativ schnell und dann sagt sie in einem guten Deutsch zu mir; hast du die drei Brasilianerinnen gesehen und gehört, was sie für eine wundervolle Aussprache haben? Ja sage ich zu ihr, stell dir vor, ich habe das große Glück gehabt, konnte ein Stück des Weges mit den Dreien verbringen und bin mit den drei Brasilianerinnen nach Astorga hier zur Herberge eingelaufen. Die Drei und auch die Sprache sind einfach wundervoll und ich werde dieses Treffen nie vergessen.

In der Großherberge mit ca. 100 Betten werde ich einem 4 Bettzimmer zugeteilt und finde ein Bett unten gelegen. Es folgt die Dusche, die Wäsche, ein kurzes Treffen mit Ralf auf dem Flur, der auch hier übernachtet, jedoch etwas schneller ist als ich und somit früher ankommt. Ein Bier, Schreiben und die Stadtbesichtigung folgen.

Altstadt
Rathaus

Kurze Zeit nach Chr.Geb. entwickelte sich Astorga bereits zu einem wohlhabenden Verwaltungszentrum und Verkehrsknotenpunkt. Ab dem 11. Jh. wurde die jetzt 11 700 Einwohner große Stadt aber zu einer wichtigen Pilgerstation, da hier der Camino Frances und die von Sevilla kommende Via de la Plata zusammentreffen. Dominantes Gebäude ist die Cathedral de Santa Maria mit drei attraktiven plateresken Portalen. Sehenswert sind der prächtige Hauptaltar und das u.a. von Juan de Colonia geschnitzte Chorgestühl. Das Ayuntamiento (Rathaus) auf der Plaza Mayor stammt aus dem 17./18.Jh. Zwei Figuren in lokaler Tracht schlagen die Rathausuhr.

Pünktlich zur Essenszeit treffe ich auf Ralf, wir wollen gemeinsam zum Essen und suchen uns auf dem sehr gemütlich angelegten Plaza Mayor eine noch freie Tischgruppe nach Möglichkeit außen und in vorderster Reihe. Wir werden fündig und entschließen uns kurzfristig für den zweier Tisch. Wir sehen die Brasilianerinnen mal komplett über den Platz streifen und Ralf zeigt mir Meggi aus Australien, die ebenfalls den Platz besucht, die ich jedoch noch nicht kennengelernt habe. Das Abendessen ist irgendwann zu Ende, die Unterhaltung glaube ich geht uns nie aus, so wird es ein langer, gemütlicher Abend bei noch traumhaftem Klima. Ein wunderschöner Tag vergeht und ich freue mich auf einen Neuen Tag.

Der Jakobsweg wächst, wächst im Gehen, wächst unter meinen Füßen, wächst dem Ziel entgegen!

Wächst wie durch ein Wunder!

Wächst zu einem Traum – es ist mein Traum der wächst!   Gute Nacht.

Tag 84, Astorga – Foncebadòn 26 km

Eine ganz schlechte Nacht. Über mir lag ein Australier, er hatte sein eigenes Bettzeug, dass aus Plastik und Alufolie bestand und 2 m lang sowie gut 2 m breit war. Auf die eine Hälfte legte er sich drauf, mit der anderen Hälfte deckte er sich zu. Hinlegen und zudecken war schon ein Drama für sich, dann jede kleinste Bewegung und die Folie raschelte fürchterlich. Es war, als würde jemand die ganze Nacht packen und alles in Plastik Tüten verstauen. Dieses Bettzeug war sicher nicht für innen, sondern nur für außen gedacht und hätte dann jegliches Wild und Kleingeziefer verjagt. Jedoch das war nur mein Etagenbett, im Zimmer befand sich ein weiteres Etagenbett. Unten lag ein Japaner, der gerade einen Wettbewerb im Baumstammsägen mitmachte. Der Kanadier über ihm versuchte durch hartnäckige Klopfzeichen mit den Fersen den Wettbewerb zu beenden. Erfolglos, wie sich nach einer hartnäckigen langen Zeit zeigte. Die Japaner sind in ihrem Element einfach nicht zu bremsen. Das war sicher die schwierigste Nacht für mich, natürlich in einem kleinen Zimmer, die großen Säle haben nicht diese Einzelkonzentration, sondern mehr eine Geräuschkulisse.

Sechs Uhr stehe ich etwas gerädert auf, (nein, muss noch kurz warten wegen der Morgenlatte, die Blase ist wohl randgefüllt) verlasse 6.20 Uhr die Herberge und frühstücke 50 m weiter in einer Bar mit Kaffee amerikanisch, einem Croissant und O-Saft frisch gepresst. Der Weg aus Astorga hinaus führt nochmals an der Kathedrale vorbei. Ich blicke kurz auf die beiden Türme zurück und verlasse die Stadt über eine Landstraße in die Region Maragateria. Die Region Maragateria erstreckt sich westlich von Astorga bis zur Sierra del Teleno und umfasst rund 50 Dörfer mit ca. 5000 Einwohnern. Typisch ist der Baustil der massiven, rötlichen Steinhäuser mit ihren großen Durchgangstoren für Vieh und Gespann und die gepflasterten Straßen. Eine bis heute andauernde Landflucht ließ Orte wie Foncebadòn aussterben. In kurzer Zeit erreiche ich den Ort Murias de Rechivaldo und über einen Feldweg parallel zur

Landstraße den Ort Santa Catalina de Somoza. Hier treffe ich Ralf in einer Bar beim zweiten Frühstück.

Ich gehe ein paar Schritte weiter, mache eine Rast auf einer Bank. Einige WhatsApp haben sich bemerkbar gemacht, das ist doch ungewöhnlich. Die liebe Verwandtschaft hat sich gemeldet und das gleich dreimal. Geht denn in Deutschland keiner mehr arbeiten, wo ist denn das Pflichtbewusstsein. Ich stelle schnell fest, wir haben heute den 3. Oktober und in Deutschland ist Feiertag. Außerdem habe ich mich gestern aus Zeitgründen nicht per WhatsApp an die kleine Gruppe gewandt und sie informiert. Gleich hole ich das nach und entschuldige mich. War es das erste Mal, dass ich meine Lage nicht mitgeteilt habe? Ja, ich glaube ja. Es freut mich, dass ich die ganze Zeit nicht umsonst geschrieben habe und alle täglich auf ein Zeichen von mir gewartet haben. Irgendwie sind alle mit mir auf Tour und ganz nah dabei!

Tina schreibt nochmals; Juppi halte durch! Ja Tina, ich werde durchhalten, wie die Briefmarke, sie schafft es auch bis zum Ziel durchzuhalten, das ist meine Antwort. Immerhin habe ich heute die 2 300 km Marke überschritten und es sind nur noch 250 km bis Santiago.

Auf dem Weg über El Ganso bis Rabanal del Camino ist es sehr ruhig und ich kann mich einem weiteren Thema, das für den Jakobsweg nicht so abwegig ist, beschäftigen:

Sex und Liebe auf dem Jakobsweg?

Vor meiner Tour hatte ich bereits über dieses Thema lesen können und es stand geschrieben, dass es keinen Sex auf dem Jakobsweg gibt! Vorstellen konnte ich mir das über eine so lange Zeit eigentlich nicht. Jedoch für mich kann ich sagen, dass es so stimmt und es nicht einmal Gefühle hierfür gegeben hat bzw. gibt. Völlig frei und losgelöst war ich eine lange Zeit von körperlichem Sex sowie Liebe, es gab und gibt auch keinerlei Gedanken an dieses Thema. Eine herzliche Umarmung bei Treffen sowie Abschied von liebevollen Menschen reichte mir an körperlicher Nähe völlig aus.

Heute früh pünktlich zum Wachwerden war die Morgenlatte vorhanden, sie zeigt mir eine volle Blase an (Bravo – Dr. Sommer) und bittet mich dieselbe zu entleeren. Einen Moment bleibe ich mit angezogenen Beinen noch im Bett liegen und kann dann aufstehen und auf`s Clo gehen. Das ist eigentlich alles für den Tag und hat mit Sex und Liebe nichts zu tun.

Mein Körper und ich sind halt auf dem Weg ganz anders konditioniert. Ich versuche es mal zu erklären; Ein Hochleistungssportler kann in der extremen Phase der Vorbereitungszeit und der sportlichen Höhepunkte Sex zurückfahren oder einstellen, ein Manager, der sehr im Beruf gefordert wird und auch darin aufgeht, braucht wahrscheinlich auch keinen Sex. Sicher können weitere Beispiele angefügt werden.

Die Energie ist verbraucht, der Körper ist ausgelaugt und es kommen keine Gedanken an Sex und Liebe auf. Es kommen Erfolgserlebnisse ganz anderer Art auf, die mit Stolz den Körper befriedigen. Bei mir kommt eine große Ausgeglichenheit, eine Leere in der Gedankenwelt und die spirituelle Befriedigung der Seele hinzu. Zu vielen andere Dinge wie der Fernseher, das Radio, das Auto, die Zeitung und der ganze Luxus von vorher habe ich ja auch keine Sehnsucht mehr. Ich brauche ganz vieles nicht mehr, denke nicht mal daran! Genauso ist der Sex, die Liebe, für die Pilgerzeit aus meinem Leben verschwunden. Meine Gehirnzellen setzen den Sextrieb zurück in eine Nebenkammer und lassen so die bisher schönste Sache der Welt nicht mehr zu.

Vielleicht sind es aber auch die vielen schönen Erlebnisse, die netten Menschen auf dem Jakobsweg und all die tollen Erlebnisse, die täglichen Ziele, die Sex und Liebe vergessen lassen und auch die anderen Dinge dem Jakobsweg nicht freigeben.

Oder ist das alles Quatsch und es liegt am Alter? Dann ist also Sex und Liebe bei anderen, jüngeren auf dem Pilgerweg voll vorhanden? Wäre das so, hätte ich sicher etwas davon mitbekommen oder hat mich nun der Jakobsweg auch noch blind gemacht?

Ich bleibe dabei, der richtige Jakobspilger ist frei von Sexgefühlen und vielen anderen Dingen die das tägliche Leben so mit sich bringt, ohne das Gefühl zu haben auf etwas verzichten zu müssen. Touri-Pilger schließe ich aus.

Ist aber auch egal, ich fühle mich wohl und genieße jede Minute, die mir auf dem Weg nach Santiago noch bleibt!

Der Weg verläuft teils auf einer Landstraße, meist aber auf einem Waldweg und ich erreiche leicht ansteigend Rabanal del Camino. Es war mit zahlreichen Kirchen und Herbergen die letzte Ruhestation vor der beschwerlichen und wegen Wölfen und Banditen gefährlichen Überquerung der Montes de Leòn. Mein Weg führt an einer gut besetzten Bar vorbei, wo ich mit schweifendem Blick niemand erkennen kann. Doch plötzlich höre ich laute Rufe; Paul, Paul, ist das nicht Paul? Paul, Paul, doch das ist doch Paul! Aus 20 m Entfernung erkenne ich niemanden. Ich schleiche mich an und versuche mein

wunderschöne Weiten

Problem zu lösen. Zwecklos, ich kenne alle drei, kann sie nicht mehr zuordnen, absolut furchtbar. Meinen Kopf kann ich nicht mehr in Anspruch nehmen, wenigsten nicht mehr zum Denken, zu lange hat er leer auf dem Hals gesessen. Doch wie komme ich jetzt aus diesem Schlamassel wieder raus? Ein älteres Ehepaar, eine alleinstehende Frau, ich kann sie nicht mehr zuordnen. Die Frau sagt; du kennst uns nicht mehr, stimmts? Doch, doch nur das zuordnen fällt mir etwas schwer. Wir fangen an zu erzählen, denn eines steht fest, wir haben uns länger nicht mehr gesehen. Ich spreche u. a. von einer Frau die ich kennen gelernt habe, sie hat schwierige Kinder und Jugendliche vom

Gericht aus betreut und versucht auf den richtigen Weg zu bringen. Dann sagt sie; die heißt Sonja, ja antworte ich – sie; und hat rote Haare – ein ja von mir, dabei zieht sie ihr Kopftuch aus und das Gelächter ist riesengroß. Sicher liegt in diesem Moment die gesamte Aufmerksamkeit der Bar-Besucher auf unserer Seite. Es ist Sonja aus dem

gefährliche Trockenheit

Saargebiet, die ich mit dem Rotweinabend sofort in Verbindung bringe, wir haben gefühlt den Rotweinkeller leergetrunken, sowie Reni und Schorsch die ich beim Abstieg der Pyrenäen kennenlernen durfte. Wir freuen uns riesig auf das Wiedersehen und haben viel zu erzählen. Das ist der Traum vom Pilgerweg, der plötzlich und unberechenbar auftaucht und das Leben lebenswerter macht. Die Drei essen fertig und wir planen, uns zum Nachmittag in Foncebadaòn in der Herberge und zum Abendessen nochmals zu treffen.

Vorbei ist das Gehen durch eher flache Eichenwälder und steppenartige Flächen. Ab Rabanal wird es ernst mit dem Aufstieg. Vorwiegend auf Landstraßen führen noch ca. 400 m (200 m habe ich schon) Höhenunterschied bei sehr anstrengender Hitze hoch nach Foncebadòn. Beständig treffe ich auf einen Radfahrer, einmal überholt er mich, dann überhole ich ihn wieder, daran kann man die extrem steile Straße und auch die große Hitze erkennen, die beide, der Radfahrer und ich zu bewältigen haben. Foncebadòn ist ein kleiner Ort und hatte bis zum 19. Jh. die Aufgabe sich um Pilger und Wege zu kümmern. Später starb der Ort aus, doch seit einiger Zeit lebt er merklich wieder auf. Unter anderem sind eine grüne Natur, Kälber, Kühe und Pferde wieder zu sehen.

Um 13 Uhr treffe ich ein und finde eine sehr schöne Herberge, die noch fast unbewohnt ist. Auf einer Höhe von 1439 m ist die Fernsicht super und ich genieße es gleich bei einem schön gekühlten Bier. Wie immer folgt Duschen, waschen, Ort besichtigen, wobei ich noch etwas esse und frühzeitig meine WhatsApp schreibe. Es ist ja Feiertag in

Albergue in Foncebadón

Deutschland und alle warten auf eine Nachricht und den neuesten Standpunkt von mir. Dann treffen auch Reni, Schorsch und Sonja ein, sie haben die gleiche Herberge gebucht, jedoch einen anderen Großraum beziehen können. Wir warten auf der großen Liegewiese auf das Trocknen der Wäsche und erzählen uns vieles von unseren Erlebnissen. Später suchen wir uns ein Restaurant und trinken, da es zum Essen noch zu früh ist, auf der schattigen Terrasse den ein oder anderen Rotwein – unseren Aperitif. Ralf kommt zu uns und trinkt einen Rotwein mit uns, möchte jedoch nicht mit uns essen, da er in der Herberge gegenüber mit Abendessen und Frühstück gebucht hat. Sonja bekommt Besuch von einem Arbeitskollegen mit einem Jugendlichen den sie betreut und bleiben auch zum Essen. Sie entschuldigt sich und verzieht sich auf die andere Seite des Restaurants. Wir haben volles Verständnis, so bleibt unser Tisch mit Reni, Schorsch und mir relativ klein. In ruhiger, angenehmer Atmosphäre genießen wir das 3 Gang-Menü mit einer Flasche Rotwein und lassen so den Tag ausklingen.

In der Herberge besorgt Schorsch dann noch eine Flasche Rotwein und lädt mich ein, diese Flasche gemeinsam zu leeren. Reni ist müde und lässt die Nacht bereits anlaufen. Schorsch und ich nehmen in der Küche Platz und erzählen uns vieles aus unserem Leben und dem Jakobsweg. Wir sind ein Alter, Schorsch ist jedoch ein halbes Jahr früher in Rente gegangen und auch wir verstehen uns sehr gut. Den Wein vergessen wir dabei nicht und trinken die Flasche bis auf ein kleines Schlückchen leer. Den Rest benötigt Schorsch und kippt ihn morgen in seine Wasserflasche, um etwas Geschmack ins Wasser zu bekommen. So hat jeder seine Besonderheiten! Wir wünschen uns eine gute Nacht, in der Herberge ist schon absolute Ruhe eingekehrt. Auch der Herbst ist eingekehrt und mit ihm wesentlich kürzere Tage, 8 Uhr wird es erst hell und um 20 Uhr ist es schon dunkel. Vom Flur aus geht Schorsch links und ich nehme die rechte Tür, so trennen sich die Wege wieder.

*Das ist mein Pilgerweg, ich genieße ihn und möchte ihn schon **mit mir gehen!***

...gute Nacht!

Tag 85, Foncebadòn – Ponferrada 27km

Nach jeder schwierigen Nacht folgt eine erfolgreiche Nacht. Alle Produkte, die ein Frühstück haben muss, finde ich in der Küche. Der Kaffeeautomat ist nur noch anzudrücken und so zaubere ich mir aus Baguette, Marmelade und Kaffee mein ganz persönliches Frühstück. Um 7.30 Uhr gehe ich raus, obwohl einige sagen, vom Balkon der Herberge hat man den schönsten Sonnenaufgang Spaniens. Die Höhe, die Fernsicht ist schon klasse! Jedoch reicht mein Bremsvermögen nicht, um hier auf den Sonnenaufgang zu warten. Der Drang zum Laufen ist nach wie vor nicht zu bremsen,

4.Oktober

die Sucht zu laufen ist viel größer.

Durch das halb verfallene Dorf Foncebadòn setzte ich auf Erdpfaden den Aufstieg fort. Zunächst wandere ich auf einem angenehm zu gehenden Pfad leicht bergab und dann wieder bergauf. Den Sonnenaufgang erlebe ich dann mit einzelnen Pilgern vom Wegesrand. Sehenswert ist er schon, das Warten hat sich gelohnt, aber ist nicht jeder Sonnenaufgang hier in Spanien wunderschön. Der Tag erwacht, die Schönheiten der Natur leuchten mich an, nette

Menschen sind unterwegs und ein ganz besonderer Weg wartet auf meine Schuhsohlen. Heute Morgen sind vor allem die Blicke nach links atemberaubend. Die Berge der Sierra Teleno, nach der langen Entbehrung auf der Meseta eine Wohltat für meine Augen. Der Anstieg setzt sich durch unfruchtbares und felsiges Gelände fort.

Plötzlich, ich traue meinen Augen nicht, es fehlen nur noch wenige Meter bergauf und ich habe das *Cruz de Ferro* erreicht. Völlig unvorbereitet treffe ich heute und das am frühen Morgen, am Cruz de Ferro ein. Ich lebe einfach in den Tag hinein, gestern hat noch niemand davon gesprochen und doch ist es etwas ganz Besonderes. Am Zaun vorbei sind schon viele Rucksäcke abgestellt, es sind sicherlich schon 20 Pilger eingetroffen. Auch ich stelle meinen Rucksack ab und stelle fest, dass mein Stein, den ich von zu Hause mitgenommen habe, ganz unten im Rucksack liegen muss. Also Rucksack ausräumen und Stein suchen. Dann tauchen auch Sonja, Reni und Schorsch auf. Ich brauche ein paar Minuten für mich und kann dann den Weg hoch zum Cruz de Ferro antreten. Für manche ist es nur ein einfaches Eisenkreuz auf einem langen schlanken Eichenpfahl der aus einem großen Steinhaufen herausragt, für andere ein beinahe heiliger Ort, für die meisten Pilger aber ganz sicher Schauplatz eines Jahrhunderte alten Rituals, das auch heute noch das symbolische Ablegen einer Seelenlast bedeutet.

Am Cruz de Ferro

Ich bin zum Zeitpunkt meiner Ankunft auf dem Steinhaufen völlig alleine, dass kann eigentlich nicht sein, doch ich fühle mich einige Minuten alleine, ich nehme wenigstens Niemanden wahr. Es ist mir unmöglich, mich der besonderen Magie des Augenblicks zu entziehen. Aber warum sollte ich das auch tun? Ich vollziehe das Ritual, welches von Außenstehenden ob seiner Schlichtheit nur schwer nachvollziehbar erscheint und lege einen von zu Hause mitgebrachten Stein auf dem Steinhaufen ab, berühre das Kreuz und verharre mit geschlossenen Augen eine ganze Weile in andächtiger Stille. Nicht mehr und doch sehr ergreifend. Viel Dankbarkeit mit einigen emotionsgeladene Gedanken kommen in mir auf, ich kann und will sie nicht verdrängen.

Nach einigen Minuten kann ich wieder Menschen um mich herum wahrnehmen, Sonja, Reni und Schorsch sind auch wieder anwesend, wir unterhalten uns noch einige Zeit und es folgen noch einige Erinnerungsfotos untereinander. Mit einem seltsamen Gefühl im Bauch, nicht unangenehm, setzte ich mich wieder in Bewegung. Cruz de Ferro liegt auf 1528 m, mein Zielort heute auf 534 m, das sind also 1000 m Abstieg. Zunächst erreiche ich Manjarìn, ein verfallenes „Geisterdorf", in dem es lediglich einen gemeldeten Einwohner gibt. Dieser betreibt eine spartanische aber dafür sehr spezielle Herberge. Ich glaube hier möchte niemand übernachten, nicht mal einkehren um etwas zu trinken.

Bald darauf überquere ich das „Dach" des Camino und befinde mich anschließend auf einem teils sehr steilen Abstieg. Eine Bergwelt von ganz besonderer Ausstrahlung liegt hinter mir. Nicht immer schön im klassischen Sinne, aber fesselnd und ein bisschen

Geheimnisvoll. Beim Blick nach vorne eröffnet sich eine neue Welt. Es geht teils steil bergab auf einem schmalen Pfad mit viel Geröll. Nicht ganz ungefährlich denke ich

extrem schwieriger Abstieg

und setzte jeden Schritt mit Bedacht auf. Jetzt sind die Stöcke absolut für einen sicheren Abstieg notwendig. Doch da kommt plötzlich Ralf angelaufen. Wir unterhalten uns kurz und er sagt, das runter laufen bekommt ihm am besten. Dagegen bin ich natürlich übervorsichtig. Wie gesag, Ralf ist sportlich ein „Ass" und unsere Wege trennen sich wieder. Direkt vor mir liegt El Acebo, ein an den Berghang gebautes Dorf mit schiefergedeckten Steinhäusern. Einerseits alt und teilweise baufällig, dabei trotzdem gepflegt, andererseits gerade deshalb so schön und überhaupt erst bemerkenswert. Der Satz von der stehengebliebenen Zeit ist zwar ein alter Hut, trifft aber auf El Acebo genau ins Schwarze. Auf einer alten Holzbank mache ich eine kurze Trinkpause um gestärkt den schwierigen Abstieg zu meistern. Am Ende des Dorfes erinnert ein Denkmal an einen vor 25 Jahren tödlich verunglückten deutschen Radpilger. Mahnung und gleichzeitig Aufforderung, sich niemals in Sicherheit zu wiegen. Es kann immer etwas passieren.

Wenigstens ist das Wetter super angenehm für den steilen, nicht ungefährlichen Abstieg, der mir mittlerweile erheblich zu schaffen macht. Der Rucksack drückt doch ähnlich stark auf die Beine, Knie und Füße wie beim Treppenabstieg der Kapelle Saint Michel in Le Puy. Doch Gesund und munter (munter bitte streichen) erreiche ich bei voller Konzentration Riego de Ambròs, ein Dorf, welches ein Zwilling von El Acebo sein könnte. Erstmals sehe ich die für die Gegend typischen Esskastanienbäume. Gleich hinter dem Ortsausgang wartet wieder ein steiler Naturpfad auf mich. Noch 500 m Abstieg, 500 m sind schon geschafft. Vorsicht und volle Konzentration auf den Weg ist wieder angesagt. Manche Stellen sind gehörig uneben und rollig. Ich schaffe auch den restlichen Abstieg und komme in den wunderschönen langgezogen Ort Molinaseca. Fast ausgestorben wirken die engen Straßen in den von der Herbstsonne aufgeheizten fast luftleeren Zwischenräumen. Am Ende des Ortes finde ich eine Bank im Schatten eines Baumes und mache hier meine Mittagspause. Etwas später gesellt

Wetter wie immer - Spitze

sich ein weiterer Pilger zu mir. Sprachprobleme, die extreme Hitze oder der absolut fix und fertige Körper durch den Abstieg, ich weiß nicht was uns die Mittagspause so unterhaltungslos ablaufen lässt. Beängstigend diese Stille, doch ich bin froh den Abstieg geschafft zu haben.

Es folgen die letzten 8 km, fix und fertig folgt ein Schritt auf den anderen. Der Weg ist gut, die Hitze steigert sich und ich glaube, ich habe mich noch nie so wie heute auf die

Ankunft in eine Herberge gefreut. Die hohen Berge sind einer sanften Landschaft gewichen. Der Landkreis El Bierzo gehört zu der Provinz Leòn, ist aber schon ein

kleines Vorspiel zu Galicien. Bei einem sehr milden Klima sind die traditionellen Erwerbszweige immer noch Land-, Viehwirtschaft und Weinanbau. Einen immer besseren Ruf genießen die fruchtig-aromatischen Weine der Region, wenn auch eine gute Flasche etwas teurer ist als etwa eine vergleichbare Rioja sein mag. Ich nehme nicht den Weg über Campo, sondern den etwas Kürzeren an der Straße entlang nach Ponferrada. Der Weg, die letzten 8 km ziehen sich, doch auch dieser Weg endet irgendwann an der Herberge. Ich erreiche um 15 Uhr die mit Muscheln geschmückte Herberge mit bis zu 270 Betten. Da sollte wohl eines auch für mich dabei sein, denn ich gehe heute, wie Clara seinerzeit, keinen Schritt mehr.

Zunächst gehe ich in der schon stark besuchten Herberge zur Anmeldung. Der Hospitalero begrüßt mich per Handschlag und staunt nicht schlecht über meine Leistung. Er weiß, dass ich aus dem Raum Köln komme und schon 2 300 km hinter mir habe. Woher er das wohl alles weiß und es mir auf Anhieb zuordnen kann? Ich bin sichtlich überrascht, doch im Prinzip kennt mich jeder auf der Tour und ich glaube mittlerweile ist niemand so bekannt und in aller Munde wie ich. Ich kann gut damit

leben und genieße es auch ein wenig. Ich leiste eine Spende, wie es in früheren Jahren Sitte war und bekomme mein 4 Bettzimmer (2 Etagenbetten) mit nur noch einem freien Bett und das noch auf der ersten Etage zugeteilt. Ralf begegnet mir und ist schon ausgehfertig. Ich dusche, wasche und trinke dann ein gekühltes Bier aus dem Automaten. Die Anstrengungen des Abstiegs sind verschwunden, so können Schreiben, Telefonieren und die Stadtbesichtigung folgen.

Ponferrada ist der Verwaltungssitz des Landkreises El Bierzo und mit 42 000 Einwohner die letzte größere Stadt auf dem Weg nach Santiago. Obwohl sie schon über 2000 Jahre alt ist, beginnt Ponferrada erst mit Beginn der Pilgerbewegung im 11. Jh. zu wachsen. Die Bautätigkeit der Templer am Castillo de los Templarios war um 1282 abgeschlossen, bis ins 20. Jh. wurde die rund 8000 qm große Anlage immer wieder aus- und umgebaut. Schäden erlitt sie unter anderem 1923 durch Sprengungen die durchgeführt wurden, um im Inneren Platz für einen Fußballplatz zu schaffen. Sehenswert die Basilika Nuestra Senora de la Encina mit dem geschnitzten Hauptaltar und der Marienskulptur, wegen ihrer dunklen Farbe auch „die kleine Braune" genannt mit Jesuskind. Außerhalb, nordöstlich des Zentrums liegt die Iglesia de Santo Tomas de las Ollas, ein romanisches Bauwerk aus dem 10. Jh.

Es ist eine sehr schöne, gemütliche Stadt, doch ein passendes Restaurant zu finden gestaltet sich schwierig. Die meisten haben noch geschlossen und öffnen erst spät. Doch dann finde ich an dem schönen Marktplatz, rundum mit interessanten Häusern bebaut mit sehr viel Atmosphäre und auch etwas Leben, einen Türken. Ich nehme im Außenbereich Platz, genieße in einer traumhaften Welt; Salat, Hähnchenteile, Fritten und einige Gläser Vino Tinto. Ich genieße den Abend alleine, er wird etwas länger, mit den leuchtenden Straßenlaternen wird der Platz noch gemütlicher und ich kann den vielen Menschen in einer ausgelassenen Ruhe einfach nur zusehen.

Doch auch dieser Abend hat ein Ende und ich bewege mich in Richtung Herberge, hänge meine Wäsche noch ab und sehe noch einige Pilger auf dem schönen Innenhof an Tischen und Bänken sitzen. Ich schaue flüchtig drüber, erkenne jedoch niemanden. So nehme ich den Weg in mein Bett, das Fenster zwischen den zwei Hochbetten ist ganz geöffnet, doch der Sauerstoff ist bei den hohen Temperaturen die jetzt noch vorhanden sind, schon knapp.

Obwohl der Camino ja noch einige Meter zu Gehen hat, lasse ich ihn kurz im Zeitraffer in Spanien ablaufen. War ich nicht erst vor wenigen Tagen über die Pyrenäen nach Spanien gekommen? Pamplona, Logrono, der legendäre erste Tag in der Meseta, Leòn, noch so Vieles mehr und heute schon am Cruz de Ferro! Unaufhaltsam kommt Santiago näher. Er ist nicht zu stoppen. Will ich aber auch nicht. Aber ich merke schon sehr deutlich, dieser Weg nähert sich dem Ende zu! Das erfüllt mich nicht

sehr gemütliche Altstadt

nur mit viel Vorfreude! Der Weg ist mir ans Herz gewachsen. Ich fühle mich auf ihm zu Hause, beschützt, frei, ja glücklich! So etwas lässt man nicht gerne hinter sich. Andererseits freue ich mich natürlich auch wieder auf zu Hause. Doch morgen ist auch wieder ein Tag, sicher wieder ein ganz besonderer und ich genieße die Pilgerzeit, jede Sekunde die mir bleibt.

Gute Nacht.

Tag 86, Ponferrada – Villafranca del Bierzo 25 km

Wie ein Murmeltier habe ich geschlafen, im Vino Tinto war sicher ein wenig Schlafmittel enthalten. Um 6.45 Uhr bin ich bereits, ohne Frühstück, raus aus der Herberge. Der Abstieg, die Strapazen von gestern sind vergessen, ich habe null Wehwehchen zurückbehalten und kann meinen Weg frisch und gut gelaunt fortsetzen. Ponferrada bleibt in netter Erinnerung.

Von der Herberge gehe ich zurück zur Templerburg und dann abwärts bis zur Brücke über den Rio Sil. Der Gang aus der Stadt ist typisch städtisch und führt durch Einkaufsstraßen und Wohngebiete. Unter Straßenlaternen lässt sich das alles gut meistern, doch es dauert bis die Stadt endgültig hinter mir liegt. Ich gehe durch den Vorort Compostilla und etwas später in den Ort Columbrianos. Am Ortsanfang steht die Iglesia de San Esteban, ich besichtige den schön geschnitzten Barockaltar. Inzwischen ist es hellgeworden, ich finde eine Bar, genieße mein Frühstück und verlasse dann endgültig Ponferrada. Es folgt ein locker besiedeltes Gebiet, dann der Ort Fuentes Nuevas und anschließend das lang ausgedehnte Dorf Camponaraya.

Bei der Bodega am Ortsausgang wechsele ich von der Straße auf einen Feldweg leicht bergan und gehe über die Autobahn A-6. Nach dem langen Weg, fast ausschließlich über Straßen und durch Dörfer, folgt nun endgültig ein wunderschöner Abschnitt durch die Weinberge, Obstplantagen und kleine Wäldchen. Es bleibt flach, obwohl ich von Bergen umgeben bin. Die Temperatur ist auch heute wieder sehr hoch, die Wege durchweg gut und um mich herum ist wieder alles grün, vielleicht etwas herbstlich angehaucht.

Ich lerne zwei Jungs kennen, die gerade wieder überholen wollten. Sie sind jung, etwa 25 Jahre, groß gewachsen und sehr schnell unterwegs, kommen aus Bielefeld und machen die Pilgertour durch

Spanien. Die beiden, Jonas und Yanis haben mich in den letzten Tagen schon öfter überholt, doch zum Treffen hat es nie gereicht. Wir gehen einige Kilometer zusammen und haben trotz des großen Altersunterschiedes doch sehr viel Gesprächsstoff. Gestern sind beide ein Stück mit Meggi gelaufen, die ich über Ralf kenne, aber noch nicht das gemeinsame Laufvergnügen hatte. Meggi hat Jonas und Yanis von meiner Pilgerstrecke erzählt, also kennt sie mich auch schon und ist bestens informiert. Die beiden wollen heute auch bis Villafranca del Bierzo und am Ortseingang die erste Herberge gleich nehmen. Sie treffen sich nachmittags immer mit 2 Mädels und einem Jungen aus Dänemark, buchen die Herberge fest und gehen gemeinsam essen. Nur vom Laufen her klappt es bei den fünfen nicht, die zwei Bielefelder sind einfach viel schneller unterwegs. Es ist dann aber auch der absolut richtige Weg, sich tagsüber zu trennen. Irgendwie haben auch wir uns wieder getrennt, doch ich bin mir sicher, wir treffen uns in den nächsten Tagen genauso wie in den vergangenen Tagen wieder, doch jetzt kennen wir uns.

Über eine kleine Landstraße erreiche ich das Zentrum von Cacabelos. Bis etwa ins 5.

bei Leo

Jh. war Cacabelos Verwaltungszentrum der römischen Goldminen, deren ergiebigsten die rund 20 km entfernten Mèdulas waren. Anfang des 12 Jh. wurde die Iglesia Santa Maria gebaut. Vom Weinbau lebte der Ort im 19. Jh.., der dann Anfang 20. Jh. durch eine europaweite Reblaus Plage einen schweren Einbruch erlitt, wurde dann erst mit Weinreben aus Amerika wieder aufgefangen und inzwischen findet man wieder hochwertige Weine aus dieser Region. Ich verlasse auch diesen sehr langgezogenen Ort, erreiche den Weiler Pieros sowie den Weiler Valtville de Arriba, durch eine hügelige und liebliche Landschaft bei sehr mildem Klima, es ist extrem heiß und das Anfang Oktober. Wildwüchsig dreinschauende Weinfelder, sie werden flankiert von grünen Bergen, die bei wolkenlosem Himmel so messerscharf und klar zu sehen sind, wandere ich in meinen Zielort Villafranca del Bierzo bereits um 13 Uhr ein.

Die erste große Herberge, wo die beiden Bielefelder Jungs einziehen wollten, gefällt mir nicht so. Es ist noch sehr früh und ich ziehe in Richtung Zentrum. In einer kleinen Gasse finde ich die Herberge L E O, ein ehemaliger Weinkeller mit einem sehr schönen romantischen Innenhof. Ist das nobel für 10 Euro! Ich bekomme gleich ein gekühltes Wasser gereicht und checke ein. Wen treffe ich, es sind Jonas und Yanis aus Bielefeld,

die beiden haben sich das mit der ersten Herberge nochmals überlegt und haben dann auch den LEO gefunden. Ich werde einem 5 Bett Zimmer zugeteilt, finde ein Bett unten, staune nicht schlecht über das Nobelzimmer mit Bad und Toilette. Es verfügt sogar über einen Nachttisch mit Lampe, ich habe zum ersten Mal eine

traumhaft schöne Albergue

Ablage neben meinem Bett und was ist das, zwei Betttücher, ich brauche in der kommenden Nacht nicht im Schlafsack schlafen. Ist das ein Luxus, ich komme aus dem Staunen nicht mehr raus! Es folgt Duschen und waschen, dann zaubere ich mir mein Mittagessen unten in der Küche aus Baguette und Käse. Es ist immer noch mein Lieblingsessen in der Mittagszeit.

Für die Stadtbesichtigung, WhatsApp schreiben und das Telefonat mit Uschi habe ich heute Nachmittag sehr viel Zeit. Es ist eine ganz, ganz tolle Stadt, ich treffe einige

bekannt Pilgergesichter und kann unter einem Sonnenschirm auf dem großen Marktplatz zwei Bier trinken. Barbara hat heute ihre Bestätigung bekommen und ist in den Dienst des Staates eingezogen. Ich gratuliere ihr ganz Herzlich. Ich drehe noch eine Runde durch die wunderschöne Stadt und lasse mich zum Abendessen wieder auf dem Marktplatz nieder, wähle jedoch ein anderes Restaurant als am Nachmittag.

Hier treffe ich wieder auf die beiden Jungs aus Bielefeld, jetzt sind sie mit den drei dänischen Pilgern komplett und haben schon ihr Menü ausgesucht. Ich nehme ein paar Tische weiter Platz und kann ein sehr gutes Pilgermenü mit einer Flasche Rotwein und viel Wasser für 11 Euro genießen. Ja, auch Spanien hat sehr schöne kleine Fleckchen zum Ausruhen und Erholen. Seit einiger Zeit fühle ich mich auch hier sehr wohl und dass nicht nur wegen des Vino Tinto zum Abendessen. Ein traumhafter Tag geht zu Ende und ich möchte mein Bett, endlich mal ohne Schlafsack genießen. Freiheit und keine Enge, das wird eine Wohltat für die Nacht sein!

„Klein-Compostela" nannten die mittelalterlichen Pilger Villafranca del Bierzo, da Kranke und Schwache, die die Wallfahrt über den hohen Cebreiropass bis in die Apostelstadt nicht fortsetzten konnten, auf den Stufen der Puerta del Perdòn (Gnadenpforte) der Iglesia de Santiago (12./13.Jh.) den gleichen Ablass wie am Apostelgrab erhielten. Wie die Heilige Pforte der Kathedrale von Santiago wird auch sie nur im Heiligen Jahr geöffnet. Im Mittelalter gab es im Ort vier Kirchen, sechs Klöster und mindestens ebenso viele Pilgerhospize. Auffälligstes Kirchengebäude ist die ehemalige Stiftskirche Colegiata de Santa Maria.

Irgendwie bin ich unter der Last des Lesens in meinem Wanderführer (Camino Francès) zusammengebrochen und in den Tiefschlaf verfallen....

...gute Nacht

Tag 87, Villafranca del Bierzo – La Laguna 26 km

Ich wache auf und finde mich in meinem Wanderführer liegend wieder. Ein kleiner Schwächeanfall gestern Abend, jedoch die Nacht war sehr gut. Die ersten Frühaufsteher haben bereits das Zimmer verlassen. Es ist 6.45 Uhr als ich den Pilgerweg betrete.

Ich durchquere Villafranca der Länge nach auf der zentralen Altstadtstraße und werde am Stadtausgang bei gelben Markierungen vor die Wahl gestellt. Nehme ich den „Camino duro", die anstrengendere Variante über die Berge bis Trabadelo mit 450 m Aufstieg oder den leichteren Camino, der parallel im Tal verläuft. Folgt man dem harten, kräftezehrenden Weg, wird empfohlen die Tagesetappe etwas kürzer anzusetzen. Ich entscheide mich für die Talvariante, verlängere meine Tagesetappe um eine Stunde und habe später dann nochmal einen Aufstieg von 650 m. Der leichtere Weg folgt dem Tal des Rio Valcarce. Ich folge dem Laufsteg, der mit klobigen Sperren aus gegossenem Zement sich von der Straße abgrenzt. Eine neue Autobahn wechselt auf mächtigen Betonstelzen in mehrfachem Hin und Her die Talseite. In einer Bar kann ich mein Frühstück genießen und treffe nach kurzer Zeit in Trabadelo mit dem Alternativweg wieder zusammen.

Erst geht es durch den Ort, dann wandere ich neben der Straße immer wieder mit Blicken zur Autobahn und gelange über den Ort La Portela de Valcarce nach Ambasmestas und erreiche das langgestreckte Vega de Valcarce, auf dessen zentralem Platz eine Palloza nachgebaut ist, ein für die Region einst typisches ovales Haus mit Strohdach. Bei extremer Hitze, viel Wald, einige Wiesen und Kühe, gehe ich durch Ruitelàn und ab jetzt geht es dann schon merklich bergauf. Der kleine Weiler Las Herrerìas und gleich danach nach Hospital, ein kurzes flaches Stück über Teer, eine Stärkung, die Mittagspause mache ich noch im Tal und dann 600 m Aufstieg, steil und auf heißem Teer. Ich nehme die Straße, denke, sie ist vielleicht nicht so steil wie der Weg durch dichten Laubwald. Ob das so ist, wer weiß, jedenfalls ist der Teer bei über 30 Grad schon sehr heiß und unangenehm für meine Füße, denn heute bin ich fast ausschließlich Teer gelaufen. Ohne eine Menschenseele zu treffen gehe ich beständig bergauf und erreiche La Faba und eine Stunde später auch La Laguna, mein Tagesziel. Es ist ein sehr abgelegenes

malerisches kleines Bauerndorf, das letzte der Provinz Leòn. Der Wald tritt zurück und gibt den Blick frei auf die umliegende Berge. Es ist traumhaft schön hier oben und nicht annähernd mit Worten zu beschreiben, alleine der Aufstieg zum Pass O Cebreiro gehört zu den schönsten und ergreifendsten Etappen am Weg.

Am frühen Nachmittag, bereits um 13.30 Uhr treffe ich ein und finde in der einzigen

Herberge des kleinen Bauerndorfes eine Übernachtungsmöglichkeit mit Abendessen. Einzelbetten, keine Etagenbetten, in dem 7-Bett Zimmer mit einem großen Bad im Anschluss. Ich suche mir eines von 5 freien Betten aus, dusche und wasche. Oh je, wen treffe ich da? Günter aus Trier ist auch in der Herberge, seine Karre unverkennbar steht unten im Flur. Ich will gerade ein Bier an der Theke in der gemütlichen Kneipe trinken, da begegnet er mir. Ich mag ihn nicht, ich mag nicht den gequirlten Quark den er beständig von sich gibt. Wir begrüßen uns kurz, reden nur wenig und gehen jeder seinen Weg. Ich zur Theke und er setzt sich mit einem Franzosen, den ich auch kenne, in das kleine Zelt auf der anderen Straßenseite der Herberge. Es fällt mir nicht schwer, Günter sofort wieder zu vergessen, umzuschalten und kann mein Bier genießen. Ich habe gelernt Menschen, die mir nichts bedeuten, umgehend abzuschieben oder gar nicht an mich ran zu lassen. Ich habe mehr Zeit für die schöneren Dinge, das Leben wird einfacher und lebenswerter!

Die Dorfbesichtigung, 3 Häuser, eine Kuhherde und 2 Pferde nehmen nicht viel Zeit in Anspruch, doch die Aussicht von dieser Höhe ist einfach faszinierend. Auf einer Bank kann ich ungestört schreiben, Uschi anrufen und Julitta telef. zum Geburtstag gratulieren. Wir führen, denn wir haben uns ja jetzt länger nicht mehr gesehen, ein etwas längeres Gespräch.

Abendessen findet von 18 – 20 Uhr, zu einer für Spanien sehr ungewohnten Zeit, statt. Um 20 Uhr sollte dann auch alles durch sein. Für mich gibt es da kein Problem, ich bin pünktlich um 18 Uhr im Restaurant, suche mir mein Menü aus und kann im riesigen Raum ganz alleine speisen. Die Flasche Rotwein mit viel Wasser reicht geradeso, trinken ist angesagt. Der Flüssigkeitshaushalt bei der Hitze muss ich nach wie vor abends auffüllen und fühle mich so in der Nacht und am Folgetag wieder sehr wohl. Ich bleibe nicht allein, nach und nach kommen noch ein paar Pilger zum Essen, aber es wird kein langer Abend, noch vor 20 Uhr liege ich im Bett und kann nochmal ausgiebig viele Stunden schlafen

Nach wie vor habe ich vom Alleinwandern nicht die Nase voll, im Gegenteil, gerade in freier Natur ist es so noch schöner und intensiver, weil einen keine Gespräche ablenken. Ich bin unter anderem zum absoluten Genießer der Natur geworden! Es vergeht kein Tag an dem ich mich nicht an ihr erfreue und kann mir kaum vorstellen, dass das jemals aufhören wird. Ich fühle mich hammermäßig gut!

Gute Nacht!

Tag 88, La Laguna – Samos 33 km

Eine extrem heiße Nacht liegt hinter mir, sie war allenfalls mäßig. Das Aufstehen um 6 Uhr macht mir absolut keine Probleme, um dann bei Dunkelheit unter dem Licht der wenigen Straßenlaternen loszuziehen.

Heute erreiche ich die autonome Region Galicien

Galicien gliedert sich in vier Provinzen; A Coruna, Lugo, Ourense, Pontevedra. Hauptstadt ist Santiago de Compostela. Von allen Regionen am spanischen Jakobsweg ist Galicien die geheimnisvollste. Wie nirgendwo sonst in Spanien ist bis heute vorchristliches Gedankengut verwurzelt, haben uralte Kulturen ihre Spuren hinterlassen wie die Hünengräber aus der Zeit der Megalithkultur (4000-2000 v. Chr.) oder in Stein gravierte mystische Symbole aus der Bronzezeit (1800 v. Chr.). Die tiefsten Spuren hinterließen die Kelten, die hier 500 v. Chr. bis zum Einfall der Römer um 135 v. Chr. siedelten. Sie gaben den Namen (Galläker) und prägten die Sprache, die aufgrund einer nur schwachen Romanisierung ihre Eigenarten bewahrte. Das Gallego ist eine sehr weiche, melodiöse Sprache mit deutlicher Verwandtschaft zum Portugiesischen, das sich aus dem Gallego entwickelte.

Im 5.Jh. gründeten die Sueben ein Königreich, das im 6. Jh. von den Westgoten unterworfen wurde. Die maurische Invasion der Iberischen Halbinsel im 8. Jh. blieb für Galicien weitgehend folgenlos. Erst mit dem Auffinden des Apostelgrabes im 9. Jh. wurde Galicien auch jenseits der Pyrenäen bekannt. Im 10./11. Jh. existierte ein galicisches Königreich, das in den Königreichen Leon bzw. Kastilien aufging. Wirtschaftliche Rückständigkeit führte ab dem 19. Jh. zu einer großen Auswanderungswelle, besonders nach Südamerika. Bis heute leben rund 300.000 wahlberechtigte Galicier im Ausland. Und noch immer ist Galicien, das vorwiegend von Landwirtschaft und Fischerei lebt, eines der ärmeren Gebiete Spaniens. Tourismus spielt in der landschaftlich außerordentlich schönen Region eher eine Nebenrolle. Die Abgelegenheit und das regenreiche, wenn auch milde Klima tragen dazu bei. Die Bindung an das keltische Erbe ist nach wie vor eng. Sei es in der Musik (etwa die >Gaita<, galicischer Dudelsack), in der Frage, ob es Hexen gibt, wozu die Galegos eine eindeutig zweideutige Einstellung haben; > Ich glaube nicht an Hexen, aber es gibt sie< oder im Glauben an die übernatürlichen Kräfte von Steinen und dem Meer.

Zwar gilt es erst noch die Pässe O Cebreiro, San Roque und Alto do Poio zu überwinden, doch dann belohnt Galicien für all die Mühen und Entbehrungen der langen Wanderschaft. Das Heiligtum und Museumsdorf O Cebreiro und das Kloster Samos sind die letzten großen kulturellen Höhepunkte vor dem Apostelgrab. Der Camino ist nun vor allem Naturgenuß; er entführt in liebliche Kuhweidenidyllen und malerische Dörfer, durch schattige Eichen- und Eukalyptuswälder – Gelegenheit zur letzten Reflexion vor dem Ziel. Einziger Wermutstropfen: Spätestens in Galicien herrscht fast immer Hochbetrieb, da viele Pilger erst hier mit der Wanderung beginnen. Entsprechend voll und ungemütlich ist es unter Umständen in den Herbergen. Oft beginnt schon am frühen Morgen das sehr unschöne Wettrennen um die besten Plätze. Soweit es geht, sollte man sich davon nicht anstecken lassen, zumal die Herbergsdichte unvermindert zunimmt. In den klassischen Etappenzielen wie Triacastela, Sarria, Portomarin, Merida, Arzua und Pedrouzo gibt es inzwischen eine enorme Auswahl an Herbergen. Doch auch in den kleinen Dörfern dazwischen finden immer mehr Pilgerunterkünfte ihre Nischen. Der Jakobsweg hat in den einst strukturschwachen Gebieten so manche Einkommensquelle eröffnet. Leider wird entlang des Weges oft mit großer Vehemenz bis hin zur Aufdringlichkeit um die Gunst (und das Geld) der Pilger geworben. Wer dem ausweichen möchte, findet abseits der größeren Ortschaften und in den kleinen Unterkünften noch eher ein wenig Ruhe und Pilgeratmosphäre. Zu Stoßzeiten empfiehlt sich die Reservierung in der anvisierten Unterkunft.

Ist Santiago de Compostela erreicht, wird der Weg an die Küste, nach Finisterre und Muxia noch empfohlen. Der Weg durch die meist dünn besiedelte, ländlich- grüne Inland zur größtenteils naturbelassenen Küste mit weißen Sandstränden, zerklüfteten Klippen und eindrucksvollen Sonnenuntergängen lohnt sich auf jeden Fall.

Der Weg verengt sich an einem Wiesenhang und ist durch die alten und ausgetretenen

am frühen Morgen

Steinen doch sehr holprig. Der Schein des Mondes, es ist Vollmond, bringt sehr viel Leuchtkraft an den noch sehr dunklen Tag. Ich gehe vorsichtig, komme an ein Wäldchen und wandere stetig bergauf in Richtung Pass. Der Pfad schnürt sich stetig an die Grenze zu Galizien heran. Bald schon komme ich an den Ortsrand von O Cebreiro. Ich gehe über einen großen Picknickplatz, der auf der Höhe weit über 1300 m liegt, eine Fernsicht ist bei der Dunkelheit trotz der Strahlkraft des Vollmondes nicht möglich. Ich ziehe in den wunderschönen Ort O Cebreiro. So urig, so einzigartig, dass man ihn gleich komplett unter Denkmalschutz gestellt hat. Das Museumsdorf ist eines der ältesten Pilgerrefugien am Jakobsweg. Die für die Region typischen Pallozas sind keltischen Ursprungs. In den gedrungenen Steinhäusern mit ovalem Grundriss und tief heruntergezogenen Strohdächern lebten Mensch und Tier. Die Pallozas von O Cebreiro waren bis in die 1960er Jahre bewohnt, heute dienen sie nur noch musealen Zwecken. Es gibt auch eine urige Bar, wo ich mein Frühstück genieße. Ich halte mich noch etwas im Ort auf, bevor ich dann den Abstieg antrete.

Pilgerstatue

Es wird langsam hell, die Sonne geht auf, die härtesten Abschnitte sind vorbei! Ich habe nun freie Sicht auf die galicische Berglandschaft und die geizt nicht mit Reizen. Die aufgegangene Sonne über den Bergspitzen macht was sie so perfekt beherrscht, nämlich die allerschönsten Lichtspiele auf die Berge ziehen. Im Abstieg habe ich heute gut 800 m, bis Santiago, wo ich soeben in Galizien angekommen bin, sind es noch knapp 160 km. Ich genieße die spektakuläre Bergwelt bei äußerst angenehmen Temperaturen. Gierig und unersättlich sauge ich auf, was mir vor die Augen kommt. Da ich öfter in diesen Hochlagen mich bewege, komme ich auch auf meine Kosten. Jedoch heute ist ein echter Toblerone-Tag, nach dem Motto; „Knack dir den Gipfel der Genüsse"!

Egal wo ich auch bei den vielen Rundblicken hinschaue. Die Bergwelt ist traumhaft, einfach atemberaubend schön. Ganz

sicher ist es die Sonne und der wolkenlose tiefblaue Himmel die ihre ganze Kraft beisteuern. Es ist viel los heute auf dem Pilgerweg, aber um die Schönheiten der Bergwelt aufnehmen zu können, werde ich heute alleine gehen. Der Weg beschert mir heute ein Wohlfühlgefühl der Spitzenklasse. Ein Pfad neben der Straße führt mich zur nächsten Passhöhe San Roque, auf der sich ein bronzener Pilger in die Sonne stemmt. Leicht ab- und ansteigend komme ich in den Weiler Hospital da Condesa. Danach wird es mit dem Aufstieg zum Alto do Poio (1337m) - erst auf Asphalt, dann auf einem Feldweg – nochmals anstrengend. Das letzte Stück zieht sich sehr steil zur Passhöhe hinauf. Mit weiterhin supertollen Blicken immer wieder rundum über das galicische Bergland, die schönen Aussichten lassen nicht nach- das sollen sie auch nicht- wandere ich auf guten Wegen und Pfaden nach Fonfrìa und O Biduedo.

Eine kleine Frau steht neben ihrem Bauernhof, mit Schürze gekleidet und kommt, als sie mich sieht, in Richtung Pilgerweg. Der Weg zwischen diesen Bauernhöfen ist mit Kuhscheiße bedeckt und bedarf meiner vollen Konzentration. Jedoch macht die Bauersfrau auf sich aufmerksam und ich gehe zu ihr. Die Einfahrt zum Bauernhof liegt tiefer, so steht sie auch ca. ein Meter tiefer als ich. Plötzlich nimmt sie das Handtuch vom Teller und bietet mir einen Pfandkuchen von ihrem Stapel an. Ich nicke ja, sie nimmt aus ihrer großen Schürzentasche den Zuckerstreuer raus und bestreut den obersten Pfandkuchen mit Zucker. Dann reicht sie mir den Teller und ich kann mir den obersten zusammenklappen und nehmen. Ja, das ist wohl eine leckere Pausenabwechslung denke ich. Doch noch bevor ich ihn gegessen habe raschelt sie mit einer Hand, in der mit

Kleingeld gefüllten Tasche. Ich gebe ihr einige Cent, bedanke mich und gehe meinen Weg glücklich weiter.

Kleine und kleinste galicische Bergdörfer sorgen von nun an für die besonderen Momente. Es geht merklich bergab. In einer engen Kurve auf dem mit Sand belegten Teerweg kommt dann etwa 30 m hinter mir ein junger Kerl zu Fall. Ein fürchterliches Geräusch, ich sehe einen Stock 3 m weiterfliegen und der junge Mann liegt der Länge nach auf dem Teer. Er rappelt sich sofort auf, geht weiter und es ist ihm Gott sei Dank nichts passiert. Nicht nur bei ihm, auch bei mir sitzt der Schreck sehr tief und hält eine kurze Zeit an. Ich komme durch Fillobal und über einen sehr schönen Waldweg nach Pasantes und Ramil in den größeren Ort Triacastela. Der langgezogene Ort hat mehrere Herbergen, beeindruckend ist eine mächtige, uralte Kastanie. Neben drei Pilgerhospitälern gab es in Triacastela auch ein Pilgergefängnis, auf das aber, gegenüber der Bar O`Novo, nur noch ein tristes Schildchen hinweist. Ansonsten sind bis heute Mittag die atemberaubenden Blicke und Schönheiten der Natur von Galicien

nicht unterbrochen worden. Was ist das für ein Tag? Traumhaft, nicht beschreibbar, einfach unfassbar, ergreifend schön!

In Triacastela eine Unterkunft buchen, nee das kommt nicht in Frage. Ich bin so gut drauf und es macht Spaß weiterzugehen. Mein Lauf ist heute nicht zu bremsen. Am Ortsende von Triacastela gibt es wieder eine Wegvariante, ich entscheide mich spontan für den Weg über Samos nach Sarria und nehme somit einen Umweg in Kauf. Die 10 km bis Samos nehme ich in Angriff und habe im Reiseführer gelesen, dass das dortige Kloster auf jeden Fall einen Besuch wert ist. Ich beschließe es herauszufinden. Es geht noch leicht bergab und in den Tieflagen taucht der Weg in das grüne Herz Galiciens ein. Wälder, Felder und kleine Dörfer bestimmen die Szenerie. Zunächst wandere ich parallel zur Landstraße. Pilger sind auf diesem Weg keine mehr unterwegs. In San Cristovo do Real verlasse ich die Straße und gehe einen Waldweg entlang des Rìo Oribio, betrachte eine alte Mühle und gehe hinauf ins nahe Renche. Nach dem Ort geht es wieder hinunter über den Bach nach Freituxe, nach San Martino do Real und aufwärts zur Straße und ab da wieder hinunter nach Samos. Dieser hügelige Talweg ist ebenfalls eine Augenweide und steht der Schönheit von heute Morgen um nichts nach. Überwiegend gehe ich Waldpfade, an dem kleinen Bach entlang und bewundere die wunderschön gelegenen kleinen, wie ausgestorben wirkende Dörfer. Immer und immer wieder verwöhnen mich die malerischen Naturerlebnisse die das Tal zu bieten hat. Es ist einzig, auch das ist traumhaft und ich genieße den Weg nach Samos. Noch nie sind meine Augen so verwöhnt worden wie heute.

Uralte Kastanie

In Samos komme ich um 15 Uhr an, es ist wieder sehr heiß, vor allem im Tal. Die erste Herberge ist ausgebucht, ich nehme im Centrum den zweiten Anlauf. Es ist noch frei und ich checke ein, in einem mit dicken Bruchsteinen gebauten Haus ist es angenehm kühl. Es gibt mehrere Zimmer auf verschiedenen Etagen. Ich bin auf der zweiten Etage, 10 Etagenbetten und ich habe die freie Wahl. Alles sehr sauber und ordentlich, ich nehme mir ein Bett in der Ecke und unten. Duschen und waschen, anschließend muss ich raus, denn der Ort sieht nach sehenswert aus, er lockt mich jedenfalls nach draußen. Zunächst genehmige ich mir noch eine Kleinigkeit zu essen, schreibe und telefoniere auf einer Bank im Schatten stehend. Dann besichtige ich den wunderschön strahlenden Ort.

Das Monasterio de San Juliàn y Santa Basilisa, oder auch einfach Monasterio de Samos, wurde um das 5./6.Jh. gegründet und gilt damit als eines der ältesten Klöster

der Welt. Seit dem 10./11.Jh. gelten die Ordensregeln des heiligen Benedikt. Ende des 8.Jh. wurde der spätere König Alfonso II. in Samos erzogen. Während seiner Regentschaft wurde das Apostelgrab gefunden und er zu einem der ersten Förderer des Pilgerweges. Im 16.Jh. erlebte das Stift seine Blütezeit. Während des Krieges gegen Napoleon diente das Kloster als Lazarett. Im Zuge der Auflösung der Klöster verließen die Mönche die Abtei, kehrten aber 1880 zurück. Inzwischen lebt wieder eine kleine Gemeinschaft von Mönchen im Kloster. Zu sehen sind im Kloster das romanische Portal der alten Kirche, der kleine gotische Kreuzgang, der mit einer Seitenlänge von 56 x 56 m größte Kreuzgang Spaniens sowie die Klosterkirche aus dem 18. Jh. Mit etwas Glück kann man während der Besichtigung die mit 3850 Pfeifen bestückte Kirchenorgel hören. Nicht öffentlich zugänglich ist die über 30 000 (historische) Bände

umfassend Bibliothek. Sie und große Teile des Klosters mussten 1951 nach einem verheerenden Brand – beim Schnapsbrennen war ein Tank reinen Alkohols in die Luft geflogen – wiederaufgebaut werden. Die Wandmalereien im ersten Stock des großen Kreuzganges mit Episoden aus dem Leben Sankt Benedikts wurden nach der Sanierung geschaffen. Die Besichtigungstour ist zwar nur in Spanisch erklärt, das macht aber nichts, sehen reicht vollkommen aus.

In der Klosterkirche findet heute eine Hochzeit statt. Das Brautpaar kommt in einem schwarzen VW Käfer als Cabrio angefahren und ziehen mit Blumenmädchen und vielen Gästen in die Kirche ein. Von oben kann ich das Ritual auf einer längeren Geraden zur Kirche verfolgen. Das Geländer ist übrigens mit großen Eisenmuscheln ausgefüllt. Außerdem hat der Ort weitere wunderschöne malerische Wasser und Straßenzüge. Einfach traumhaft.

Ausklingen lassen möchte ich diesen besonderen Tag mit einem passenden, klassischen Pilgermenü. Ich suche mir ein Restaurant im Centrum, sitze draußen, jedoch muss ich erfahren, dass ich hier nichts essen kann. Ich trinke ein Glas Vino Tinto für einen Euro, ja das ist hier so und suche mir ein neues Restaurant. Etwas außerhalb gehe ich an einer großen Herberge vorbei, an einem Außentisch erkenne ich gleich Jura aus Litauen, den ich schon lange nicht mehr gesehen habe, aber auch einige andere erkenne ich gleich. Wir winken uns fröhlich zu und freuen uns auf dieses Wiedersehen. Gleich nebenan ist ein Restaurant mit Pilgermenü. Ich sitze auch hier im Außenbereich, bestelle mir das gewünschte Pilgermenü mit Wein und Wasser. Als Vorspeise bekomme ich einen Teller Pilze in Öl liegend und mit rohem Schinken komplett zugelegt. Allein die Vorspeise ist ein Genuss. Die Hauptspeise besteht aus Fisch mit Fritten und der Nachtisch ein Stück Kuchen.

Blick zum Kloster

Mit einer Flasche Vino Tinto und Wasser für 9 Euro. Es ist perfekt und zum heutigen Tag der passende Abschluss. Ich kehre zur Herberge zurück, irgendeiner hat im Zimmer die Heizkörper aufgedreht, wir hatten heute Mittag eine Temperatur von 33 Grad, auch jetzt ist es noch sehr warm. Ich drehe alle Körper zu und denke ohne Heizung ist es sicher etwas angenehmer. Noch bin ich ja alleine im Raum.

Wenn einem so viele schöne Tage geschenkt werden, lassen sich deren Eindrücke nicht beschreiben, ohne dass man sich dabei wiederholt. Es ist immer wieder aufs Neue ein Schauspiel. Jedes Mal, wenn sich ein Höhepunkt offenbart, frage ich mich, ob sich der toppen lässt und stelle kurz darauf fest, dass es sehr wohl möglich ist. Da ich die angemessenen Bezeichnungen für all diese Höhepunkte bereits längst verschossen habe und mir keine weiteren Wörter einfallen, muss ich eben die bereits benutzten aufwärmen. So auch heute. Es ist einfach nur zum Heulen schön, was ich alles zu sehen bekomme. Ein bisschen hängt das sicher auch mit meiner zunehmend sensibilisierten Wahrnehmungsfähigkeit zusammen, vermute ich. Wie auch immer, *ist es nicht schön, wenn es einem so gut geht, dass die Suche nach dem passenden Wort hierfür das größte Problem ist? Ja, so ist es!*

Gute Nacht.

Tag 89, Samos – Portomarin 34 km

Ich komme immer wieder gut mit meinen Mitschläfern in einem Raum klar. Ausdünstungen und Gerüche? Ist egal! Geschnarche? Ist egal! Viele Pilger sehe ich nicht mal, weil sie schon schlafen und alles dunkel ist wenn ich komme oder sie kommen später und ich bin schon in die Tiefe der Nacht versunken. Erst wenn ich morgens die ersten Schritte gehe und die frische Morgenluft einatme, stelle ich fest, wie fein meine Geruchssinne noch vorhanden sind.

Es ist 7 Uhr als ich heute Morgen rauskomme und frei atmen kann. Ein bisschen Frische und ein wenig Galicien-Nebel ist angesagt. Ich habe beschlossen den Weg bis Sarria über die Straße zu nehmen. Sie ist breit, aber heute Morgen ist noch sehr wenig los. Vom Mond, der immer noch viel Leuchtkraft besitzt und von den Straßenschildern werde ich geleitet. Alleine, mit viel Ruhe und innere Einkehr nehme ich den Weg drei Stunden lang und habe keine Möglichkeit zu Frühstücken. Auf- und Abstieg lassen sich leicht bewältigen. Ich durchquere Aiàn, genehmige mir einen Apfel vom Baum, der jedoch wegen seiner Säure ungenießbar ist und ich mich leider von ihm auch trennen muss.

Um 10 Uhr gehe ich die Straße hinunter nach Sarria. Viele Pilger beginnen hier ihren Weg, um die letzten 100 km nach Santiago zu absolvieren. Für mich heißt es, endlich gibt es Frühstück. In der ersten Bäckerei bekomme ich ein Baguette, das ich mit Wasser auf einer Parkbank genieße, ganz frisch mag ich es auch ohne Einlage, ganz einfach mit Wasser. Ich bin nicht im Knast, ich bin frei und bin auf Pilgertour. Alles passt so! Ich gelange durch die wenig ansprechende moderne Unterstadt, -Hauptstraße, Supermärkte und Banken- hinauf ins historische Zentrum.

Ich genehmige mir einen Kaffee in der Bar und stelle fest, dass ich in Sarria angekommen bin. Unruhe und Lautstärke beherrschen die Bar, das sind Worte, die bisher nicht bekannt waren. Aber auch auf den Straßen ist schon viel los, obwohl es Sonntag ist und am Sonntagmorgen die Städte immer ruhig und ausgestorben wirken. Ich durchquere die Altstadt auf der Rùa Maior, die schönste Straße und verlasse Sarria relativ schnell wieder. Über schöne Feld- und Waldwege erreiche ich Vilei und Barbadelo. Der Camino zieht sich weiter durch kleine, malerische Siedlungen wie Rente, Mercado da Serra, A Pena und Peruscallo. Kurz hinter A Brea sehe ich rechts am Weg den Kilometerstein 100. Kurz darauf passiere ich Morgade und etwas später Ferreiros. Der Weg führt teils durch kleinste Weiler und sorgt für eine idyllische Landschaft mit Bächen, Wäldern, Weiden und hübschen Dörfer.

Es ist wieder heiß und es ist der Wahnsinn, was seit Sarria an Menschenmasse dazugestoßen ist. Einmal die Masse, dann aber auch die Art der Menschen, es sind keine Pilger wie ich sie bisher kennen und lieben gelernt habe. Nur einen aus meinem Altbestand habe ich heute wahrgenommen.

Viele, unmögliche Menschen treffen auf den Weg;
mit einem Japaner gehe ich einige hundert Meter, er erzählt mir wie stolz er auf seine ersten zwei Kilometer ist,
ein älterer Mann geht mit einfachsten Badeschlappen,
drei Frauen sind mit einer Flasche Rotwein und Gläser in der Hand unterwegs,
alle Bars sind morgens schon überlastet, Gesang und Lautstärke unter Alkoholeinfluss lassen die nächste Bar schon frühzeitig erahnen,
Fingernägel sind passend zur Handtasche lackiert, Gepäck gibt es nicht,
fotografiert wird jeder Strauch, jeder Baum, jeder Stein,
sie stehen in Gruppen mitten auf dem Weg, lassen niemand mehr durch und merken es auch nicht,
einer stützt den anderen, sind dabei extrem laut und unruhig,
ein Mann hört mehrfaches Klingeln eines Radfahrers nicht, es wäre fast zum Unfall gekommen,
dann geht einer Mitte der Fahrbahn auf der Brücke, ihn interessieren die Autos und der Fußgängerweg nicht.

Der Weg hat sich für mich vollkommen verändert, schön ist es ab Sarria nicht mehr, bekannt ist mir der Weg auf den letzten 100 km schon gewesen, jedoch so extrem habe ich es mir nicht vorgestellt.

die Kirche in Portomarin

Irgendwie muss ich mich losreißen und gehe weiter mit schönen Ausblicken auf der locker bewachsenen Hochebene, erreiche Mercadoiro und komme später über Moutras und A Parrocha in den Ort Vilacha. Jenseits des Rio Mino erkenne ich bereits Portomarin. Erst gehe ich noch bis zum Fluss hinunter, dann über die große Brücke und geradeaus auf einer steilen Treppe wieder hinauf. Ich gehe rechts unterhalb der Altstadt durch und versuche irgendwie die Menschenmasse abzuschütteln.

Etwas außerhalb finde ich eine privat geführte ruhige Herberge. Es ist 16 Uhr als ich eintreffe, einchecke und ein Bett unten in einem 8 Bett Zimmer beziehen kann. An der Reception frage ich das Mädel nach einer Flasche Bier, sie schüttelt den Kopf und meint, sie hat kein Bier. Ich bleibe hartnäckig und dann plötzlich kann sie ihren Chef fragen.

Na klar, der hat ein Bier für mich, ich genieße es in der Küche und gehe dann erst zum Duschen und Wäsche waschen. Es folgt Schreiben, Telefonieren und die Stadtbesichtigung. Uschi hat zwei Nächte Santa Rita in Santiago gebucht und anschließend 3 Nächte im Hotel Arena in Finistère. Ankommen möchte sie mit dem Flieger vom Hahn nach Santiago und dann mit dem Bus zur Altstadt am Donnerstagabend. Ich werde voraussichtlich am Donnerstagvormittag ankommen. Heute ist Sonntag, die restlichen Kilometer bis Santiago sind unter 100 gerutscht und wenn ich an heute denke, ist es auch gut so!

Das heutige Portomarin ist ein Produkt aus den 60er- Jahren des 20. Jh. Damals wurde der Rio Mino für den Embalse de Belesar aufgestaut. Das alte Dorf, einst einer der blühendsten und reichsten Orte Galiciens, verschwand im Wasser. Lediglich die Kirche San Pedro und San Nicolas wurden Stein für Stein abgetragen und im neuen Ort wiederaufgebaut.

Die Altstadt ist voller Menschen, Pilger ohne Ende laufen rauf und runter, sitzen auf der Außenbestuhlung und kippen sich viele Biere in den Rachen. Ich begegne lediglich dem Dänen, den ich heute schon mal getroffen habe und lasse Günter den Trierer an mir vorbeiziehen, nehme auf einem Stuhl außerhalb der Pizzeria Platz und bestelle mir ein Pilgermenü. Als Vorspeise erhalte ich eine Hechtsuppe, dann Spagetti -der Vollbart lässt grüßen-, eine Pizza und als Nachtisch ein Stück Kuchen. Mit einer Flasche Rotwein bezahle ich dafür 9 Euro und bin rundum satt geworden. Einmal gehe ich noch die Altstadt rauf und runter, sehe keine Bekannten Pilger, denke den Trubel brauche ich auch nicht und komme so auf den Gedanken, Richtung Herberge zu gehen. Eine

Frau hat den Fuß ganz dick angeschwollen und kühlt mit Eis. Ich wundere mich, dass ich nicht mehr Verletzungen gesehen habe und verziehe mich in den Schnarchsaal.

Das vorletzte Bett ist meines. Das letzte Bett hat ein Ehepaar aus Kanada. Der Mann oben, die Frau unten. Sie wird rundum mit Handtüchern und Laken absolut sichtgeschützt. Ich nehme nur den Mann bei der Arbeit war, von meiner Seite ist das Bett schon abgehängt. Die Hütte ist voll und die Schnarchnasen haben bereits begonnen.

Immer mehr rückt Santiago und das, was danach kommen wird, in den Mittelpunkt meiner Gedanken. Langsam werde ich mir der Einmaligkeit meiner Pilgerreise bewusst. Ich habe es wirklich bald geschafft, 2.560 km zu Fuß von Hoffeld bis Santiago. Klar ich wollte es, aber konnte ich deshalb damit rechnen, dass es klappt? Ich habe entrümpelt und bin aufgeräumter als je zuvor. Sorgen sind mir fremd geworden, ich habe viel Vertrauen gewonnen, in Gott und in mich selbst. Ich weiß, dass ich schaffen kann was ich wirklich will und weiß, dass Gott mich dabei unterstützt. Es ist schwer, in wenigen Worten zusammenzufassen, was einen an einem Tag so beschäftigt. Ich kann es nur im Kern und sehr gestrafft weitergeben. So glaube ich, dass meine Pilgerreise gerade erst begonnen hat!

Gute Nacht.

Tag 90, Portomarin – Palas de Rei 25 km

Diese Nacht hatte ich meinen dritten Traum, der erste war gleich am Anfang meiner Pilgertour und der zweite gleich die erste Nacht in Spanien. Drei Träume in 93 Nächten, wobei ich zuhause jede oder fast jede Nacht träume. Sonderbar ist, die Träume sind nach unruhigen Tagen durch Menschenmassen und gleich am Anfang durch eine Neue, eine ungewissen Zeit die auf mich zukam zustande gekommen, das ist so mein Gefühl. Mein Frühstück bekomme ich gleich im Ort in einer kleinen netten Bar.

Bei frischem galicischem Nebel setze ich um 7 Uhr meinen Weg durch einen schönen Laubwald fort. Es ist noch sehr dunkel und ich muss immer wieder meine Taschenlampe einsetzen. Dann treffe ich auf einen Mann aus Südafrika, ein Mann wie ein Kleiderschrank. Wir laufen ein Stück des Weges zusammen und trennen uns an der Ziegelfabrik wieder. Auf einem Pfad führt der Weg neben einer wenig befahrenen Straße bis zu einer Geflügelfarm. Diese Form der Massentierhaltung zeigt auf deutlichste Weise welchen Respekt wir Menschen dem Tier als Teil der Schöpfung entgegen bringen. Praktisch keinen, wenn es nicht um unser geliebtes Haustier geht. Hier ist in den letzten Jahren ein riesen Warenangebot entstanden und die Industrie hat sich einen eigenen Zweig aufbauen können. Bei der Massentierhaltung führt kein

Weg aus den elendigen Qualen heraus. Hier ist jegliches Maß verlorengegangen und ich fühle mich absolut hilflos.

Vorbei war`s mit dem Hochgefühl der ersten Stunden. Der Streckenverlauf entlang der Straße, jetzt auf der linken Seite, sorgt etwas für den passenden Rahmen. Mein Handy erinnert mich an den Namenstag von Dennis; Ich rufe ihn auf der Arbeit an, gratuliere ihm und wir reden noch ein paar Sätze zusammen. Fast drei Monate haben wir uns jetzt nicht mehr gesehen, sonst sehen wir uns fast täglich. Irgendwie freue ich mich doch sehr auf die Ankunft in Santiago.

nach Palas de Rei unterwegs

Vor mir liegt der kleine Ort Gonzar. Ein bisschen verschlafen wirken die wenigen Quadratmeter des Ortes und sind schnell besichtigt. In der Mitte duckt sich die Kirche Santa Maria, umgeben von einer kleinen steinernen Allee. Nach einem langen Anstieg und es ist wieder sehr heiß, erreiche ich Hospital da Cruz. Der Streckenverlauf wird wieder attraktiver und die Laufbahn etwas ruhiger. Es ist nicht mehr so spektakulär, doch die Natur ist immer noch sehr nett. Langgestreckte Hochebenen erlauben mir immer wieder gute Aussichten rundum. Galicien ist ganz sicher einer der einzigartigsten und schönsten Abschnitte auf dem Camino. Ist es auch der Schönste? Das wage ich zu bezweifeln, weil Frankreich sehr,

Kornspeicher

sehr schöne Passagen hat. Typisch für Galicien sind die alten Steinhäuser und die markanten Kornspeicher auf Stelzen. Ganz sicher sind die Galicier nicht so freundliche Menschen wie die Franzosen!

Ich wandere weiter über, vor allem kleine Sträßchen von Dorf zu Dorf, wobei sich nach rechts schon bald der Blick auf die Sierra de Ligonde öffnet. Ich komme nach Ligonde und Airexe. Unverändert führt die Wanderung über kleine Siedlungen wie Portas, nach Palas de Rei. An den kleinen Pausenstationen tummeln sich auch heute Menschenmassen und machen beständig durch lauten Gesang und viel Unruhe auf sich aufmerksam. Es ist die Lautstärke, die mich stört, aber es ist auch ihr Weg und sie bekommen in Santiago ihre Urkunde dafür.

Es ist 13 Uhr als ich ankomme und ich möchte mir eine ruhige Herberge aussuchen. Was ich finde ist eine Luxusherberge, fast wie ein Hotel. Okay, im Hotel gibt es nicht so viele Betten in einem Zimmer. Aber alles ist neu, es ist perfekt. Die Herberge ist schon gerammelt voll, jedoch kann ich noch ein Bett oben auf der Etage finden. Wunderschön das Zimmer, die Duschen, das ganze Haus. Duschen und waschen, das tägliche Leben und dann lege ich mich eine halbe Stunde aufs Bett. Ich habe heute viel Zeit, denn die Stadt macht nicht den gemütlichsten Eindruck. Aber das habe ich ganz selten gemacht. Einmal hat mir die Zeit gefehlt oder es war die Fitness, die das Ausruhen über Tag nicht zugelassen hat. Ich stelle fest, dass das Zimmer original die Farben meiner Klamotten hat, es sind genau die Farbtöne grün und grau wie meine Bekleidung. Das muss ich festhalten und bitte einen Bettnachbarn von mir ein Foto zu machen.

Der frühe Nachmittag gibt reichlich Zeit für Schreiben, Telefonieren und Stadtbesichtigung. Zunächst suche ich mir eine gemütliche Kneipe und trinke ein Glas Weißwein, was auch nicht alltäglich ist, doch zum Genießen ist es perfekt. Ich gönne mir ein zweites Glas und stelle fest, am Nachbartisch sitzen zwei Männer, die jetzt schon das dritte große Glas Bier bestellen. Ich weiß nicht was die beiden vorher schon getrunken haben, denn die haben schon hier gesessen als ich gekommen bin. Die sitzen auch voll in der Sonne und entsprechend rot glühen die Birnen. Ich genieße meinen Wein, schreibe die WhatsApp und führe mein Tagebuch weiter.

Albergue und Bekleidung ton in ton

Meinen Augen entgeht nicht, dass einige Menschen körperlich fix und fertig ankommen. So kommt eine Frau, deren Mann beide Rucksäcke trägt, - einer nach vorne, einer nach hinten- und sie unter seinem Arm kräftig stützt und förmlich mitschleift. Viele humpeln und können kaum noch gehen. Es ist sehr qualvoll mit anzusehen. Eine Frau kommt zum Lokal gehumpelt, ist fix und fertig, versucht die zwei Stufen zu überwinden, die sie zum gewünschten Tisch führen. Normal die Stufe steigen geht gar nicht mehr, sie kann einfach keine Stufe mehr machen. Sie setzt sich auf die untere Stufe, hebt und zieht sich auf die nächste Stufe hoch und versucht so den Stuhl zu erreichen. Ja, sicher hilft man ihr, doch ich glaube, die steht da nicht mehr auf. Warum tun Menschen sich sowas Schreckliches an? Ich weiß es nicht, ich verstehe es nicht und es ist ganz furchtbar anzusehen und zu verarbeiten.

Die Stadtbesichtigung ist nichts Besonderes, jedoch finde ich ein Pilgerrestaurant für heute Abend. Es ist gut gefüllt und ich suche mir ein Pilgermenü aus und bestelle es umgehend. Der Nachbartisch, ein Ehepaar, die etwas später gekommen sind, bestellen zur gleichen Zeit. Unendlich dauert es, aber weder die Vorspeise noch sonst was vom Menü erreicht unsere beiden Tische. Lediglich die Getränke sind sofort gekommen. Wir reklamieren und der Kellner stellt fest, dass wir in totale Vergessenheit geraten sind. Zum Abschluss serviert uns der Kellner einen Schnaps aufs Haus und alles ist wieder gut. Der Schnaps, den ich zuhause schon mal haben muss, wenn das Essen zu viel oder zu fettig war, den habe ich auf dem Jakobsweg nie vermisst.

Frühzeitig gehe ich zum Zimmer und es hat sich schon gefüllt. Es ist noch Zeit um sich kennenzulernen, da noch keiner ans Schlafen denkt. Die Gespräche sind gut und vieles geht in Deutsch ab. Eine Frau aus der USA, die schon in einigen Ländern gewohnt hat, unter anderem auch in Deutschland, ist total stolz auf meine Leistung. Sie sagt; wenn jetzt jemand kommt und fragt wie war die Pilgertour und du sollst es in einem Satz beantworten, was würdest du ihr sagen? In einem Satz ist es nicht möglich zu antworten, vieles kann ich in Worte eh nicht fassen, weil es mein Weg ist, den ich gegangen bin, aber jeder kann den Weg gehen, auch du kannst den Weg gehen, deinen ganz persönlichen Weg. Die Unterhaltung mit ihr ist schon etwas Besonderes.

Später, keiner möchte irgendwie schon schlafen, tritt ein Mädel in unser Zimmer. Sie ist ca. 30 Jahre und ist die Julia aus München. Sie ist richtig gut drauf und bringt nochmals neuen Schwung in den Raum. Vieles hat sie von mir gehört, eigentlich alles, doch erst heute Abend kommt es zum Treffen und zu einem intensiven Gespräch, doch irgendwie nehmen alle daran teil. Es ist ein wirklich guter Abend, der tatsächlich im Zimmer stattfindet. Das war glaube ich noch nie der Fall! Ja, auch dieser Abend hat ein Ende und alle fallen in ihr Bett, ohne noch einen Ton von sich zu geben.

Die Momente genießen, bevor sie zur Erinnerung werden....

Gute Nacht.

Tag 91, Palas de Rei – Arzua 29 km

Der kleine Schlafraum war, wie so häufig, ein Schnarchraum, jeder hat mitgemacht, auch die Frauen? Für den kommenden Winter ist ganz sicher gesorgt. Frühstücken kann ich im Ort und komme so um 7 Uhr auf den Pilgerweg.

Das befürchtete Galicien Wetter bleibt aus, es ist lediglich etwas frisch und der Tag erwacht erst um 8.30 Uhr, es wird hell. Ich ziehe raus aus der Stadt, gehe an der Straße entlang, quere die Autobahn und erreiche San Xulian do Camino. Sehenswert ist die romanische Kirche, restauriert im 18. Jh. Der Weg wird besser, führt nicht mehr an der Straße entlang und es wird wieder ein wundervoller Tag, ganz wolkenlos. Weiter geht`s durch hügeliges Gelände, an vielen kleinen Weilern vorbei nach Leboreiro und ich habe damit die Provinz A Coruna erreicht.

Ich besuche die kleine Kapelle und wen treffe ich? Es ist Reni und Schorsch, sie wollen gerade die Kapelle verlassen und wir treffen uns am Eingang. Wir fallen uns wie selbstverständlich in die Arme und freuen uns auf dieses Wiedersehen. Beide wollen gleich nebenan einen Kaffee trinken, ich möchte die Kapelle besichtigen und wir verabreden uns zu einem Treffen am Caffè. Reni und Schorsch möchten am Freitag in Santiago ankommen und haben für Samstag bereits den Bus nach Finistère festgelegt. Ich lege mich spontan für die gleiche Bustour fest, denn ich komme ja Donnerstag in Santiago an und wir haben zwei Nächte in Santiago gebucht. Es passt alles. Wir tauschen noch die Handynummer aus und dann möchte Reni unbedingt ein Foto mit mir haben. Das muss nun der Schorsch machen, aber er hat kein Problem

traumhaft schön

damit. Wir drei verstehen uns von Anfang an und haben uns dabei sehr wohlgefühlt. Unsere Wege trennen sich wieder, denn die beiden laufen langsamer und ergänzen ihre Tagestour öfter mit Bus oder Taxi.

Glücklich, die beiden nochmals getroffen zu haben, gehe ich weiter durch Baumalleen, die schon sehr herbstlich wirken. Jedoch wirkt das extrem milde Klima, das viele Grün, die Palmen und die wunderschönen großen, blühenden Kakteen in der Hitze die der Tag einem abverlangt, noch sehr sommerlich. Wir schreiben heute den 10. Oktober, ich muss es nachsehen, den Kalender halte ich schon lange nicht mehr im Kopf nach, auch nicht die Wochentage. Parallel zur Straße erreiche ich Melide. Herbergen öffnen mittlerweile im Fünf-Kilometer-Takt. Die Etappenlänge kann sehr flexibel gestaltet werden.

Melide ist das geografische Zentrum Galiciens. Hier mündet der von Oviedo kommende Camino primitivo, der älteste Jakobsweg, in den Camino frances. Die Altstadt lässt etwas den Charme anderer, am Weg liegende Orte vermissen.

Ab Melide geht das permanente Auf und Ab, nun immer öfter durch duftende Eukalyptuswälder, weiter. Noch immer verläuft der Weg durch eine schier endlose Kette von Weilern und Siedlungen. Auf einem Waldweg wandere ich über Raido nach Boente, wo die Kirche eine hübsche Jakobusfigur präsentiert. Von dort geht es hinunter in das Tal des Rio Boente und wieder hinauf nach Castaneda. Es ist nochmal ein traumhafter Tag, die Vegetation, das sehr milde Klima, Palmen, Kakteen, Bananenstauden, die wundervollen Dörfer, manchmal mit fließendem Bach und vielen weiteren wundervollen Naturmerkmalen. Es ist als würde ich mich im Paradies befinden, heute nochmals traumhaft schön und einfach nicht annähernd in seiner Pracht und Schönheit zu beschreiben. Galicien ist das Paradies auf Erden.

Dann geht es kräftig bergauf und -ab ins idyllisch gelegene Ribadiso da Baixo und weiter an der Landstraße entlang nach Arzua. Ich gehe in den Ort rein und finde noch vor der Altstadt eine Großraum-Herberge. Wer weiß, vielleicht ist es die letzte, wo in einem Raum viele, viele Betten angeboten werden. Die Herberge ist in einem guten Zustand und noch fast leer. Das heißt, ich habe die große Auswahl. Ich reserviere mir gleich am Anfang um die Ecke ein Bett, dusche und wasche meine Wäsche. Weiter durch, in einem kleinen Innenhof, kann ich die Wäsche zum Trocknen aufhängen. Günter der Trierer ist auch eingetroffen. Die Karre und sein Gepäck,

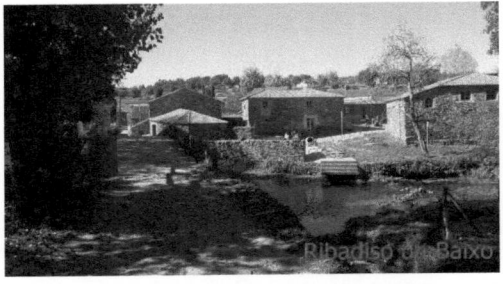

bestehend aus vielen Tragetaschen, lassen ihn unschwer erkennen. Parallel zu meiner Bettenreihe schläft er am Ende, also weit genug weg. Während ich meinen Rucksack räume, kommt ein junger Bursche auf mich zu und möchte sich vorstellen. Es ist David aus Frankfurt, ca. 25 Jahre. Wir unterhalten uns eine ganze Weile. David möchte auch übermorgen in Santiago ankommen. Er kennt auch Günter und ich bin mir sicher, wir sehen uns nochmal in Santiago. Wir trennen uns wieder und ich gehe in die Stadt um die weiteren Aufgaben zu erledigen.

Das interessanteste Baudenkmal in Arzua ist die gotische Capilla de la Madelena 14.Jh. Leider ist die Kapelle geschlossen und ich kann sie nicht besichtigen. Bekannt ist der Ort vor allem für seinen Queixo; runde, 0,5-3,5 kg schwere Käselaibe der Original-Herkunftsbezeichnung D.O. Arzua-Ulloa. Die Basis ist Kuhmilch, die Konsistenz ist weich, der Geschmack mild. Daneben gibt es auch den für ganz Galicien typischen kegelförmigen Tetilla, ebenfalls ein sehr milder Weichkäse aus Kuhmilch. Am ersten Sonntag im März findet in Arzua die Käsemesse statt, bei der bis zu 100.000 Laib Käse verkauft werden.

In einem wunderschönen Biergarten trinke ich ein Bier und lerne dabei noch einen Pilger aus Würzburg kennen. Er läuft ziemlich aufgeregt in dem Biergarten hin und her bis er zu einem Bier und dann auch zu mir findet. Doch dann wird er ruhiger und es findet eine nette Unterhaltung statt. Wirklich Ruhe findet er nicht und ist auch bald wieder verschwunden. Ich rufe Uschi noch an, sie hat für die letzte Nacht vor unserem Rückflug das Hotel in Santiago noch gebucht und will übermorgen um 19 Uhr vom Hahn losfliegen und mit dem Bus vom Flughafen etwa um 22 Uhr hier im Zentrum von Santiago ankommen. Ich genehmige mir ein weiteres Bier, schreibe die WhatsApp noch und genieße die Ruhe, die der Biergarten am späten Nachmittag so hergibt. Heute bleiben die Pflegefälle Gott sei Dank fern von mir, wahrscheinlich sind alle Problemfälle um einen Tag zurückgefallen. Ein kleines Restaurant für mein

Pilgermenü finde ich nach langem Suchen -viele sind geschlossen- in einer kleinen Seitenstraße gleich neben der Kapelle. Es passt alles und ich ziehe mich frühzeitig in die Herberge zurück. In einer kleinen Bar treffe ich dann nochmals auf Julia aus München. Sie fühlt sich wohl in der Bar und kommt eher später zur Herberge. Ich kehre nicht mehr ein, bin müde und die Gedanken ans Ankommen in Santiago schwirren immer wieder durch den Kopf. Wie werde ich ankommen, wie wird es sein, es sind Gedanken, die mich nicht mehr loslassen. Alle Szenarien möchte ich am liebsten durchlaufen lassen.

Die Herberge hat sich etwas gefüllt, es sind jedoch noch einige Betten frei geblieben. David läuft mir im Schlafanzug nochmals über den Weg als ich in Richtung Bad gehe. Auch David möchte sich schon hinlegen. So endet wieder mal ein an Klasse kaum zu überbieternder, traumhafter Tag.

Der Jakobsweg wächst, er wächst unter meinen Füßen, täglich, wie durch ein Wunder!

Welche Rolle spielt die Kirche auf meinem Pilgerweg? Bin ich Gott näher gekommen in den 90 Pilgertagen?

Ja, Gott ist immer in meiner Nähe gewesen, wie sonst kann ich mir meinen Pilgerweg erklären, den ich ohne jeglichen Schmerz, ohne gefährliches Gewitter, einfach ohne jegliches Problem bis heute gelaufen bin. Ich hatte, obwohl ich nur mit dem Nötigsten unterwegs war, immer zu Essen, zu Trinken und auch immer eine Unterkunft. Mir hat es in 90 Tagen an nichts gefehlt! Das Gott mit mir auf dem Jakobsweg war und ist, davon bin ich absolut überzeugt.

Das Ziel einer Pilgertour ist es Gott zu begegnen, ihm näher zu kommen oder Gottes Erfahrung zu machen. Auch ich bin Gott nähergekommen! Durch das Unterwegssein auf dem Jakobsweg hatte ich die Gelegenheit, anders zu leben als sonst. Der Weg ist so lang und Gedanken können sich anders entwickeln als ich es gewohnt war. Innehalten war meine Erwartung an den Weg, jedoch himmelwärts zu schauen und eine Reise nach innen zu wagen, war nicht unbedingt eine Vorgabe für den Pilgerweg. In mir ruht eine Sehnsucht, die nicht durch materielles Glück gestillt werden kann, diese Sehnsucht trägt den Namen; Vertrauen in Gott. Ganz unbewusst blüht eine spirituelle Erfahrung in mir auf, auch wenn es spirituell verrückt klingt. Ich mache den Weg nicht um meine körperlichen Grenzen auszutesten, auch wenn mich der Weg manchmal an die Grenzen heranführt. Der Weg hat seine eigene Sprache, ich lerne ihn mit der Zeit zu verstehen. Unterwegs entsteht in der Stille eine ganz andere Form von Spiritualität, die weit entfernt von Kirche und Religion ist, aber den Geist des Pilgerweges und damit dem Erleben, der Nähe Gottes sehr nahekommt. Was man Beten nennt, führt mich mit der Zeit immer besser während des Pilgerns zu einem persönlichen Gespräch mit Gott. In der ehrlichen Selbstanalyse meines Seelenzustandes fühle ich, dass Innehalten und Einkehr in mich selbst, dass Geheimnis zu Gott ist, der Weg zu Gott ist.

Die spirituellen Schätze des Pilger-Weges, die ganz Persönlichen, suche und lebe ich. Manchmal, wenn ich die Weiten der Landschaft, die unendliche Weite des Weges und am Ende des Horizonts den Himmel sehe, denke ich am Ende des Tages, bin ich dem Himmel so nahe und somit auch näher bei Gott. Aber eigentlich kann ich meine Seele finden und sie auf dem Weg mitkommen lassen. In der Ruhe des Weges kann ich innehalten und mich von meinem Seelenmüll befreien. Hinterher fühle ich mich total aufgeräumt, erleichtert, wie neu geboren. Immer wieder fließen ein paar Tränen, doch ich glaube, die gehören einfach dazu. Ich fühle mich hervorragend, aber es geht mir auch sehr, sehr gut.

Viele Kirchen habe ich auf dem Jakobsweg besucht, überwiegend waren sie zum Beten, zum Innehalten, zum Kraft tanken, oder einfach zum Erholen, wenn es mal ein sehr heißer und anstrengender Tag war. Andere Kirchen waren ein Kulturgut zum Besichtigen, wieder andere absolute Touri-Kirchen ohne Andacht für nichts und niemanden. Ich bin gläubig, katholisch, jedoch nicht der typische Kirchgänger und bin auf dem Jakobsweg der Kirche auch nicht nähergekommen. Gott getroffen? Nein getroffen, glaube ich, habe ich Gott nicht! Aber Gott war beständig bei mir und auch ich bin Gott auf dem Jakobsweg sehr viel nähergekommen! Gott kümmert sich und leitet mich, haucht mir immer wieder neues Leben ein - Lebenshauch- und wenn ich mich verlaufen habe, dann hat er sich gerade um andere Pilger gekümmert.

Passt also; **Der Weg ist das Ziel!** *Gute Nacht!*

Tag 92, Arzua – Lavakolla 29 km

Die Nacht in dem großen Schlafsaal war relativ ruhig. Nur wenige Betten waren belegt, so dass alles sehr entspannt war. Ich sitze noch einen Moment auf meinem Bett und versuche aufzustehen, da höre ich wie einer auf der gegenüberliegenden Seite seine Rotze aus der Tiefe über die Speiseröhre hochzieht. Es ist ein Mädel und sitzt mir gegenüber in der parallel gestellten Bettreihe. Die Geräusche sind laut und absolut furchtbar. Dann zieht sie nochmals an der Rotze und kann sie schließlich, vielleicht fünf Meter von mir, in einem Papierkorb versenken. Da komme selbst ich ans würgen und weiß nicht, ob ich aufstehen oder mich noch mal umfallen lassen soll. Dann kommt sie auf mich zu und fragt; hast du mal eine Schere für mich? Ich antworte mit einem klaren Nein. Wäre ich in der Lage gewesen ganz unten aus meinem Rucksack die Schere rauszuholen und dann auch nochmal von ihr in Empfang zu nehmen - ich glaube nicht, ich bin schockiert, mir ist schlecht und ich kann auch nicht aufstehen. Der Schock sitzt tief. Ich schaue nochmals rüber und erkenne eine Familie, Vater, Mutter und zwei Kinder, eines davon ist dieses Mädel! Alles sieht sehr arm aus, das Gepäck besteht aus vielen Plastik-Tragetaschen. Ich möchte alles nicht mehr vor Augen haben und verlasse mein Bett in Richtung großer Waschsaal. Alles ist nach der Katzenwäsche mit kaltem Wasser wieder gut. Jedoch als ich zwischen Ihrem Bett und dem Papierkorb durchgehe, kommt es in mir wieder hoch. Ich glaube so schnell wie heute Morgen habe ich noch nie gepackt und die Herberge verlassen. Eigentlich hatte ich ja noch etwas für den Papierkorb, jedoch trag ich es lieber in meinem Rucksack, als an dem Papierkorb vorbeizulaufen.

Um 7.30 Uhr komme ich los, frühstücken möchte ich noch nicht im Ort, ich gehe erst mal einige Meter und kann dann irgendwo auf dem Weg noch frühstücken. Erstmal muss ich vergessen was da passiert ist. So etwas ekliges habe ich in den 91 Tagen nicht erlebt, doch einmal war etwas ähnliches vor meinen Augen ausgetragen worden.

Ein älterer Pilger, ein Kanadier, auch alleine unterwegs, ich habe ihn öfter in großen Herbergen getroffen und er ging immer mit Zahnputzbecher zum Bad. Eines Abends musste ich mit ansehen wie er seine Zähne rausnimmt und in den Becher taucht. Ich habe so etwas noch nie sehen können und auch diese Pilgertour nimmt mir meinen Ekel vor solchen täglich gebrauchten Esszimmern nicht! Beurteilen, was für mich das Unerträglichere ist, kann und möchte ich nicht. Irgendwie kämpfe ich und möchte meine Gedanken wieder auf den Pilgerweg ziehen.

Inzwischen ist es hell geworden, die Sonne steigt wieder in einen wolkenlosen Himmel und der Tag kann nur ein schöner Tag werden! Das viel beschriebene Galicien Wetter werde ich nicht erleben, muss auch nicht sein. Auf kleinen Sträßchen und unbefestigten Wegen wandere ich durch eine hügelige, sehr schöne landwirtschaftlich geprägte Landschaft. Ich erreiche Pregontono, quere die Autobahn, wandere nach A Peroxa und komme durch A Calzada. Unterwegs sehe ich ein Zelt in einem Bushaltehäuschen aufgebaut, gleich neben dem Pilgerweg. Für einige Pilger eine Attraktion und zum Fotografieren wichtig. Meine Bedürfnissen auf dem Pilgerweg sind etwas anders gelagert. Es sind Langschläfer, warum sonst würde um 10 Uhr dieses Zelt noch stehen.

Weiter gehe ich durch Outeiro, Salceda, quere bis Brea mehrfach die Straße und erreiche leicht ansteigend O Empalme. Es sind viele Pilger unterwegs, manchmal fügen sie sich zu regelrechten Prozessionen. Viele wirken wie Touristen, haben sich die Landesfahne umgehängt und bewegen sich laut, wie auf dem Weg zum Fußballstadion. Einige lassen sich mit ihrem Navi führen, obwohl viele Muschelhinweise, an jeder Abzweigung und auf den Geraden auch nochmals angebracht sind. Außerdem braucht man nur in dem Strom mitschwimmen, verlaufen ist die letzten 100 Kilometer vor Santiago ausgeschlossen.

Ich laufe an vielen Herbergen vorbei, Gute und auch weniger Gute, jedoch ist es noch zu früh für mich. Santa Irene ist der nächste Ort und ich erreiche die National-Straße. Plötzlich stelle ich fest, dass mir mein Mittagsmenü noch fehlt und ein Geschäft nicht zu sehen ist. Auf dem Waldweg nach A Rua entdecke ich ein kleines Zelt wo viel Klimbim, aber auch etwas Obst verkauft wird. Ein Apfel und eine Birne kann ich ergattern und bin so für heute Mittag gut ausgestattet. Der Weg führt mich nach Pedrouzo und Arca do Pino, jedoch nach 19 km erscheint mir eine Herberge noch etwas verfrüht. Ich gehe weiter über Waldwege und kleine Landstraßen, sehe und rieche viele Eukalyptuswälder und erreiche San Anton und Amenal. Eine kleine Bar taucht plötzlich vor mir auf und ich werde auf meinem letzten Tag leichtsinnig, ich bestelle mir einen Salatteller und kann diesen bei der Hitze voll genießen.

Die Suche nach einer Herberge geht daneben, ich werde doch noch solange weiter gehen bis ich plötzlich in Santiago bin, schießt es mir durch den Kopf, das sind für heute fast 40 Km. Ich bin überzeugt, dass meine Füße mich sogar bis dorthin tragen werden. Nein, das geht gar nicht, ich möchte doch frisch und vormittags ankommen, so habe ich mir das vorgestellt. Ich verwerfe diesen absurden Gedanken sofort wieder, um einen Moment später daran weiterzuspinnen. Nein und nochmal nein, ich möchte den Jakobsweg MORGEN angemessen und würdig zu Ende bringen.

Auf einer Anhöhe verlasse ich den Wald und umgehe das Rollfeld des Flughafens, das auf der historischen Pilgerroute liegt, weiträumig nach rechts. Ich passiere San Paio, lerne sehr nette Schweizer auf dem Weg und bei einer gemeinsamen Rast kennen. Es sind Touris, haben viele Snacks dabei und essen absolut nicht gerne alleine. Ja sehr nette Schweizer! Über eine Anhöhe gelange ich nach Lavacolla und drehe hier nochmals eine Runde, vielleicht kann ich ja noch eine Herberge finden.

Ich gehe einem Hinweisschild nach und treffe auf ein Haus, indem zwei Menschen einen Kühlschrank einräumen. Mit der Zimmervermietung haben beide nichts zu tun.

Ich muss warten bis die Chefin kommt, draußen stehen zwei Männer und eine Frau, die ebenfalls warten. Es dauert nicht lange, die Chefin kommt, nimmt uns mit, wir gehen eine Straße entlang, dann gehen wir auf der Querstraße zu einem Haus und es ist wie für uns vier gemacht. Die Drei bekommen ein Dreibettzimmer für mich steht ein Doppelzimmer bereit. Die Küche und das Bad dürfen wir gemeinsam nutzen. Perfekt! Ein Zimmer für mich alleine, genauso sollte es sein, so hatte ich mir das vorgestellt. Das Glück ist heute voll auf meiner Seite- oder ist es Gott, der nicht von meiner Seite weicht? Auf meinem Weg bin ich bei 2546 km angekommen und habe so morgen für die letzten 10 Kilometer ganz viel Zeit. Ich kann jeden einzelnen Kilometer zelebrieren. Eigentlich kriege ich es noch gar nicht richtig gebacken, morgen soll ich wirklich schon ankommen! Alleine dieses Gefühl ist etwas Besonderes und lässt meinen Magen unruhiger werden.

Schmetterlinge habe ich im Bauch, wahrscheinlich eine Unmenge Schmetterlinge, so fühlt es sich jedenfalls an. Es ist ein einmalig schönes Gefühl!

Die drei im Nebenzimmer sind Österreicher und mit ihren Fahrrädern nach Spanien geflogen um hier eine Woche lang Radtouren zu machen. Ich treffe auf Peter und wir erkennen schnell, dass keine anderen Namen so leicht zu behalten sind wie unsere. Die Frau unterbricht uns, wir sind bereits voll in der Unterhaltung angekommen und fragt, ob sie als erste das Bad nutzen dürfe? Ja, ja sage ich, ich habe heute alle Zeit der Welt, bin um 14.30 Uhr angekommen und habe wirklich Zeit. Peter erklärt mir dann, dass sie heute noch mit dem Bus nach Santiago möchten und vorher zum Flughafen. Sie müssen für den Rückflug morgen noch so einige Dinge, wie zum Beispiel verpacken der Fahrräder, abklären. Mit Peter verstehe ich mich direkt glänzend und der Gesprächsstoff nimmt kein Ende. Doch plötzlich, die beiden sind schon geduscht, kommt sie wieder auf uns zu und sagt etwas energisch: nun los Peter wir sind schon fertig, ab in die Dusche! Darauf Peter ganz ruhig und gelassen zu mir; du musst nicht denken, dass das meine Frau ist, es ist nicht meine Frau, entschuldigt sich und geht duschen. Dann kommt sprachlich unverkennbar, ein absoluter Bayer rein und sucht für sich und seine Frau ein Zimmer. Ich mache ihm verständlich, dass hier kein Zimmer mehr frei ist. Daraufhin schaut er sich das komplette Erdgeschoß an, eine Treppe weder rauf noch runter, gibt es nicht. Etwas unverschämt öffnet er jede Tür, sogar die Tür vom Abstellraum, hinterlässt noch sehr sauer einen bayrischen Schmarren und zieht weiter.

Die Österreicher verlassen das Haus, ich gehe Duschen, mit richtigem Duschgel und einem echten Frotteehandtuch. Wieder ein Paradies angetroffen, so fühle ich mich! Die Microfaser und Kernseife Zeiten gehen dem Ende zu. Ein letztes Mal Wäsche waschen, Uschi bringt neue Klamotten mit. Ich muss das wohl alles träumen, soll ich wirklich morgen in Santiago eintreffen? Ich werde es weder heute noch morgen begreifen können! Eine WhatsApp schreiben, die ersten guten Wüsche zum Einlaufen nach Santiago kommen schon von Nancy, Dennis und Uschi. Riechen, nein riechen kann ich Santiago noch nicht. Zum neunzigsten Mal mit Uschi telefonieren, das Tagebuch schreiben und dann gehe ich raus und möchte Lavacolla besichtigen. Von den Schlüsseln die auf dem Brett liegen passt keiner auf die Haustür, doch so komme ich nicht wieder rein! Ich klingele einmal die Wohnung über mir an und eine Frau kommt runter und holt mir einen Schlüssel aus dem Briefkasten.

Die mittelalterlichen Pilger pflegten sich am kleinen Bach Lavacolla gründlich zu waschen, um sauber und wohlriechend am Grab des Apostels zu erscheinen. Angesichts der hygienischen Verhältnisse ein sinnvolles, wenn auch mit großer Wahrscheinlichkeit auf einem Missverständnis beruhendes Ritual. Der französische Mönch Aymeric Picaud, Verfasser des mittelalterlichen Pilgerführers Codex Calixtinus, soll die Bedeutung von Lavacolla falsch interpretiert haben. Statt korrekt >voller Geröll< (galicisch: rego dos coios) verstand er lava colea, was so viel bedeutet wie >sich die Genitalien waschen<.

Mehr gibt es nicht zu berichten, ich gehe in einen kleinen Supermarkt und kaufe mein Abendessen und mein Frühstück (kalte Küche) ein. Früh gehe ich zu Bett, möchte ausgeschlafen und frisch in Santiago ankommen, morgen wird sicher ein sehr langer Tag werden. Dann kommt mir der Gedanke, wie werden wohl die Österreicher reinkommen, werden sie einen Schlüssel dabeihaben? Ich versuche mal wach zu bleiben, lasse vorsichtshalber meine Tür offen stehen, damit ich sie notfalls besser hören und die Haustür öffnen kann. Jedoch wie vermutet ist der Tag irgendwann über mir zusammengebrochen und ich nehme im Unterbewusstsein wahr, wie meine Zimmertür irgendwann in der Nacht zugezogen wird. Es kann nur einer der Österreicher gewesen sein.

Nichts auf der Welt ist so besonders, wie der Traum, dessen Zeit gekommen ist!!!

Gute Nacht!

Tag 93, Lavacolla – Santiago de Compostela 12 km

Es ist der Tag der Ankunft in Santiago de Compostela. Die Nacht war sehr erholsam, das Frühstück, selbst kreiert, na ja! Von den Österreichern habe ich noch kein Lebenszeichen bekommen, wahrscheinlich haben sie die Nacht gefeiert. Ohne

Abschied, schade eigentlich, verlasse ich um 8 Uhr das Haus. Vier Pilger suchen den Jakobsweg, selbstverständlich nehme ich die vier mit auf den Jakobsweg, dann trennen wir uns wieder.

Es ist soweit! Ein letztes Mal den Rucksack schultern, vielleicht sind es noch 3 Stunden, dann habe ich sie erreicht die Kathedrale von Santiago de Compostela. Ich

bin bereit, bereit für die finale Etappe. Das Wetter, wie jeden Tag in Spanien, es lässt mich auch heute nicht im Stich. Ein Hauch von Nebel hält den sternenklaren Himmel und den Sonnenaufgang noch kurze Zeit in Schach. Ich gehe locker los, genieße die Umgebung und sehe einzelne Pilger nochmal. Hinter Lavacolla gehe ich bergauf nach Vilamaior, eine lichte Hochebene führt an den Sendestationen von TV Galicia und TV Espana ins Einzugsgebiet von Santiago nach San Marcos. Kurze Zeit später erreiche ich schon den Monte do Gozo.

Millionen von Freudenseufzern sind auf dem Monte do Gozo im Laufe der tausendjährigen Pilgergeschichten schon ausgestoßen worden. Ungezählt die Momente des höchsten Genusses beim ersten Anblick der Türme der Kathedrale von Santiago. Glück mit dem galicischen Wetter braucht es freilich und selbst dann mag sich nicht der erwartete Blick einstellen, ist die Stadt inzwischen doch stark gewachsen. Noch kann ich von mir keine Gefühlsausbrüche erkennen, ich besichtige in Ruhe den Monte do Gozo, kann aber auch die Türme der Kathedrale nicht sehen, vielleicht liegt es aber auch an etwas Nebel, der noch über der Stadt liegt. Ich besuche die kleine Kapelle und wandere hinunter zur Stadt, komme an einer Pilgerherberge, ein Containerdorf mit 500 Betten, wovon viele Pilger auf die letzten 5 km starten, vorbei. Quere die Straße, die Autobahn und auch die Bahngleise.

In der Stadt mache ich eine kleine Pause, wechsele die Wanderschuhe gegen die Wandersandalen und packe meine Stöcke in den Rucksack. Eine Info Tafel zeigt mir den Weg zur Kathedrale, jedoch die Straße zur Unterkunft kann ich nicht finden. Die Anspannung wächst langsam, ich bin alleine wie ich es mir gewünscht habe und der Weg bis zur Kathedrale ist nicht mehr weit. David aus Frankfurt kommt mir entgegen, er hat schon eingecheckt, die Kathedrale besichtigt und besucht jetzt die Stadt. Ich gratuliere ihm und gehe weiter durch die Stadt. Die vielen Touristen, Pilger, Straßen und Häuser nehme ich nicht mehr wahr, ich habe nur Augen für Pfeil- und Muschelsymbole. Die Altstadt habe ich erreicht.

Das Beten mit den Füßen hat ein Ende!!!

Meine Uhr zeigt 10.56 und plötzlich bin ich da, die riesige Kathedrale breitet sich vor mir aus. Ein imposantes Bild von der Nordseite fesselt meinen Blick. Ich fühle Garnichts und blicke gedankenleer, wie versteinert einige Minuten auf die Fassade. Eine Körperstarre ist eingetreten, ich kann mich nicht bewegen, nicht gehen und nehme auch das ganze Treiben um mich herum nicht wirklich wahr. Emotionslos, ohne Tränen, aber ein Blick, der nicht mehr von der Kathedrale weichen will, atemlos, so stehe ich viele Minuten bewegungslos auf einer Stelle. Ich glaube ich kann es genießen, ohne es zu erleben!

Ich bin angekommen, ich habe es geschafft, ich muss es nun auch noch begreifen. Später kann ich erkennen, dass ich weit vor dem Ausgang stehe, ich nehme nur Pilger wahr, die die Kathedrale verlassen. Der Platz auf dem ich stehe ist voller Menschen und es herrscht ein reges Treiben um mich herum. Dann bin ich wieder in der Lage weiter zu gehen. Durch ein Tor führt der Weg bergab zu dem Platz <Praza do Obradoiro>. Im Rücken spüre ich den galicischen Landtag/Rathaus, um mich herum viele, viele Pilger in allen Sitz- Liege- und Stehpositionen. Vor mir habe ich die mächtigen Türme und den Haupteingang der Kathedrale, alles wegen der großen Bauphase verhüllt. Aber auch diese Bilder und die Bauwerke, die den Plaza umrahmen, fesseln meinen Blick. Mich durchfährt eine kräftige Schauer beim Hochsehen und Betrachten der beiden barocken Türme. Ich bin tatsächlich überwältigt von der Ankunft, ich hatte es mir so nicht vorgestellt, nicht im Geringsten. Eher war die Emotion, die mich überwältigen könnte, meine Gedankenwelt, meine Vorstellung.

Alles ist perfekt inszeniert und ich bin froh, dass ich dem Einlauf zur Kathedrale freien Lauf gelassen habe und alles auf meine Art ausleben kann. Was durch meinen Kopf geht, lässt sich nicht beschreiben, es ist ein völliges Durcheinander verschiedener Glücksgefühle. Ich stehe wieder mit beiden Füßen auf dem Boden und werde noch eine Zeit brauchen um alles zu verarbeiten und zu verstehen. Ich wusste ich, kann es schaffen und nun habe ich es geschafft. Ein grandioses Gefühl, es sind Momente, die zu umschreiben wird nicht möglich sein, sie brennen sich in mein Gedächtnis ein. Der Blick will nicht von der Kathedrale weichen, Blicke nach unten, zu Pilgern die ich unterwegs kennengelernt habe sind zur Nebensache geworden. Nach solange Pilgern die mächtigen Türme der Kathedrale erblickt zu haben, es wurde zur Gewissheit, dass dies ein ganz besonderer Ort ist. Das Gefühl, das Ziel erreicht zu haben ist grandios, beschreiben jedenfalls kann ich das nicht. Dann

gehe ich zur Südseite hoch, es ist die Eingangsseite zurzeit. Ich möchte einen Blick in die Kathedrale werfen, jedoch auf dem Plaza haben sich unendlich viele Pilger in Schlangenlinie aufgereiht und den Plaza ausgefüllt. Sicherlich sind einige Busse angekommen und die Wartezeit bis zum Einlass wird einige Zeit in Anspruch nehmen.

So bewege ich mich zunächst zur Touristen-Info, lasse mir den Weg auf einem Stadtplan zur Herberge Santa Rita erklären und checke ein. Wir haben ein schönes Doppelzimmer und ein großes Bad auf dem Flur. Die Dusche teste ich sofort und gehe mit frischen Klamotten, ohne Rucksack mit meinen Wandersandalen wieder Richtung Altstadt. Eine Leichtigkeit mit der ich die 10 Minuten zur Kathedrale zurücklege, hängt ganz sicher mit dem fehlenden Rucksack zusammen.

Der Andrang am Eingang der Kathedrale hat sich förmlich aufgelöst, auch ich kann

jetzt völlig entspannt den Dom besuchen. Ich drehe eine Runde und entscheide mich für das Umarmen des hl. Jakobus, eine Stunde anzustehen. Es war eine gute Entscheidung, denn die Warteschlange wird länger, lediglich für mich kürzer. Ich komme am Altar an, gehe ein paar Stufen hoch und kann den hl. Jakobus umarmen und für einen Moment die Zeit anhalten. Ich bedanke mich für die wundervolle Reise und merke die Emotionen fangen an zu kochen. Die Pilgerreise ist mit der Umarmung dann auch beendet! Ich nehme es so an und es ist kein Problem, vielleicht kann ich es auch noch nicht verstehen. Weit unter dem Altar in der Krypta besuche ich die sterblichen -angeblich-sterblichen Überreste des Heiligen, für mich ist es der hl. Jakobus der da unten liegt und ich habe seine Nähe gefunden. Die Emotionen verziehen sich langsam und machen einem Gefühl der Leichtigkeit Platz.

Es folgt ein weiterer Rundgang durch die Kathedrale, ich suche mir eine Bank mit etwas Ruhe und halte eine innere Einkehr. Ich kann meine Augen schließen und nochmals tief in mich gehen. Diese Pilgerreise führte mich nach Santiago, ein ganz besonderer Ort, aber vor allem auch zu mir selbst. Ich bekomme die unterschiedlichsten Einblicke in mein Seelenleben und bin absolut aufgeräumt. Die Emotionen tauchen dann doch noch mal auf, die Tränen fließen und ich muss es einfach zulassen. Ich denke und bete für viele Menschen, im Einzelnen oder in der Familie, wie ich es auf meiner Pilgertour einmal beschlossen habe. Hinterher bin ich sowas von erleichtert, glücklich und es geht mir außergewöhnlich gut, hier so viele Menschen mit eingeschlossen zu haben. Völlig losgelöst und gedankenlos verlasse ich nach Stunden die Kathedrale.

Erst gehe ich jetzt zum Pilgerbüro. Es liegt einige Schritte von der Kathedrale entfernt. Ein weiteres Mal reihe ich mich in eine Menschenschlange ein, die sich schleppend vom Gebäudeeingang bis zu einer breiten Theke vorwärtsschiebt. Die Theke ist mit 8 Personen besetzt, ist ein Platz frei so leuchtet dies auf einer Tafel auf. Zwei Stunden stehe ich an und versuche

abwechselnd den ein oder den anderen Fuß zu entlasten. Vor mir habe ich 4 Frauen, die alle deutsch sprechen. Eine behauptet; die Pyrenäen sind doch ein Kinderspiel, wobei die Pyrenäen den anderen drei Frauen zu schaffen gemacht haben. Da muss ich mich einklinken; Ich sage, darf ich fragen wo du herkommst? Ja sagt sie, aus der Schweiz! Dann verstehe ich alles, ich komme von Köln und bin 2 558 km gegangen, für mich waren die Pyrenäen auch ein Kinderspiel. Wer aber in Saint-Jean-Pied-de-Port losgeht, für den ist es eine erste große Herausforderung. Da stimmt sie mir zu und wir warten weiter. Ich wurde auf eine Nervenaufreibende Geduldsprobe gestellt und bekomme dann sehr unfeierlich meine Pilgerurkunde überreicht. Das

Großraumbüro ähnelt einer Amtsstube und das Personal ist auf die Massenabfertigung der vielen Pilger eingestellt. Ich kaufe mir ein Papprohr zur Aufbewahrung meiner Urkunde und verlasse das Pilgerbüro wieder. Wer diesen Gang hier einmal gemacht hat, kommt ganz schnell wieder mit beiden Füßen auf den Boden der Tatsachen.

Es ist Abend geworden, soweit habe ich alles geschafft! Ich suche mir ein Restaurant, was nicht wirklich ein Problem darstellt und stille meinen kleinen Hunger. Ein Pilgermenü habe ich heute zu später Mittagszeit eingenommen. Dann gehe ich zur hl. Messe in die Kathedrale, so richtig feierlich ist es nicht, das Weihrauchfass wird nicht bewegt. Gehört habe ich, dass es nur noch freitags bewegt wird, alles andere ist wohl zu teuer. Jedoch können betuchte Einzelzahler das tägliche schwingen des Weihrauchfasses beeinflussen. Vielleicht habe ich auch mit dem Seitenschiff den falschen Platz gewählt.

Nun habe ich noch ca. eine Stunde bis Uschi mit dem Bus kommt. In einem Getränkeladen besorge ich mir zwei Dosen Bier, suche den Busbahnhof und erkenne schnell wo der Bus vom Flughafen anfährt. Ich suche mir auf dem freien Platz eine Bank mit Blick auf die Haltestelle und trinke in aller Ruhe mein Bier. Ich habe alles geschafft heute, Kathedrale und Altstadt können wir morgen gemeinsam besichtigen. Der Tag war schon gut ausgelastet. Dann, der Bus ist pünktlich, auch Uschi steigt aus, die Freude auf ein Wiedersehen ist riesengroß. Uschi weint minutenlang, sie weint sich die Augen aus dem Kopf. Irgendwann können wir die Haltestelle verlassen, erzählen und in Richtung Santa Rita gehen wo wir den Koffer abstellen. Dann führt der Weg uns zur Kathedrale in die Altstadt zum gemütlichen Teil des Abends. Wir finden ein schönes Weinlokal, bestellen uns eine gute Flasche Rotwein und sitzen bei sommerlichen

Springbrunnen neben der Kathedrale

Temperaturen noch eine ganze Weile draußen. Wir können den Tag feierlich ausklingen lassen. Mein Kopf fühlt sich leer an, nur das Gefühl von Glück ist noch da. So oder ähnlich sieht eine von der Welt losgelöste Zufriedenheit aus. In der Altstadt wird es merklich ruhiger und wir gehen in Richtung Santa Rita. Unterwegs finden wir noch ein Lokal wo noch reichlich was los ist. Wir beschließen noch einzukehren und trinken noch einige Glas Wein bis es auch hier ruhiger wird. Wir bezahlen und wollen gehen, bevor wir hier die letzten sind.

Uschi meint sie muss noch den Tisch abräumen und dabei passierts, der Tisch ist abgeräumt und es klingelt fürchterlich. Der Kellner nimmt es gelassen und kehrt zusammen. Da muss die Uschi etwas falsch verstanden haben. Ich sage; das bisschen Obst was ich esse kann ich auch trinken, das gilt für mich, weil ich nur kleine Mengen Weintrauben zu mir nehme! Sie isst sie besser, bei der Menge Weintrauben die sie in fester Form zu sich nimmt! Trinken kann da gefährlich werden.

Ein langer, ein wunderschöner Tag geht zu Ende!   Gute Nacht!

Erster Pilgerpass

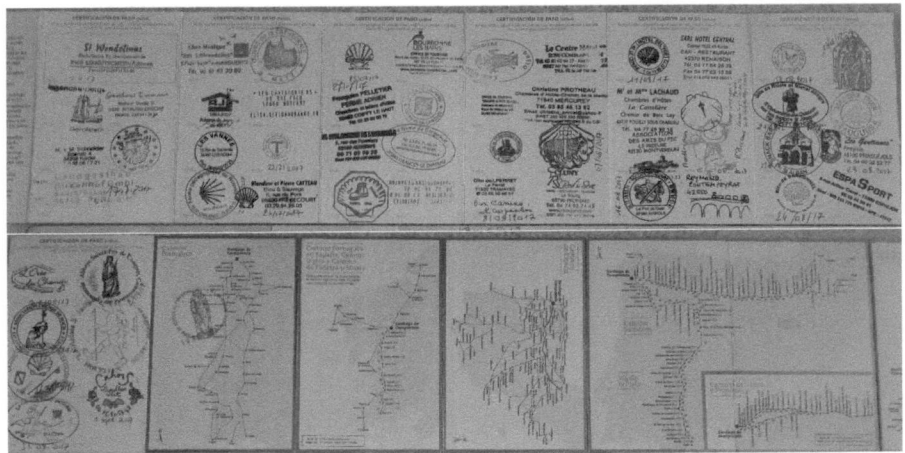

Zweiter Pilgerpass

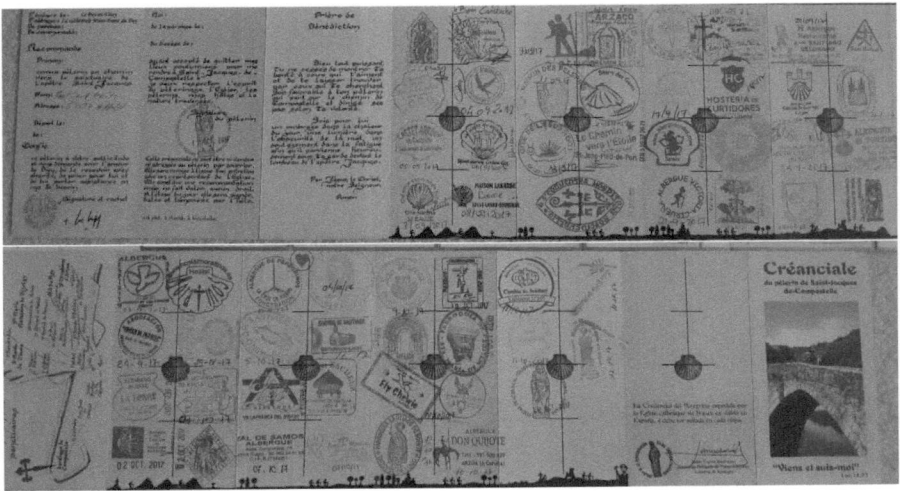

Tag 94, Santiago de Compostela - Ruhetag

Eine kurze intensive Nacht liegt hinter uns. Ungewohnt, ja auch etwas seltsam ist der Tag danach. Der Rucksack bleibt in der Ecke liegen, die Stöcke brauche ich heute auch nicht. Der Tag beginnt eigentlich wie immer, mit einem Kaffee in der Bar, ab heute machen wir wieder alles gemeinsam.

13. Oktober

Auf mein Handy habe ich gestern, weil wir solange gefeiert haben, nicht mehr geschaut. Viele haben eine WhatsApp geschrieben und mir gratuliert, alle haben sich gefreut, dass ich angekommen bin und freuen sich jetzt auf ein Wiedersehen!

Schon früh am Morgen steuern wir zielgerichtet die Cathedrale an, einmal gehen wir drumherum und dann gehen wir rein. Ich kann es immer noch nicht fassen, dass ich angekommen bin. Es ist wie ein Traum, ein wunderschöner Traum! Beherrscht wird der 97 Meter lange Kirchenraum vom aufwendig gearbeiteten Altar. Der heilige Jakobus auf dem Altar, aus Gold und Silber gearbeitet und mit Edelsteinen reich verziert, ist das alles beherrschende Element in dem riesigen Kirchengebäude. Auch heute stehen die Pilger für die Umarmung wieder Schlange. Auffällig ist zu dem die Orgel, mit ihren extravagant in den Raum ragenden Orgelpfeifen. Das riesige Weihrauchfass hängt wie vom Himmel herab zwischen Altar und Kirchenbänke. Ich hoffe, dass dieses Weihrauchfass heute Abend in der Messe zum Einsatz kommt. Ein tolles Gefühl ist es hier zu sein, man muss allerdings sehr in sich reingehen um Ruhe zu finden. Das viele hin und her Gelaufe sowie das Blitzlichtgewitter der Pilger und Touris unterbindet jede andächtige Stimmung. Der Geräuschpegel ist sehr hoch.

Santiago de Compostela ist neben Rom und Jerusalem der dritte große Wallfahrtsort und eines der bedeutendsten Pilgerziele der Christenheit. Entstanden aus dem und für den Jakobskult, ist die vitale Stadt ein architektonisch-kulturelles Gesamtkunstwerk. Wie aus einem Guss wirkt die aus hellem galicischem Granit erbaute Altstadt. Das Herzstück bildet der große Platz Praza do Obradoiro. Dominiert wird er von der monumentalen barocken Fassade der Cathedrale de Santiago de Compostela. Links neben dem Platz steht das Hospital de los Reyes Catolicos, war einst eine Pilgerherberge und ist heute ein stattliches Luxushotel und gilt als das älteste Hotel der Welt. Noch immer besteht die Tradition, die jeweils ersten 10 Pilger zum Frühstück, Mittagessen und Abendessen sind eingeladen. Nach Westen schließt der Pazo de Raxoi, Rathaus und Parlamentssitz der

autonomen Regierung, den Platz ab. Nach Süden das Colegio de San Jeronimo, einst Schule für Kinder mittelloser Eltern, heute Institut für galicische Studien.

Wir verbringen noch einige Zeit auf dem Platz und beobachten die ankommenden Pilger. Eigentlich möchte ich hier nochmals Pilger, die mit mir unterwegs waren, wiedersehen. Ich treffe die beiden Jungs aus Bielefeld, Jonas und Yanis, Günter der Trierer, er hat sich als Erstes nach dem Eintreffen ein Tattoo machen lassen. Clara,

13.Oktober

die kleine Oma, die nicht schlafen konnte, das letzte Mal in Frankreich gesehen, läuft irgendwie im Getümmel daher. Ich mag es, die gerade ankommenden Pilger zu beobachten, wie sie vor Freude sich in den Armen liegen, in der Stille ihre Ankunft genießen oder einfach nur dasitzen und weinen. Für diese emotionalen Gefühlsausbrüche gibt es wohl nicht so viele Schauplätze. Es ist eigenartig, nun sind gerade mal 24 Stunden vergangen und schon kann ich das Geschehen „von außen" betrachten.

Es ist Mittagszeit, der kleine Hunger lädt uns zu einer ähnlich kleinen Mahlzeit ein. Reni und Schorsch treffen auf uns, ich kann Uschi vorstellen und wir reden eine ganze Weile miteinander. Morgen früh wollen wir gemeinsam mit dem Bus nach Finistère fahren. Sonja sitz wohl ein paar Restaurants weiter an einem Tisch, die beiden wollen sich wohl zu Sonja setzten. Wir können uns ja heute Abend nochmals zusammensetzten, etwas essen und noch etwas feiern. Doch als wir weiter ziehen, treffen wir weder Sonja noch Reni und Schorsch an. Für den Rest des Tages wollen wir als Touris Santiago unsicher machen. Wir bummeln durch die vielen Altstadtgassen, betrachten unzählige Sehenswürdigkeiten und lassen das rege Treiben der Pilger und Touris auf uns wirken. Auch die Souvenirläden lassen den Nachmittag kurzweilig erscheinen. Immer wieder treibt es uns zur Cathedrale, es müssen doch noch mir bekannte Pilger eintreffen, so denke ich.

Zur heiligen Messe gehen wir frühzeitig, eine gute halbe Stunde vor Beginn können wir einen Platz im Mittelschiff ergattern. Die Unruhe in der Cathedrale lässt erst nach, als die Messe beginnt. Eine Ordensschwester singt zu Beginn ein Lied und überzeugt mit einer tollen Stimme. Die Pilgermesse ist schön, jedoch auf Spanisch und ich kann kaum etwas verstehen. Es ist nochmals ein würdiger Abschluss einer traumhaft schönen Pilgerreise. Ich habe eine Stunde zum Verarbeiten, zum Danke sagen, zur inneren Einkehr. Ich habe meinen Körper mit Leib, Seele und Geist neu erfahren, mich selbst neu begreifen gelernt auf der Pilgertour. Bei diesen Gedanken lasse ich die Stimme des Priesters -oder ist es ein Bischof- und die klare Stimme der Schwester nicht außer Acht.

Der Botafumeiro, das rund 60 kg -gefüllt 100 kg- schwere, 160 cm hohe versilberte Weihrauchfass, kommt nur zu besonderen Anlässen zum Einsatz, sonst wird es in der Bibliothek aufbewahrt. Früher machte der Weihrauch den strengen Geruch der Pilger erträglicher. Heute ist ein besonderer Tag und die Männer stehen bereit. Es ist ein ganz besonderes Spektakel, wenn das am 35 m langen Seil hängende Weihrauchfass durch das Querschiff geschwenkt und später wieder gestoppt wird. Wahnsinn, die Kathedrale ist plötzlich atemberaubend still, Gänsehaut bildet sich auf meinen Armen, zum Genießen schön.

Einer hängt sich zum Schluss der Zeremonie an das Fass, dreht noch eine Runde und steht ganz plötzlich fest auf dem Boden. Zweimal ist das Weihrauchfass schon über das Ziel hinaus und aus der Kirche geschossen.

Mit dem Segen geht die Messe sehr feierlich zu Ende!

2558 km meine Füße laufen weiter
meine Schuhe haben fertig!

Uschi und ich gehen noch ein Pilgermenü essen, trinken eine Flasche Wein und Wasser dazu und wollen heute nicht so lange feiern wie gestern. Wir genießen ein bewegtes Leben um uns herum und durch die Altstadt, ziehen dann in Richtung Herberge Santa Rita. In der Nähe der Bar, wo wir gestern den Abschluss gemacht haben, begegnet uns der Kellner nochmals, er hatte uns bedient und auch die Scherben zusammengekehrt. Wir grüßen uns freundlich, kennen uns alle drei noch - was sehr positiv wirkt - kehren heute jedoch nicht mehr in diese Bar ein.

Meine Schuhe, würden sie reden können, dann könnten sie viele schöne Geschichten über meinen Pilgerweg erzählen!

Gute Nacht.

Tag 95, Finistère

Wir haben ausgemacht mit Reni und Schorsch heute nach Finistère zu fahren. Gehen ist kein Thema mehr, mit der Umarmung des hl. Jakobus ist für mich der Pilgerweg zu Ende, obwohl so ein Pilgerweg wird im innersten eines Menschen wohl nie ein Ende finden, so wird er auch für mich nie zu Ende gehen!

Wir gehen schon um 7 Uhr los, haben eine Stunde zu laufen bis zum großen Busbahnhof und besuchen unterwegs eine Bar zum Frühstücken. Um 9 Uhr fährt der Bus los. Reni und Schorsch treffen wir auch am Busbahnhof. Für das Nichtzustandekommen des abendlichen Treffens mit Sonja, Reni, Schorsch und uns beiden, da haben die beiden auch keine richtige Erklärung. Vielleicht wollen sie auch keine Stellung beziehen. Wir genießen die Fahrt, die tolle Natur, die Gegend und treffen gegen Mittag in Finistère ein.

Hotel suchen, einchecken und dann gibt es das ausgesuchte Pilgermenü. Wir durchstreifen den kleinen Ort, bewundern den malerischen Hafen, die wunderschönen bunten Häuser und machen uns auf den Weg *„zum Ende der Welt"*. Die wie ein Finger in den Atlantik ragende Landspitze wollen wir auf der Höhe erreichen. Der Weg wird zu einem der Schönsten, ein Blick zurück auf Finistère, den Strand, es ist wieder traumhaft schön. Von der Straße bergauf sehen wir hinunter auf das Meer und die wunderschönen Buchten. Seit 2007 gehört das Kap Finistère aufgrund seiner einzigartigen Lage und Geschichte zum Europäischen Kulturerbe. Ein leichter stetiger Anstieg führt uns entlang der Küste bis zum Markierungsstein mit der Kilometerangabe 0,00. Wir nehmen einige Verkaufsstände wahr, sehen das Kap und den Leuchtturm. Es ist einzigartig hier zu stehen und es stimmt *„es ist das Ende der Welt"* ich habe nur noch Wasser vor mir und Amerika ist nicht zu sehen.

Die zahlreichen Feuerstellen nehme ich wahr, jedoch möchte ich an diesem Ritual, meine getragenen Klamotten hier zu verbrenne, nicht teilnehmen. Einmal

kann ich alle Bekleidungsstücke bis auf die Socken noch tragen und andererseits möchte ich die Luft nicht verpesten. Furchtbare Katastrophen sind hier an der Todesküste passiert. Unzählige Schiffe sanken in diesen unberechenbaren Gewässern. Die letzte und schlimmste Katastrophe verursachte 2002 der Untergang des Öltankers Prestige, bei der 70 000 Tonnen Schweröl ins Meer gelangten. Auch möchte ich nicht im Meer baden, es ist das zweite Ritual. Lediglich am dritten Ritual, dem Sonnenuntergang, möchte ich teilhaben. Wir genießen einige Minuten auf den riesigen Steinen und warten auf den Sonnenuntergang, der es wert ist über dem Atlantik untergehen zu sehen. Der Abstieg fällt uns leicht aber auch das Lokal finden, wo wir unser Abendessen einnehmen können. Es ist eines von mehreren am Hafen, wunderschön gelegen. Wir trinken noch einige Glas Wein und verziehen uns dann ins Hotel.

Reni und Schorsch haben wir nicht mehr angetroffen

Gute Nacht!

Tag 96, Finistère

Nach langer Zeit bekommen wir unser Frühstück nochmals im Hotel. Heute ist der erste wirkliche Ruhetag. Wir gehen am Strand entlang, schauen uns den Hafen genauer an, lernen mal die Seitenstraßen des wunderschönen Ortes kennen und relaxen bzw. faulenzen den ganzen Tag hindurch. Arbeiten, ja das geschieht heute vielleicht beim Essen und Trinken. Aber kann man das Arbeiten nennen, ich würde mich schämen!

Gute Nacht.

wunderschöner Blick

Tag 97, Finistère

Heute ist der letzte Tag in Finistère. Nach dem Frühstück wollen wir nochmal zum „Ende der Welt", aber von der anderen Meerseite. Wir wandern durch den Ort auf die offene Atlantikseite. Einen wunderschönen, menschenleeren Strand finden wir vor. Die Wellen schlagen hier wesentlich höher als in der Bucht des Atlantiks wo der Hafen ist. Traumhaft schön der Strand, dann gehen wir stetig bergauf, teils sogar steil und genießen die wunderschönen Blicke nach unten und auf das Meer. Wir kommen hoch

Blick auf Hafen und Finisterre

zum Cap Finistère, sehen den Leuchtturm und „das Ende der Welt" nochmals, dann spazieren wir wieder hinunter und gönnen uns ein letztes Mal die vielen schönen Blicke auf das Fischerdorf Finistère mit Hafen. Auch hier muss das Meer sehr unruhig gewesen sein. Der Strand, der mit feinstem Sand überlagert war, ist heute voller Meerespflanzen, Muscheln und

sonstigen Meeresutensilien. Uschi findet die eine oder andere Jakobsmuschel - Lebewesen nicht ausgeschlossen- die mit nach Hause gehen. Ein letztes Abendessen mit Wein in einer wundervollen Atmosphäre genießen wir an unserem letzten Abend in Finistère. Morgen geht es mit dem Bus nach Muxia.

Gute Nacht.

Tag 98, Muxia

Auch hier fahren wir schon relativ früh mit dem Bus, jedoch der Weg zur Bushaltestelle ist nicht so weit. Gegen Mittag kommen wir in Muxia an und können ein schönes

Zimmer im Hotel beziehen. Nach einer Stärkung in einem Restaurant-Keller, ein Pilgermenü vom feinsten, geht es auf zur Stadtbesichtigung.

In einem Ortsplan ist eine tolle Wanderroute beschrieben, die wir ablaufen möchten. An der Promenade entlang mit Blick auf den schönen, malerisch bunten Ort Muxia und auf der anderen Seite der Fischerei-Hafen gehen wir hoch, dann auf einem Fußweg zum Heiligtum Virxe da Barca auf der Landspitze. Nach dem verheerenden Brand 2013 wurde sie restauriert. Wir können nicht reingehen, nur durch ein Gitter haben wir einen Blick nach innen. Bergauf und bei der großen Granitskulptur leicht links führt ein

Pfad zu einem schönen Aussichtsturm über die Küste und auf Muxia. Wir gehen weiter, einmal um die Landspitze und Muxia rum und kommen im Kern des Ortes wieder an. Muxia ist auch ein wunderschöner kleiner Ort, absolut sehenswert und steht Finistère um nichts nach. Einige Male haben uns bei diesem Rundgang dicke, schwarze Wolken etwas Angst gemacht, jedoch die Wolken haben ohne aufzureißen sich wieder verzogen.

Zum Abendessen suchen wir ein Restaurant in der Nähe des Hotels, es regnet in Strömen und es scheint nicht mehr aufzuhören. Wir finden ein kleines Restaurant mit Pilgermenükarte und kehren kurzentschlossen ein. Der Tisch neben uns wird mit Vater und zwei erwachsenen Söhnen besetzt. Über ein Gespräch höre ich, dass hier auch

mindestens einer was mit dem Jakobsweg gemeinsam hat. Ich frage nach und erfahre, dass sie aus Berlin sind und der eine Sohn in Spanien den Jakobsweg gegangen ist. Die beiden anderen sind mit dem Auto täglich die Etappe gefahren und abends hat man sich getroffen.

Dann geht die Tür nochmals auf und es kommt Julia aus München herein, die junge Frau, die die meiste Zeit wohl in der Bar verbringt. Es ist nur mein Gefühl! Sie hat noch einen Pilger im Schlepptau. Julia und ich erkennen uns auf Anhieb und begrüßen uns mit einer herzlichen Umarmung. Doch die beiden gehen schnell wieder, Julia kann kein Pilgermenü mehr sehen und da es hier nur Pilgermenüs gibt, wollen sie weitersuchen. Wir essen und trinken noch etwas und gehen dann wieder zum Hotel zurück. Es regnet immer noch und wir beschließen bereits morgen früh mit dem Bus wieder nach Santiago zu fahren, eigentlich war der Nachmittag geplant.

Gute Nacht!

Tag 99/100, Santiago

Bei Regen verlassen wir das Hotel und ziehen in die nicht weit weg gelegene Bushaltestelle, wo der Regen sich dann einstellt. Wir nehmen den ersten Bus nach Santiago, kommen am frühen Vormittag an und können in der von Uschi gebuchten Herberge einchecken. Ein Mittagessen in der Altstadt, ein Besuch in der Cathedrale sowie der Altstadt und wir entscheiden uns für einen Einkaufsbummel am Nachmittag, sowohl im Bekleidungsbereich als auch in den Souvenir-Geschäften. Wir werden fündig, aber auch hier hat das Wetter sich verändert und es regnet immer wieder leicht. Bei Regen kann man die Heimreise vielleicht leichter angehen. Ein letztes Abendessen, eine letzte Nacht in Santiago und dann morgen nochmal zur Cathedrale, in die Altstadt und dann geht es mit dem Flieger in Richtung Heimat, zum Hahn, wo unser Auto auf uns wartet.

Rückflug 19.Oktober

100 Tage! – Es ist eine kleine Ewigkeit! – Es ist ein Lebensabschnitt!

ANGEKOMMEN! – Ja – ANGEKOMMEN - DAS BIN ICH!!!

Ich werde den Jakobsweg nie vergessen!!!

Die Zeit danach, es gibt eine Zeit nach meinem Pilgerleben.
Was hat der Weg aus mir gemacht???

Der Heimflug und die Landung auf dem Hahn, Shuttlebus zum Auto, alles ist perfekt von Uschi organisiert. Die buckelige Heimfahrt ins Tal der Mosel und wieder bergauf, alles auf Landstraßen und knappe zwei Stunden lang, überlasse ich auch Uschi - bin ich denn nach 100 Tagen noch fahrtüchtig? Ich traue es mir jedenfalls nicht zu, dass Auto zu steuern. Es geht auf 21 Uhr zu und wir müssen noch etwas essen. Eines unserer Stamm-Restaurants in der Nähe unserer Heimat geht nicht, ich kann es nicht merke ich plötzlich, warum auch immer! So nehmen wir eine Pizzeria mit etwas Abstand zu unserer Heimat. Wir bestellen Pizza, Rotwein und eine große Flasche Wasser. Das Wasser ist ein Sprudel – in den letzten 100 Tagen habe ich etwa 500 Liter Wasser aus der Leitung, also nur aus dem Wasserhahn getrunken und nun bekomme ich ein Sprudel. Es ist wie eine neue Erfindung, ein Weltwunder, etwas ganz Besonderes! Ich freue mich wahnsinnig und genieße es. Es sind wohl die kleinen Dinge, die mir den Alltag zurückbringen und ihn genießen lassen.

Zu Hause angekommen, obwohl meine Frau nichts verändert hat, erscheint mir alles sehr fremd. Sicher brauche ich nach 3 Monaten eine Eingewöhnungs-Phase. Uschi geht am nächsten Tag arbeiten und wir vereinbaren, dass ich am Mittag die 18 km zu Fuß nachkomme und wir abends gemeinsam wieder nach Hause fahren. Jedoch alles kommt anders; ich kann keine Tür nach außen öffnen, es ist mir nicht möglich einen Schritt vor die Tür zu setzten, nicht einmal ans Telefon kann ich gehen. Ich weiß nicht woran das liegt, irgendwie wird alles blockiert und ich vertrödele den ganzen Tag im Haus. Der zweite Tag beginnt genauso, jedoch möchte ich am Nachmittag nach dem Rasenmäher sehen, Dennis und Uschi haben gesagt; es ist ein scheiß Rasenmäher, der nicht mehr geht. Ich gehe durch den Keller raus und gleich in die Garage rein, es kann mich also keiner sehen bzw. wahrnehmen, ziehe den Rasenmäher an und alle staunen, denn der Rasenmäher funktioniert. Einer ersten Runde folgt eine Zweite und weitere Runden. Dann kommt Susanne, eine Cousine meiner Frau mit den Hunden zurück, sieht mich und eine Unterhaltung mit vielen Fragen und Antworten findet statt. Ein Weglaufen ist nicht möglich, besonders gut geht es mir aber auch nicht, aber vielleicht ist es der Anfang in meine ganz normale Welt! Es folgt der Sonntag mit einem kleinen unauffälligen Spaziergang, der mir machbar erscheint. Montags fahre ich wie geplant zur Arbeit, jedoch blockiert in mir wieder alles. Ich gehe allen Menschen aus dem Weg, verstecke mich förmlich und kann auch nicht ans Telefon gehen. Alles ist ganz furchtbar, auch noch am Dienstag. Dann am Mittwoch kann ich wieder, wenn auch noch sehr vorsichtig an gewisse Dinge rangehen und nach einer Woche merke ich wie ich von Tag zu Tag zu meinem ganz normalen Leben finde.

Mein Gewicht steht bei Minus 11 Kilo, die ersten Tage verliere ich nochmals 3 Kilo, danach nehme ich wieder stetig zu. Meinen Tiefstand hatte ich sicherlich in Frankreich, ich fühlte mich immer federleicht, absolut gesund und fit.

Den November arbeite ich wieder ganz normal, im Dezember, mein erster Rentenmonat kann ich nutzen um einen Pilgermonat nachzuarbeiten. Die beiden anderen Monate werde ich in den nächsten zwei Jahren aufarbeiten und gehe ab Januar nur noch 20 Stunden in der Woche arbeiten, so ist die Vereinbarung mit meinem neuen Chef Dennis.

Der Weg ist das Ziel – aber ohne Ziel kein Weg!

Ich habe mein Ziel, den Jakobsweg zu Fuß von zu Hause bis nach Santiago de Compostela zu pilgern - nach 93 Tagen und 2558 km - erreicht. Danken möchte ich an dieser Stelle allen, die es mir ermöglicht haben, mich auf den Pilgerweg zu machen, um mir diesen Traum zu erfüllen. Danken aber auch allen, die täglich in Gedanken bei mir waren und meine Tagestouren verfolgt haben. Im Herzen und im Gebet hatte ich sie alle auf dem Weg immer bei mir. Dankbar kann ich auf eine wunderbare Zeit, reich an Eindrücken, Emotionen, Erfahrungen und Erlebnissen, zurückblicken.

Im neuen Jahr habe ich drei Tage die Woche Zeit und arbeite zunächst an zwei Bilderalben (1000 und 250 Bilder), die nach drei Monaten soweit fertiggestellt sind. Dann gibt der Stick seinen Geist auf, ich mache eine Woche Pause und das ganze beginnt von vorne. In diesem ersten halben Jahr pflegen wir viele Kontakte, gehen mit Gabi und Wilfried essen, laden Elke, die nach 5 Monaten und 4000 km ihr Ziel erreicht hat und viele andere zu einem netten Abend ein. Tolle Gespräche, viele Fragen und nette Erinnerungen an die schöne Zeit kommen hoch. Ich treffe viele Menschen, die sich für den Ablauf meines Pilgerweges interessieren, Fragen stellen und sich mit mir einfach nur freuen. Aber auch nach meinem Weg gibt es Menschen, die mich verachten, weil ich den Weg gemacht habe. Es gibt Leute die nachfragen, aber von mir das Wort „schön" oder „ich habe es geschafft" nicht hören wollen und dann gleich von ihrem Urlaub erzählen oder keine Zeit mehr haben. Genauso hat Sonja es mir auf der Pilgertour erklärt! Das ist wieder mal der Neid, den man sich nicht erarbeiten muss, man bekommt ihn geschenkt. Ich habe in meinem Leben und auf dem Jakobsweg gelernt, dass man diese Leute in seinem Umfeld nicht braucht und auch entsprechend aussortieren kann!

Dicke Knöchel an beiden Füßen, die ich nun schon länger habe, geben Anlass für einen Termin beim Hausarzt. Ganz klar, die deuten auf eine Herzschwäche hin, Medikamente werden sofort umgestellt und ein Termin beim Kardiologen lässt nur 10 Tage auf sich warten. Eine Herzklappe fehlt und die anderen öffnen nicht ganz, aber meine sportliche Herausforderung habe ich bestanden. Der Arzt meint mein Herz lebt wohl schon länger damit und kann so gut damit umgehen. Neuer Termin in 3 Monaten, dann 6 Monate und später jährliche Untersuchung, so ist der Plan. Mein Problem mit der Bauchspeicheldrüse, dass vor meiner Pilgertour noch auftauchte, ist jetzt bei der Untersuchung -Gott sei Dank- wieder abgetaucht. So füllt sich ohne eine Minute der Langeweile das erste halbe Jahr.

Wochen vor meinem Jahrestag bekomme ich Probleme, ich könnte nachts loslaufen und gehe, wo auch immer ich ein paar Minuten Zeit habe. Dann am 12. Juli, gehe ich morgens früh, schon vor der Arbeit, die 18km nach Hillesheim und fühle mich sehr wohl dabei. Auch meine Pilgerklamotten ziehe ich immer wieder gerne an, ja es ist und bleibt eine nette Erinnerung.

Vielen Bekannten stelle ich in nächster Zeit meine Bilder vor, nette Gespräche und längere schöne Abende bleiben erhalten. Inzwischen stelle ich immer wieder fest, dass mir ein halbes Jahr in meinem Leben fehlt. Ich war zwar nur 3 Monate unterwegs, aber es war der Sommer und der Herbst der mir abhandengekommen ist. Ich habe doch ganz anders abschalten können als man das im Urlaub kann, ich war schon sehr weit weg von allem Weltlichen, von Problemen, von Planungen, meine Gedanken waren im Nichts! In mir hatte sich ein ganz neuer Mensch entwickelt. Meine dreimonatige Pilgerzeit ist wie ein Wachkoma gewesen, ein Leben zwischen Himmel und Erde, ja so stelle ich mir ein Wachkoma mit Gehen vor. Alle schönen Dinge miterleben können, sich um nichts kümmern, in den Tag hineinleben und sich im Unterbewusstsein in den nächsten Tag treiben lassen. Freiheit, ja Freiheit, nur der Weg begleitet mich! Zum Genießen ein Traum!

Im zweiten Halbjahr fange ich auch mit dem Schreiben an. Erst halte ich auf meinem Laptop die täglichen Notizen fest, vervollständige sie mit meinen Erinnerungen an Fotos und geschriebene WhatsApp. Dann forme ich jeden Wandertag zu einem netten Tagesablauf. Es ist anstrengend, da ich noch (fast) nie gelesen habe und außer Geschäftsbriefe auch noch nie geschrieben habe. Aber es macht Spaß und die Erinnerungen kochen wieder richtig hoch. Ich laufe den Weg förmlich ein zweites Mal, jedoch ohne Beten mit den Füßen. Ich kann mich an viele Details erinnern, Abendessen und Übernachtungen sind alle wieder vorhanden. Zwei Abende fehlen, der eine ist innerhalb weniger Stunden zurück, der zweite hat ca. 14 Tage gebraucht, um aufzutauchen. Anderthalb Jahre braucht es, aber es ist eine traumhafte unvergessliche Zeit.

Frankreich ist das lebenswertere Land -ein Genießer Land-, Spanien ist Pilgermäßig das interessantere Land.

Wir verbringen ein Wochenende in Metz. Ich lerne Metz als Touri kennen, es ist eine völlig andere Stadt als sie sich vorher auf meinem Pilgerweg gezeigt hat. Für die Statistiker; Bis Spanien hatte ich einen Tagesdurchschnitt von 27 km und 49 Euro, in Spanien, weil alles flacher und billiger ist, 29 km und 30 Euro im Durchschnitt. Mittags habe ich mich ausschließlich selber verpflegt und abends entweder in der Herberge, wenn nicht möglich habe ich im Restaurant gegessen. Selber gekocht habe ich nie! Meine Unterkunft war immer die Günstigste, die ich vor Ort finden konnte, mein Gepäck hat sich mit der Zeit um 600 Gramm verringert. Mein Ziel so einfach wie möglich – ohne Luxus - das habe ich erfüllt. *Den goldenen Käfig konnte ich gleich zu Anfang verlassen und die Große Freiheit habe ich über 2560 km in jeder Sekunde genießen können.*

Kann sein, dass ich ein and`rer bin? (Hello Again von Howard Carpendale) Habe ich mich verändert? Ich glaube im Wesentlichen bin ich der Mensch von vorher geblieben, ich fühle mich heute viel wohler, meine Gedanken sind schöner, interessanter bzw. lebenswerter. Es ist einfach schwierig, eine Veränderung - Vorher/Nachher- festzustellen. Zeit und Raum existieren über 90 Tage nicht mehr – heute lebe ich beides wieder. Eigentlich schade! Dann habe ich den Lebenshauch als eines der wundervollsten Dinge erleben können, jeden Tag, -mit einer Dusche oder einem Bier- wurde mir nach der Ankunft neues Leben eingehaucht. Den Lebenshauch vermisse ich sehr und es stimmt mich traurig, wenn ich in diese Gedankenwelt eintauche.

Kontakte habe ich noch zu Reni und Schorsch, Reni ist nach 21 Jahren nochmals an der Brust operiert worden, Gott sei Dank nichts Schlimmes und Schorsch ist von seiner Arbeitsstelle in der Rentenzeit nochmal angerufen worden und arbeitet wieder. Schorsch schreibt mir genau an dem Tag wo wir uns kennengelernt haben, eine tolle Geste.

Melanie ist alleinerziehende Mutter eines kleinen zuckersüßen Jungen geworden und genießt diese Zeit.

Regula schreibt mir genau an dem Tag wo ich in Santiago angekommen bin, hatte ja mit ihrem Knie Probleme und bekommt jetzt Knorpel ins Knie transplantiert. Sie möchte gerne nochmal vom Bodensee bis Santiago laufen!

Sonja geht jedes Jahr mehrere Pilgerwege und genießt die Zeit jedes Mal.

Elke ist auf einer Stufe umgeknickt und hat lange Probleme mit Ihrem Knie gehabt, kümmert sich um Ihre Eltern und ist noch berufstätig, hat es also nicht einfach.

Paul hatte ja auf dem Pilgerweg eine Russin kennengelernt, die ihn in Frankreich und er sie auch in Russland besucht hatte. Dann hat sie ihn betrogen und ausgenommen, er hatte also richtig Pech. Es hat also jeder seine eigenen Lasten zu tragen, jedoch ist es immer wieder schön voneinander zu hören.

So, das ist der Weg, es ist mein persönlicher Pilgerweg und der Weg hat mich gefunden –

Der Weg geht dich!!!

Über viele Kilometer war ich der Meinung **- ich gehe den Jakobsweg -**
Jedoch nicht ich gehe den Jakobsweg, sondern
- der Weg geht mich - !
Er führt mich, begleitet mich, verändert mich, er gibt mir all das, was ich brauche und vieles mehr. Gedanken für den nächsten Tag muss ich mir keine machen, es ist der Weg, der sich um mich sorgt. Ich gebe ihm lediglich den Raum dazu und auch den Raum für die vielen Emotionen ich habe es einfach zugelassen!!!

Er ist ein ganz besonderer Weg – der Jakobsweg!

DER GROSSE TRAUM IST IN ERFÜLLUNG GEGANGEN –

Der CAMINO WIRD MICH NIE WIEDER LOSLASSEN!!!

Ein bisschen stolz bin ich schon –

Ja, es war die richtige Entscheidung!!!

Einlage

Der Jakobsweg

Träume nicht dein Leben lang, lebe diesen wunderbaren Traum!

Geh los und lies diese Seiten nicht!

Warum du den Jakobsweg gehen musst, anstatt
davon zu träumen.

Den Jakobsweg kann man weder lesen noch surfen.
Man kann ihn nur gehen. Du kannst ihn nur gehen.

Doch du versuchst immer noch ihn zu lesen.

Darum geh los und lies diese Seiten nicht weiter!

Du bist schon inspiriert genug loszugehen. Du kennst schon die wichtigsten Tipps und Infos. Es ist nun an der Zeit deine eigenen Erfahrungen zu machen, deine eigenen Jakobsweg – Erlebnisse zu sammeln und deine eigenen Erkenntnisse daraus zu ziehen. Es ist an der Zeit für dich unterwegs so viele kleine „Fehler" wie möglich zu machen, denn nur daraus wachsen wir letztlich. Und wenn wir es schaffen, sie nicht als Fehler zu sehen, sondern als Erfahrung, Lernschritte und Experimente, dann nehmen wir uns auch den Druck.

Klar ist es weise, vor dem Aufbruch einmal über die Pilgertrips zu schauen, sich mit der Jahreszeit und dem Weg zu beschäftigen. Eine Packliste ausgiebig zu studieren und zu überlegen, welche passenden Kleidungs- und Ausrüstungsstücke zu besorgen sind. Das ist sicher weise und das empfehle ich dir auch.

Nur kommt irgendwann der Punkt, ab dem du alles schon einmal gehört, gelesen oder durchdacht hast, an dem es Zeit wird aufzubrechen.

Was, wenn genau jetzt dieser Moment ist? Der Moment, an dem du eine Entscheidung triffst und sagst:

„Ja, ich gehe den Jakobsweg"!

Denke dir noch ein Datum hinzu. Ein „dieses Jahr" oder „kommenden April" oder so…. Und glaube mir, es ist der totale Wahnsinn, wenn du das erste Mal sagen kannst:

„Ja, ich gehe den Jakobsweg"

Und dann geh los und lies diese Seite nicht zu Ende!

Denn wir können uns bestens auf Regenstunden und die beste Jahreszeit vorbereiten. Wir können unsere gepackten Rucksäcke 10mal durchforsten und optimieren und noch mal ein paar Gramm aussortieren. Doch was wir nicht planen, vorhersehen und kontrollieren können, ist das, was unterwegs passieren wird.

Wie wird es wirklich sein im Regen zu pilgern? Welche der Packstücke werden wir wirklich brauchen? Welche Hilfen werden wir unterwegs erfahren? Welche wundervollen Menschen werden wir treffen? Welche Begegnungen werden den Weg prägen und ihn zu unserem eigenen ganz persönlichen Weg machen?

Und glaube mir, du wirst solche Begegnungen haben, von denen du kaum glauben kannst, dass sie zufällig passieren. Du wirst Leute treffen, die genau dasselbe Thema haben wie du. Du wirst inspiriert werden und andere inspirieren. Auf dem Weg und noch lange Zeit danach.

Genau diese Unwägbarkeiten machen den Reiz des Jakobsweges aus – und das Leben allgemein; dass wir nicht wissen, was hinter der nächsten Kurve kommt. Dass wir uns überraschen lassen dürfen.

Das erfordert Mut und Offenheit. Doch diese beiden Eigenschaften können wir nicht planen und nicht kaufen, sondern nur kultivieren.

Den Weg zu gehen wird nicht schwer sein. Denn er besteht nur aus vielen kleinen Schritten. Der einzige Große Schritt ist der, endlich zu entscheiden den Weg zu gehen. Und zu sagen: „Ja, ich gehe den Jakobsweg"! Wenn du das schaffst, dann wirst du belohnt: mit neuen Erkenntnissen, intensiven Momenten, unvergesslichen Erinnerungen und belebenden Begegnungen.

Denn der Jakobsweg wird dein Leben verändern!

Sicherlich würden wir im Nachhinein das Eine oder Andere anders machen, wenn wir noch einmal die Wahl hätten. Womöglich schmunzeln wir anschließend beim Gedanken daran, wie wir vor der Reise dastanden und alles versucht haben, zu durchdenken. Doch nur durch eigene Erfahrung kommen wir zu diesen Erkenntnissen.

- Die Suche nach der Erkenntnis ist eine Suche ohne Ende, aber mit vielen Erkenntnissen -

Wir können sie nicht kaufen. In diesem Sinne lade ich dich ein, dich ausgiebig auf diesen Seiten umzuschauen, so viel an Information und Inspiration aufzusaugen, wie du möchtest. Doch erkenne den Moment, wann es Zeit ist eine Entscheidung zu treffen

Und dann geh los!!!